Drache und Federschlange

Serge Gruzinski lehrt Geschichte an der École des hautes études en sciences sociales in Paris sowie in Princeton. Der französische Historiker ist Experte für die Geschichte Lateinamerikas und die europäische Kolonialgeschichte.

Serge Gruzinski

Drache und Federschlange

Europas Griff nach Amerika und China 1519/20

Aus dem Französischen von Enrico Heinemann und Reinhard Tiffert

Campus Verlag
Frankfurt/New York

Titel der Originalausgabe: *L'Aigle et le Dragon. Démesure européenne et mondialisation au XVIe siècle* (Librairie Arthème Fayard, Paris 2012)

Dieses Buch erscheint im Rahmen des Förderprogramms des französischen Außenministeriums, vertreten durch die Kulturabteilung der französischen Botschaft in Berlin.

Liberté • Égalité • Fraternité
RÉPUBLIQUE FRANÇAISE

AMBASSADE DE FRANCE
EN
REPUBLIQUE FEDERALE
D'ALLEMAGNE

BUREAU DU LIVRE

FSC
www.fsc.org
MIX
Papier aus verantwortungsvollen Quellen
FSC® C089473

Bibliografische Information der Deutschen Nationalbibliothek:
Die Deutsche Nationalbibliothek verzeichnet diese Publikation in der Deutschen Nationalbibliografie. Detaillierte bibliografische Daten sind im Internet unter http://dnb.d-nb.de abrufbar.
ISBN 978-3-593-50080-5

Umschlaggestaltung: Guido Klütsch, Köln
Umschlagmotive: Karte von Tenochtitlan im »Islario general de todas las islas del mundo« von Alonso de Santa Cruz (1560; Madrid, Nationalbibliothek) © picture alliance/Prisma Archivo; Jiajing, der elfte Kaiser der Ming-Dynastie, auf der Staatsbarke (Rollbild um 1538; Taipeh, Nationales Palastmuseum) © Wikimedia Commons
Satz: Campus Verlag GmbH, Frankfurt am Main
Druck und Bindung: Beltz Bad Langensalza GmbH
Printed in Germany

Dieses Buch ist auch als E-Book erschienen.
www.campus.de

Inhalt

Westwärts schweift der Blick
Richard Wagner, *Tristan und Isolde,* I, 1

Für Agnès Fontaine

Einleitung

Andromache: Der trojanische Krieg findet nicht statt, Kassandra!

Jean Giraudoux, *Kein Krieg in Troja,* I,1

Die Wege, die uns von Mexiko nach China – und zu diesem Buch – geführt haben, wurden von literarischen Werken gekreuzt, die in der ersten Hälfte des 20. Jahrhunderts verfasst worden sind. Lange haben wir erwogen, uns für dieses Buch von Jean Giraudoux zu dem Titel »Kein Krieg in China« inspirieren zu lassen, doch dann darauf verzichtet. Besser verstehen wir heute vielleicht die Welten, die Paul Claudel wieder zum Leben erweckt hat. In den vier Tagen seines Schauspiels *Le Soulier de satin* (1929, »Der seidene Schuh«) sprechen Personen miteinander, die aus allen vier Himmelsrichtungen zusammengekommen sind. »Der Schauplatz dieser Handlung ist die Welt, und genauer das Spanien des ausgehenden sechzehnten Jahrhunderts«. Mit seiner »Verdichtung von Ländern und Zeitaltern«[1] wollte Claudel keine Geschichtsschreibung vorlegen, sondern er versetzt uns in die Turbulenzen einer Globalisierung, die weder die erste noch die letzte war. Diese Globalisierung breitete sich im 16. Jahrhundert im Gefolge der portugiesischen und spanischen Expeditionen ziemlich rasch aus. Der aztekische Adler und der chinesische Drache waren die Ersten, die unter dem maßlosen Machthunger der Europäer zu leiden hatten.

Die Globalisierung unterscheidet sich vom europäischen Expansionismus. Für Letzteren wurden technische, finanzielle und geistige Ressourcen eingesetzt und vor allem Menschen mobilisiert. Politische Ziele, wirtschaftliche Erwägungen und religiöse Bestrebungen spielten mehr oder weniger glücklich zusammen, um Seeleute, Soldaten, Geistliche und Händler tausende Kilometer fern der Iberischen Halbinsel um den ganzen Erdball zu schicken. Die portugiesische und spanische Expansion hat Kettenreaktionen ausgelöst und Schockwellen, die ganze Kulturen zum Einsturz gebracht haben. So geschah es jedenfalls in Amerika. In Asien stieß sie auf einen Widerstand, dem sie nicht gewachsen war, in Afrika verlief sie sich in den Wäldern und Sümpfen des schwarzen Kontinents. Die Vorstellung eines unvermeidlichen Vormarsches der Europäer – ob man sie für eine zivilisatorische Heldentat hält oder sie verdammt – ist eine Täuschung, von der nur schwer loszukommen ist. Mit ihr ist eine lineare und teleologische Konzeption der Geschichte verbunden, die gleichermaßen die Feder des Geschichtsschreibers und das Auge seines Lesers lenkt.

Was schon im Hinblick auf die Expansion der Portugiesen und Spanier falsch ist, ist es in noch größerem Maß beim Phänomen der Globalisierung, die man als die Vervielfältigung der Beziehungen der Kontinente untereinander bezeichnen könnte, die vorher nicht einmal voneinander wussten oder die sich nur von ferne kannten. Die Globalisierung des 16. Jahrhunderts umfasst Europa, Afrika, Asien und die Neue Welt, und der Austausch zwischen diesen Kontinenten erreicht ein bis dahin unbekannten Ausmaß. Ein Netz mit großen Lücken, das außerdem mit jedem Schiffbruch wieder zerreißen kann, umspannt ungeachtet aller politischen und kulturellen Grenzen nach und nach den ganzen Erdball. Wer sind die Träger der Globalisierung? Völker Afrikas, Asiens und des indianischen Amerika nehmen nolens volens daran teil. Aber die Energie zur Mission, zum Handel und zur imperialistischen Expansion kommt – wenigstens am Anfang und für gut anderthalb Jahrhunderte – von den Portugiesen, Spaniern und Italienern. Der chinesische Diener im *Seidenen Schuh* entgegnet Don Rodrigue, dem Vizekönig von Indien: »So hat jeder den andern gepackt und wir sitzen gemeinsam in der Klemme.«[2]

Was nehmen die Zeitgenossen davon wahr? Ihr Blick geht oft tiefer als der der nachfolgenden Historiker. Menschen des 16. Jahrhunderts, und zwar nicht nur Europäer, erfassen das Ausmaß der Veränderung, die vor ihren Augen geschieht und sie sehen darin im religiösen Sinne Möglichkeiten der Missionierung. Die Globalisierung tritt aber auch ins Bewusstsein all jener, die offen sind für die Beschleunigung des Verkehrs zwischen den verschiedenen Erdteilen, für die Entdeckung neuer Landstriche und neuer Völker. Sie sehen neue Profitquellen aus Investitionen in Ländern am anderen Ende der Welt, sie ahnen, dass die ungeheure Ausweitung der Handelsräume Chancen und Risiken birgt. Nichts scheint sich der Neugier der Reisenden entziehen zu können – freilich sind sie bei ihren Entdeckungen fast immer auf die Mithilfe einheimischer Führer und Begleiter angewiesen.

Die Entdeckung Amerikas oder die Eroberung Mexikos kann historischen Persönlichkeiten wie Christoph Kolumbus und Hernán Cortés zugeschrieben werden. Das mag in der Sache problematisch sein, aber die Methode ist gängig. Der Abstand von Jahrhunderten und unser fehlendes Wissen drängen uns zu solchen Vereinfachungen. Anders verhält es sich mit der Globalisierung. Sie hat keinen Urheber. Sie ist das Ergebnis der Vorstöße der Portugiesen und Spanier, aber nun auf der Ebene unseres Planeten. Sie vermischt die verschiedenen historischen Entwicklungen, die sich nun plötzlich schneiden und für unerwartete und bis dahin nicht vorstellbare Ergebnisse sorgen. Die Globalisierung stellt keinen Automatismus dar, der nach einem vorgegebenen Plan die Vereinheitlichung der ganzen Welt betreibt.

Es ist daher falsch zu glauben, dass unsere heutige Globalisierung mit dem Fall der Berliner Mauer eingesetzt habe. Freilich wäre es auch verfehlt anzunehmen, dass sie der mächtige Baum sei, der sich aus einem im 16. Jahrhundert gepflanzten Samenkorn entwickelt habe. Vielmehr ist es so, dass unsere Zeit aus mehreren Gründen vieles jener fernen Epoche zu verdanken hat, sofern man den Gedanken akzeptiert, dass das Fehlen eines linearen oder determinierenden Zusammenhangs nicht zwangsläufig den Lauf der Geschichte in eine Kaskade zufälliger, bedeutungsloser Ereignisse auflöst. Im 16. Jahrhundert erweitert sich der Raum der Menschheitsgeschichte über den gesamten Globus. Von diesem Zeitpunkt an verdichten sich die Verbindungen zwischen den Erdteilen: Europa–Karibik ab 1492, Lissabon–Kanton ab 1513, Sevilla–Mexiko ab 1517 usw. Ein weiterer Grund, dessen Untersuchung im Zentrum des vorliegenden Buches steht, kommt noch hinzu: Mit der portugiesischen und spanischen Globalisierung werden Europa, die Neue Welt und China Partner auf weltumspannender Ebene. China und Amerika spielen eine Hauptrolle in der gegenwärtigen Globalisierung. Wie kommt es überhaupt, dass sich China und Amerika auf dem globalen Schachbrett gegenüberstehen? Und warum zeigt Amerika heute Anzeichen der Schwäche, während China dazu ansetzt, ihm den ersten Rang streitig zu machen?

In einer früheren Publikation mit dem Titel *Quelle heure est-il là-bas?* haben wir uns gefragt, welche Verbindungen seit dem 16. Jahrhundert zwischen der Neuen Welt und der Welt des Islams entstanden sind. Diese Weltgegenden erlebten die unmittelbaren Folgen der Expansion der Europäer über den ganzen Globus. Kolumbus glaubte fest, dass mit seiner

Entdeckung das nötige Gold kommen würde, das die Christen für die Rückeroberung Jerusalems und den Sieg über den Islam brauchten. Im Osmanischen Reich machte man sich unterdessen Sorgen, dass ein Kontinent, der im Koran nicht erwähnt wurde und den die islamischen Gelehrten nicht kannten, dem Unglauben und der Beutegier der Christen anheimfiel. Das Thema der Globalisierung, die nach und nach den ganzen Planeten zu einem gemeinsamen Geschichtsschauplatz gemacht hat, wird nicht vollständig behandelt, wenn das im 16. Jahrhundert einsetzende Verhältnis zwischen islamischer Welt, Europa und Amerika außer Acht bleibt. Reicht das aber? Dass fortan mit einem vierten Kontinent gerechnet werden muss, ist die Errungenschaft der Globalisierung durch Portugiesen und Spanier, doch dass auch China im Horizont Europas und Amerikas auftaucht, ist eine nicht minder bedeutende Umwälzung. Dass dies beinahe gleichzeitig mit der Entdeckung Mexikos geschehen ist, hätte uns schon früher auffallen können, doch unserer Aufmerksamkeit, die lange von Mittelamerika gefesselt wurde, war entgangen, dass Letzteres eben nicht am anderen Ende der Welt lag, sondern, wie die Azteken nicht müde wurden zu wiederholen, in deren Mitte.

Im 16. Jahrhundert haben die Portugiesen und Spanier zweimal mit dem Gedanken gespielt, China zu erobern. Doch ihr Wunsch ist nie in Erfüllung gegangen. »Kein Krieg in China« könnte man in Anspielung an ein berühmtes Theaterstück von Jean Giraudoux sagen. Manche werden das, freilich spät, bedauern. Andere werden mit uns darüber nachdenken, was diese Eroberungsgelüste, die sich gleichzeitig mit der Kolonisierung Amerikas und der Entdeckung des Pazifischen Ozeans regen, für uns zu bedeuten haben. China, der Pazifik, die Neue Welt und das Europa der Spanier und Portugiesen sind die Protagonisten einer gemeinsamen Geschichte, die sich aus ihrer Begegnung und ihrer Konfrontation entwickelt. Diese Geschichte lässt sich in einem Satz zusammenfassen: Der Expansionsdrang der Portugiesen und Spanier hat Erfolg in Amerika und scheitert in China – und das in ein und demselben Jahrhundert. Dies lehrt uns eine Globalgeschichte des 16. Jahrhunderts, die weniger eurozentrisch auf das Zeitalter der Renaissance fixiert ist. Eine solche Betrachtungsweise ist unserer heutigen Zeit sicherlich angemessener.

Zwei ruhige Welten

> An Asien erschreckt mich das Bild unserer Zukunft, die dort schon vorweggenommen ist. Am indianischen Amerika schätze ich den Widerschein einer Zeit, als der Raum noch dem Maß seines Universums entsprach.
>
> Claude Lévi-Strauss, *Traurige Tropen*

Im Jahr 1520 sind Karl V., Franz I. und Heinrich VIII. die aufsteigenden Gestirne am Himmel der lateinischen Christenheit. Karl wird am Anfang des Jahrhunderts in Gent geboren, 1517 ist er spanischer König, 1520 wird er zum römisch-deutschen König gekrönt. Franz I. ist seit 1515 König von Frankreich, und Heinrich VIII. seit 1509 König von England.[1] Portugals alter König Manuel I. besaß noch genug Elan für eine Heirat mit der Schwester des Tudor-Königs. Im Gegensatz zu ihren französischen und englischen Rivalen hegten Karl V. und Manuel I. ozeanische Herrschaftsziele, mit denen sie ihre Reiche in andere Welten ausdehnten. Im November des Jahres 1519 fällt ein spanischer Abenteurer namens Hernán Cortés an der Spitze einer kleinen Truppe von Fußsoldaten und Reitern in Mexiko ein. Im Juni des Jahres 1520 verschafft sich eine zahlenmäßig noch kleinere portugiesische Gesandtschaft Eintritt in Nanking. Dort wird der portugiesische Botschafter Tomé Pires von Kaiser Zhengde empfangen. Koreanische Beobachter wissen zu berichten, dass sich Portugiesen im Gefolge des Kaisers aufhalten und dass man ihnen den islamischen Kaufmann Khôjja Asan als Führer und Dolmetscher beigesellt hatte.[2] Um die gleiche Zeit begegnete in Mexiko Hernán Cortés Moctezuma, dem Oberhaupt des Dreibundes oder anders bezeichnet dem »Kaiser der Azteken«.

Zwei Kaiser

Im Juni des Jahres 1505 ist Zhu Houzhao, so Zhengdes ursprünglicher Name, seinem Vater, dem Kaiser Hongzhi, auf den Thron gefolgt. Der zehnte Ming-Kaiser ist vierzehn Jahre alt, er stirbt 1521.[3] Von den Geschichtsschreibern ist seine Herrschaft harsch kritisiert worden. Will man ihnen glauben, so soll Zhengde seine Regierungsgeschäfte vernachlässigt haben, um sich dem Vergnügen hinzugeben. Er habe sich lieber außerhalb der Verbotenen Stadt bewegt und geduldet, dass sich seine raffgierigen Eunuchen bereichern.

Tatsächlich war Zhengde aber auch ein Kriegsherr, der sich der Bevormundung durch die kaiserliche Hofverwaltung entzog, um an die Politik der Öffnung, ja an den Kosmopolitismus der vorangegangenen mongolischen Yuan-Dynastie anzuknüpfen. Da er seine freie Zeit am liebsten außerhalb des Palastes verbrachte, suchte er, umgeben von mongolischen und jurchischen Leibwächtern, die Gesellschaft von tibetischen Mönchen, islamischen Schriftgelehrten und Künstlern aus dem Innern Asiens, oder aber er suchte den Kontakt zu ausländischen Botschaftern, die sich vorübergehend in Peking aufhielten. Er soll sogar den Verzehr von Schweinefleisch verboten haben, weil er sich davon bessere Beziehungen zu den islamischen Mächten Zentralasiens versprach. In den Jahren 1518 und 1519 befehligt Zhengde selbst einen Feldzug im Norden gegen die Mongolen und im Süden in der Region Jiangxi. Noch 1521 entmachtet er einen aufsässigen Fürsten und lässt ihn in Tongzhou hinrichten. Doch das verleiht ihm keine geschichtliche Größe. Das ist jedenfalls der Eindruck, den die amtliche Geschichtsschreibung und die nach seinem Tod erscheinenden offiziösen Darstellungen verbreiten. Die einen wie die anderen sind sich darin einig, dass seine Herrschaft eine Zeit der Unruhe und des Niedergangs *(moshi)* gewesen sei. Landflucht der Bauern, die es in die Bergwerke und die Städte zieht, Aufstieg der Neureichen, Verfall der Traditionen, »heimische Bräuche, die dem Wandel zum Opfer fallen«,[4] Willkür der Verwaltung, Elend und Unruhe unter den einfachen Menschen, ein Grassieren des Schmuggels mit den Japanern - die Bilanz, die die Geschichtsschreibung zieht, ist vernichtend. Hinzu kommen die Naturkatastrophen – Überschwemmung und Hungersnot des Jahres 1511 –, die man ebenfalls der Krise der Gesellschaft zuschreibt. Doch die Krise betrifft nicht die Gesellschaft in ihrer Gesamtheit. Denn in dieser Epoche entstehen viele neue Wirtschaftsagglomerate, die Produktion ist in allen Bereichen gestiegen und der internationale Handel steht in voller Blüte.[5]

Im Jahr 1520 verliert der betrunkene Herrscher auf seiner kaiserlichen Barke den Halt und fällt in den Großen Kanal, der Hauptverkehrsader, die den Norden und den Süden des Reiches verbindet. Das Fieber oder die Lungenentzündung, die er sich bei diesem unfreiwilligen Bad zuzieht, wird ihm das Leben kosten. Dreißigjährig stirbt er am 20. April des folgenden Jahres. Das eisige Wasser hatte ihm den Tod gebracht und da das Wasser als das Element des Drachen galt, gaben die Geschichtsschreiber den Drachen die Schuld an seinem Ende.[6] Wenige Monate vor seinem Tod sollen fremde Wesen die Ruhe in den Straßen Pekings gestört haben. Sie sollen Passanten angegriffen und mit ihren Krallen verletzt haben. In diesem Zusammenhang war von »düsterem Leid« die Rede.[7] Das Kriegsministerium nahm sich der Sache an und stellte die Ordnung wieder her, worauf die Gerüchte verstummten. Zhengde, der für alles Neue ein offenes Ohr hatte, war kurz vor seinem Tod mit Angehörigen der portugiesischen Gesandtschaft zusammengekommen. Für seine Zeitgenossen und Nachfolger blieb diese Begegnung ohne Bedeutung, und sie brachte ihm nicht die tragische Berühmtheit ein, die sich für die Nachwelt mit der Person des *Tlatoani* von Mexiko-Tenochtitlan, Moctezuma Xocoyotzin, verbindet. Ein 1959 gedrehter Film namens *Kingdom and Beauty* hat nicht genügt, die Eskapaden eines Kaisers, der inkognito und als einfacher Bürger verkleidet seinen Vergnügungen nachging, erfolgreich zu verewigen.

Über Moctezuma weiß man viel und doch wenig. Die Welt der Azteken ist uns noch fremder als die Welt des Alten China und vom Nimbus des Tragischen umgeben. Indios, Mestizen und Spanier haben uns von Moctezuma Xocoyotzin ein voreingenommenes, widersprüchliches Bild überliefert. Offenbar mussten unbedingt Gründe für den Untergang der Indio-Reiche gefunden oder die Heldentaten der spanischen Eroberer verherrlicht werden.[8] Moctezuma, der Neffe und Thronnachfolger Ahuitzotls (1486–1502), wurde 1467 geboren. Bei der Ankunft des Hernán Cortés ist er bereits ein erfahrener Mann, der die Fünfzig überschritten hat. Als neunter *Tlatoani* herrscht er von 1502 bis 1520 über die Mexica von Mexiko-Tenochtitlan. Außerdem hat er das Sagen gegenüber Texcoco und Tlacopan, seinen Partnern im Dreibund (den »drei Häuptern«). Die abendländische Tradition hat aus ihm den »Kaiser der Azteken« gemacht.

Die Geschichtsschreiber rühmen seine kriegerischen Tugenden, die er zu Beginn seiner Herrschaft unter Beweis gestellt hatte, von denen er aber den spanischen Eroberern gegenüber offenbar keinen Gebrauch machte. Er soll seine Kontrolle über die adlige Elite gestärkt und die Machtverhältnisse neu geordnet haben, indem er einen Teil der Gefolgsleute seines Vorgängers entmachtete. Ferner hat er den Kalender geändert – ein Eingriff, über dessen Tragweite später noch zu reden sein wird – und mehrere Feldzüge gegen die Feinde des Dreibundes geführt, allerdings mit wechselndem Erfolg. Die Niederlage, die er 1515 gegenüber Tlaxcala erlitt, beweist, dass man nicht Spanier sein und über Pferde und Feuerwaffen verfügen musste, um ihm Paroli zu bieten. Wie sein chinesischer Herrscherkollege Kaiser Zhengde leistete er sich einen Zoo mit exotischen Tieren und wie dieser liebte er die Frauen. Der Chronist Díaz del Castillo bescheinigt ihm, dass er kein Homosexueller war – ein Punkt, über den die Spanier immer Gewissheit haben wollten. Moctezuma starb entweder durch die Hand der Indios oder der Spanier. Die erst nach seinem Tod entstandenen Geschichten berichten von den vielen schlechten Vorzeichen während seiner Herrschaft, die aber die »Götzenpriester« nicht richtig zu deuten gewusst hatten. Erst später bringt man sie in Zusammenhang mit der spanischen Eroberung. Sein trauriges Ende wird der Stoff für Filme und Opern.[9] Anders als Zhengde wird er zu einer unsterblichen Gestalt in der abendländischen Geschichte und in der europäischen Vorstellungswelt.

Zwischen den beiden Herrschern gibt es keine Gemeinsamkeiten außer der Tatsache, dass beide in denselben historischen Prozess verwickelt sind. Im November 1519 begegnet Moctezuma den Spaniern in Mexiko; wenige Monate später lernt Zhengde die Portugiesen in Nanking kennen. Doch ehe wir uns mit dieser Koinzidenz beschäftigen, möchten wir zunächst eine knappe Darstellung Chinas und Mexikos zu Beginn des 16. Jahrhunderts einschieben.

China unter Zhengde, Mexiko unter Moctezuma

Im Jahr 1511 nehmen die Portugiesen Malakka in Besitz und die Spanier tun das gleiche mit Kuba. Ihre Flotten befinden sich zu diesem Zeitpunkt in der Nähe zweier gewaltiger »Eisberge«, deren sichtbare Teile sie in Kürze erkunden werden. Nur noch wenige Jahre bleiben Mexiko und China, ehe sie Ziel des frenetischen Eroberungswillens werden, die die Regierungen Spaniens und Portugals und ihre Untertanen beseelt.

Beide Reiche teilen das Schicksal, die Nächsten auf der Liste der Entdeckungen oder Eroberungen der Spanier und Portugiesen zu sein. Vor allem aber sind beide - in den Augen der Europäer – die Frucht einer jahrtausendealten Geschichte, die sich fern der europäisch-mittelmeerischen Welt abgespielt hat. China und Mexiko haben sich außerhalb des Kulturkreises des jüdisch-christlichen Monotheismusses und des politischen, juristischen und philosophischen Erbes der Griechen und Römer entwickelt, ohne sich ganz auf sich selbst zurückzuziehen. Dies gilt mit der Einschränkung, dass China, anders als die indio-amerikanischen Gesellschaften, die ohne Kontakt zum Rest der Welt entstanden sind, über die berühmte Seidenstraße schon sehr lange Handelsverbindungen mit der mediterranen Welt gepflegt hat. Ferner darf nicht vergessen werden, dass China im Austausch mit weiten Teilen Eurasiens stand. Es übernahm den indischen Buddhismus, öffnete sich viele Jahrhunderte lang dem Islam und teilte mit diesen Kulturen die biologischen Abwehrkräfte, die den indio-amerikanischen Völkern bei ihrer Begegnung mit den Europäern schmerzhaft fehlten.

Wie ist es um 1510 mit China und Mexiko bestellt? China ist tatsächlich ein Reich (wenngleich manche lieber von der chinesischen Welt sprechen[10]), wohingegen Alt-Mexiko kein politisch geeintes Herrschaftsgebiet darstellt. Die Archäologen sprechen lieber von Mesoamerika, da Mexiko als nationales Gebilde ein Geschöpf des 19. Jahrhunderts ist, das in der hier behandelten Epoche noch nicht existiert. Im Übrigen wollen wir nicht China und Mexiko vergleichen, sondern Grundzüge herausarbeiten, die uns Aufschluss bieten über die Reaktionen der Chinesen und Azteken bei der Begegnung mit den Europäern jener Zeit. Besonders interessieren uns hier jene Bereiche, auf die es bei einer Begegnung von Kulturen ankommt, nämlich auf die Mittel, sich zu Lande und auf dem Wasser rasch fortzubewegen, auf die Kunst, an Informationen zu gelangen und in Umlauf zu bringen, auf die Gewohnheit, im kontinentalen oder interkontinentalen Maßstab zu denken, auf die Fähigkeit, Material, Truppen und allgemein Menschen in nicht vorhersehbaren Situationen zu mobilisieren und schließlich auf die Neigung, die Welt als Ganzes zu denken. Alle diese Bereiche, teils technischer, teils psychologischer, teils intellektueller Natur, spielen eine Rolle in der Expansion der Portugiesen und Spanier: Ohne das nötige Kapital, ohne Schiffe, Pferde, Feuerwaffen und ohne die Schrift ist eine so weitreichende Expansion gar nicht denkbar, umfasst sie doch den Transport von Menschen und Material, logistische Unterstützung, Informationsgewinnung und Spionage, Gewinnung und Transport der Wirtschaftsgüter und, was oft vergessen wird, ein globales Bewusstsein.

Eine Lagebeschreibung bleibt immer unbefriedigend, vor allem im Fall von Mittelamerika, denn was das kulturelle Gedächtnis angeht, sind China und Mexiko nicht annähernd gleichwertig. Obwohl im Zuge der spanischen Eroberung eine Fülle an Berichten und Beschreibungen publiziert wurde, bleibt die präkolumbische Zeit trotz der beachtlichen Fortschritte der archäologischen Forschung für uns weitgegend im Dunkeln. Die alten Mexikaner kannten die Schrift nicht, wohingegen die Chinesen seit mindestens dreitausend Jahren schrieben. Chinesische Quellen gibt es in Hülle und Fülle, während der Historiker auf der amerikanischen Seite lediglich über europäische Zeugnisse verfügt, abgesehen von einer kleinen Zahl einheimischer Erzählungen aus der Hand von Indios und Mestizen, die aber durch das Trauma der Eroberung und kolonialen Unterdrückung geprägt sind. Die Indio-Lebenswelten des 15. Jahrhunderts sind wahrscheinlich für uns für immer verloren. Die Welt Chinas hingegen spricht weiterhin zu uns und unser Wissen über sie vermehrt sich sogar stetig.

Zhongguo

Zhongguo, das Reich der Mitte – was das Alter betrifft, so kann sich weder die Neue Welt noch irgendeine andere Kultur mit dem imperialen China messen. Das Kaiserreich geht mit der Xia-Dynastie auf das 3. Jahrtausend v. Chr. zurück, während die Reiche der Azteken und Inka (um nur die »Dinosaurier« des amerikanischen Kontinents zu nennen) kaum ein Jahrhundert bestehen, bevor die spanische Eroberung beginnt. Chinas Alter, Kontinuität und Weitläufigkeit – mehr als 100, vielleicht 130 Millionen Einwohner[11] – und seine unschätzbaren Reichtümer, all das entdecken die Portugiesen staunend und sie lassen es sich mit merklichem Vergnügen schildern, ehe sie es ihrerseits den übrigen Europäern berichten.

Das chinesische Kaiserreich verfügt seit vielen Jahrhunderten über einen eingespielten, mächtigen Verwaltungsapparat, der das Land durch Myriaden von Mandarinen, Eunuchen, Richtern, Beamten, Inspekteuren und Militärs fest im Griff hat. Dabei spielt die Armee, von den südlichen Grenzen abgesehen, nur eine untergeordnete Rolle. Der Apparat erneuert sich durch ein landesweites Bewerbungssystem, das für die Kontinuität in der Machtausübung zwischen dem Kaiserhof in Peking, den Provinzhauptstädten und den unteren Rängen des Reiches sorgt. Nicht Territorialfürsten oder Schwertadel, sondern eine Gentry aus gebildeten Beamten trägt das Reich. Diejenigen, die in den Auswahlverfahren erfolgreich abschneiden und über familiäre oder regionale Beziehungen verfügen, streben in die Hauptstadt des Reiches. Die 20.000 führenden Beamten der konfuzianischen Bürokratie und die 100.000 Eunuchen zusammengenommen vermitteln aus europäischer oder mexikanischer Sicht das Bild einer aufgeblähten Verwaltung.

In Wirklichkeit ist das China des 16. Jahrhunderts ein Koloss, dessen Verwaltung große Lücken aufweist.[12] Wie in allen Bürokratien ist überall dort, wo der Arm der kaiserlichen Kontrolle nicht hinreicht oder zu kraftlos bleibt, die Korruption das Öl im Getriebe. Sie grassiert besonders an der Südküste, die ihren Wohlstand zum großen Teil dem Handel mit dem Ausland verdankt. Die Portugiesen sind hier die Nutznießer. Die kaiserliche Verwaltung funktioniert nicht reibungslos, Misswirtschaft, Revolten und das Räuberunwesen zeugen davon. Aber man muss doch zugestehen, dass die chinesische Bürokratie als einzige in der damaligen Welt eine so große Bevölkerung und ein so ausgedehntes Territorium verwalten kann. An dieser Bürokratie reibt sich auch die Macht des Kaisers: Die Freiheiten, die er sich gegenüber dem höfischen Zeremoniell herausnimmt, seine militärischen Anwandlungen, seine Neugier auf andere Kulturen und seine globalen Ambitionen missfallen den gebildeten Mandarinen, für die ganz andere Werte zählen.

China ist aber auch eine große Handelsmacht für Waren wie Getreide, Seide, Salz, Tee und Porzellan. Der stetig zunehmende Verkehr auf dem Großen Kanal, der Hauptverkehrsader für den Nord-Süd-Handel, belegt den regen Austausch.[13] Zu Beginn des 16. Jahrhunderts stärken die Kaufleute ihre Position gegenüber der Gentry, die missgünstig auf die Emporkömmlinge herabsieht. Ihre Umtriebigkeit stört die Prinzipien der konfuzianischen Moral, denn sie setzen lieber auf das freie Spiel des Marktes und nicht auf die geheiligte, feste Ordnung der ländlichen Welt. Die alten Muster sind aber noch so prägend, dass sich auch die Akteure der neuen Klasse ihnen angleichen. Die Kaufleute von Huizhou, reich geworden durch den Export von Getreide und Tee und durch das Salzmonopol, streben nach einem höheren gesellschaftlichen Status und orientieren sich an der Welt der hohen Beamten.[14] Die Gentry kann ihrerseits dem Hang zum Luxus – altes Porzellan, exotische Früchte – nicht widerstehen, den die reichen Kaufleute aus oft weit entfernten Gegenden importieren. Schließlich hat es schon immer zu den Eigentümlichkeiten ihrer Angehörigen gehört, seltene und teure Güter zu sammeln und zu konsumieren. Daher ist es auch verständlich, dass die von den Portugiesen eingeführten exotischen Waren den Druck verstärken, sich dem Austausch mit den Europäern zu öffnen und Beziehungen zwischen den Kulturen zu pflegen.

Der Handel, die Post und das Militär nutzen ein funktionstüchtiges und dichtes Verkehrsnetz aus Straßen, Poststationen, Kanälen und Brücken. Kutschen, Sänften und Barken sind im ganzen Land verbreitet. Der ausgezeichnete Zustand der Straßen und Brücken – seien es Stein- oder Pontonbrücken – lässt die europäischen Reisenden ihren Augen nicht trauen.[15] Ebenso staunen sie über die landwirtschaftliche Nutzung: Reisfelder so weit das Auge reicht und kein Zoll Boden, der nicht zum Anbau genutzt würde, Scharen von Bauern, die auf den Feldern arbeiten.

Der hohe Stand von Landwirtschaft und Technik verdankt sich der Verbreitung des Buchdrucks, der besonders am Ende des 15. Jahrhunderts seinen Aufstieg nimmt. Publizieren ist ein sehr lukrativer Geschäftszweig und die Produkte des Druckhauses Shendu in Fujian spiegeln das Bild eines dynamischen und auf vielen Gebieten »fortschrittlicheren« Reiches wider als die des christlichen Europa. Dank des boomenden Buchdrucks werden gängige Werke immer wieder aufgelegt wie der konfuzianische Kanon, normative Texte wie das Gesetzbuch und die Dekrete der Ming sowie historische Werke über das Kaiserreich. Der Erfolg ist auch der Lesekultur zuzuschreiben. In diesem Zusammenhang denkt man unwillkürlich an die Verbreitung des Buchdrucks im Europa des 15. Jahrhunderts. Mit dem Unterschied, dass der gedruckte Text – »mit dem man von dem Zimmer aus, in dem man steht, die ganze Welt umfassen kann«[16] – in China schon seit Jahrhunderten im Wechselspiel mit der weiterhin vorherrschenden Mündlichkeit gedeiht. Die Revolution des Buchdrucks haben die Chinesen des 16. Jahrhunderts schon lange hinter sich. Die Schrift ist die Speerspitze einer beeindruckenden Verwaltung, sie bildet die Grundlage für ein intensives philosophisches Nachdenken, aber sie dient auch bisweilen rebellischen Geistern aus den Provinzen, ihre Ansichten und Reaktionen auf das Weltgeschehen zu verbreiten. Überall im Reich erscheinen Zeitungen, die Neuigkeiten kolportieren, Kenntnisse und Techniken verbreiten, den Austausch zwischen den Landesteilen fördern und nicht zuletzt auf den Flug der Drachen als Vorboten künftiger Katastrophen hinweisen.

Die Rede vom »chinesischen Denken« führt unweigerlich zu Verallgemeinerungen, die seiner Vielfalt und der Originalität der Neuerungen nicht gerecht werden. Seit Beginn des 15. Jahrhunderts stehen den Kandidaten für die Beamtenprüfungen die Texte der neokonfuzianischen Schriften, die sie kennen müssen, in gedruckten Kompilationen zur Verfügung. Diese Schriften wie die *Summa* (Kommentare) zu den *Vier Büchern* sind Ausdruck eines orthodoxen Denkens aus der Zeit der Song-Dynastie, das nun im ganzen Kaiserreich verbreitet wird und das Denken der Angehörigen der Beamtenschicht noch bis zu Beginn des 20. Jahrhunderts prägen soll. Das heißt aber nicht, dass sich das geistige Leben in China ausschließlich um die Klassiker drehte. Die konfuzianische Orthodoxie begegnet dem Buddhismus, setzt sich mit quietistischen Tendenzen auseinander, für die die Innenschau wichtiger ist als das weltzugewandte aktive Leben, und hat als Folge der gesellschaftlichen Veränderungen auch abweichende Lehrmeinungen zu dulden. Hochkultur und Volkskultur vermischen sich wie überall, während synkretistische Strömungen zu der Auffassung gelangen, dass Konfuzianismus, Taoismus und Buddhismus ein und dasselbe seien.[17] Ein Grund für diesen Synkretismus und das Aufbrechen der religiösen Traditionen liegt darin, dass der spirituellen Erfahrung ein höherer Stellenwert zugemessen wird als das Korpus der Lehrschriften.

Zu den faszinierendsten Figuren des geistigen Lebens dieser Zeit gehört Wang Yangming (1472–1529), dessen Denken das 16. Jahrhundert in China bestimmt. Für ihn ist die Intuition die Quelle der Erkenntnis und der Geist steht über allem, denn der Geist ist insofern das Erste, als er Einheit ist.[18] »Der Geist des Heiligen begreift Himmel und Erde und die zehntausend Wesen als eine Einheit. Für ihn sind alle Menschen auf der Welt, gleichviel ob sie Fremde oder Familienangehörige, ob sie fern oder nah sind, wenn sie nur Blut und Atem gemeinsam haben, seine Geschwister und seine Kinder.« Daher müsse man mit den »zehntausend Wesen einen Leib bilden.« Wang Yangming, der fest von der Einheit von Denken und Handeln überzeugt ist, macht sich auch für ein sittlich engagiertes Denken stark. Andere Denkströmungen suchen in der Auseinandersetzung mit der konfuzianischen Orthodoxie die Einheit im *Qi,* sie führen alles in der Welt auf Energie zurück (etwa Wang Tinxiang, der 1547 stirbt). Noch radikalere Denkströmungen bilden sich um Wang Gen (1483–1541), den Gründer der Schule von Taizhou. Er und seine Anhänger interpretieren die konfuzianischen Schriften unabhängig von aller Orthodoxie. Kurz, das Reich der Mitte braucht Europa um Gestalten wie Erasmus oder Luther nicht beneiden.

Anahuac

Im Chinesischen lautet eine Bezeichnung für China *Hai nei:* »zwischen den [vier] Meeren«. In Nahuatl, der Sprache der Azteken und Zentralmexikos, heißt die indianische Erde *Anahuac,* das bedeutet »nah am Wasser«. Die Vorstellung eines von Wasser umgebenen Kontinents taucht auch in folgenden Umschreibungen auf: *cemanahua/cemanahuatl,* »die ganze Welt, die Welt bis an ihr Ende«, so als hätten sich China und Mexiko abgesprochen. *Uey atl,* das »Große Wasser«, eine Bezeichnung für den Ozean, aber auch die Geister,[19] umgibt die Welt der alten Mexikaner. Umringt von seinen Toten und einer unüberwindlichen Mauer aus Wasser war Anahuac eine andere ruhige Welt.

Aber nicht mehr lange. Ab 1517 beginnen die Spanier von Kuba aus die Küste des Golfs von Mexiko zu erkunden. Von ihren Schiffen aus entdecken sie das Festland, das wir Mittelamerika nennen und das zu jener

Zeit von einer Vielzahl von Völker unterschiedlicher Sprache, Geschichte und Kultur bewohnt wird. Die ganze Region hat eine mindestens ebenso lange Geschichte wie das alte China, aber die Verbindungen zur Vergangenheit sind viel loser. Für die Völker, die es bald mit den Spaniern zu tun bekommen werden, verliert sich die große Stadt Teotihuacan, die ihre Blüte zur Glanzzeit des Römischen Reiches hatte, im grauen Nebel der Vorzeit. Die geschichtliche Erinnerung deutet denn auch je nach Region das gemeinsame kulturelle Erbe ganz unterschiedlich: in Yucatán gehört es den Maya, in der Gegend von Oaxaca ist es zapotekisch und mixtekisch, im Tal von Mexiko wiederum Nahua. Jeder Versuch, einer geschichtlichen Rekonstruktion wird nicht nur wegen des Fehlens einer alphabetischen oder ideographischen bzw. logographischen Schrift erschwert, sondern auch durch die Tatsache, dass die Nahua-Völker, die ab dem 12. Jahrhundert in der Hochebene siedeln, andere Erinnerungen mitgebracht haben, welche teilweise die ihrer Vorgänger überlagern und auslöschen. Die Azteken haben so getan, als sei Mexiko-Tenochtitlan eine Gründung ex nihilo, obwohl doch schon andere Völker vor ihnen dieses Gebiet bewohnten.

Hinzu kommt ein Zeitbegriff, der nichts mit dem abendländischen Zeitbegriff zu tun hat, da zur Speicherung des Vergangenen in erster Linie auf das zyklisch sich Wiederholende zurückgegriffen wird. Zwei Herrscher namens Moctezuma regierten über Mexiko-Tenochtitlan, der eine in der Mitte des 15. Jahrhunderts, der andere zu der Zeit, als die Spanier ins Land kamen. Die Geschichte des Zweiten erinnert in so vielen Punkten an die seines Vorgängers, dass man meinen könnte, man habe eher die Ähnlichkeiten als die Eigentümlichkeiten hervorgehoben. Das zyklische Gedächtnis hebt auf die Spiegelungen und Wiederholungen ab und unterläuft dadurch die Rekonstruktion der Tatsachen, wie wir sie aus der abendländischen Geschichtsschreibung kennen. Das Bild der Vergangenheit, wie wir es verstehen, wird dadurch verschwommen. Eine solche Denkweise, das leuchtet sofort ein, hat große Mühe, das Unvorhergesehene und Unvorstellbare in seiner Einmaligkeit zu erfassen – und genau das war der Einbruch der Spanier. Ein solches Denken versucht das einmalig Neue auf bekannte Begriffe zu reduzieren, ohne aber wie die chinesische Kultur über eine jahrtausendealte Erfahrung im Umgang mit dem Fremden zu verfügen. Die Ming vergaßen nie, dass sie nach der

Vertreibung der Mongolen, die das China der Song-Dynastie unterworfen hatten, zur neuen Dynastie aufgestiegen waren.

Die für Mittelamerika charakteristische Vielfalt zeigt sich in seiner politischen Zersplitterung. Zu Anfang des 16. Jahrhunderts vereint im Tal von Mexiko eine Koalition, der »Aztekische Dreibund«, unter Führung von Tenochtitlan mehrere Stadtstaaten der Nahua-Kultur, die große Teile der zentralmexikanischen Hochebene beherrschen. Doch die Nahuas des Dreibunds sind beileibe nicht die Einzigen, die sich den mittelamerikanischen Raum teilen. Die Purepechas im Nordwesten, die Mixteken und Zapoteken im Süden, die Totonaken im Osten, ferner die Otomi und andere Völkerschaften widersetzen sich dem Dreibund. Auf der Halbinsel Yucatán sind die Erben der großen Maya-Kulturen die Ersten, die mit den Spaniern in Berührung kommen. Mexiko-Tenochtitlan, die Hauptstadt der Azteken, ist mit seinen zwei- bis dreihunderttausend Einwohnern eine der größten Städte der damaligen Welt, doch neben ihr gibt es auf der Hochebene weitere Städte: Texcoco, Cholula, Tlaxcala und einige andere sind wirtschaftliche, politische und religiöse Zentren, die zum Staunen der spanischen Eindringlinge alle in Blüte stehen.

Während das chinesische Kaiserreich mit einem weitreichenden Verwaltungsapparat über ein relativ geeintes politisches Territorium herrscht, ist das Gebiet der Azteken nur dem Namen nach ein Reich. Zu großen Teilen ist es, wir werden das später noch sehen, eine Erfindung des Hernán Cortés und der Geschichtsschreibung, die sich auf ihn beruft. Von allen Seiten hat man die Sache aufgebauscht, um dem spanischen Sieg mehr Glanz zu verleihen oder die Tragödie der Indios herzzerreißender zu schildern. Tatsächlich erringen Mexiko-Tenochtitlan und seine Verbündete ihre Vormachtstellung durch Überfälle und Beutezüge ins Umland, die aber nicht immer erfolgreich sind. Da es an Straßen und Zugtieren fehlt, geht die Ausdehnung ihrer Einflusszone unweigerlich einher mit einer Schwächung der politischen und wirtschaftlichen Kontrolle, zu der der Dreibund fähig ist.[20] Vorherrschaft ausüben bedeutete nicht, den Gegner systematisch seiner Macht, seiner wirtschaftlichen Ressourcen und seiner Götter zu berauben, sondern ihm einen Tribut aufzuzwingen und von ihm einen Unterpfand seiner Loyalität, das heißt Geiseln, zu erhalten. Die Sieger wollen die Besiegten nicht in andere Menschen verwandeln. Dagegen machen die Chinesen schon seit langer Zeit Volksgruppen, die keine Han sind, zu Chinesen, und die Spanier ihrerseits planen, die Indio-Bevölkerung zu christianisieren. Zwar lässt sich nicht belegen, dass die Azteken diese Herrschaft des minimalen Aufwands ohne Besatzung und ohne politische Integration ganz bewusst gewählt hätten, aber sie haben sie zu ihrem Vorteil entwickelt und sowohl die verbündeten als auch die feindlichen Völker in der Region in die Schranken verwiesen. Die spanischen Konquistadoren werden im Machtkampf ganz andere Spielregeln durchsetzen.

Die »kaiserliche« Verwaltung beruht im Wesentlichen auf den Tributverwaltern des Dreibundes, den *Calpixqui.* Sie stammen aus den Reihen des Adels und haben die Aufgabe, in jeder Region in vierzig Provinzhauptstädten den Tribut zu erheben.[21] Im Land selbst arbeiten Eintreiber oder *Tequitlahtoh,* die den höherrangigen *Calpixqui* unterstehen. Ein Teil der Tributzahlungen geht nach Mexiko, der Rest wird für den Unterhalt der Garnisonen in der Provinz verwendet. Das ist nicht mit den Scharen von Mandarinen, Richtern, Militärs und Zollbeamten zu vergleichen, mit denen es die Portugiesen überall in China zu tun bekamen.

Die Krieger spielen eine ausschlaggebende Rolle in Mexiko. Mit ihrem entschiedenen Eingreifen zwingen sie die anderen Territorialfürsten zur Lieferung von Tributen und Geiseln an die aztekische Hauptstadt und an ihre Verbündeten. Sicherlich haben sich die spanischen Eroberer, die ja vor allem Soldaten waren, in dieser Hinsicht weniger fremd gefühlt, als sie es gegenüber einem Schwarm von hochgebildeten Bürokraten gewesen wären. Freilich ist der aztekische Krieger anders geprägt als der spanische Soldat. Das Kriegerethos der Nahua zielt auf den Kampf Mann gegen Mann und auf die Gefangennnahme. Daraus folgt ein Einzelkämpfertum mit Rivalität auch in den größten Gefahren der Schlacht. Der Krieger muss selbst wissen, wie er seinen Gegner überwindet, und er darf nie vergessen, dass er mit dem Tod bestraft wird, wenn er den Kampf aufgibt.[22] Solche Krieger, die ausschließlich auf ihren hohen Rang achten und auf die mit diesem Rang verbundenen Privilegien – was manchmal bis zur Mogelei führt –, eignen sich weniger für kollektive Operationen, bei denen der Zusammenhalt der Truppe wichtiger ist als die Kampfkraft des Einzelnen. Aus dem mitleidslosen Blick des anderen, der selbst kleine Regelverstöße denunziert,[23] spricht ein rigides Denken innerhalb der militärischen Eliten, das sich in gänzlich neuen Situationen schwertut.

Allerdings haben sich die Krieger nicht sklavisch an diese hehren Grundsätze gehalten. Bei den Auseinandersetzungen mit den Spaniern stellt sich rasch heraus, dass die Indios geschmeidiger in ihren Bewegungen und in der Wahl ihrer Taktik sein können. Das liegt erstens daran, dass es kein stehendes Heer gibt: Mexiko und seine Verbündeten stellen Truppenkontingente zusammen, die mehr oder weniger koordiniert gegen aufständische Volksgruppen oder bekannte Erzfeinde kämpfen. Überraschenderweise bilden Letztere unbesiegte Widerstandsnester im Einflussgebiet des Dreibundes, so im Fall der Tlaxcalteken. Der Grund dafür liegt in der Tatsache, dass jede militärische Intervention rasch an ihre Grenzen stößt. Auch die kleinste Truppenbewegung stellt ein logistisches Problem dar. Das einzige Fortbewegungsmittel sind die Beine und überall ist das Gelände gebirgig. Das Lastentragen ist mit Zwängen verbunden, denn für jeden Krieger muss mindestens ein Träger zur Verfügung stehen, damit Material und Proviant dem Zug der Truppe folgen. Wegen fehlender Straßen, aber auch aus der Macht der Gewohnheit werden die einheimischen Träger, die *Tamemes,* auch nach der Eroberung des Landes durch die Spanier so lange ihren Dienst tun, bis Lasttiere ihre Stelle einnehmen.

In Gebieten, in denen Straßen, Kanäle und Flüsse nicht existieren, hält sich die Schlagkraft der für jeden Krieg neu mobilisierten Truppe in engen Grenzen und die Unterdrückung der Besiegten bleibt relativ. Von einer allmählichen Integration der besiegten Völker kann keine Rede sein, vielmehr sind es periodische Repressionsmaßnahmen, in deren Verlauf die feindlichen Eliten dezimiert und auf den Altären von Mexiko-Tenochtitlan geopfert werden. Zu jeder Zeit kann das Auftreten eines neuen Akteurs das für den Dreibund günstige Kräfteverhältnis durcheinanderbringen und seine Vorherrschaft infrage stellen. Diese hängt vom Grad der Feindschaft der anderen Akteure ab, die sich im Tal von Mexiko tummeln: Die Tenochcas haben ihre direkten Nachbarn in Tlatelolco gedemütigt und diese rächen sich nun an ihnen; die Verbündeten in Texcoco betrachten missgünstig den Hochmut von Mexiko-Tenochtitlan; die Nahuas von Tlaxcala kämpfen seit Generationen gegen diejenigen aus dem Hochtal von Mexiko, die Purepechas von Michoacan bremsen soweit es irgend geht den Vormarsch des Dreibundes nach Nordwesten.[24] Die erst seit kurzem im Hochtal von Mexiko siedelnden Azteken müssen für ihren Herrschaftsanspruch kämpfen, die Ressentiments der Verbündeten überwinden und ihren traditionellen oder potenziellen Feinden entgegentreten.

Ist das Ganze nun ein »Aztekenreich« oder nur ein Kartenhaus? Hüten wir uns, den Niedergang der Azteken vorschnell auf die letzten Jahre ihrer glanzvollen Herrschaft zu projizieren. Andere geschichtliche Umstände hätten ihre Position stärken können, sodass am Ende, wer weiß, ein Reich, das diesen Namen verdient, entstanden wäre.

Paradoxerweise kommt die größte Bedrohung, ob real oder nur so empfunden, aus dem Innern des Reiches und nicht von den fernen Grenzen oder gar von der Küste. Die nur zweihundert Kilometer von Mexiko entfernte Stadt Tlaxcala leistet dem Dreibund Widerstand, während ihm im Norden oder Süden kein nennenswerter Gegner entsteht. Dass eine feindliche Flotte am Horizont auftauchen könnte, ist für die Azteken vollends undenkbar. Sie halten die Erde für eine Scheibe bzw. ein Rechteck aus vier Teilen, umgeben von einem Weltmeer, dessen Enden sich aufrichteten, um das Himmelsgewölbe zu tragen. Angriff und Verteidigung der Azteken zielen auf einen nahen Gegner, keinesfalls auf einen fernen, über das Meer kommenden »Außerirdischen«.

Unsere Begriffe von Religion, die Unterscheidung von Profan und Sakral, die Idee des Göttlichen, verdunkeln wie im Fall Chinas die eigentümlichen Glaubensvorstellungen, Mythen und Riten der Azteken. Die wissenschaftliche Herangehensweise verführt dazu, diese Begriffe auf Verhaltensweisen und Mentalitäten anzuwenden, die wir kaum richtig wahrnehmen. Sie lässt Zweifel an der Angemessenheit der Begriffe gar nicht aufkommen. Nur wenige Autoren tappen nicht in diese Falle, die der Grund für den fehlenden Erkenntnisfortschritt ist.[25] Die mesoamerikanischen Gesellschaften versuchen ihr Schicksal durch ihr Verhältnis zur Zeit zu meistern, und darin finden sie auch den Sinn, den sie der Welt geben. Ihr Zeitbegriff, wir haben es bereits gesagt, ist mit dem unsrigen nicht vereinbar.

Für die Azteken muss Zeit gewonnen werden, um das Ende der Welt hinauszuzögern. Deshalb die allgegenwärtige Opferpraxis, die strengen, durch den Kalender *Tonapohuali* festgesetzten Riten unterliegt. Wie in China gibt es kein religiöses Dogma, geschweige denn eine Orthodoxie. Ist das Fehlen kanonischer Schriften im chinesischen, jüdisch-christlichen oder islamischen Sinn eine Erklärung dafür, dass offenbar keine religiösen Streitigkeiten existiert haben? Oder übergehen die einheimischen Informanten mit Schweigen, was Gegenstand der Diskussion in den *Calmecac*-Versammlungen gewesen sein könnte, wo vielleicht nicht über Grundsätzliches, aber doch über die Zweckmäßigkeit der Riten, den Vorrang dieser oder jener Gottheit, die richtige Interpretation des Kalenders und die Exaktheit der Berechnungen gestritten wurde. Dass die Gestalt des Gottes Quetzalcoatl Gegenstand unterschiedlicher Erzählungen und gegensätzlicher Deutungen geworden ist, könnte ein Hinweis darauf sein, dass es dramatische Meinungsverschiedenheiten gegeben hat, an deren Ende der Bruch, die Verbannung und der Selbstmord standen. Die Varianten, die uns überliefert sind, belegen die Verschiedenheit der Standpunkte. Aus ihnen kann man ablesen, dass sich partikulare Interessen gewöhnlich durch den Kult einer Stiftergottheit, die sich von allen anderen Gottheiten abhebt, Ausdruck verschaffen.

Unklarheit herrscht auch über die Regeln des profanen Alltags. Innerhalb der Familie und im Gruppenverband scheinen die Beziehungen durch eine strenge Moral geregelt worden zu sein, aber die Schilderungen spanischer Mönche lassen viele Fragen offen. Haben sie nicht aus Bewunderung für die Sittenstrenge, um nicht zu sagen die puritanische Härte, die sie noch beobachten konnten, und aus Sorge, die Reste des Erbes der Besiegten zu retten, deren Normen und Verhaltensweisen so gedeutet, dass sie verständlich, akzeptabel und mit dem neuen christlichen Glauben vereinbar werden?[26]

Weniger als ein Jahrhundert später werden die nach China gekommenen Jesuiten die Gebräuche der Einheimischen idealisieren und ein ähnliches Interpretationsmuster anwenden, um den Weizen – die konfuzianische Ethik – von der Spreu – dem Aberglauben der einfachen Leute, dem Götzendienst der Bonzen – zu trennen. Aber die Chinesen widerstanden einer solchen Säuberung, während die Indios des alten Mexiko sich nicht wehrten. Sie wurden – und zwar nicht widerwillig – die erste Christenheit der Neuen Welt. Ob China oder Mexiko, die Zeugnisse der Gebildeten aus beiden Reichen bedienen uns mit Bildern und Vorstellungen, die zu kohärent sind, um wahr zu sein. Was sich hinter ihnen verbirgt, ist nicht leicht zu erkennen.

Zwei Denkwelten

Aber darf man von Gebildeten sprechen, wenn in Anahuac Gesellschaften leben, die die Schrift nicht kennen, oder doch zumindest keine alphabetische oder ideographische Schrift? Bekannt sind hieroglyphenartige Bilderschriften auf Leder oder Pflanzenmaterial, die dazu dienen, eine Vielfalt von Informationen festzuhalten, und hier in erster Linie die Kalender, deren Interpretation von größter Bedeutung für die gesamte Ordnung der Gesellschaft war und aus aztekischer Sicht die Existenz des Menschen auf Erden *(tlalticpac)* betraf.

Die aztekische Schrift repräsentiert keine Begriffe, vielmehr werden Elemente aus der sichtbaren und unsichtbaren Welt zu farbigen Bilderbögen organisiert, die wir heute zu Unrecht Codices nennen. Für die spanischen Eroberer waren es schlicht »Malereien«. Da es keine Texte gibt, die reproduzierbar sind und die zur Meditation und zum Kommentar einladen, erhält das Bild im Vergleich zur Tradition der lateinischen Christenheit oder des alten China eine privilegierte Stellung. Doch das Bild repräsentiert keine Inhalte, es gehört ganz der Ordnung des *Ixiptla* an. Auf allen Ebenen beschwört es das Unsichtbare und vergegenwärtigt es, sei es in den farbigen Codices, in der monumentalen Tempelarchitektur oder in Festprozessionen, die regelmäßig in den großen Städten abgehalten wurden.

Die wiederkehrende Prozession der Götter, Priester und Opfer, die regelmäßig stattfindenden Menschenopfer – als Nahrung und Gabe für die Götter und als Begleichung einer Schuld – setzen das Leben der Menschen mitsamt den angehäuften Gütern in Bewegung, ehe beide verschlungen werden. Im Ritual wird der Augenblick dramatisiert, wird die Zeit, je nachdem, beschleunigt oder verlangsamt. Für alle Teilnehmer zeigt sich in ihm die numinose Gestalt der Welt und ihr unerbittlicher Gang. Menschliche Organe, Schmuckgegenstände, Tiere und Pflanzen verbinden sich kaleidoskopisch zu immer neuen Korrespondenzen zwischen Lebewesen, Wörtern und Dingen, hinter denen das Heilige und Göttliche aufscheint. Das Herz, das dem Opfer aus der Brust gerissen wird, vergegenwärtigt die blutfarbene Barbarei, aber Frucht und Herz verweisen gemeinsam auf die rot aufgehende Sonne. Hier ist nichts symbolisch oder metaphorisch,[27] auch kein Geist, der wie in einem chinesischen oder europäischen Buch an einen Text gebunden wäre. Alles mündet in glanzvolle, aufwändige Inszenierungen, die sich immer wiederholen, solange die Götter leben. »Inszenierung« ist ein schwacher Ausdruck und »Mythos« ein zu literarischer Begriff. Diese »Mythen« umfassen Erfahrungen körperlicher, kollektiver, olfaktorischer Art wie den Verwesungsgeruch von Fleisch und Blut, wie den Anblick geschlachteter Menschen in Gesellschaften, in denen es keine Tierschlachtung gibt. Sie umfassen auch Szenen kollektiven Rausches nach dem Genuss von Pulque, dem gegorenen Agavensaft, oder halluzinogener Pflanzen. Die Menschen tauchen kollektiv in diese Mythen wie in ein Jenseits des Todes und des Heiligen ein und erleben Trauma und Ordnung zugleich. Das ist mehr als ein Text als Ideensubstrat, den man liest oder auswendig lernt und dessen Auslegung man in aller Ruhe am Kamin mit der Feder bzw. dem Pinsel in der Hand fortsetzen kann.

Mehr darüber zu sagen fällt schwer. Denn anders als das chinesische Denken, das uns ebenfalls fremd erscheint, aber nicht unentzifferbar ist – vorausgesetzt man nimmt die Mühe auf sich –, bleibt uns das Denken der alten Mexikaner für immer unzugänglich, während das der Überlebenden der Konquista unweigerlich den Stempel der Kolonisation trägt. Es stimmt zwar, dass vieles unsere geistige Welt von China und Mexiko trennt, aber das hat zur Folge, dass diese Kulturen für uns am Ende verschwimmen. Liegt es daran, dass beide eine Alternative und eine Herausforderung für unsere Denkgewohnheiten darstellen?

Entsprechen sie sich aber wirklich? Anahuac und Zhongguo haben Prinzipien gemeinsam, die nicht zu unserem europäischen Denken gehören, etwa die Vorstellung, dass keine absolute und ewige Wahrheit existiert, dass es keine unauflöslichen Gegensätze gibt, da es eher um Alternativen gehe. Beide Kulturen bevorzugen anstelle des Satzes vom Widerspruch eher die Denkfigur der sich ergänzenden Prinzipien – das Yin und Yang der Chinesen bzw. das *atl-tlachinolli,* das Wasser-Feuer der Nahuas. Hat das allgegenwärtige Pneuma, das *Qi,* die Lebensenergie, die das ganze Weltall durchwebt, ihr Pendant im mexikanischen *Tona?* Wird die Welt auf beiden Seiten des Pazifiks als ein durchgängiges Netz von Beziehungen zwischen den Teilen und dem Ganzen gedacht und nicht als eine Summe von unabhängigen Monaden, die alle eine Essenz darstellen?[28] Soll man diese Verwandtschaften mit dem Vorhandensein von Schriftsystemen erklären, die mit unserer alphabetischen und phonetischen Schrift nichts gemein haben? Darf man von jedem chinesischen Logogramm und von jeder aztekischen Hieroglyphe sagen, sie seien »ein Ding unter anderen Dingen«? Das Fehlen eines Verbs mit der Bedeutung »sein« in den traditionellen Formen der beiden Sprachen ist wahrscheinlich nicht ohne Auswirkung auf das Denken der Beziehung zur Welt geblieben.

Gestehen wir uns ein, dass solche Wahlverwandtschaften schon etwas Verführerisches haben. Und da es nun einmal ausgeschlossen ist, ohne den europäischen Filter Zugang zum Denken der alten Mexikaner zu finden, wäre es doch denkbar, dass das Modell des chinesischen Denkens uns neue Zugangswege öffnet. Es wird uns zwar nicht die Eigentümlichkeit des *Ixiptla* verstehen lassen, aber kann es uns für eine erste Annäherung behilflich sein? Hüten wir uns nur vor Übereifer beim Erschließen dieser nicht-abendländischen Denktradition, damit wir aus Sehschwäche keiner optischen Täuschung erliegen.

Die Öffnung zur Welt

Die Geschichte der europäischen Expansion hat lange Zeit die Welt in Eroberer und Eroberte geschieden. Dem Tatendrang und der unerschöpflichen Neugier der Europäer standen die Trägheit der alteingesessenen Gesellschaften gegenüber, die abgeschottet von der übrigen Welt lebten. China hat unter diesem Bild gelitten, glaubte man doch, es schliefe – so Napoleons berühmtes Diktum »Wenn China erwacht …« – zurückgezogen hinter der großen Mauer. Was das Amerika der Ureinwohner betrifft, so hielt man seine isolierte Lage auf dem Planeten als eines seiner wesentlichen Merkmale.

Das ist falsch im Falle Chinas und es trifft auch nicht auf Amerika zu. Die Gesellschaften Mittelamerikas haben nie isoliert voneinander gelebt und sie kannten sich sehr wohl. Nicht nur kann die Geschichte der gesamten Weltregion als eine Abfolge von Völkerwanderungen gelesen werden, in deren Verlauf die Völker aufeinander trafen und sich mischten, nicht nur hat der religiöse, politische und künstlerische Austausch seit der Epoche von Teotihuacan und vermutlich sogar noch früher ganz Mittelamerika geprägt, sondern die »Blumenkriege« und regelmäßig stattfindenden Beutezüge haben für periodische Auseinandersetzungen und Kontakte unter den Völkern gesorgt.

Die Welt aus der Sicht der Pochtecas

Zu diesen Kontakten gesellt sich der Fernhandel, den die *Pochtecas* des Dreibundes betreiben. Deren Unabhängigkeit wird von den Kriegern und Fürsten nicht gern gesehen. Die *Pochtecas* reisen regelmäßig ins Ausland, besuchen auch entfernte Fürstentümer, sprechen mehrere

Sprachen, sind immer gut informiert und können im Bedarfsfall auch in feindlichem Milieu untertauchen, indem sie die Sprache, die Kleidung und die Gebräuche der Fremden annehmen. Alles das sind Gründe, die sie bei den Kriegern von Mexiko-Tenochtitlan verdächtig machen. Sie besitzen die geistige Beweglichkeit und Weltläufigkeit – um nicht zu sagen den Kosmopolitismus (aber das wäre ein Anachronismus) –, die den Kriegern fehlen. Sie fühlen sich nicht nur in einer Stadt zuhause. Der Fernhandel verband die Zentren der Hochebene mit den südlichen Provinzen, den Küsten im Osten und Westen, mit der Golfregion (Veracruz, Tabasco) und Zentralamerika (Chiapas, Soconusco, Guatemala). Von hier aus führten andere Handelsrouten über weitere Relaisstationen bis nach Kolumbien und Ecuador.

Viele hatten also keine Scheu, in die Ferne zu gehen. Nicht ohne die üblichen Vorsichtsmaßnahmen, denn wie in allen Phasen des Lebens standen die Händler auf ihren Reisen unter dem Einfluss der Zeichen. Reisende, auch Pilger und Medizinmänner, unternahmen nichts ohne den astrologischen Kalender zu konsultieren, den sie stets mit sich führten. In ihm vermischen sich die Zeichen der Nahua, Mixteken und Maya, ein Beleg dafür, dass die Traditionen im Fluss sind und Vorstellungen, über die wir nur sehr wenig wissen, einen religiösen Synkretismus bilden.[1] Wie die Güter des Fernhandels folgen auch Formen und Vorstellungen den Routen, die seit Jahrhunderten, ja seit Jahrtausenden Mittelamerika durchziehen.

Doch der Mobilität stellen sich Hindernisse in den Weg: Es gibt keine Zugtiere und es fehlt der Gebrauch des Rades, obwohl archäologische Funde belegen, dass es bekannt war. Das durchweg gebirgige Terrain und nur wenige schiffbare Wasserläufe sind weitere Gründe, weshalb der Reise- und Güterverkehr, verglichen mit den Verhältnissen in China oder Europa, nur langsam vorankommt. Beim Einsatz von Menschen als Trägern sind Gewicht und Umfang des Transportgutes begrenzt. Da Straßen fehlen, ist diese Transportmöglichkeit dennoch durchaus effizient. Die spanischen Kolonisatoren erkennen das rasch und nutzen die indianischen Träger skrupellos aus. Dass bei den Azteken das Rad keine technische Anwendung gefunden hat, stellt einen erheblichen Nachteil dar. Sie kennen weder das Glas noch den Stahl und verfügen nicht über Maschinen, um sich zu verteidigen (Kanone, Arkebuse, Armbrust, Katapult), um zu produzieren (Webstuhl, Mühle) oder um zu kommunizieren (Buchdruck).

Zu Beginn des 16. Jahrhunderts verschaffen die Maschinen den Europäern noch keinen überwältigenden Vorteil, aber der Weg ist beschritten zu einer Welt, in der die Existenz, das Überleben und der Erfolg der Menschen mehr und mehr von Apparaten abhängt. Die Fähigkeit, Maschinen zu bauen und einzusetzen, verleiht den Chinesen und Europäern Macht und es ist ein Zeichen von Modernität. Die Azteken werden das zu ihrem Leidwesen erkennen müssen.

Die Flotten des Kaisers

Das »mittelalterliche« China ist keineswegs das abgeschottete und stagnierende Land, als das es uns in unserer Unkenntnis immer noch erscheint. Seit dem 15. Jahrhundert erkundet das Kaiserreich die Meere und stößt bis an die Ufer Ostafrikas vor. Einige Zeit vorher war China die Ausgangsbasis für die Herrschaft der Mongolen, die sich bis zu den Steppen Polens und Ungarn erstreckte. Dass es sich nach dem Einstellen der Expeditionen unter dem islamischen Admiral Zheng He wieder auf die Reichsgrenzen zurückzog, hat nur relative Bedeutung. Zum einen weil eine sehr umtriebige chinesische Diaspora über ganz Südostasien verteilt ist;[2] zum anderen weil China unter den Ming – die seit 1368 regierende Dynastie – durchaus nicht auf die Vorherrschaft in dieser Weltsphäre verzichtet hat. Die Beziehungen zu Tibet und den Oasen Zentralasiens, zu den Mongolen und Jurchen im Norden sowie zu den Koreanern und Japanern im Osten und Südosten zeugen von der Weite der chinesischen Einflusszone und der Komplexität einer an den jeweiligen Einzelfall angepassten Politik. Die Tatsache, dass es eine Verwaltung für die Beziehungen zum Ausland gibt, die Neugier für alles Fremde, die Kenntnisse, die man von der Fremde hat und die ungehinderte Zirkulation von Personen und Büchern – alles das verbietet es, China als ein Reich anzusehen, dass sich hinter seinen Grenzbefestigungen verschanzt.

Freilich gefallen den konfuzianischen Gelehrten diese Kontakte mit der äußeren Welt nicht und den hohen Beamten sind sie ein Grund zur Sorge. Im Jahr 1436 wird der Bau von seetüchtigen Schiffen sogar verboten.[3] Vierzig Jahre darauf vernichtet man die Archive über die großen Expeditionen zur See und erst 1567 wird das Dekret über die »Schließung der Meere« *(haijin)* aufgehoben.[4] Der Handel mit dem Ausland wird nur unter strikter Kontrolle der Behörden geduldet. Die kaiserliche Marine bekommt den Auftrag, Jagd auf Schmuggler an der Küste von Fujian und anderswo zu machen. Strenge Strafen sollen den Verkehr mit dem Ausland unterbinden. Ein Chinese, der Fernhandel betreibt, seetüchtige Schiffe ausstattet, das Risiko nicht scheut, Zollbeamte besticht und sich am Ende schamlos bereichert, erwirbt sich kein Ansehen. Und dennoch, zu Beginn des 16. Jahrhunderts lassen sich Profitstreben und Schmuggel durch nichts bremsen. Der Import von Gewürznelken, Pfeffer und Safran ist so gewinnbringend, dass sich die chinesischen Händler untereinander einen zügellosen Wettbewerb liefern.[5]

Die Portugiesen kommen in ein Reich, das eifersüchtig über seine Grenzen wacht, aber gegenüber der Außenwelt nicht abgeschottet ist. Über welche menschliche Vielfalt dieses Reich verfügt, merkt man, sobald man das gängige, geglättete Bild der konfuzianischen Gelehrten beiseite lässt und den Blick auf Bevölkerungsgruppen wie die Eunuchen, die Frauen, die ethnischen und religiösen Minderheiten wie Buddhisten und Muslime richtet.[6]

Die Grenzen der Kultur

Chinas Grenzen verlaufen auf dem Festland und an der Küste.[7] Der Dreibund hat nur Grenzen auf dem Festland, denn das Meer trennt ihn nicht von anderen menschlichen Gesellschaften. Beiden Reichen ist aber gemeinsam, dass sie ein eigentümliches Verhältnis zu den Nomaden der Steppen haben. Aus dem Gegensatz der Lebensweisen ziehen die Sesshaften in beiden Fällen den Schluss, dass sie allein über Kultur verfügen. In China verbindet sich diese Vorstellung seit den Zeiten der Xia-, Shang- und Zhou-Dynastie mit der »vom Gelben Fluss umarmten« Region Zhongguo oder »Reich der Mitte«.[8] In Zhongguo sollen die Träger von *Wen* leben, ein Begriff, den man mit »Kultur« oder »Zivilisation« übersetzt. Wer außerhalb von Zhongguo lebt, kann daher nicht Kulturträger sein. Ursprünglich soll *Wen* eine Kraft gewesen sein, die sich von selber durchsetzt, indem sie alle, denen sie fehlt, in ihren Bann schlägt. In der Kaiserzeit wird sie zu der Lebensweise, die der gesamten Bevölkerung, die auf dem Gebiet des »Reiches der Mitte« siedelt, aufgezwungen wird.

In der Geschichte des vorkaiserlichen und kaiserlichen China kommt es immer wieder zu Barbareneinfällen aus dem Norden. Der erste ist vermutlich derjenige der Zhou im 2. Jahrtausend v. Chr.[9] Gewöhnlich werden die Invasoren sesshaft und nehmen die Lebensform der »Zivilisierten« an. So war es bei den Mongolen, die China bis zum Jahr 1368 regierten, und so geschah es auch einige Jahrhunderte später mit den Mandschu, die der Ming-Dynastie den Garaus machten.

Das gleiche Muster findet man auch in der Geschichte Mittelamerikas, Bewohner des Nordens dringen nach Süden vor und lassen sich dort zivilisieren. Als Folge von Klimaschwankungen verschiebt sich die Grenze der Ackerbauzone, wodurch es immer wieder zu unkontrollierbaren Bevölkerungsbewegungen kommt.[10] Die Azteken, aber auch die übrigen Nahua, sind sich bewusst, dass sie keine Ureinwohner sind, sondern von anderswo eingewandert sind: aufgebrochen aus dem mythischen Aztlan und nach einer heroischen Wanderung im neuen Aztlan, eben Mexiko-Tenochtitlan, angekommen.[11] Hier gleichen sie sich der ackerbautreibenden und in städtischen Gesellschaften lebenden Bevölkerung an, in der sie unbedingt heimisch werden wollen. Damit sind sie in gewisser Weise das genaue Gegenteil der Spanier und Portugiesen, die sich auf den Weg ans andere Ende der Welt machen. Aber Wurzeln fehlten den Azteken und sie haben viel Energie darauf verwendet, das zu korrigieren. Davon zeugt ihr Versuch, die Vergangenheit »umzuschreiben« und ihre Präsenz auf den Inseln im Texcoco-See, an den Seen und im Hochtal zu dokumentieren. Der Bau des Großen Tempels, *umbilicus mundi*, ist das spektakulärste Beispiel für diese Suche nach einer historischen Tiefe und nach einer physischen und geistigen Verankerung in der Mitte der Welt. Die Azteken und ihre Verbündeten sind Neulinge im Tal von Mexiko und in der Geschichte. Gleiches gilt auch für die Ming, die ein halbes Jahrhundert nach der Gründung von Mexiko-Tenochtitlan an die Macht kommen. Auf beiden Kontinenten verstehen es die neuen Herren, sich das Erbe ihrer Vorgänger – Song, Yuan oder Tolteken – anzueignen.

Die Priester und Machthaber der Nahua tun alles, um sich von denen abzusetzen, die sie nicht mehr sein wollen. Ihr Begriff von Kultur ist untrennbar mit dem Erbe der legendären Stadt Tula und der Kreativität ihrer Einwohner, der Tolteken, verbunden, jener »Maler, Verfasser von Codices und Bildhauer«, Kenner der Holz- und Steinbearbeitung, Erbauer von Städten und Palästen, Meister der Schrift und der Keramik.[12] Miguel León-Portilla meint im Namen *Toltecayotl* eine Entsprechung unseres Begriffs der »Zivilisation« zu erkennen, denn er umfasst das Wissen und die Künste aus der Vorzeit des Tals von Mexiko. Die Herren des Dreibunds wissen, dass sie aus dem Norden stammen und entbehrungsreiche Zeiten hinter sich haben, als sie nämlich noch als Chichimeken durch das Land vagabundierten.[13] Die Bezeichnung »Chichimeke« wird im 16. Jahrhundert unter dem Einfluss der Europäer zum Synonym für Plünderer, Nomade und Barbar. Man stellt sich darunter den primitiven, nur mit Fellen bekleideten Indianer vor, der als Jäger in der Kakteenwüste lebt.

Ein Gegensatz zwischen den »Barbaren« und den »Zivilisierten« besteht also auch hier, aber wird anders ausgedrückt als in China oder Europa, denn in Mexiko präsentiert sich der »Zivilisierte« als ehemaliger »Barbar«. Sind es nicht gerade die ersten chichimekischen Einwanderer, die sich mit den Nonoalca verbinden und die Stadt Tula errichten, diesen Inbegriff der Kultur und Zivilisation?

Das Meer

Lange Zeit war für die Chinesen das Meer das Gebiet der Inseln der Unsterblichen. Die der Küste vorgelagerten Inseln sind seit alters her den Gottheiten geweiht, so die Insel Putuo Shan draußen vor Zhejiang, südlich von Hangzhou, wo der Bodhisattva Guanyin gelebt haben soll; oder die Insel Meizhou vor der Provinz Fujian, wo die Himmelsgöttin Mazu verehrt wurde.[14]

An den Küsten herrschte von Anfang an ein reges Leben. Seit der Han-Dynastie (206 v. Chr. bis 220 n. Chr.) baute man seetüchtige große Schiffe. Hier wurden Gesandtschaften und Handeltreibende aus allen Ländern der Region empfangen. Schon im 4. Jahrhundert kommen immer häufiger ausländische Kaufleute. Zu ihnen gesellen sich buddhistische Mönche aus Indien und Südostasien, die ihren Glauben in Südchina verbreiten. Unter der Tang-Herrschaft bestehen bereits direkte Verbindungen mit dem Golf von Persien und dem Roten Meer. Nun etablieren sich Kaufleute aus Westasien an der Südküste und machen die Chinesen mit dem Islam bekannt. Unter Ausnutzung der Monsunwinde gelangen die Neulinge nach Guangzhou (Kanton) und sorgen für einen steilen Aufstieg der Stadt. In den Jahren 684 und 758 kommt es zu Auseinandersetzungen mit den dortigen Behörden. In diesem Zusammenhang ist von »Persern und Arabern« die Rede, die man der Störung der öffentlichen Ordnung bezichtigt. Um die gleiche Zeit lassen sich Gruppen fremder Händler in Yangzhou und Guangzhou nieder. Schon Ende des 9. Jahrhunderts sind dort viele Muslime ansässig. Nicht nur der Islam klopft an, die chinesische Küste öffnet sich auch Manichäern, nestorianischen Christen, Anhängern des Brahmanismus und seit dem 13. Jahrhundert auch römisch-katholischen Christen. Unter dem Einfluss der vielen unterschiedlichen Sprachen, Völker und Religionen erhält die Küste im 13. und 14. Jahrhundert ein kosmopolitisches Gepräge. Die südliche Provinz Fujian ist so wohlhabend, dass man zu Recht behaupten konnte, der Hafen von Quanzhou (Zaytun im Arabischen) sei im 16. Jahrhundert für das meerfahrende China das gewesen, was Shanghai in den 1920er-Jahren und Hongkong in den 1970er-Jahren gewesen ist.[15] Eine fesselnde Beschreibung dieses Hafens, der Handel mit ganz Südostasien treibt, verdanken wir übrigens dem aus Italien stammenden jüdischen Kaufmann Jacob d'Ancona.

Da kann es nicht verwundern, dass auch die Chinesen selber von diesen Handelsströmen profitieren wollen. Sie rüsten hochseetüchtige Schiffe aus, treiben Handel mit Korea und Südostasien und versorgen eine ständig wachsende chinesische Diaspora. In diesem Zusammenhang finden die berühmten Expeditionen vom Anfang des 15. Jahrhunderts statt, für die seit Jahrhunderten bekannte Seewege zu den Küsten Arabiens und Ostafrikas erneut genutzt werden. Angesichts der zunehmenden Bedeutung des Handels sieht sich die Regierung der Ming veranlasst, ihre Kontrolle über den Warenaustausch dadurch zu festigen, dass sie einigen Häfen das Monopol für den Seehandel überträgt. Offiziell soll der gesamte Handelsverkehr über Handelsmissionen abgewickelt werden, deren Zusammensetzung, Häufigkeit und Reisewege zu Lande und zu Wasser festgelegt sind. Behörden werden eingerichtet, geschlossen oder an andere Orte verschoben, ohne dass es gelingt, die Außenhandelsbeziehungen wirklich zu kanalisieren.[16] Die nach China kommenden Portugiesen finden dort Gesprächspartner mit einer jahrhundertealten Tradition im Umgang mit Fremden und eine Verwaltung, die auf eine systematische Kontrolle von Menschen und Waren aus den südlichen Meeren erpicht ist.

Zur gleichen Zeit ziehen die zahlreichen Inseln vor der Küste Schmuggler, Geächtete und Piraten an, die alle die Zentralmacht an der Nase herumführen. Je deutlicher die kaiserliche Regierung ihren Willen bekundet, keinen privaten Außenhandel zu dulden, desto intensiver wird das Schmuggel- und Piratenunwesen. Dieser gesetzlose Raum ist für seine Grausamkeit berüchtigt.[17] Auch die Portugiesen fürchten diese Welt, lernen aber rasch, sich mit ihr zu arrangieren.

In Mittelamerika verläuft der Handelsverkehr überwiegend auf dem Land. Ein Seehandel existiert nicht, da es weder eine Flotte gibt, noch hochseetüchtige Schiffe. Nur die Maya verfügen über Barken, mit denen Küstenschifffahrt in tropischen Gewässern möglich ist. Verglichen mit China und seinem dichten Seewegenetz, seinen Häfen, kaiserlichen Flotten, Küstenwachen und Zollbeamten, auch seinem Schmugglerunwesen, scheint Mittelamerika, umgeben von fast menschenleeren Meeren, auf einem anderen Planeten zu liegen. Für die Chinesen ist zwar die Zeit der großen Entdeckungsfahrten vorüber, aber sie haben diese Errungenschaften nicht vergessen. Die Portugiesen und Spanier lernen erst jetzt den Reiz, die Gewinnchancen und die Gefahren des Fernhandels kennen. Die indianischen Ureinwohner Mittelamerikas unterscheiden sich darin von den Chinesen und Europäern, dass sie vom Wasser, das sie umgibt, gar nichts erwarten. Selbst dann nicht, als zu Beginn des 16. Jahrhunderts merkwürdiges Treibgut an ihrer Küste landet, das sie eigentlich neugierig machen sollte. »Man brachte Moctezuma einen spanischen Koffer, der von einem im Nordmeer [Atlantik] untergegangenen Schiff stammen musste und in dem sich ein Säbel, Ringe, Schmuck und Kleidungsstücke befanden. Moctezuma verteilte den Schmuck an seine Fürsten in Tezcoco und Tacuba und behauptete, um sie nicht zu verstören, dass seine Ahnen den Schmuck für ihn versteckt aufbewahrt hätten, weshalb er sie bat, den Schmuck mit gebührendem Respekt zu behandeln.«[18]

Der Herrscher über Mexiko hält die Nachricht lieber verborgen aus Furcht, Spekulationen über das Ende seiner Herrschaft Nahrung zu geben. Der gerade zitierte Text wurde aber lange nach der Konquista verfasst, als schon alles entschieden war. Die Azteken konnten sich nicht vorstellen, dass die smaragdgrünen Wogen des heiligen Wassers ihnen ein ganz und gar unerwartetes Schicksal bescheren könnten.

Eine Geschichte mit feststehendem Ausgang?

Vor dem Hintergrund der europäischen Expansion scheint es uns aus heutiger Sicht klar, dass Mexiko kein ebenbürtiger Gegner war, während China alle Trümpfe hatte, um die von Übersee kommenden Eindringlinge abzuwehren. Diese Gewissheit gewinnen wir aber aus unserer Kenntnis der weiteren Entwicklung und aus den nachträglichen Interpretationen, die unser Gedächtnis prägen. War Alt-Mexiko mit 20 Millionen Einwohnern, aber ohne Eisen, ohne Maschinen und ohne Schrift, dazu verurteilt, durch die Hand von ein paar Tausend Spaniern unterzugehen? Waren die Augen der Azteken, die sich damals auf der Höhe ihrer Macht befanden, aufs Meer gerichtet, um ängstlich Ausschau nach Vorzeichen ihres raschen Verfalls zu halten? Ebenso absurd wäre es anzunehmen, die Spanier hätten sich bewusst auf die Eroberung Mexikos vorbereitet, da sie doch von der Existenz eines solchen Landes keine Vorstellung hatten.

Was sagt uns dieser kurze Überblick? Zunächst einmal sehen wir die ganze Vielfalt, Komplexität und Verschiedenheit der Personen, Sachen und Situationen, die Portugiesen und Spanier zur gleichen Zeit entdecken. Was bedeuten diese Entdeckungen im Kern? Im Augenblick der Begegnung besaßen die Portugiesen und Spanier kein Erkenntnismittel, die sich ihnen darbietenden Kulturen zu verstehen, wenn wir einmal annehmen, dass wir heute darüber verfügen. Nur: Ihnen und lange Zeit keinem anderen Europäer kommt es zu, die neuen Welten, die zum Greifen vor ihnen liegen, zu beobachten, zu beschreiben und zu verstehen. Nicht eine Welt, sondern gleich mehrere Welten gleichzeitig. Daraus müssen wir den Schluss ziehen, dass die Frage nach dem Blick des Europäers auf den Anderen oder des Anderen auf den Europäer nicht mehr als eine rein akademische Übung ist, die unweigerlich verwischt, was sich im 16. Jahrhundert tatsächlich zwischen den Portugiesen und Spaniern und dem Rest der Welt abgespielt hat. Diese mussten nämlich in mehreren Szenerien (amerikanische, asiatische, afrikanische, islamische) agieren und hatten es folglich mit einer ganzen Skala von Fremdheit zu tun (die gar nicht immer als solche erkannt wurde). Auf diese Weise haben sie die Grundlagen der damals beginnenden Globalisierung gelegt. Zugleich taten sie die ersten Schritte in die Moderne, eine nicht mehr eurozentrische Moderne, die sich den anderen Kulturen stellt. Es geht nicht darum, ob die Portugiesen und Spanier die anderen Kulturen verstanden haben (als gäbe es wieder eine Wahrheit zu erkennen und als wären wir heute eher in der Lage, sie zu finden), sondern es geht darum, zu erkennen, über welche Mittel sie verfügten, um mit ihnen unbekannten Kulturen in Berührung zu kommen, um sie sich später, wenn die Möglichkeit bestand, zu unterwerfen.

Um das Jahr 1510 beunruhigen im Hochtal von Mexiko viele Himmelszeichen die Gemüter, lähmen die Herrschaft Moctezumas und künden von kommendem Unheil. Um die gleiche Zeit ist auch der Himmel über Westeuropa mit Zeichen übersät. Im Jahr 1517 halten phantastische »Schlachten« am Nachthimmel über Bergamo die Bevölkerung in Atem, worüber viel geschrieben und publiziert wird.[19]

Der Himmel über China ist ebenfalls dramatisch belebt. In den ersten sechs Jahren der Regierung des Kaisers Zhengde haben die Drachen das himmlische Kaiserreich verschont, aber ab dem Sommer des Jahres 1512 tauchen sie immer häufiger auf. Zuerst zeigt sich ein roter, wie Feuer glühender Drache, dann fliegen am 7. Juli 1517 neun schwarze Drachen über den Huai-Fluss, »wo er den Großen Kanal schneidet«. Ein Jahr später durchpflügen drei feuerspeiende Drachen den Himmel über dem Jangtse-Delta. Sie verschlingen zwei Dutzend Schiffe, versetzen die Bevölkerung in Panik und fordern eine Unzahl an Opfern. Elf Monate später kommt es zu einer Drachenschlacht über dem Poyangsee, wie man sie seit 1368 nicht mehr gesehen hatte. Damals ging die Mongolen-Dynastie unter. In China gelten Drachenerscheinungen als unheilvolles Zeichen. Sie prangern unfähige Kaiser und eine verfehlte Politik an und künden von kommendem Unheil. Die Erscheinungen häufen sich, wenn die Herrschaft wankt und nicht mehr fähig ist, den Willen des Himmels angemessen zu vollstrecken.

Man sieht, dass Amerika und Europa nicht das Monopol für Himmelserscheinungen besitzen. Alle Gesellschaften auf dem Planeten, ob klein oder groß, verbinden sie mit Krisenzeiten, daher lesen Chinesen, Azteken und Europäer in ihnen alle das gleiche. Doch noch gehören sie Welten an, die voneinander nichts wissen. Zu Beginn des 16. Jahrhunderts ist der Himmel, wie die Kulturen, noch streng abgeteilt.[20]

Da die Erde rund ist

Um das Jahr 1515 herum richten die spanischen Siedler auf Kuba den Blick auf die Landmasse im Westen und Süden ihrer Insel. Die erste Expedition an die Küste Mexikos startet 1517. Die dritte unter Hernán Cortés sticht 1519 in See. Nach einem aufreibenden, aber siegreichen Krieg endet der Feldzug am 13. August 1521 mit der Eroberung Mexikos und dem Untergang der aztekischen Herrschaft. Mexiko wird fortan von Europäern regiert. Und der übrige Kontinent wird diesem Beispiel folgen. Ob Spanier und Portugiesen, Franzosen, Niederländer oder Briten, die Neue Welt wird für lange Zeit zur Beute der europäischen Mächte, die sie erobern, kolonisieren und der abendländischen Kultur einverleiben.

Zu den ersten anhaltenden Kontakten zwischen Portugiesen und Chinesen kommt es um 1511 in Malakka, wo eine bedeutende Emigrantenkolonie des chinesischen Kaiserreichs lebt. Im Jahr 1513 tauchen die ersten Portugiesen an der chinesischen Küste auf und versuchen in den folgenden zwei Jahren dort Fuß zu fassen. Im Juni 1517 verlässt eine portugiesische Gesandtschaft, insgesamt acht Schiffe, Malakka mit Kurs auf Kanton. Dort bleibt sie bis Januar 1520, ehe sie auf dem Landweg nach Peking vordringt. Es ist die erste diplomatische Mission, die eine europäische Macht ins Reich der Mitte schickt. Im Mai erreicht sie Nanking, im Sommer macht sie ihren Besuch am kaiserlichen Hof in Peking. Doch die Mission scheitert, ihre Mitglieder landen im Gefängnis. Die chinesischen Behörden weisen die Portugiesen, die sie für Spione und Diebe mit aggressiven Hintergedanken halten, ab und eliminieren sie schließlich. China wird den Europäern bis in die Mitte des 19. Jahrhunderts Widerstand leisten. Zwar muss es den Einmarsch fremder Truppen – seien es die Mandschu, Japaner oder Europäer – dulden, aber anders als Indien und ein großer Teil Asiens wird China niemals kolonisiert werden.

Parallelgeschichten

Warum sollte man diese parallelen Geschichten, in der es um das Schicksal sehr großer Teile des Globus geht, nämlich um das des präkolumbischen Amerika und um China, nicht in Beziehung setzen?[1] Die Fakten geben mehr her als nur eine schlichte Parallele. Zwar sind die Landungen der Spanier und Portugiesen an den Küsten Mexikos und Chinas keine abgesprochene Aktion, aber das zeitliche Zusammentreffen ist doch kein bloßer Zufall. Beide Ereignisse entspringen einer gemeinsamen Dynamik. Im 16. Jahrhundert kommen mehrere Erdteile erstmals mit den Europäern in Kontakt. Was daraus folgt, kann nur im globalen Maßstab begriffen werden. Rückblickend erscheinen diese Kontakte als unvermeidliche Vorboten einer globalen Vereinigungstendenz, die man erst ans Ende des 20. Jahrhunderts datiert. Die räumlich weit auseinanderliegenden, aber zeitlich synchronen und in gewisser Hinsicht symmetrischen und komplementären Ereignisse sind Generationen von Historikern entgangen, die an Begriffen und Einteilungen aus dem 19. Jahrhundert festhielten, die merkwürdigerweise auch heute noch als gültig angesehen werden.

Dabei braucht man die beiden Geschichten nur einander gegenüberzustellen und schon wird ein die Kontinente übergreifender Zusammenhang sichtbar, der mit dem Auftritt zweier neuer europäischer Mächte, Spanien und Portugal, Gestalt annimmt. Bei ihrem Sturmlauf über die Ozeane kommen sie mit Welten in Berührung, von deren Existenz sie so gut wie nichts ahnten. Die Zusammenstöße enden oft tödlich. Den Grund hierfür kann man in dem bewussten Streben nach der Weltherrschaft oder in einer westlichen imperialistischen Logik sehen, die die Portugiesen und Spanier, für die »die Welt keine Grenze und kein Ende hat«[2], um den ganzen Globus treibt. Diese einseitige Sicht trägt nicht der Tatsache Rechnung, dass zu einer Begegnung immer zwei gehören. Wie sich die Begegnung entwickelt, welche Intensität entsteht und welche Folgen sie hat, das hängt von den Partnern und dem Ort der Begegnung ab. Die Erschütterung ist in Mexiko und China keinesfalls gleich, selbst wenn hier wie dort Menschen und Kräfte aufeinandertreffen, die auf eine solche Auseinandersetzung nicht vorbereitet waren.

Verbundene Geschichten oder der Wettlauf zu den Molukken

Die beiden Geschichten hängen noch auf andere Weise eng zusammen, nämlich durch die »Gewürzinseln«, der Archipel der Molukken (*Maluku* auf Indonesisch) im fernen Südostasien. Von den Banda-Inseln im südlichen Teil der Molukken stammen Muskatnuss und Muskatblüte, während auf Ternate und Tidore (Nordmolukken) die Gewürznelke angebaut wird. Diese Gewürze, die von Chinesen wie Europäern gleichermaßen geschätzt werden, sind Gegenstand eines weltweiten Handels, der reichen Gewinn einbringt und von Südostasien bis ans Mittelmeer (Alexandria und Venedig) reicht. Die Portugiesen und Spanier sind überzeugt, dass ihre Seestreitkräfte ausreichen, um die Gewürzinseln unter ihre Kontrolle zu bringen und damit den weitläufigen Zwischenhandel zu umgehen. Die einen von Westen, die anderen von Osten treten sie in einen globalen Wettbewerb.

Der 1494 geschlossene Vertrag von Tordesillas hatte die damals bekannte Welt in zwei gleiche Hälften aufgeteilt, die den Portugiesen und den Spaniern zugesprochen wurden. Die Linie, die den Atlantik von Pol zu Pol trennte, war leicht auszumachen, aber der Antimeridian auf der anderen Seite des Globus war in seinem Verlauf nur virtuell und entsprechend vage. Gehörte der Archipel den Portugiesen zu Recht oder lag er in der den Spaniern zustehenden Hälfte? Die beiden Mächte streiten miteinander – zuerst auf der diplomatischen Bühne, dann mittels Kapitänen, Seeleuten und Soldaten –, um einen unklaren Grenzverlauf am anderen Ende der Welt. Zankapfel ist der Handel mit den Gewürzen, die die Molukken im Überfluss liefern.[3]

Die Portugiesen, die den Seeweg um das Kap der Guten Hoffnung beherrschen, nähern sich als Erste dem Ziel und erreichen es auch. Im Jahr 1505 trat König Manuel I. für weitere *descobrimentos* (Entdeckungen) auf dem Weg nach Malakka ein und forderte den Bau einer Festung in Malakka selbst oder nicht weit davon entfernt, um die Bedrohung durch die Spanier (die Neue Welt scheint so nah) abzuwehren. Was den Portugiesen ebenfalls Kummer bereitet, sind die geschäftstüchtigen Kaufleute, die man *Chins* nennt und von denen Marco Polo nicht berichtet hatte. Der König wird ungeduldig und beauftragt schließlich 1508 Diogo Lopes de Sequeira, Auskünfte über diese *Chins* einzuholen. Portugiesen sollen ihnen nördlich von Sumatra begegnet sein, die *Chins* hätten dort mit chinesischem Porzellan gehandelt.[4] Im darauffolgenden Jahr sieht sich die portugiesische Flotte in Malakka unvermittelt chinesischen Dschunken gegenüber. Doch alles verläuft friedlich, man lädt sich gegenseitig zum Essen ein und stellt Fragen über das Land und die Sitten des anderen. Von dieser Begegnung ist die erste Beschreibung der physischen Erscheinung der Chinesen überliefert. Fortan ist der Kontakt hergestellt und die Atmosphäre bleibt entspannt. Die Chinesen sind allem Anschein nach keine Muslime, aber sind sie wirklich Christen, wie die Portugiesen anfangs glauben?

Im Jahr 1511 erobern portugiesische Soldaten und Seeleute Malakka; Sultan Mahmud Schah flieht. Der Hafen wird zum Ausgangspunkt für das weitere Vordringen der Portugiesen nach Südostasien. In Malakka leben zahlreiche handeltreibende Landsmannschaften. Die neuen Herren verbünden sich mit den Tamul und den Kelig, vertreiben aber die Angehörigen der Gujarati sprechenden Gemeinde.[5] Zwar lehnten sie die von den Chinesen angetragene Zusammenarbeit ab, aber trotzdem kamen Kontakte zu chinesischen Kaufleuten in der Hafenstadt zustande. Im Jahr 1512 tritt einer ihrer Vertreter die Reise nach Lissabon an. Eine im gleichen Jahr geplante Reise nach China scheitert. Die Portugiesen setzen sich aber auf den Molukken fest, womit von portugiesischer Seite das Ziel erreicht ist.

Die Spanier verlieren aber nicht alle Hoffnung, doch noch die Kontrolle über den Gewürzhandel zu erlangen. Im Jahr 1512 betraut König Ferdinand der Katholische den spanischen Seefahrer Juan Díaz de Solís mit der Mission, sich auf die Spuren seiner Landsleute zu begeben und zu den Molukken zu segeln. Diese solle er für Spanien in Besitz nehmen und ein für allemal die Position der Grenzlinie des Vertrags von Tordesillas bestimmen, damit sie »eindeutig und für alle Zeit feststehe«. Ferner stehen auf dem Programm Ceylon, Sumatra, Pegu und, warum nicht, »das Land der Chinesen und der Dschunken«.[6] In Spanien soll damals eine Karte im Umlauf gewesen sein, auf der Malakka, die Gewürzinseln und die Küste Chinas auf der richtigen Seite, nämlich der Spanien zugesprochenen Sphäre, liegen.[7] Noch ehe man etwas von der Existenz Mexikos ahnt, zeigen die Spanier bereits ihren Anspruch auf China. Aber das Vorhaben erweckt den Argwohn Lissabons. Manuel von Portugal ist erzürnt und am Ende kommt die Expedition nicht zustande. Gibt Kastilien deshalb den Kampf auf? Im Jahr 1515 wendet sich Ferdinand erneut an Solís, er soll eine Passage suchen zwischen dem Atlantik und dem Meer, das Balboa im September 1513 entdeckt hat, jenes Südmeer, das man Pazifik genannt hat. Doch auch dieses Mal haben die Spanier kein Glück. Der Río de la Plata ist nicht das ersehnte Tor nach Asien, außerdem landet Juan Díaz de Solís im Bauch der Indianer.

Da nun aber die Erde rund ist, wissen die Portugiesen, dass die Spanier in ihrem Drang nach Westen eines Tages eben doch den Fernen Osten erreichen werden. Sie versuchen daher mit allen Mitteln und so rasch wie möglich, ihre Präsenz im Chinesischen Meer und auf den Molukken zu festigen. Das ist auch der Zweck der Gesandtschaft, die König Manuel 1515 nach Peking schickt. Die Portugiesen in Malakka haben ebenfalls keine Zeit vertan. Schon 1512 heißt es in einem Brief, dass Vorbereitungen für eine Reise nach China laufen. Diese Reise scheitert am Widerstand der islamischen Mittelsmänner, die den Weg nach Kanton sperren wollen.[8] Im Mai 1513 lässt Jorge Álvares eine Steinsäule oder *padrão* an der chinesischen Küste aufstellen. Zwei Jahre später verlässt Rafael Perestrello, ein portugiesischer Cousin des Christoph Kolumbus, Malakka mit dem Ziel, »China zu entdecken«, und erreicht Kanton. Drei Jahre danach ist er wieder in Lissabon, womit er die erste Reise von Portugal nach China und zurück absolviert hat.

Doch Spanien hat immer noch nicht aufgegeben. Im Jahr 1518 macht sich Ferdinand Magellan, ein anderer portugiesischer Seefahrer, der in spanische Dienste getreten ist, das Projekt des Díaz de Solís[9] zu eigen und erreicht auf dem westlichen Seeweg die Molukken. Er kennt die Region gut, da er mehrere Jahre im portugiesisch besetzten Asien verbracht, an der Eroberung Malakkas teilgenommen und den Archipel von Sunda erforscht hat. Der Zwischenhalt, den Magellan 1519 in Brasilien macht, verstärkt noch Lissabons Befürchtungen. Bei dieser Reise wird der Pazifik von Osten erreicht und durchquert.

Die Portugiesen haben aber noch einen weiteren Grund zur Sorge, der uns heute absurd erscheint. Durch die Entdeckung neuer Länder zwischen den Antillen und Asien zieht eine andere Bedrohung auf, die bereits den Weltkarten des Johannes Schöner aus den Jahren 1515 und 1520 zu entnehmen ist. Dort wird nämlich der Pazifik lächerlich klein wiedergegeben. Auf anderen, in den Jahren um 1520 entstandenen Weltkarten sind Zentralamerika und Asien miteinander verbunden.[10] Die falsche Vorstellung, die aus dieser angeblichen Nähe zu Asien gezogen wird, lebt auch noch nach dem Misserfolg des Seefahrers Gómez de Espinosa fort. Dieser wird versuchen, den Pazifik erneut zu durchqueren und die Antillen auf einem Schiff der magellanschen Flotte zu erreichen.[11]

Man kann also die portugiesische Expansion in Südostasien oder die spanischen Expeditionen in die Neue Welt nicht von der Eroberung der Gewürzinseln trennen. Sowohl die spanische wie auch die portugiesische Krone haben es auf die Molukken abgesehen, die als unerschöpfliche Quelle des Gewinns angesehen werden. Um sie entspinnt sich ein gnadenloser Wettbewerb in einem globalen Zusammenhang. Zu jener Zeit ist Mexiko noch gar nicht im Spiel, während sich China schon am Horizont abzeichnet. Ein Chronist der magellanschen Weltumseglung, Maximilianus Transylvanus, schreibt: »Unser Schiff hat den ganzen Okzident durchquert, hat das untere Ende unserer Hemisphäre umsegelt und ist in den Orient vorgestoßen, um schließlich wieder in den Okzident zurückzukehren.«[12]

Die Kühnheit, die sogar diejenige der Argonauten in den Schatten stellt, hat am Ende das Ziel der Reise in Vergessenheit geraten lassen, denn ursprünglich wollte man die Gewürzinseln in Besitz nehmen und am äußersten Ende Asiens Fuß fassen. Was darauf hinausläuft, sich China anzunähern. Das zumindest deutet der Chronist Pietro Martire d'Anghiera an: »Die Spanier folgten der untergehenden Sonne, während die Portugiesen der aufgehenden Sonne entgegengesegelt waren. Sie kamen im Osten der Molukken an, einer Inselgruppe, die nicht weit entfernt von dem Land ist, wo Ptolemäus Cattigara und den Großen Golf, das Tor nach China, ansiedelt.«[13]

Der Präzedenzfall des Kolumbus

Es genügt nicht, die Expeditionen der Portugiesen und Spanier allein im Zusammenhang mit der Jagd nach den Gewürzen zu sehen. Das Vorhaben der portugiesischen Krone, mit China in Kontakt zu treten, ruft einen Topos der Epoche des Christoph Kolumbus wach, nämlich dessen sehnlichsten Wunsch, Asien auf der Westroute zu erreichen. Zu rasch wird vergessen, dass die Fortsetzung der *Reconquista* zu Meere niemals die

Eroberung Amerikas, sondern die Suche nach einer Passage nach Asien zum Ziel hatte. Die Katholischen Könige hatten Kolumbus, wie es im Memorial von Mejorada heißt, damit beauftragt, »ausgehend von Spanien nach Westen zu segeln und Indien, die Inseln und das Festland des Fernen Ostens, zu entdecken«.[14]

Genau das aber erzürnt und beunruhigt den König von Portugal, zumal nach Auffassung des Kolumbus das Gebiet jenseits des Kaps der Guten Hoffnung, das bis nach Indien und zu den Inseln, die er entdeckt hat, reicht, zu Recht der spanischen Krone gehört.[15] Für Spanien ist der Westen in gewisser Weise Asien – eine ferne Welt, die aber seit der Antike die Phantasie der Mittelmeeranrainer nicht loslässt und von der man wusste, dass sie kein Hirngespinst war. Die Vorstellung war so fest in den Köpfen verankert, dass Lateinamerika die Bezeichnung »Westindien« bis ins 19. Jahrhundert behielt. Und auch heute noch sind die Bewohner des amerikanischen Kontinents von Patagonien bis Kanada für uns die Indianer. Amerika war zunächst eine Zufallsentdeckung und ein Hindernis auf Spaniens Weg in den Orient. Die Aufgabe des Historikers besteht daher darin zu erklären, dass die »Erfindung«, das heißt die allmähliche Entstehung unseres Bildes von Amerika, genauso untrennbar mit unserer Beziehung zu Asien wie mit unserer Beziehung zum Islam verbunden ist.[16]

Ein Sprung ins Ungewisse?

Was weiß man in den ersten Jahrzehnten des 16. Jahrhunderts in Europa über das China des Zhengde oder das Mexiko des Moctezuma? Eigentlich nichts, und das obwohl die Portugiesen seit einiger Zeit die Küsten Indiens besuchen und die Spanier durch die Karibik segeln. Aber weder China noch Mexiko haben einen Platz im Bewusstsein der Europäer. Wagen die Portugiesen und Spanier also jedes Mal einen Sprung ins Ungewisse oder ins Dunkle? Ist dieser Sprung ein Vorgeschmack auf den europäischen Drang, sich um jeden Preis für die *terrae incognitae* zu interessieren?

Das Bild vom »Sprung ins Ungewisse« hat etwas Verführerisches. Aber es täuscht, denn es entspricht weder dem Denken noch der Praxis der damaligen Seefahrer. Diese stürzen sich nicht einfach ins Ungewisse. Seit Beginn des 15. Jahrhunderts bauen die Portugiesen langsam und systematisch ihre Herrschaft zu See auf. Davon künden ihre Erfahrungen in der Seefahrt und ihr nautisches Wissen, das sie sich aus vielen Quellen angeeignet haben. Dadurch, dass sie erst Afrika, dann Indien mit Lissabon verbinden, verfügen sie über einen beachtlichen Vorsprung vor den anderen Mächten. Portugiesische Seefahrer legen mit beispielloser Geschwindigkeit immer längere Distanzen zurück. Im Jahr 1498 landen sie an der Küste Indiens, 1511 sind sie in Malakka, im Jahr darauf erreichen sie die Molukken und 1513 sind sie in China. Alles das wäre nicht möglich gewesen ohne den Rückgriff auf Handelswege und Informationsbrücken, die schon seit Jahrhunderten mit dem Fernen Osten bestanden haben. Als Meister in der Kunst, Wissen und Informationen zu sammeln und auszuwerten, segeln die Portugiesen niemals in völlig unbekannte Gewässer. Auch die Spanier – bei weitem nicht so erfahrene Seefahrer wie die Portugiesen – wissen, wohin die Reise gehen soll. Von den andalusischen Häfen aus gesehen, liegt Cathay, Marco Polos China, im Westen.

Das Cathay des Marco Polo

Die Portugiesen kannten den Bericht des Venezianers, befand sich doch eine lateinische Übersetzung in der Bibliothek König Eduards (1433–1438). In der zweiten Hälfte des 15. Jahrhunderts ist sein Einfluss direkt nachweisbar. Die Karte, die der venezianische Kamaldulenser Fra Mauro um 1457/59 für König Alfons V. von Portugal zeichnete, übernimmt viel aus dem Werk des Entdeckungsreisenden, vor allem die Namen der chinesischen Städte und Provinzen: Khanbaliq (Peking), Quinsay, Zaiton (Quanzhou), Mangi, Cathay und Zimpagu (Cipangu, das heißt Japan). Jahre später wird ein Brief des Physikers Paolo del Pozzo Toscanelli, Astronom der Stadt Florenz, an den Lissabonner Domherrn Fernão Martins, viel Staub aufwirbeln.[1] Im Juni 1474 behauptet er gegenüber seinem Briefpartner, dass es möglich sei, Indien über den Atlantik zu erreichen. Dazu schickt er ihm eine Weltkarte und schreibt in einem beiliegenden Kommentar von einer sagenhaft reichen Hafenstadt, wo große Mengen von Gewürzen umgeschlagen werden. Das Land sei sehr volkreich, der Fürst, der über es herrscht, heiße der Großkhan und seine Paläste stünden in der Provinz Cathay. Das habe Toscanelli von einer Gesandtschaft gehört, die Papst Eugen IV. ihre Aufwartung gemacht habe. Quinsay liege in der Provinz Mangi, nicht weit von Cathay und ihr Name bedeute »Stadt des Himmels«. Der Florentiner Gelehrte macht auch Zahlenangaben, so für die Strecke zwischen Lissabon und der »sehr großen Stadt Quinsay«, sechsundzwanzig Abschnitte auf der Karte, jede 250 Meilen lang. »Von der Insel Antillia [die er in der Mitte des Atlantiks situiert], die Ihr kennt, bis zur Insel Cipangu sind es zehn Abschnitte.« Sämtliche Informationen, die Toscanelli dem Domherrn mitteilte (und über diesen dem König Alfons V.), sind dem Text des Marco Polo entnommen.

Die Erwartungen, die durch Marco Polos Schilderungen geweckt wurden, haben sich rascher verbreitet als seine Schriften, die lange Zeit den Lesern auf der Iberischen Halbinsel nicht zugänglich blieben. In Kastilien sind sie am spektakulärsten, denn hier heuert man Seeleute an mit dem Versprechen, es gebe ein Land zu entdecken, wo die Häuser goldene Dächer hätten, eine Anleihe aus *Il Milione*.[2] Aber welche Beziehung bestand zwischen dem Genuesen und dem Venezianer?

Die Wissenschaft geht heute nicht mehr davon aus, dass Kolumbus Polos Schriften gelesen hat, ehe er die Reise in die Neue Welt antrat. Seine Kenntnisse beschränkten sich aller Wahrscheinlichkeit nach auf das, was der berühmte Brief Toscanellis enthielt. Erst im Frühjahr 1498 stürzt er sich in die Lektüre von *Il Milione,* nachdem ihm der Bristoler Kaufmann John Day ein Exemplar besorgt hat.[3] Zweifellos hat Kolumbus stets die Silhouette des Großkhans vor Augen und der Königin Isabella dürfte es ähnlich gegangen sein. Sie hat dem Genuesen Beglaubigungsschreiben mitgegeben, die er dem König der Könige und anderen Großen Indiens überreichen sollte.

Alles, was Kolumbus sieht und entdeckt – und darin ist er keineswegs der Einzige –, wird im Licht der Informationen gedeutet, die Toscanellis Karte liefert. Genau genommen entdeckt der Genuese gar nichts, sondern er erkennt wieder. Noch seine letzte Reise erscheint wie ein im Voraus programmiertes Unternehmen. Als bei der ersten Fahrt immer noch kein Land in Sicht ist, meint er, Cipangu verfehlt zu haben und hält es für ratsam, gleich Kurs auf das Festland zu nehmen. Er will »in der Stadt Quinsay die Schreiben Ihrer Königlichen Hoheit dem Großkhan vorlegen, um ein Antwortschreiben bitten und mit diesem wieder heimkehren«.[4] Die Reise geht also nach Asien.

Anfangs hält er die Insel Kuba für Cipangu, dann sieht er in ihr »das Festland und die Reiche des Großkhans oder deren äußerstes Ende«.[5] Man befinde sich vor Zaytun und Quinsay, etwa »hundert Meilen von beiden entfernt«. Kolumbus schickt einen Botschafter an Land, Rodrigo de Jerez, sowie einen konvertierten Juden, Luis de Torres, der Hebräisch und Chaldäisch beherrscht, sie sollen vor den Großkhan treten. Die Gesandtschaft, zu der noch zwei Indianer gehören, hat den Auftrag, »sich im Namen des Königs und der Königin von Kastilien an den Fürsten des Landes zu wenden, ihm Geschenke und die Freundschaft anzubieten und Auskünfte über Häfen, Flüsse und Provinzen zu erbitten, von denen der Admiral gehört hat«. Kolumbus phantasiert nicht. Die Leute von Caniba, von denen die Indianer aus Hispaniola gesprochen haben, können nur »das Volk des Großkhans [sein], das hier in der Nähe leben muss«,[6] daran hält er eisern fest. Nach seiner zweiten Reise sieht Kolumbus den chinesischen Hafen Zaytun (Quanzhou), von dem Marco Polo geschwärmt hat, auf der Höhe des Kap Alpha und Omega (Punta de Maisi, der östlichste Zipfel Kubas), den er als das Ende des Abendlandes und den Anfang des Morgenlandes betrachtet.[7] Die Neue Welt des Kolumbus liegt ganz im Schatten Chinas.

Die zeitgenössischen Karten bestätigen diese Sicht und zeigen durchweg denselben Hintergrund. Auf der Weltkarte des Henricus Martellus Germanus (1489 oder 1490, heute in der British Library) erkennt man Ciamba (Champa), Mangi, Quinsay und Cathay, letzteres hier eine Stadt. Die »Weltkarte von Yale« (1489) zeigt Cipangu 90° westlich der Kanarischen Inseln, während Lissabon 105° von Cipangu und 135° von Quinsay liegt. Das ist die Vorstellung von der räumlichen Ausdehnung, die man in einer Florentiner Kartographenwerkstatt vor der ersten Reise des Christoph Kolumbus hatte. Im Jahr 1492 konstruiert der Nürnberger Martin Behaim einen Globus, für den er sich vermutlich auf verschiedene Ausgaben der Schriften Marco Polos stützt. Seinen Berechnungen nach trennen Europa und Asien nicht mehr als 130 Längengrade, und er situiert Cipangu in einer Entfernung von 25° von Mangi, das heißt China.[8]

Allen Angriffen zum Trotz, denen die Schriften Marco Polos seit langem ausgesetzt waren, blieben sie für die Europäer richtungsweisend. Daher war es nur logisch, dass sie auch für jene zugänglich wurden, die sich vorrangig für den Venezianer interessierten. So übersetzt ein Deutscher aus Mähren, der, nach einem kurzen Aufenthalt in Sevilla (1493), seit sieben Jahren (1495) in Lissabon lebt, *Il Milione* für den portugiesischen Leser, dem das Venezianische, Toskanische, Französische und Lateinische nicht geläufig sind. Es handelt sich um den Drucker und Polygraphen Valentim Fernandes. Der Mann steht in brieflichem Kontakt mit Albrecht Dürer, Konrad Peutinger[9] und Hieronymus Münzer. Durch ihn werden die Nordeuropäer von den Entdeckungen der Portugiesen erfahren, ähnlich wie der am kastilischen Hof lebende Norditaliener Pietro Martire d'Anghiera zum Künder der Ruhmestaten des Kolumbus und der Spanier wird.[10]

Reisevorbereitungen

In Wirklichkeit wurde die Entdeckungsfahrt der Portugiesen nach China aufgrund viel vertrauenswürdigerer Informationen unternommen als der Brief eines mit den päpstlichen Audienzen vertrauten Florentiners oder die hinterlassenen Aufzeichnungen des Marco Polo. Die Idee und der Plan dazu wurden in Lissabon gefasst. Seit den letzten Jahren des 15. Jahrhunderts trafen in dem großen Hafen am Tejo regelmäßig Waren aus Asien ein, darunter auch Brokatstoffe und Porzellan aus China, und das lange bevor portugiesische Schiffe dieses Land erreichten.

Das Ziel der Reise hat einen Namen, das »Land der Chin«, und dieses Ziel erlangt nach und nach auch - sowohl materiell als auch menschlich - greifbare Gestalt. Nach der Eroberung von Malakka kommen die Portugiesen in Kontakt mit der dort seit langem ansässigen chinesischen Kolonie. Schon 1512 soll ein Chinese erst nach Cochin, dann an den Königshof zu Lissabon geschickt worden sein. Anhand einer javanesischen Karte, die von Malakka aus nach Lissabon gelangte, kann der König von Portugal ersehen, wo sich das Land der Chinesen befindet. Im selben Jahr erreichen auch chinesische Bücher Lissabon, zwei Jahre später schenkt König Manuel eines Papst Leo X. In Rom erweckt dieses Buch die Aufmerksamkeit und unverhohlene Bewunderung des großen Humanisten Paolo Giovio.[11] China ist in gewisser Weise dank seiner kostbaren Waren schon in Europa angekommen, noch ehe die Portugiesen den Fuß auf chinesischen Boden setzen. Und wenn wir China tatsächlich die Buchdruckerkunst verdanken, war es dann nicht schon seit Jahrzehnten ein Bestandteil der Welt der europäischen Gelehrten? Hatte es ihnen in Form des gedruckten Buches nicht indirekt ein wesentliches Werkzeug ihrer Renaissance überlassen?

Die Portugiesen in Asien verfügen sogar über direktes und noch reichhaltigeres Wissen. Seit der ersten Reise des Vasco da Gama (1498) sind sie auf den Weltmeeren daheim und sammeln Informationen aller Art. Wahrscheinlich um 1515 verfasste Tomé Pires – der wenig später König Manuel als Gesandter in China diente – in Malakka eine geographische, wirtschaftliche und politische Abhandlung, die *Suma oriental*, die eine Bestandsaufnahme aller von den Portugiesen entdeckten Ressourcen Asiens darstellt.

Mehrere Seiten des Werks sind dem Land der Chinesen gewidmet, zwei Jahre bevor sein Verfasser die Küste Chinas erreichen wird. Das ist so, als hätte Hernán Cortés eine Beschreibung Mexikos und Nordamerikas verfasst, ohne in Yucatán gelandet zu sein. »Alles in China ist so groß, das Land, die Bevölkerung, die Reichtümer, die Institutionen, dass man sich eher in Europa als in diesem fernen Land China glaubt.«[12] Pires erwähnt die helle Haut der Bewohner, beschreibt ihre Kleidung und vergleicht sie immer wieder mit Europäern (»wie wir«, »wie in Portugal«). Die Schattenseiten der Chinesen in Malakka sind bekannt (sie lügen und stehlen), aber der Grund hierfür sei ihre niedere Herkunft. Pires ist auch der erste Europäer, der von den Tischsitten dieser Menschen berichtet, dass sie mit Stäbchen essen, Schweinefleisch mögen und auch den Wein der Portugiesen zu schätzen wissen. Ihm sind die Chinesinnen aufgefallen, wie übrigens auch andere asiatische Frauen, sie hätten einen hellen Teint wie Europäerinnen, und ihr Auftreten erinnere ihn an Spanierinnen, sie seien geschminkt wie Frauen aus Sevilla.[13] Es kann sich aber nur um Frauen handeln, die er in Malakka gesehen hat.

In dem Land, das ihm beschrieben wurde, gibt es viele Städte und Festungen. Der König, der seine Residenz in Cambara (Khanbaliq) hat, lebt verborgen vor seinen Untertanen und den Großen des Reiches. In seiner Residenz empfängt er in regelmäßigen Abständen und gemäß einem strengen, peinlich genau befolgten Protokoll die Huldigungen der benachbarten Länder, Champa, »Cochinchina«, »Liu Kiu« (Ryūkyū), Japan, Siam, Pase (Pazem, auf der Insel Sumatra) und Malakka. Die Vasallenstaaten schicken regelmäßig Gesandtschaften in die Residenz und statten sie mit allem aus, was ihr Land an kostbaren Gütern produziert. Der Sohn des Himmels empfängt die Tribute und überhäuft seinerseits die Gesandtschaften mit Geschenken. Während der Audienz, so hat Pires gehört, sei der Kaiser verborgen hinter einem Vorhang. Die Gesandten sähen nur seine Silhouette und verständigten sich über Hofbeamte mit ihm. Pires weiß zu diesem Zeitpunkt noch nicht, dass er selber einmal eine Gesandtschaft nach China führen und er am eigenen Leib die Strenge des kaiserlichen Protokolls erfahren wird. Nicht nur der Kaiser ist unnahbar, das ganze Reich ist hermetisch abgeschlossen. Kein Chinese geht nach Siam, Java, Malakka oder Pazem ohne Erlaubnis der kaiserlichen Behörden in Kanton. Kein Ausländer verlässt das Land ohne das Plazet des Souveräns. Jede Dschunke, die gegen diese Gesetze verstößt, muss gewärtigen, dass die Ware beschlagnahmt und die Mannschaft drakonisch bestraft wird. Nur damit jeder Bescheid weiß …[14]

Kanton ist die chinesische Stadt, über die man in Malakka am meisten weiß. Und wieder macht sich Pires, ohne dass es ihm bewusst ist, mit einem Ort bekannt, an dem er Jahre, wahrscheinlich sogar die letzten seines Lebens, verbringen wird. Er hatte einen Teil seiner Informationen von Kaufleuten aus Luzon (Philippinen), »die schon einmal dort gewesen sind«. Das an der Mündung eines großen Flusses gelegene Kanton gilt als der wichtigste Hafen des Landes. Die Stadt soll ganz aus Stein erbaut sein und auf ebenem Gelände liegen. Ringsum umgebe sie eine sieben Klafter hohe und breite Mauer mit monumentalen Toren. Vor Kanton gebe es mehrere Reeden, wo große Dschunken ankerten. Die Gesandtschaften, die dorthin kommen, wickeln ihre Geschäfte entweder in der Stadt selbst oder dreißig Meilen außerhalb des Hafens ab. In dieser Entfernung befinden sich Inseln, vor denen die Gesandtschaften warten, bis der Verantwortliche in Nanto, einem Hafen an der Küste, den Behörden in Kanton ihre Ankunft mitgeteilt hat, damit die Ladung begutachtet und die Höhe der zu begleichenden Gebühren festgelegt wird. Die Gutachter ziehen die Gebühren ein und erkundigen sich, welche Wünsche die Gäste haben und welche Waren aus Kanton herbeizuschaffen sind. Man habe Pires erklärt, dass aus Steuer- und Sicherheitsgründen der gesamte Handel außerhalb Kantons abgewickelt werde. Die Piraten stellten eine ständige Bedrohung dar und die Chinesen fürchteten besonders die javanesischen und malaiischen Dschunken, die denen des Kaiserreichs unendlich überlegen seien. (Übrigens spricht Pires nie vom Kaiserreich, immer nur vom Königreich.) Er schließt aus diesen Informationen, dass ein großes Schiff genüge, Kanton zu zerstören und das wäre »ein großer Verlust« für China. Diese Einschätzung wird sich im Geist der Lissabonner Besucher festsetzen.

Wie viele Tage braucht man von Malakka bis China? Zwanzig Tage oder auch nur fünfzehn, wenn man mit dem Monsunwind segelt. Zu welchem Zeitpunkt im Jahr soll man segeln? Am besten im Juni. Wie lange braucht man von China bis Borneo? Vierzehn Tage.[15] Aber die Reise hin und zurück dauert zwischen sieben und acht Monaten. Was kann man den Chinesen verkaufen? Vor allem Pfeffer, auch Gewürznelken und Muskatnuss, sowie eine ganze Palette anderer Waren, die von Elfenbein bis Kampfer aus Borneo reicht. Wo soll man anlegen, wenn man von Malakka kommt? Auf der Insel Tunmen. Was kauft man in China? Vor allem Seidenwaren, Perlen, Moschus, Porzellan in großen Mengen, auch Zucker, nicht zu vergessen den Nippes, wie er über Flandern nach Portugal gelangt.[16] Woher kommen die Waren? Weiße Seide aus Chancheo (Ch'uan-chou), farbige aus Cochinchina, Seidendamast und Brokatstoffe aus Nanking. Wo kann man anlegen außer in Kanton? An der Küste von Fujian, weiter nordöstlich, vor allem wenn man weiter zu den »Lequios«

(Ryūkyū) fahren möchte. Freilich bleibe Kanton »der Schlüssel zum chinesischen Reich«. Und da man gar nicht vorsichtig genug sein kann, solle man sich vor dem gemeinen Volk in Acht nehmen, das es »mit der Wahrheit nicht genau nimmt«, wohingegen die großen Kaufleute, die Pfefferaufkäufer, vertrauenswürdig scheinen.

Pires weiß also schon alles, was man wissen muss, will man ins Reich der Mitte reisen. Seine Kenntnisse sind in der Tat erstaunlich, wenn man bedenkt, dass man zehn Jahre früher noch nichts über China wusste. Das rückt auch unsere Anmaßung, alles in Rekordzeit zu wissen, ein wenig zurecht.

Malakka, die Drehscheibe Asiens

Sein Wissen verdankt Pires seinem Aufenthalt in Malakka. Dieser Hafen ist zu Beginn des 16. Jahrhunderts zur Drehscheibe Südostasiens geworden. Malakka hat sehr früh den Schutz Chinas gesucht und ist mehrmals Zwischenhalt für die Flotte des Admirals Zheng He (1371–1433) gewesen.

In der Stadt hält sich eine kosmopolitische Schar von Kaufleuten aus allen großen Häfen Asiens auf, über die Pires nicht genug berichten kann. Malakka ist zweifellos der geeignete Ort, um möglichst viel über die Seewege in jener Weltgegend und über die Handelsnationen, die sie nutzen, zu erfahren. Pires ist auch keineswegs der Einzige, der sich über China informieren möchte. Seine Landsmänner Francisco Rodrígues im Jahr 1513 und Duarte Barbosa im Jahr 1516 sammeln ebenfalls eifrig Auskünfte über die Herstellung von Porzellan und Seide, über das Protokoll bei Empfängen am kaiserlichen Hof in China, über den Seeweg von Malakka nach Kanton (den »Weg nach China«).[17]

Zwischen 1514 und 1515 fasst ein Florentiner Händler namens Giovanni da Empoli in zwei Briefen zusammen, was er über die Chinesen von Malakka und ihre Landsleute auf dem Festland in Erfahrung gebracht hat. China birgt »den größten Reichtum und die großartigsten Dinge der Welt«.[18] Der Florentiner spricht ferner von Zerum (Zaytun), wo der König von China seine Residenz habe, den er mit dem Großkhan von Cathay identifiziert.[19] Hat er also vor allen anderen verstanden, dass das China des Marco Polo und das Reich der Ming ein- und dasselbe sind? Im Jahr 1516 fasst ein anderer Florentiner, Andrea Corsali, seinerseits den Stand des Wissens zusammen und greift dazu auf die Nachrichten zurück, die die Handelsexpedition des Jorge Álvares mitgebracht hat.

Pires' Reise ist also keinesfalls die erste dieser Art. Schon 1514 landet Jorge Álvares an der Küste Chinas. Ein Jahr später wird Rafael Perestrello, ein Großvetter des Sohnes von Christoph Kolumbus, damals Vizekönig von Indien, die Leitung einer weiteren Expedition anvertraut. Im Frühjahr 1515 segelt Perestrello mit drei Dschunken nach China. Er ist nicht der Einzige. Portugiesen und Italiener nutzen bereits dieselbe Route. Im November 1515 während seines letzten Aufenthaltes in Asien fasst Giovanni da Empoli in Kanton in einem Brief seine Eindrücke von China in Worte: die Städte, die Bevölkerung, die Reichtümer, der Verkehr, die Bauwerke – alles scheint ihm das gängige Maß zu sprengen. 1517 kommt der italienische Kaufmann beim Brand seines Schiffs vor China um.

Die Portugiesen in Asien nehmen ihrerseits den Wechsel in die Epoche nach Marco Polo vor, als das China der Ming-Dynastie das Cathay der Mongolen verdrängt. Die europäische Gelehrtenwelt brauchte sehr viel länger, den aktuellen Stand des Wissens zu erreichen, und die Weltkarten wiederholten weiterhin, was schon Ptolemäus und Marco Polo über diese Weltregion geschrieben hatten. Die Karten der portugiesischen Seefahrer, die diese eifersüchtig hüteten, berücksichtigten die neuesten Entdeckungen über die chinesische Küste und die Mündung des Perlflusses.

Wo liegt Neu-Indien?

Die spanischen Kolonisten in der Karibik haben bloß deshalb glauben können, sie seien nur wenige Taulängen von reichen, handeltreibenden Gesellschaften entfernt, weil sie der illusorischen Hoffnung eines Christoph Kolumbus anhingen, der fest davon überzeugt war, die Gewässer vor Japan und vor dem Reich des Großkhans erreicht zu haben. Aus Gründen, die wir bereits genannt haben, schob sich Marco Polos *Il Milione*, ein Buch, das wenige gelesen hatten, aber viele vom Hörensagen kannten, zwischen Kastilien und die Neue Welt. Nun aber, in den ersten Jahren des 16. Jahrhunderts, findet der Venezianer in Lissabon und Sevilla ein neues Publikum. Nach der Veröffentlichung einer portugiesischen Ausgabe im Jahr 1502 folgt im Jahr darauf in Sevilla eine spanische Übersetzung des Werkes. Will die Hafenstadt am Guadalquivir derjenigen am Tejo den Rang ablaufen? Warum übersetzt man Marco Polo und fügt einen Text von Micer Poggio an, einem Florentiner, der von denselben Weltgegenden und denselben Inseln handelt, offenkundig die Reisebeschreibung des Niccolò de' Conti? Paradoxerweise geht es aber nicht darum, Wasser auf die Mühlen des Christoph Kolumbus zu schaffen, sondern im Gegenteil all denen Gründe zu liefern, die sich weigern, das Westindien des Kolumbus mit dem Asien des Venezianers in eins zu setzen.

Im Vorwort zu seiner Übersetzung erläutert der Dominikaner Rodrigo de Santaella eben diese Gründe und weist nach, dass er mehr als nur schlichter Übersetzer ist. Der mit vielen Titeln geschmückte Dominikaner – Apostolischer Protonotar, Archidiakon, Domherr von Sevilla – ist eine in ganz Kastilien einflussreiche intellektuelle Figur. Er hat in Bologna und Rom eine humanistische Bildung genossen, ist selbst Verfasser zahlreicher Bücher zur christlichen Moral, Verfechter einer Reform des Klerus und außerdem ein großer Kunstkenner. Nun stellt er sich die Frage, was es mit den Entdeckungen der Spanier im westlichen Atlantik auf sich habe. Seine Übersetzung Marco Polos ist offenkundig gegen Kolumbus gerichtet. Zu Beginn des 16. Jahrhunderts, als der Genueser seine vierte Seereise unternimmt, verwirft Santaella die Vorstellung, dass die westlichen Inseln Teil des Indiens sein sollen, das Marco Polo beschrieben hat.[20]

Das Vorwort spiegelt die Ungewissheit wider, die in der geistigen Führungsschicht in Sevilla herrscht und die sich stark von der Zuversicht abhebt, mit der die Portugiesen ihre Ziele verfolgen. Die Entdeckung der Antillen hat »einfache Menschen aus dem Volk, aber auch Hochstehende ins Träumen gebracht«. Handelte es sich um die Inseln des Königs Salomon, also um die Spitze von Asien? Der Domherr behauptet dagegen, die von seinen Landsleuten entdeckten Inseln gehören zu einem vierten Erdteil. »Es scheint so, dass Asien, Tharsis, Ophir und Lethin im Orient liegen, während die spanischen Antillen zum Okzident gehören, denn ihre Lage und ihre Natur sind gänzlich verschieden.« Diejenigen, die das Gegenteil behaupten, »täuschen viele schlichte Gemüter mit ihren Erfindungen«. Die Übersetzung der Schriften Marco Polos sollte die Haltlosigkeit der Behauptungen Christoph Kolumbus' vor Augen führen. Daraus folgt, dass die Indios keine Inder sind und dass es nicht angeht, Morgenland und Abendland zu verwechseln. So entsteht allmählich der Begriff des Abendlandes, das mehr ist als nur ein dürftiges Anhängsel des prachtvollen Morgenlandes.

Santaella ist kein Gegner der Entdeckungen. Was wäre auch angenehmer und aufregender für einen Geist, der mehr über die Dinge wissen will, der sich für »Erdteile« interessiert, besonders für die bisher noch nicht erforschten, die nur eine ganz kleine Schar überhaupt kennt? Santaella wendet sich an den Grafen von Cifuentes, dem er seine Übersetzung widmet, und an den Adel, das heißt an den Hof, aber auch an das größere Publikum der Schreiber und Händler, von denen es viele in der Stadt Sevilla gibt. Er versteht sich darauf, den Kreisen zu schmeicheln, die große Erwartungen hegen, die neugierig sind auf »herrschaftliche Territorien, Provinzen und Städte, auf Schätze und Nationen aller Art, auf die Gesetze, Sitten und Sekten von Menschen«.

Santaella begreift, welche Umwälzungen die portugiesischen und spanischen Expeditionen verursachen. Und sie sind der Anstoß, Marco Polos Buch in neuem Licht zu lesen. Die Berichte des Venezianers sind oft angezweifelt worden, und gerade die unwahrscheinlich klingenden Passagen vergleicht man mit dem engen Rahmen »unseres Europas« vor den Entdeckungen. Wirken sie aber auch dann noch so unwahrscheinlich, wenn man sie in den Zusammenhang der nicht abreißenden spanischen und portugiesischen Entdeckungen stellt? Die Reisen der Entdecker haben die Palette der Möglichkeiten so vergrößert und den Horizont so erweitert, dass das Unglaubliche und Unwahrscheinliche fast schon gewöhnlich geworden ist. Die Wunder, die Polo schildert, gewinnen jetzt an Glaubwürdigkeit. Polo ist also ein echter Autor und sein Buch stellt Wissen aus erster Hand dar über den östlichen Teil der Welt. Weil er aber die Wahrheit schreibt, muss auch klar sein, dass die jüngst entdeckten Inseln nicht zu Asien gehören. Wer Polo auf Spanisch liest, begreift erst, dass es sich bei den Entdeckungen um etwas grundlegend Neues handelt.

Der Humanist bringt noch ein weiteres, subtileres Argument vor. Polos Buch habe nicht nur »geographisches« Interesse, man müsse es auch lesen, weil sich daraus eine Reihe von Vorzügen für unsere Mitmenschen ergeben. Es rege den Christen zur Reflexion an. Zuallererst ist es ein

Zeugnis für die erstaunliche Fülle der göttlichen Schöpfung. Wenn der Gläubige erst einmal Abstand von der ihm vertrauten Welt nimmt, versteht er umso besser, wie glücklich er sich schätzen darf, die christliche Offenbarung erhalten zu haben, denn er wird erkennen, »dass zwischen den Barbaren und dem katholischen Kirchenvolk ein ähnlicher Unterschied besteht wie zwischen der Finsternis und dem Licht«. Ist ihm dies aber bewusst, dann wird in ihm das Verlangen erwachen, die Botschaft Gottes auch den Heidenvölkern, den so zahlreichen Seelen, zu bringen und »Arbeiter zu ihnen zu schicken, denn die Ernte ist groß«. »Schließlich werden die Christen, wenn sie sehen, wie die Götzendiener und Heiden ihre falschen Götter verehren, aus ihrer Trägheit erwachen und ihrem, dem wahren Gott mit mehr Eifer dienen.«

Hier wird also mit wenigen Strichen ein großes Christianisierungsprojekt skizziert, das auf die übrige Welt, die »anderen Erdteile«, zielt, und das noch bevor die Spanier von der Existenz der Völker Mexikos wissen und Las Casas die Verteidigung der Indios zu seiner Sache macht.

Der Traum von Asien

Aber sind die von Santaella vorgebrachten Argumente stark genug, die Spanier zu veranlassen, auf die Erfüllung ihres asiatischen Wunsches, der sie im Wettstreit mit den Portugiesen umtreibt, zu verzichten? Das Interesse der Spanier für diesen Erdteil versiegt nicht. Und dabei geht es nicht nur um Polo. Niccolò de' Contis Reise nach Indien, von Poggio Bracciolini aufgeschrieben, wird 1510 in Granada veröffentlicht; zwei Jahre später erscheint in Salamanca eines der ersten Bücher über die Entdeckungen der Portugiesen: *Conquista de las Indias de Persia e Arabia* von Martín Fernández de Figueroa. 1520 und 1523 erscheint Ludovico di Varthemas Reisebericht auf Spanisch. In der Zwischenzeit, im Jahr 1521, bringt man Werke von Jean de Mandeville, der die lateinische Christenheit des 14. und 15. Jahrhunderts zum Träumen gebracht hat, in Valencia auf Spanisch heraus.[21]

Sogar in Mittelamerika träumen die Spanier weiterhin von Asien. Hören wir das Zeugnis eines in Kastilien lebenden Italieners. Pietro Martire d'Anghiera, ein gebürtiger Norditaliener, berichtet von Gerüchten, die bis an sein Ohr gedrungen sind. »Am 14. Oktober Anno Domini 1516 haben mich Rodrigo Colmenares, von dem schon die Rede war, und ein gewisser Francisco de la Puente besucht [...], beide berichten, der eine vom Hörensagen, der andere als Augenzeuge, dass es im Südmeer mehrere Inseln westlich der Bucht von San Miguel und der Insel Rica gebe, auf welchen von Natur aus Bäume wachsen und auch kultiviert werden, deren Früchte denen ähneln, die auf Colocut heimisch sind. Colocut aber ist für die Portugiesen zusammen mit Cochin und Camemori der Markt der Gewürze. Sie schließen daraus, dass das Land, in dem alle möglichen Arten von aromatischen Substanzen heimisch sind, nicht weit davon liegen kann.«[22] Die Kandidaten drängen sich um die Erkundung dieser neuen Weltgegend. Die Anhaltspunkte – Colocut (Calicut), Cochin und Camemori (Kannur) – stammen mit Sicherheit aus Fernández de Figueroas *Conquista de las Indias de Persia e Arabia*, wo die drei indischen Hafenstädte in ebendieser Reihenfolge erwähnt werden. Alles scheint darauf hinzuweisen, dass Asien in nächster Nachbarschaft liegt.

Der Sprung ins Leere

Warum hat sich die Vorstellung, dass Asien gleich nebenan liege, so hartnäckig gehalten? Nun, wenn Santaella recht hätte und das Indien des Venezianers nicht dasjenige des Genuesen sein konnte, dann wäre der Überzeugung, auf bekanntes Terrain zu gelangen, der Boden entzogen. Dann aber wäre auch Schluss mit der Begeisterung der Seeleute und der Investoren, die sich an den Reichtümern Asiens bedienen wollten. Mit einem Schlag würde aus dem Sprung ins Unbekannte ein Sprung ins Leere werden und aus der Erkundung ein Streifzug aufs Geratewohl. Ein Vergleich der Darstellung des Fernen Ostens und Nordamerikas auf der Weltkarte von Martin Waldseemüller (1507) ist in dieser Hinsicht bezeichnend. Während auf der rechten Hälfte Cathay und Cipangu in vertrautem Umriss erscheinen, dehnt sich auf der linken Hälfte auf gleicher Höhe eine rätselhafte weiße Fläche aus. Dort wird zehn Jahre später Mexiko auftauchen, von dem man nicht einmal wusste, dass es existierte. Unser Nordamerika wird mit dem Namen *Terra ulterius incognita* bezeichnet. Noch sechs Jahre später, 1513 weist eine andere Weltkarte

Waldseemüllers dort eine weiße Fläche auf. Seefahrer und Investoren aber fürchten die Leere.

Von Cathay in die Leere und von der Leere zur Entdeckung. Vor 1517 dringt keine Nachricht von den Gesellschaften des alten Mexiko nach Europa. Auch die Erkundung von Castilla de Oro, des zentralamerikanischen Territorien, gibt dazu keine Hinweise. Ein wortreicher Zeuge und unermüdlicher Beobachter wie Bartolomé de Las Casas, der seit 1503 auf Hispaniola ansässig war und ab 1512 auf Kuba, hat wahrscheinlich keine Informationen erhalten, aus denen auf das Vorhandensein mächtiger Kulturen auf dem Festland zu schließen gewesen wäre. Aber wer hätte auch nur einen Augenblick an die Existenz einer Neuen Welt auf der anderen Seite des Atlantik gedacht, an Kulturen mit vielen reichen Städten und das auch noch viele tausend Meilen fern von Asien?

Die Spanier stehen kurz davor, mit Gesellschaften in Berührung zu kommen, die ohne Verbindung zur übrigen Welt gestanden haben. Für die Neue Welt gilt, dass es keine muslimischen Vermittler gibt, keine Karten von Einheimischen, keine mehr oder weniger nebulösen Erinnerungen, die auf ihren Wahrheitsgehalt zu prüfen wären, keine mittelamerikanische Diaspora auf den Inseln, die eine Begegnung erleichtert hätte. Die ins Unbekannte aufbrechenden Spanier erleben die Situation als doppelten Schock, wie sehr viel später Bernal Díaz del Castillo, ein Veteran der Entdeckungsfahrten, schildert. Erstens sei »dieses Land [die 1517 erstmals erreichte Halbinsel Yucatán] noch unentdeckt und bis dahin vollkommen unbekannt gewesen«, und zweitens hätten sich die Spanier in Amerika unvermittelt mit einer städtischen Gesellschaft konfrontiert gesehen: »Von den Schiffen aus haben wir eine große Ansiedlung gesehen [...] und da die Einwohner sehr zahlreich waren und da wir Ähnliches weder von Kuba noch von Hispaniola kannten, haben wir die Stadt Großkairo genannt.«[23]

Bücher und Briefe vom Ende der Welt

Die Verblüffung über die Entdeckungen der Spanier ist auch auf dem italienischen Stiefel groß. Schon 1492 hat sich Pietro Martire d'Anghiera zum aufmerksamen und scharfsinnigen Chronisten der Unternehmungen des Christoph Kolumbus und seiner Nachfolger gemacht. Der Humanist verbreitet sich ausführlich über den beispiellosen Charakter der Ereignisse und wiederholt dies auch vor den Päpsten Leo X. und Hadrian VI. Aus den neu entdeckten Ländern mit ihren »unbekannten« Einwohnern kämen »nie gesehene und wahrhaft staunenswerte Dinge«.[1] Die Begeisterung, mit der er die von Cortés im März 1520 nach Valladolid gesandten Geschenke beschreibt, wird das Modell abgeben, nach dem das gebildete Europa die Hochkulturen Mexikos aufnimmt. Die Gold- und Silberscheiben, die Ketten aus Halbedelsteinen, die »Goldglöckchen«, die »Tiaren«, »Mitren« und »Federbüsche«, die Fächer aus Federn bezaubern den Betrachter gleichermaßen durch ihre Schönheit und durch die Kunstfertigkeit ihrer Schöpfer.[2] Das Urteil fällt bei allen gleich aus, ob es sich um den spanischen Dominikaner Bartolomé de Las Casas oder um den deutschen Maler Albrecht Dürer handelt.

»Ihre Bücher sind wie die unsrigen«

Zu der Sendung aus der Neuen Welt gehören auch ganz eigentümliche Bücher. Für Pietro Martire besteht kein Zweifel, dass die Indios über die Schrift verfügen. Statt auf Papier oder Pergament schreiben sie auf eine dünne Rinde, die an »die Früchte der Palmen erinnert«.

Pietro Martire lässt sich alles genau erklären. Zuerst wird das Blatt ausgewalzt, um ihm das endgültige Format zu geben. Ist es trocken, wird es mit einer gipsartigen Mischung bedeckt. Die Blätter werden nicht zusammengebunden, sondern »mehrere Ellen lang wie ein Leporellobogen gefaltet«. So entstehen Gebilde aus viereckigen Blättern, die mit einem elastischen, widerstandsfähigen Bitumen zusammengehalten werden. Das Ganze wird mit Holzdeckeln versehen, sodass die Bücher der Indios aussehen, »als stammten sie von der Hand eines kunstfertigen Buchbinders«.

Der italienische Humanist interessiert sich nicht nur für Papier, Machart und Handhabung der Bücher, sondern fragt sich auch, was für ein Schriftsystem hier vorliege. Die indianischen Glyphen formten Würfel, Haken, Knoten, Gräten und andere aneinandergereihte Gebilde »wie bei uns«. Ihn erinnern sie an die ägyptischen Hieroglyphen, die er bei seiner Reise nach Ägypten untersuchen konnte.[3] Ein Freund, der Apostolische Nuntius Giovanni Ruffo da Forlì, stellt denselben Vergleich an. »In den kleinen Vierecken waren Figuren und Zeichen wie in arabischer und ägyptischer Schrift. Hier in Europa hat man sie als Buchstaben angesehen, aber über die Bewandtnis haben die Eingebornen keine befriedigenden Auskünfte geben können.«[4] Der Wechsel von Piktogrammen und Zeichnungen bringt die Betrachter sogar auf einen Vergleich mit den neuesten Erfindungen der europäischen Buchdrucker. Diese fügten, um den Leser anzulocken, in Chroniken, aber auch in unterhaltende Bücher Bildtafeln ein, auf denen die Protagonisten der Geschichte zu sehen sind.

Klappe man sie wieder zusammen, dann seien ihre Bücher wie die unsrigen. Man hat den Eindruck, dass Pietro Martire alles tut, um die Unterschiede zwischen Europa und der Neuen Welt zu verwischen. Seine Wertschätzung wirkt heute etwas voreilig, wenn nicht gar simplifizierend. Das gilt auch für die Behandlung des Inhalts. »Soweit dies erkennbar ist, geht es in ihren Büchern um ihren Glauben, um Gesetze, Opfervorschriften, Rituale, Rechnungen, astronomische Beobachtungen und Zeiten für die Aussaat.«[5] Der Befund stützt sich sehr wahrscheinlich auf die Erläuterungen, die Cortés' Gesandte Francisco de Montejo und Alonso Hernandez de Portocarreo gegeben haben.[6] Er bestimmt alles Weitere, denn wenn in den aztekischen Büchern ein juristisches, religiöses, astronomisches und landwirtschaftliches Wissen niedergelegt ist, dann darf man annehmen, dass die Bewohner jener Weltgegend über die unentbehrlichen Werkzeuge für das Funktionieren einer zivilisierten Gesellschaft und für ihre Daseinsfürsorge verfügen.

Das Bild der aztekischen Gesellschaft könnte also einnehmender nicht sein. Doch niemand ist vollkommen. Ein Schatten fällt auf dieses Bild und kein kleiner. Die neu entdeckten Gesellschaften praktizieren Menschenopfer, ja sie opfern auch Kinder. Der Humanist bemüht sich auch hier um Verständnis und referiert die Erläuterungen, die die Indios zu den Opferungen geben.[7] Aber der Anblick der mitgebrachten Geschenke ist bezaubernd und am Ende überwiegt die Begeisterung: »Noch nie habe ich Vergleichbares gesehen, dass allein durch seine Schönheit die Blicke der Menschen so anzieht.«[8]

»In China gibt es Buchdrucker«

Schon im Jahr 1512 soll ein Chinese erst nach Cochin, dann an den Hof in Lissabon gesandt worden sein. Sicherlich hatte er Beispiele der logographischen Schrift der Chinesen bei sich oder er hat sie bei der Gelegenheit selber vorgeführt. Es hätte aber auch genügt, einen Blick in das erste chinesische Buch zu werfen, das um die gleiche Zeit in Lissabon eintraf, oder das Verzeichnis der chinesischen Bilder durchzublättern,[9] das im Inventar der königlichen Bibliothek auftaucht, um sich einen Eindruck von der Meisterschaft der Künstler aus Fernost zu machen. Im Jahr 1514, man erinnert sich, schenkte König Manuel das chinesische Buch Papst Leo X. In Rom ist der Humanist Paolo Giovio so sehr von dem Buch begeistert,[10] dass man sich fragen darf, ob Pietro Martires Enthusiasmus nicht dem Muster seines berühmten Kollegen folgt.

Die bedeutungsvolle Szene, dass ein Gelehrter mit geschultem Blick Dinge aus einer anderen Welt betrachtet, hat sich schon früher einmal in Rom abgespielt. Die Nachwelt hat den Lombarden Paolo Giovio, einen der bekanntesten Gelehrten einer Zeit, schon vergessen. Darin teilt Giovio das Los so mancher wendiger Intellektueller, die sich dem Geist der Zeit so anschmiegen, dass sie am Ende mit ihr verschwinden. Giovia begeistert sich also für chinesische Bücher, und zwar auch und besonders für die technische Seite. »In China gibt es Buchdrucker, die nach unserem Verfahren Bücher herstellen. Sie drucken Geschichten und Vorschriften für Riten auf einen großen Papierbogen, der dann nach innen in kleinere Quadrate gefaltet wird. Papst Leo hatte die Güte, uns ein solches Buch zu zeigen, das ihm der König von Lusitanien neben einem Elefanten zum Geschenk gemacht hat. Wir vermuten, dass ähnliche Bücher, die eine unvergleichliche Hilfe für unser Wissen darstellen, schon vor den Seereisen der Portugiesen nach Indien durch Vermittlung der Skythen und Moskowiter zu uns nach Europa gelangt sind.«[11] Paolo Giovio wird später noch behaupten, die Buchdruckkunst sei von einem Kaufmann aus China mitgebracht worden und nicht von Gutenberg in Deutschland erfunden worden.[12] Das hätte dem Hochmut eines Landes, das Luther und seine Anhänger hervorbrachte, einen Dämpfer versetzt.

Ob der Buchdruck aus China stamme, wird auch in der folgenden Zeit noch diskutiert. Im 16. Jahrhundert wiederholen Garcia da Orta, ein Arzt aus Goa, Jerónimo Osório, ein portugiesischer Historiker, und Giampietro Maffei, ein italienischer Jesuit, die von Paolo Giovio aufgestellte Behauptung. Das ist keine akademische Debatte. China ist nicht nur ein Reich, in dem Bücher hergestellt werden, nein, Europa wäre ihm auch noch zu Dank verpflichtet. Anders als Mexiko, dessen Erzeugnisse doch eher exotische Kuriositäten sind oder an eine ferne Vergangenheit erinnern wie die ägyptischen Altertümer, steht China als Kultur da, die der Christenheit eine jedem Humanisten wertvolle Technik geschenkt hat, nämlich den Buchdruck. Auch wenn man kaum etwas von China weiß: Allein durch den Buchdruck und den Handel mit kostbaren Waren hat das Reich der Mitte schon die Herzen der europäischen Königshöfe erobert.

Exotik und Orientalismus

In Lissabon hat man das Glück, die Bücher aus China und die aus Mexiko miteinander zu vergleichen. Im Jahr 1521 erhält Manuel von Karl V. einen der Codices, die Cortés nach Spanien geschickt hatte, den *Codex Vindobonensis Mexicanus,* der später Papst Klemens VIII. überreicht wird.[13] Was man am Hof von Lissabon zu sehen bekam, war allerdings kein aztekisches Werk, sondern eine mixtekische Bilderschrift, die vermutlich mit anderen Geschenken für die spanischen Eroberer an die Küste von Veracruz gelangt war. Die Hinweise auf die Geschichte des federgeschmückten Schlangengottes Quetzalcoatl, die der Codex erhält, sind wahrscheinlich sowohl Cortés als auch den portugiesischen und spanischen Königen entgangen. Immerhin konnte Manuel kurz vor seinem Tod noch feststellen, dass die Kultur, die seine spanischen Nachbarn für seinen späteren Schwager Karl entdeckt hatten, genauso beeindruckend war wie die chinesische, auf die er es abgesehen hatte.

Diese mexikanischen und chinesischen Schaustücke stammen aus zeitgenössischen, lebendigen Kulturen, von denen sie, zumindest in den Augen des humanistisch gebildeten Italien, ein erstaunlich positives Bild vermitteln. Für Europa, wo die Schrift einen hohen Rang genießt und alte Handschriften gesammelt werden, sind die chinesischen Bücher und die mexikanischen Codices eindeutige Belege für eine hochstehende Kultur, von der man vorher keine Vorstellung hatte. Die Schrift und ihre materiellen Träger scheinen die Voraussetzung für jede Form des kulturellen Gedächtnisses und der geschichtlichen Kontinuität. Paolo Giovio weist auf die Geschichten hin, die die chinesischen Bücher enthalten, und Pietro Martire vermutet, dass die mexikanischen Codices »von den Taten der Vorfahren jedes Königs [berichten]«.[14] China und Mexiko bestehen erfolgreich das Examen in einer Epoche, in der das Osmanische Reich vielen als barbarische Nation gilt, die die Schätze der antiken Kultur zerstört.[15]

Die Gegenstände, von denen hier die Rede ist, haben nicht die gleiche Zukunftsperspektive. Die Schrift und die Kunst Chinas haben eine Zukunft. Anders sieht es mit der aztekischen Kunst aus. Niemand zweifelt daran, dass es sich bei den mexikanischen Codices um die letzten Beispiele einer Kunst und einer Technik handelt, die zum Verschwinden oder zum Niedergang verurteilt sind. Als Pietro Martire sie bewundernd betrachtet, sind die Würfel auf der anderen Seite des Atlantiks noch nicht gefallen. Aber die Bewunderung des italienischen Humanisten kann nicht die Verheerungen durch die spanische Eroberung verhindern. Heute hat es etwas Verstörendes, die große Wertschätzung für die Codices vor dem Hintergrund der weiteren geschichtlichen Entwicklung zu sehen. Der Zeitpunkt, zu dem Pietro Martire schreibt, ist nur eine kurze Etappe in der Beziehung Europas zu Mexiko, nämlich der Augenblick der Entdeckung, ehe Eroberung und Zerstörung folgen. Für kurze Zeit zeigen Portugiesen, Spanier und Italiener alle die Haltung des Sammlers. Die Objekte aus Mexiko bestechen durch Exotik, Raffinement und Einzigartigkeit. Die chinesischen Bücher werden ähnlich rubriziert, mit dem

Akzent auf dem intellektuellen Gehalt und dem technischen Know-how. Bei den Spaniern werden sehr bald Krieg, Plünderung und Zerstörung auf das Sammeln folgen, während bei den Portugiesen der Schritt vom Sammeln zum Handelsaustausch führt. Die Objekte aus China werden sehr rasch als Handelsware mit hoher Gewinnmarge erkannt. Rückblickend betrachtet, markieren die aztekischen Codices den Augenblick des Untergangs einer Kultur. Für uns Europäer sind Federn und Tempel die Embleme, die für lange Zeit unser Bild von einer zum Fossil erstarrten mexikanischen Kultur geprägt haben. Anders verhält es sich mit China. Einmal begonnen, hat sich der Handel mit Luxuswaren, die der Westen für teures Geld ersteht, bis heute gehalten.

Vorerst aber regen Pietro Martire d'Anhiera und Paolo Giovio die wissenschaftliche Auseinandersetzung mit der präkolumbischen Kultur bzw. dem Fernen Osten an. Daraus entstehen die für die europäische Geschichte bedeutsamen Strömungen der Bewunderung der Exotik im Allgemeinen und des Orientalismus im Besonderen. Die Humanisten sind die Ersten, die in Europa Gegenstände aus Amerika und China »wissenschaftlich« beschreiben und interpretieren und dazu die Informationen nutzen, die via Sevilla und Lissabon nach Rom gelangen.[16] Vor ihnen hatten andere Italiener Kenntnisse über andere Erdteile verbreitet. Um nur die jüngsten zu nennen: Ludovico di Varthema, dessen Bericht über die Reise nach Indien und Südostasien 1510 in Rom erscheint, und Amerigo Vespucci, dessen authentische oder ihm zugeschriebene Werke ab 1503 veröffentlicht werden.

Pietro Martire d'Anghiera und Paolo Giovio tragen nicht nur neue Informationen zusammen, sondern als echte Humanisten interpretieren sie sie auch.[17] Bei ihrer geistigen Auseinandersetzung mit fernen Welten stützen sie sich auf ihre klassische Bildung. Diese verschafft ihnen die nötige Autorität und versieht sie zugleich mit dem gedanklichen Rüstzeug zur Analyse der Beziehungen der Christenheit zum Ägypten der Mamelucken bzw. zur Neuen Welt (Pietro Martire d'Anghiera) oder zu China und zum Osmanischen Reich (Paolo Giovio) oder gar zu einem Vergleich von Amerika und Asien (Paolo Giovio). Giovio mit seinen Reisen und Kunstsammlungen und d'Anghiera mit seinen Briefen tragen dazu bei, dass die neuen Entdeckungen der gebildeten Welt bekannt werden. Und tatsächlich gelingt es Pietro Martire durch seine Korrespondenz mit den italienischen Fürsten und Prälaten und der römischen Kurie ein erstes

Gelehrtennetzwerk zwischen der Neuen und der Alten Welt aufzubauen. Verglichen mit der Casa de la Contratación in Sevilla und dem Königshof in Lissabon, die das Wissen über die neu entdeckten Weltgegenden abzuschöpfen und für sich zu behalten trachten, bemühen sich die italienischen Vermittler um dessen Verbreitung in ganz Europa, wofür sie diplomatische und kirchliche Kanäle ebenso wie den Buchdruck nutzen.[18]

Allerdings fließen diese Informationen nicht gleichzeitig. Das Wissen über China wird sich in Europa erst Mitte des 16. Jahrhunderts verbreiten. Das liegt nicht in erster Linie daran, dass die Portugiesen einen diskreteren Umgang damit pflegen, sondern dass China schwerer zugänglich ist als das aztekische Mexiko, das durch Pietro Martire d'Anghieras *Dekaden* (1530), die Briefe Cortés‹ (ab 1522 veröffentlicht), die Chroniken von Fernández de Oviedo (1535) und López de Gómara (1552), um nur die wichtigsten Quellen zu nennen, in aller Munde ist.

Der Widerstand Chinas erklärt aber nicht alles. Die von den Florentinern und Portugiesen zusammengetragenen Dokumente über China haben lange Zeit nur aus Manuskripten bestanden. Unseres Wissens ist nur der Brief des Florentiners Andrea Corsali in Rekordzeit publiziert worden. Im Januar 1516 aus Cochin abgeschickt, erreicht er im Oktober Florenz und wird noch im selben Jahr von Gian Stephano di Carlo da Pavia gedruckt.[19] Trotz fehlender gedruckter Ausgaben wird aber Duarte Barbosas *Livro das cousas* übersetzt, zuerst 1524 ins Spanische durch den Botschafter von Genua und portugiesischen Kartographen Diogo Ribeiro, dann 1530 ins Deutsche. Schließlich landet es 1539 in São Salvador do Congo.[20] Auch Magellan besaß ein Exemplar in portugiesischer Sprache. Das Wissen über China bleibt auf einen engen Zirkel beschränkt. Es ist fast nur für Spezialisten zugänglich, die des Portugiesischen mächtig sind, und wird in einer Form vermittelt, die das gelehrte Publikum der Renaissance nicht anspricht.

Das ändert sich in der zweiten Hälfte des Jahrhunderts. China hat seinen glänzenden Auftritt, während Mexiko schon seinen Höhepunkt überschritten hat. Bahnbrechende Texte wie der erste Brief des Giovanni da Empoli, die *Suma oriental* von Tomé Pires, obgleich in einer verstümmelten Fassung, das *Livro das cousas* von Duarte Barbosa müssen bis 1550 warten, ehe Giovanni Battista Ramusio sie in einer ersten Lieferung seiner *Delle Navigationi e Viaggi* publiziert.[21] Im weiteren Verlauf des Jahrhunderts kommen immer neue italienische Ausgaben hinzu: 1554, 1563,

1587/88, 1606 und 1613 für die *Suma oriental;* 1554, 1563, 1587/88, 1603 und 1613 für das *Livro das cousas.*[22] Auf portugiesischer Seite erscheint erst 1563 eine dritte Ausgabe der *Dekade* des João de Barros, aber mit einer Fülle an Informationen über die Ereignisse an der Küste Chinas in den Jahren ab 1510. Doch nun gewinnen auch andere, ausschließlich China gewidmete Publikationen die Aufmerksamkeit des gelehrten Publikums in Europa.

Briefe aus China und Mexiko

Die ersten Kontakte zwischen Europa, China und Mexiko finden also gleichzeitig statt, erzielen aber nicht das gleiche Echo in den damaligen Medien. Das Heldenepos der Konquistadoren und der tragische Untergang des Aztekenreiches faszinieren das Publikum auch weiterhin, während die Entdeckung des chinesischen Kaiserreiches der Ming und das Scheitern eines Tomé Pires nie eine größere Leserschaft interessiert haben. Und doch haben diese beiden Geschichten Nachwirkungen bis auf den heutigen Tag. Marco Polo hat auch ohne die Eroberung Chinas und ohne die Erfindung der Buchdruckkunst ein Meisterwerk hinterlassen, *Il Milione,* das seinen Platz durch die Zeiten behauptet. Erfolg oder Misserfolg sind also keine ausreichenden Kriterien für die unterschiedliche Behandlung. Auch nicht das ungewöhnliche schriftstellerische Talent, das man dem künftigen Herrn über Mexiko nachsagt. Mochte auch die Eroberung Mexikos in Hernán Cortés einen Erzähler gefunden haben, der eines Julius Caesar würdig war, so hätten die Portugiesen auch auf die Kunst eines Tomé Pires zählen können, dessen *Suma oriental* beweist, dass auch er in der Lage war, ein anschauliches Bild von der Einzigartigkeit der von ihm bereisten neuen Weltgegenden zu geben. Das Beobachterauge eines Pires steht demjenigen eines Cortés in nichts nach, weshalb sein Verstummen umso bedauerlicher ist. Pires wird aus China nicht lebend zurückkehren, und wenn er doch ein Manuskript aus seinem Kantoner Kerker hat schmuggeln lassen, so ist es uns nicht überliefert. Seine Gefährten im Unglück haben jedenfalls Briefe geschrieben.

Aus Briefen erfahren also die Zeitgenossen die Geschichte der ersten Begegnungen mit bisher fremden Kulturen. Hernán Cortés' Briefe, die oft übersetzt, kommentiert und gedruckt wurden, haben solchen Ruhm erlangt, dass sie zu den ersten Zeugnissen einer westlichen Literatur auf dem amerikanischen Kontinent zählen. Im Gegensatz dazu sind die Briefe aus Kanton, deren Empfänger unbekannte Portugiesen waren, bis heute über die portugiesischsprachige Welt nicht hinausgekommen.

Im Juli 1519, im Oktober 1520, im Mai 1522, im Oktober 1524 und im September 1526 schreibt Cortés fünf Briefe (*Cartas de relación*) an Karl V., die nicht nur am Hof die Runde machen, sondern auch das Glück haben, rasch die Aufmerksamkeit der europäischen Buchdrucker auf die Geschehnisse in Mexiko zu lenken.[23] Jakob (Jacobo) Cromberger veröffentlicht den ersten Brief bereits im November 1522, drei Jahre nach seiner Abfassung. Im folgenden Jahr führt ein in Saragossa ansässiger deutscher Buchdrucker, Jorge Coci, die Veröffentlichung fort. Er legt eine zweite Auflage vor, mit Illustrationen aus einer Ausgabe des Geschichtswerks des Titus Livius, und gibt ihm einen ebenso langen wie bombastischen Titel, der die Größe der Städte, den Handel mit kostbaren Waren, die Pracht Tenochtitlans und die Macht Moctezumas preist.[24] Im Mai 1523 druckt Cromberger in Sevilla den dritten Brief. Im Jahr 1524 erscheint in Nürnberg eine lateinische Übersetzung des zweiten und dritten Briefes. Der Herausgeber Pietro Savorgniani vergleicht Cortés mit Alexander dem Großen und Hannibal. Die Ausgabe enthält ein Dokument von großer Bedeutung: einen Plan von Mexiko-Tenochtitlan, angefertigt vermutlich nach einer Zeichnung, die Cortés zu Beginn des Jahres 1520 nach Spanien geschickt hatte. Dieses Bild stößt sogleich auf enormes Interesse und wird noch im selben Jahr erneut gedruckt, diesmal in Venedig und mit einer italienischen Erläuterung versehen. Seit dieser Zeit verfolgt Deutschland die Ereignisse in Mexiko anhand der gedruckten Ausgaben von drei Cortés-Briefen und einem Tagebuch Albrecht Dürers, der in Brüssel eine Ausstellung der Schätze besichtigt, die Cortés nach Spanien schicken ließ. Im Jahr 1525 liegt der vierte Brief gedruckt vor. Weitere Ausgaben und Übersetzungen folgen im Lauf des Jahrhunderts.

Wie bereits erwähnt, stammt das erste gedruckte Buch über Mexiko, *De nuper sub D. Carolo repertis,* aus der Feder des Humanisten Pietro Martire d'Anghiera und erscheint 1512 in Basel. Die mexikanischen Gegenstände und einige Indios, die in Spanien vorgeführt werden, sind Anlass für aufwendige Zurschaustellungen, die bei Diplomaten Eindruck gemacht haben, so auch bei dem Humanisten Gaspar Contarini, der in seiner Korrespondenz den Senat von Venedig über die Eroberung Mexikos auf dem Laufenden hält. Ebenfalls in Venedig nimmt Benedetto Bordone 1528 Tenochtitlan, gleich neben Cipangu (Japan), in seine *Isolario* genannte Liste der berühmtesten Inseln auf.[25] Auf der Grundlage des Nürnberger Kupferstichs wird das Bild der Stadt so retuschiert, dass sich die Ähnlichkeit mit Venedig geradezu aufdrängt.[26] Sie passt so gut in die Vorstellungswelt der Venezianer, dass für die Humanisten Mexiko mit seinem See und seinen Kanälen zum Vorbild für die Wasserwirtschaft der Lagune wird.[27] In den folgenden Jahrzehnten findet dieses Wissen seinen Weg bis ins Herz Europas und taucht 1554 in der *Kosmografie Česká* auf, der ersten Veröffentlichung in tschechischer Sprache über die mächtige Stadt Temixtitan (Tenochtitlan).

Das Zeugnis des Hernán Cortés hat unsere europäische Sicht der Eroberung Amerikas nachhaltig geprägt, denn hier zeigt sich nicht nur der Sieger über ein glanzvolles Reich, sondern auch ein hinreißender Erzähler und Regisseur seiner Taten. Sein Zeugnis ist aus erster Hand und brandaktuell. Cortés bemüht sich in einer Situation, in die er selbst verstrickt ist, rastlos um eine Deutung, die auf eine bestimmte Wirkung abzielt. Nie vergisst er den Adressaten seiner Briefe, Kaiser Karl V. Zweifellos besteht immer ein Abstand zwischen dem erlebten Augenblick und seiner Deutung im Brief, aber dieser Abstand ist bei Cortés geringer als bei anderen Zeugnissen über die Eroberung. Das ist zum Beispiel der Fall bei Francisco de Aguilars *Relación breve de la conquista de Nueva España* (um 1560) oder Bernal Díaz del Castillos *Historia verdadera de la conquista de Nueva España* (1568). Diese historischen Darstellungen, die Jahrzehnte nach den Ereignissen verfasst wurden, deuten die Wendepunkte der Eroberung im Licht von Kenntnissen, die erst sehr viel später erworben wurden. Für Neuspanien gilt es nun, seine eigene Herrschaft und die Zerstörung der einheimischen Gesellschaft zu legitimieren. Aguilar und Díaz del Castillo erzählen eine Geschichte, von der sie alle Einzelheiten und vor allem den Schluss kennen, während sich Cortés beim Schreiben seiner ersten Briefe erst vortasten muss. Das ist für uns ein wesentlicher Unterschied, denn so können wir die ursprünglichen Absichten bei dem Unternehmen rekonstruieren, ehe es sich eindeutig als die erste Kolonisierung der Neuzeit zu erkennen gibt. Wir sehen darin, dass Pires und Cortés vieles gemein hatten.

Auf portugiesischer Seite fehlt uns, wie bereits erwähnt, das Zeugnis des Mannes, der an der Spitze des portugiesischen Vorhabens stand. Man kann ihn grosso modo als das Pendant zu Hernán Cortés bezeichnen. Tomé hat keine schriftliche Darstellung Chinas hinterlassen, und seine aus Nanking abgeschickten Briefe an Jorge Botelho und Diogo Calvo sind verloren gegangen. Es fehlt uns eine Darstellung seiner Begegnung mit Zhengde, dem Herrn des Reiches der Mitte, die zweifellos außerordentlich aufschlussreich ausgefallen wäre.[28]

Die wenigen Briefe, die der Vernichtung entgingen, dürften um 1524 verfasst worden sein.[29] Ihre Verfasser sind Cristóvão Vieira, ein Mitglied der portugiesischen Gesandtschaft, und Vasco Calvo, vermutlich ein Kaufmann, der erst 1521 die Küste Chinas erreicht. Beide verfügen über einen ähnlichen Scharfblick wie der Eroberer von Mexiko und auch ihr Ehrgeiz ist vom gleichen Schlag, wie wir noch sehen werden. Die Briefe haben es nicht zu historiographischer Berühmtheit gebracht und sind auch nur in Abschriften, die zu Beginn des vergangenen Jahrhunderts in der Pariser Nationalbibliothek gefunden wurden, auf uns gekommen.[30] Die Geschichte der Beziehungen Chinas zum Abendland hat sich im Allgemeinen nicht mit dem portugiesischen Vorspiel beschäftigt und diese Zeugnisse aus erster Hand vernachlässigt.[31] Zwar zeigen sie nicht das literarische Talent eines Hernán Cortés, aber an analytischen Fähigkeiten fehlt es ihnen nicht. In einer ähnlichen komplexen Situation wechseln sie ab zwischen dem Blick fürs Detail und der allgemeinen Einschätzung der Lage, zwischen persönlicher Erfahrung und distanziertem Urteil. Ihre Reaktionen vermitteln eine Vorstellung von dem Zusammenprall zweier Welten, die bisher nichts voneinander wussten, ein entscheidender historischer Augenblick, wenn man den Aufschwung der Globalisierung zu Beginn des 16. Jahrhunderts verstehen will.

Darüber hinaus gibt es auf portugiesischer und spanischer Seite spätere Berichte über die Ereignisse. Die portugiesische Expansion ist dargestellt in verschiedenen Chroniken, zum Beispiel von João de Barros, Fernão Lopes de Castanheda, Gaspar da Cruz und Fernão Mendes Pinto. Wie die spanischen Darstellungen post festum liefern sie wertvolle Informationen, aber aus einer anderen Perspektive, nachdem das Projekt, chinesisches Territorium zu erobern und in Besitz zu nehmen, aufgegeben worden war.[32]

Der Blick der anderen

Cortés' Briefe und die Berichte der Portugiesen spiegeln nur die europäische Sicht der Entdeckungen und Eroberungen. Wenn sie die Reaktionen ihrer Kontrahenten, also der Azteken und der Chinesen, dokumentieren, dann nur soweit sie sie überhaupt wahrnehmen, ihr Interesse erregen und mit der Sicht der Europäer vereinbar sind, was allerdings nicht verwundert.

Aber ist die andere Seite vor Schreck oder Überraschung ganz stumm geblieben? Das trifft weder für die Chinesen noch für die Azteken zu. Aber die Folgen der spanischen Expedition spiegeln noch lange das Ausmaß der Katastrophe wider. Erst im 19. Jahrhundert erhalten auch Texte der Indios ihren Platz neben den spanischen Quellen und vermitteln schließlich das, was Miguel Léon-Portilla mit einer berühmten Formulierung als die »Sicht der Besiegten« bezeichnet hat.[33] Diese oft aufrüttelnden Texte haben vor allem in der zweiten Hälfte des 20. Jahrhunderts dazu beigetragen, das wissenschaftliche Interesse an der Geschichte der Eroberung Mexikos erneut zu wecken und Forschungen anzustoßen, die die Sicht der indigenen Bevölkerung berücksichtigt. Auf mexikanischer Seite existiert eine umfangreiche Literatur aus der Feder von Indios oder Mestizen, die in Nahuatl schrieben und in der Mitte des 16. Jahrhunderts, also mehr als eine Generation nach den Ereignissen, eine Geschichte der spanischen Eroberung präsentieren.[34] Dass diese Literatur überhaupt existiert, verdankt sich den Bemühungen des Franziskaners Bernardino de Sahagún im Rahmen seiner Geschichte Neuspaniens.[35]

Die chinesischen Quellen, die wir benutzt haben, stammen aus dynastischen Geschichtsbüchern, aus Chroniken der Provinzen und aus den Biographien bedeutender Persönlichkeiten.[36] Sie sind schwer einzuschätzen, selbst für einen so hervorragenden Sinologen wie Paul Pelliot. Welchen Nutzen können wir aus seinen minutiösen Forschungen ziehen, denn was er ausbreitet, ist eine Fülle an Detailansichten, die sich aber oft widersprechen? Die chinesischen Quellen, die den Ereignissen am nächsten stehen, vermitteln die Sicht der kaiserlichen Behörden in Peking und Kanton. Das erklärt, dass sie teilweise den Behauptungen der Portugiesen widersprechen. Dass aber gut zehn Jahre später neue und oft gegenteilige Informationen gegeben werden, muss verblüffen. Offenbar versagt mit zunehmendem Abstand das Gedächtnis, sodass die offiziellen

Quellen Tomé Pires, den Botschafter der Portugiesen, mit einem islamischen Botschafter namens Khôjja Asan verwechseln. Beide haben sicherlich mit Malakka zu tun, aber der Erste kam aus der von den Portugiesen eroberten Hafenstadt, während der Zweite, laut Pelliots Forschungen, ein Gesandter der vormaligen Machthaber war.

Merkwürdigerweise wird im *Mingshi* (oder *Ming-che)* ein geheimnisvoller Houo-tchö Ya-san erwähnt, von dem man nicht weiß, ob damit unser Tomé Pires gemeint ist oder ein chinesischer Dolmetscher der portugiesischen Gesandtschaft oder einer der Muslime, die die Gruppe der Portugiesen begleiteten. Auf jeden Fall konnte der Mann, der 1521 in Peking hingerichtet wurde, nicht Tomé Pires sein, der *Kia-pi-tan-mo* der chinesischen Quellen, der Jahre später starb. Vielleicht war es ein Muslim malaiischer Abstammung,[37] der laut *Ming-chan tsang* sowohl Chinesisch als auch die Sprache der Barbaren beherrschte. Wieder andere Quellen behaupten aber, dass ein gewisser Khôjja Asan 1529 in Kanton hingerichtet wurde und dass er mit den Portugiesen unter einer Decke steckte. Unter der Folter hat dieser Mann vielleicht gestanden, nur dem Schein nach ein Gesandter, ja ein Chinese im Dienst der Portugiesen zu sein.[38] Um die Verwirrung noch zu steigern, wird uns ein paar Jahrzehnte später Khôjja Asan als Gesandter der Portugiesen und Komplize eines Muslim aus Zentralasien, Sayyid Husain, vorgestellt.[39] Dieser Muslim war bei Hof eingeführt und soll sich diverser Schandtaten schuldig gemacht haben.

Wie ist dieses Bäumchen-wechsle-dich-Spiel zu erklären? Ein Grund ist sicherlich, dass die Chinesen keine Vorstellung haben, wer die Portugiesen eigentlich sind. Wenn man diesen Khôjja Asan für den portugiesischen Gesandten oder für einen Chinesen im Dienst der Portugiesen gehalten hat, so vielleicht deshalb, weil man annahm, dass die neuen Herren von Malakka aus einem asiatischen oder islamischen Reich kämen, das im Südwesten des Ozeans, vielleicht südlich von Java oder im Nordwesten von Sumatra, vermutet wurde.[40] Das Novum am Besuch der Portugiesen war ihnen gar nicht bewusst. Genauso verhielt es sich mit den Azteken in Mexiko. Diese hielten ihre Besucher für Bewohner eines geheimnisvollen *altepetl* (Stadtstaat) aus einem unbekannten Territorium, Kastilien, aber eben doch aus einem *altepetl*, vergleichbar dem ihren.

Täuschung aus der Rückschau

Die Quellen sind wie üblich lückenhaft und einseitig. Aber noch ein anderes Hindernis gilt es auszuräumen: die Versuchung einer teleologischen Geschichtsschreibung. Die Tendenz besteht, alles, was sich ab 1517 zwischen Portugiesen, Spaniern, China und Mexiko abgespielt hat, auf die bekannten Folgen zu reduzieren und auf diesen einzigartigen geschichtlichen Augenblick die Deutungen zu projizieren, die die Chinesen, Portugiesen und Azteken im Nachhinein vorgenommen haben, um eine problematische Vergangenheit verstehbar und akzeptabel zu machen. Es gibt keine nackten geschichtlichen Tatsachen, genauso wenig wie es eine reine Kultur und eine ursprüngliche Erzählung gibt. Man kann aber sehr wohl versuchen, unter den Gewissheiten, Klischees und Tabus, die sich im Lauf der Geschichte angehäuft haben, die Vorstellungen freizulegen, die, zumindest aus europäischer Sicht, mit dem Eindringen der Fremden nach China und Mexiko verbunden gewesen sind.

Dabei besteht ständig die Gefahr, die verschiedenen historischen Sichtweisen, die hier aufeinandertreffen, zu einer schlüssigen Erzählung umzuformen. Über das stets lückenhafte Material, das wir aus der Vergangenheit ausgraben, würde sich die Wahrheit der historiographischen Erzählung legen. In diesem Fall wäre aber die Globalgeschichte nur eine andere Variante der abendländischen Geschichte. Man kann aber auch, und das ist unser Standpunkt, lediglich eine andere Fokussierung vornehmen, eine andere Beleuchtung auf eine Vergangenheit, die für uns Fragen aufwirft. Der Historiker ist ein unermüdlicher Restaurator, der sich stets bewusst ist, dass der Gegenstand, den er restauriert – sei es das Mittelalter, die Renaissance, die Entdeckung der Neuen Welt –, niemals ein Original, sondern immer das Produkt von Konstruktionen a posteriori ist, über die man sich immer erst Klarheit verschaffen muss.

Wenn wir also die Küste Mexikos und das Chinesische Meer zusammenbringen, so geschieht das deshalb, um unseren eingefleischten Eurozentrismus zu mildern und neue Fragen zu stellen. Wir wollen die Verbindungen, die die nationale Geschichtsschreibung gekappt hat, wiederherstellen und die Elemente der auf diese Weise erhaltenen Konstellation in einen Dialog versetzen, der nicht nur die Beziehung zu Europa im Auge hat. Nur wenn wir verschiedene Brennweiten ausprobieren und nicht nur die Perspektive ändern, wie dies in der Vergangenheit mit der

»Sicht der Besiegten« versucht wurde,[41] dürfen wir hoffen, zu einer Geschichtsdarstellung zu gelangen, die unserer Epoche entspricht. Mit aller Behutsamkeit werden wir nun eine globale Deutung der portugiesischen und spanischen Expeditionen versuchen.

Gesandtschaften oder Eroberungen?

Hernán Cortés ist nicht der eigentliche Entdecker Mexikos. Seine Expedition wird vielmehr vorweggenommen, und unbeabsichtigt vorbereitet, durch zwei »Kontaktaufnahmen«, die von Kuba aus erfolgten. 1511, als den Portugiesen auch Malakka in die Hände fällt, diente die Antilleninsel als Ausgangsbasis für eine Serie von Erkundungsfahrten und Überfällen auf das amerikanische Festland. Aber während Kuba erst mit den Spaniern zu einem Sprungbrett nach Mexiko wird, war das ferne Malakka schon vor Ankunft der Portugiesen eine Drehscheibe des Südostasienhandels und das Einfallstor nach China. In dieser Stadt mit über 100.000 Einwohnern[1] stoßen die Portugiesen auf asiatische Kaufleute aus aller Herren Länder und eine aktive chinesische Diaspora und erhalten so zahlreiche Informationen über die wirtschaftlichen und politischen Verhältnisse in den umliegenden Gebieten. Sie wissen bereits, dass die Molukken und China in ihrer Reichweite liegen, und verändern mit der Militärpräsenz, die sie nach der blutigen Eroberung der Stadt eingerichtet haben, die Ausgangslage in der gesamten Region.

Anders stellt sich die Situation in Kuba dar. Die spanischen Eroberer bleiben dort gleichsam unter sich und drehen sich bald im Kreis. Mit der Hinrichtung des Kaziken Hatuey, der 1512 bei lebendigem Leib verbrannt wird, haben sie den Widerstand der Indios gegen ihre Präsenz gebrochen. Auf dem übernutzten Terrain fühlen sie sich rasch eingeengt, sodass die meisten nur noch nach neuen Perspektiven suchen.[2] Bald erfasst die Insel eine Aufbruchsstimmung, in der sich die Hoffnungen auf das Festland richten. Dort, irgendwo weiter im Süden, so ist bekannt, sollen andere Spanier bereits Castilla de Oro – das heutige Panama – erkunden.

Improvisation und Chaos

Von Kuba aus sticht im Februar 1517 die erste spanische Expedition in See, initiiert von einer Hundertschaft von Siedlern, die sich nicht mehr damit begnügen wollen, auf den umliegenden Inseln auf Sklavenfang zu gehen. Sie ziehen aus, um »neue Ländereien zu entdecken«.[3] Die Expedition wird Francisco Hernández de Córdoba unterstellt. Auf den drei Schiffen segeln drei Lotsen, darunter der Priester Antón de Alaminos, und für alle Fälle ein *veedor* mit, ein Inspektor mit der offiziellen Aufgabe, den Fünften des Königs einzuziehen, falls irgendwelche Schätze, »Gold, Silber oder Perlen«, entdeckt werden. Derlei Ahnungen werden bald zur Gewissheit werden. Allerdings herrscht große Knappheit: »Unsere Flotte setzte sich aus armen Leuten zusammen«, es fehlt an Tauen für die Takelagen und an dichten Fässern für Wasservorräte.

Die kleine Schicksalsgemeinschaft segelt ins Abenteuer, »in Richtung der sinkenden Sonne, ohne in diesen Breiten die Untiefen, Winde und vorherrschenden Strömungen zu kennen«. Anders als die Portugiesen wagen sich die spanischen Seefahrer durch unbekannte Gewässer, ohne die Hilfe örtlicher Lotsen, die im Indischen Ozean oder im Chinesischen Meer zuhauf verfügbar sind. Die Risiken liegen unvergleichlich höher. Auf der Habenseite können die Spanier dieser ersten Expedition bald so manches verbuchen: Sie entdecken Yucatán und knüpfen erste Kontakte zu Indios, die in Städten leben und anders als die nackten Insulaner anständig bekleidet sind. Zudem greifen sie zwei »schielende« Einheimische auf, die ihnen als Dolmetscher dienen sollen. Negativ zu Buche schlagen Scharmützel mit jeweils üblem Ausgang – in Potonchan verlieren die Spanier rund 50 Mann, also die Hälfte der Truppe[4] –, panische Angst und ein fluchtartiger Rückzug auf die Schiffe: »Gott wollte, dass wir mit knapper Not lebend aus den Händen dieses Volks entkamen.«

Eine improvisierte Expedition, ein Überfall mit begrenzten Mitteln und ein voller Misserfolg: Der Versuch geriet zu einem Desaster, ja zu einem Alptraum, der so gar nicht in das lange vorherrschende Bild von mexikanischen Indios passt, die vom befremdlichen Aussehen und den Waffen der Spanier angeblich wie gelähmt seien. Tatsächlich leisten sie erbitterten Widerstand und sind noch dazu in der Lage, die Nachricht von der Ankunft der Spanier weiterzuverbreiten und in den Küstengebieten Alarm zu schlagen. Nicht zufällig werden die Eindringlinge in

Campeche, ihrer zweiten Station, mit dem Ruf »Castilan! Castilan!«[5] empfangen, als seien sie schon hinlänglich bekannt. Das Unternehmen erweist sich jedenfalls als das Gegenteil einer sorgfältig geplanten Entdeckung und Eroberung: Es wirkt eher wie eine Westernkomödie, in der Weiße kopflos in ihr Verderben rennen, anstatt sich Amerika untertan zu machen.

Weil Bedeutendes auf dem Spiel steht, nimmt sich Kubas Gouverneur Diego Velázquez de Cuéllar der Sache an und schickt schon 1518 eine neue Flottille aus vier Schiffen los. Juan de Grijalva und seine 240 Mann erhalten das Mandat, »sich das Gold und Silber anzueignen«, dessen sie habhaft werden können, und gegebenenfalls auch »zu siedeln«. Grijalva verkündet an der Stelle, wo nachmals Veracruz gegründet wird, lauthals seine Absicht, eine Siedlung zu errichten,[6] also die Region zu kolonisieren. Hat ihn die Krone dazu ermächtigt? Dies ist höchst ungewiss. Hier wird er unverrichteter Dinge nach Kuba zurückkehren. Seine Expedition ist nur ein halber Erfolg. Die Indios meiden entweder den Kontakt oder werden mit Degen, Feldschlangen und anderen Waffen brutal zurückgeschlagen. Falls überhaupt ein Tauschhandel zustande kommt, erweist er sich als enttäuschend. Die spanischen Forderungen stoßen bei den Anrainern des Rio Tabasco auf entschiedenen Widerstand. »Sie haben einen Herrn, und kaum sind wir da, wollen wir ihnen einen [neuen] aufzwingen, ohne sie überhaupt zu kennen. Wir lassen besser erst einmal Vorsicht walten, ehe wir ihnen den Krieg erklären«, so die Botschaft, welche die Spanier hinter dem Widerwillen der Indios mutmaßen.

Die Kommunikation hat sich seit dem Vorjahr verbessert, aber keiner kann sich vorstellen, was diese Indios meinen, die immer wieder, nach Westen deutend, »Colúa, Colúa« und »Mexico« rufen. Die angehenden Konquistadoren haben offenbar noch keine Ahnung von dem schier grenzenlosen Reich, das sie dereinst erobert werden. Verborgen bleibt ihnen insbesondere, dass Moctezuma seit ihrer ersten Expedition alle ihre Schritte verfolgt und seine Statthalter in den Küstenregionen angewiesen hat, mit den Neuankömmlingen Handel zu treiben, um herauszubekommen, wer sie sind und was sie im Schilde führen.[7]

Diese zweite Episode hinterlässt eine Handvoll starke Bilder: die großen weißen Flaggen, die die Indios, laut rufend, zu Dutzenden am Ufer des Rio de Banderas – des »Bannerflusses« – schwenken, um die Spanier auf sich aufmerksam zu machen, oder die schildpattbesetzten Schilde, die am Ufer in der Sonne glänzen und von den Soldaten für goldene Waffen gehalten werden. Als weitere Enttäuschung werden sie nach ihrer Rückkehr nach Kuba feststellen, dass ihre mitgebrachten 600 Beile, die angeblich ebenfalls aus Gold bestehen, nur aus gemeinem Kupfer gefertigt sind. Die Expedition ist der Lächerlichkeit preisgegeben.

Fehlende Mittel und eine zu geringe Anzahl an Soldaten zwingen die Konquistadoren, nach Kuba zurückkehren. In Champotón im heutigen Bundesstaat Campeche, sind Indios, ermutigt von ihrem Sieg vom Vorjahr, »stolz, überheblich [...] und auf ihre Art gut bewaffnet« über die Spanier hergefallen. Sie können zurückgeschlagen werden, lehnen es aber ab, sich mit den Eindringlingen auf Verhandlungen einzulassen. Diesen Unwillen schreibt der Chronist Díaz del Castillo den beiden Indio-Dolmetschern zu: »Sicher teilten sie nicht mit, was ihnen aufgetragen wurde, sondern das genaue Gegenteil.«[8] Etwas später werden die Portugiesen in China ebenfalls zu spüren bekommen, wie sehr sie ihren Dolmetschern ausgeliefert sind.

Ein hochfliegender Plan in Lissabon und Intrigen in der Karibik

Das portugiesische Unternehmen unterscheidet sich von vornherein in jeder Hinsicht von dem der Spanier. Die Initiative hinter dem Plan, nach China vorzudringen, geht von ganz oben aus: Als im September 1515 der neue Gouverneur Indiens, Lopo Soares de Albergaria, in Cochin landet, wird er von Fernão Pires de Andrade begleitet. Ihn hat König Manuel entsandt, um an der Spitze einer Flotte »China zu entdecken«.[9] Als *Capitão mor* (Generalkapitän) soll Pires de Andrade aus seinem Gefolge einen Gesandten berufen, der zu den chinesischen Behörden offiziell Kontakt aufnehmen wird.

Geht es Manuel *o Venturoso,* dem Glücklichen, dabei nur um eine diplomatische Mission? Der König hat an Asien ein gewaltiges wirtschaftliches und strategisches Interesse. Er will Niederlassungen gründen, um den Pfefferhandel zwischen den Molukken, Sumatra und dem Kaiserreich China zu kontrollieren,[10] und muss dabei möglichst verhindern, dass ihm die Spanier in die Quere kommen. Eine gewisse Rolle spielen dabei auch seine Träume, Jerusalem zu erobern und als Kaiser über die Welt zu herrschen.[11] »[Der König] hoffte darauf, zum Lehnsherrn über die größtmögliche Anzahl von Herrschern in Asien erklärt zu werden.«[12] Aus all diesen Gründen bemüht er sich auf diplomatischer Ebene auch um das christliche Äthiopien, das er dringend als Verbündeten gegen die Mauren braucht. Es soll an einer geplanten Großoffensive gegen die islamischen Reiche teilnehmen. So entlegene Gebiete wie Ternate im Osten des heutigen Indonesiens, wie Kilwa an der afrikanischen Küste oder das indische Chaul müssen der portugiesischen Krone bereits Tribut zahlen.

Der ehrgeizige Plan, Portugals Herrschaft bis nach China auszuweiten, entspringt folglich Manuels Vorstellungen vom portugiesischen Königtum. Auch steht er im Einklang mit dem Gedanken, mit den Erträgen aus dem Orienthandel den jungen *Estado da Índia* (»indischer Staat«; Portugiesisch-Indien) zu festigen und die Handelsroute um das Kap der Guten Hoffnung zu finanzieren. Auch wenn der Traum von der Universalherrschaft, der in Valentim Fernandes' Übersetzung Marco Polos zum Ausdruck kommt, noch keine militärische Eroberung Asiens vorsieht, so beinhaltet er doch die Möglichkeit, die Fundamente zu einem überseeischen Weltreich zu legen. Eben dem widmete sich der Gouverneur Afonso de Albuquerque, als er 1506 die Inselgruppe Sokotra, 1507 Hormus, 1510 Goa und 1511 Malakka eingenommen hat. In Portugal selbst ist diese imperialistische Expansionspolitik der Krone allerdings manchen Adligen und Kaufleuten ein Dorn im Auge.

Vor Ort, in Goa und in Malakka, wird die Expedition nach China bestens organisiert. Als der 26-jährige Fernão Pires de Andrade, der als *Capitão mor* das Oberkommando über die Operation führt, einen Gesandten der Krone rekrutieren muss, entscheidet er sich für Tomé Pires: Der ist in Sachen Fernost der beste Experte. 1468 als Sohn eines Apothekers *(boticario)* König Johanns II. geboren, war Pires selbst *boticario* eines Prinzen von königlichem Geblüt. Im April 1511 ist er aus Portugal nach Indien aufgebrochen, um dort die Aufgaben des »Kommissionärs der Arzneien«[13] zu übernehmen und für die Krone Gewürze einzukaufen. Pires landet im September in Indien und wird acht oder neun Monate später nach Malakka entsandt, um dort die Finanzen des Königs in Ordnung zu bringen. Fast gleich nach seinem Eintreffen im Juli 1512 wird er dank seiner Fähigkeiten und dem gelegen kommenden Tod des königlichen Kommissionärs zum »Notar der Faktorei, Buchprüfer und

Kontrolleur der Arzneien«[14] berufen. Im Jahr 1513 unternimmt er von Malakka aus eine große Seereise nach Java und kehrt mit 1200 Doppelzentnern Gewürznelken zurück. Trotz seiner vielfältigen Tätigkeit und heftiger Fieberattacken, die ihn für Monate ans Krankenbett fesseln, findet er Zeit, um wertvolle Informationen über das gesamte portugiesische Asien zusammenzutragen. Als er Ende Januar 1515 Malakka verlässt, hat er sein Lebenswerk – die *Suma oriental* – vollendet, die mindestens ein Jahrhundert lang ein unersetzliches Auskunftsmittel zu den wirtschaftlichen Verhältnissen in der Region bleiben wird.

Neben seiner Bedeutung für den Handel gibt dieses Werk über die geopolitischen und ethnographischen Verhältnisse eine Übersicht, in der Pires außergewöhnlichen Scharfblick offenbart. Für lokale Praktiken hat er stets ein offenes Auge. Bei Aufenthalten in Cochin, Cannanore und Malakka kam er mit allen möglichen asiatischen Kaufleuten in Kontakt und hat sich mit einem verblüffend breiten Spektrum an Sprachen, Sitten, Glaubensformen und Kulturen vertraut gemacht. Dass er ein führender Experte in asiatischen Fragen ist, wurde von den lokalen Behörden durchaus erkannt. Seine Neugierde, sein Scharfsinn, seine Kenntnisse der Region und der Gewürze sowie seine wirtschaftliche Sichtweise machen ihn zu einem idealen Kandidaten, um Manuels Gesandtschaft nach China anzuführen. Allerdings wird ihm die dortige Gesellschaft, die sich von den Europäern bedroht fühlt, alle erdenklichen Hindernisse in den Weg legen.

Pires ist eigentlich mit der Vorstellung nach Indien zurückgekommen, mit dem erklecklichen Vermögen, das er angehäuft hat, nach Lissabon zurückzukehren. Stattdessen schickt ihn der neue Gouverneur Lopo Soares de Albergaria aufgrund seines Rufs und seiner guten Kontakte zu Pires de Andrade zusammen mit diesem wieder nach Malakka, damit er von dort aus die Weiterreise nach China antritt. Das Unternehmen ist so mit dem Besten bestückt, was Portugal an Mitteln und Intelligenz aufzubieten hat. Wenngleich in Lissabon konzipiert, werden mit seiner Ausführung Männer betraut, die die menschlichen Ressourcen vor Ort zu nutzen wissen. Allerdings steckt der Teufel im Detail. Unwägbarkeiten der Operation führen zu einem ersten Fehlstart: Im Februar 1516 stößt die Flotte von Andrade und Pires vor Sumatra zum Schiff des Italieners Giovanni da Empoli, das Pfeffer für China geladen hat. Leider geht die kostbare Fracht mit dem Schiff in Flammen auf. Die Expedition kehrt daraufhin nach Malakka zurück und läuft im August 1516 – entgegen Andrades Rat – erneut aus, obwohl der Monsun einsetzt. Schlechtes Wetter zwingt sie, wie vom Kapitän vorhergesagt, erneut den Heimathafen anzulaufen. Im Juni 1517 nimmt die große portugiesische Expedition trotz aller Widrigkeiten erneut Kurs auf China, wo sie 15. August denn auch tatsächlich landet.

Pires ist bürgerlicher Abstammung. Obwohl seine Familie Beziehungen zum Hof unterhält, ist er eine unbedeutende Figur. Er erinnert durchaus an Hernán Cortés, den *hidalgo* aus Medellín, der auf Kuba als *encomendero* Indios besitzt. Beide haben die Iberische Halbinsel in der Hoffnung verlassen, ein Vermögen zu machen, und sind in eine Gemeinschaft eingebunden: Cortés gehört zum Umfeld von Diego Velázquez, dem Gouverneur von Kuba, der seine Ehe mit Catalina Suárez gestiftet hat, während Pires ein »Freund« des *Capitão mor* Pires de Andrade ist. Aber damit enden schon die Gemeinsamkeiten. Der 52-jährige Pires ist Handelsagent, Asien-Experte und der verlängerte Arm der königlichen Macht, während der 32-jährige Spanier nur ein Studium des Rechts und ein paar reiche Freunde vorzuweisen hat. Cortés verfügt anfangs weder über Erfahrungen noch über ausreichend Geld, um eine eigene Expedition auf die Beine zu stellen. Seine Beziehungen zu Kubas Gouverneur, der ihn aussendet, um »diese reichen Gefilde«[15] zu entdecken, sind, gelinde gesagt, auf Sand gebaut. Gemeinsam ist beiden, dass sie sich in ihr Unternehmen ziemlich unvorbereitet hineinstürzen: Cortés hat an den beiden ersten Expeditionen nach Mexiko (1517/18) offenbar keinerlei Anteil genommen, und Pires war auf dem Sprung zurück nach Europa, als ihm eine Gesandtschaft nach China angetragen wurde.[16]

Die europäische Expansion und mit ihr die Globalisierung, die von der Iberischen Halbinsel ausgeht, hat ebenso sehr wie mit großer Politik auch mit individuellen Schicksalen zu tun. Und sie wird eher improvisiert als mit einer gut geölten Maschine vorangetrieben, die auf klare Ziele hinarbeitet.

Das Asien der Gewürze anstelle der Neuen Welt

Während König Manuel vom Kreuzzug und von Asien träumt – von der Eroberung Mekkas und der Rückeroberung Jerusalems erscheint er geradezu besessen[17] –, wird der König von Spanien 1517 von ganz anderen Interessen umgetrieben. Ferdinand der Katholische ist 1516 verstorben. Der ihm nachfolgende junge Karl – der künftige Kaiser Karl V. – übernimmt von seiner Mutter, Johanna der Wahnsinnigen, die Regentschaft. Er schifft sich im September 1517 mit nur 17 Jahren nach Asturien ein und nimmt dort sein Königreich in Besitz; er verlässt Spanien, das kurz vor dem Comuneros-Aufstand steht, schon im Mai 1520 wieder, um sich den deutschen Angelegenheiten zu widmen und in Aachen die Krone des römisch-deutschen Königs zu empfangen. Im Juli 1522 kehrt er nach Kastilien zurück.[18] Überseeische Besitzungen sind folglich seine geringere Sorge. Und als Cortés 1521 Mexiko erobert, wird Karl, der sich schon Kaiser nennt, im nördlichen Europa aufgehalten, weil dort der Lutheranismus ausgebrochen ist. Bei »Tordesillas« denkt er folglich weniger an den gleichnamigen Vertrag, mit dem die Aufteilung der Welt besiegelt wurde, als vielmehr an das Schloss, in dem seine Mutter festgehalten wird: Zeit ihre Lebens wird Johanna die Wahnsinnige den Thron mit ihm teilen. Und Portugal taucht in seinen Gedanken deshalb auf, weil er seine ältere Schwester, die 20-jährige Eleonore von Kastilien, mit seinem Onkel, König Manuel I., verheiratet hat.

Sind dem künftigen Kaiser überseeische Besitzungen völlig egal? Zwar nicht ganz, aber es sei daran erinnert, dass Karl V. nicht der Mann ist, der seine Ländereien durch Eroberungen erweitert. Dies ist ihm absolut fremd. Der junge König von Kastilien und Aragon und künftige Kaiser des Heiligen Römischen Reichs deutscher Nation erwirbt seine Besitzungen vielmehr per Erbschaft und weiß diese, so sie ihm, wie das Herzogtum Burgund, streitig gemacht werden, durchaus zu verteidigen. Die imperiale Logik Karls besteht so hauptsächlich darin, Nachfolgen anzutreten: Seine Herrschaft ist »von Haus aus nicht imperialistisch im Sinne der Eroberung. Vielmehr [baut] sie sich auf der denkbar friedlichsten Grundlage auf, dem Familienrecht.«[19] Hinzu kommen »innenpolitische« Sorgen – die Abneigung der Kastilier gegen die Flamen im Umfeld des jungen Fürsten oder das Aufbegehren des jungen Mönchs Martin

Luther in den deutschen Landen – sowie große europäische Probleme wie der Krieg mit Frankreich oder die Frage des Herzogtums Mailand. Der imperiale Traum von der Universalherrschaft wird erst einige Jahre später Auftrieb bekommen.

Ein wenig hat Karl den Vertrag von Tordesillas allerdings doch im Blick: Ende Februar oder Anfang März 1518 empfängt er Magellan – im April dieses Jahres startet Grijalva an der Spitze der zweiten Expedition in Richtung Mexiko – und billigt dessen Vorhaben, sich auf die Suche nach »Inseln, Festland und kostbare Gewürze« zu machen, sei es durch die Entdeckung einer Westpassage oder auf der portugiesischen Route, die um das Kap der Guten Hoffnung herumführt. Trotz der Proteste des portugiesischen Botschafters bewilligt Karl die notwendigen Mittel, um die Expedition auszustatten. Im September 1519 segelt sie los.[20] Eroberungen sind von vornherein ausgeschlossen. Der Befehl lautet, mit den Eingeborenen vertrauensvolle Kontakte anzuknüpfen und jedes kriegerische Vorgehen gegen sie zu unterlassen.

Karl sieht in Magellan zuvorderst einen Kenner der asiatischen Angelegenheiten, einen altbewährten Seefahrer und einen Experten vom Format Tomé Pires'. Immerhin hat sich Magellan von 1511 bis 1512 in Malakka aufgehalten, an dessen Eroberung er beteiligt war, und die Stadt erst am 11. Januar 1513 wieder verlassen.[21] Dort ist er wahrscheinlich Pires begegnet, der seit Juli des Vorjahres dort gelebt hat. Auf jeden Fall profitierte er von Informationen, die sein Freund und mutmaßlicher Cousin Francisco Serrão zusammengetragen hatte. Serrão war als erster Portugiese bis zu den Molukken vorgestoßen, auf denen er sich niederließ und zum Berater des Sultans von Ternate wurde. Er korrespondierte mit Magellan, kannte sich auf den Molukken bestens aus und diente zwangsläufig auch Pires als Informant für dessen *Suma oriental.* Dass Serrão von Ternate aus Magellan in Kastilien, am anderen Ende der Welt, Briefe schrieb, wirft die Frage auf, ob er nicht ebenfalls einem spanischen Werben erlegen war, wie die Portugiesen behaupteten. So liegt es in den Händen von zwei Freunden, die durch Tausende von Kilometern voneinander getrennt sind, Vorhaben zweier europäischer Monarchien durchzuführen, die sich auf der anderen Seite des Globus ein Wettrennen liefern. Magellan, Serrão und Pires: Ihre Beziehungen untereinander offenbaren, dass in der von der Iberischen Halbinsel ausgehenden Globalisierung schon jetzt Entfernungen und Überfahrtszeiten kaum noch eine Rolle zu spielen scheinen.

Der portugiesische Überläufer lenkt das Augenmerk des künftigen Kaisers auf die fernen Molukken und den einträglichen Gewürzhandel. Asien anstelle der Neuen Welt: In Spanien warten Karl und alle Geldgeber der Expedition ungeduldig auf Ergebnisse, während zur selben Zeit, nicht ganz so weit entfernt, die Eroberung Mexikos in Gang kommt. Als im April 1521 Magellan auf einer kleinen Insel vor Cebu umkommt, bereitet Cortés gerade die Belagerung der aztekischen Hauptstadt Mexiko-Tenochtitlan vor, die er im August erobern wird. Drei Monate später erreichten die Überlebenden von Magellans Expedition die Gewürzinseln und Tidore.

Während Pires in hochoffizieller Mission unterwegs ist, führt Hernán Cortes eine Expedition durch, die weder der junge Herrscher noch seine Berater im Blick haben und die noch weniger zu ihren Prioritäten gehört. Sie ist alles andere als ein imperiales Vorhaben in der Neuen Welt. Als 1519 die dritte Expedition startet, agiert Hernán Cortés, der künftige Architekt der Eroberung, nur als Handlanger des Gouverneurs von Kuba, der seinerseits ein ergebener Diener Juan Rodríguez de Fonsecas ist. Der siebzigjährige Bischof von Burgos zieht von Kastilien aus die Fäden in der politischen Szene der Antillen. Hier stößt man auf eine erste Überraschung: Entgegen den Erwartungen gibt es zwischen der sich in Mexiko abspielenden Episode und den Ereignissen in China insofern eine Verbindung, als dass im Visier der Spanier wie der Portugiesen eben nicht Mexiko, sondern erklärtermaßen der begehrte Gewürzhandel Asiens und Chinas gestanden hatte. Nach Entdeckung der Neuen geriet ganz in Vergessenheit, dass beide Mächte ihre Energien ursprünglich auf einen ganz anderen Erdteil konzentriert hatten.

Von wenigen Ausnahmen abgesehen, präsentieren die Geschichtsbücher beiderseits des Atlantik, also die europäische wie die mexikanische und lateinamerikanische Historiographie, das Unternehmen Hernán Cortés' als eine planmäßige Eroberung des Aztekenreichs, die den Konquistadoren und neuzeitlichen Europäern gleichsam im Blut gelegen habe. Das ist freilich einer der vielen Irrtümer, denen der Historiker beim Streifzug durch die Geschichte begegnet oder die er selbst in die Welt setzt. Erst später, in einzelnen Etappen und vor allem deshalb, weil sein Erfolg alle Erwartungen übertroffen hat, erhält Cortés' wahnwitziges

Abenteuer jene Aufmerksamkeit, die er ihm mithilfe seiner Gefährten und später seiner Chronisten unbedingt verschaffen wollte. Dagegen erscheint Tomé Pires' Mission in der Rückschau nur deshalb als eine Fußnote in der Geschichte, weil sie ein komplettes Fiasko war.

In beiden Fällen waren die Figuren, die sich in Asien beziehungsweise auf den Antillen ins Geschehen drängten, die Akteure einer politischen Expansion, die schon seit über zwanzig Jahren in beiden Regionen erfolgreich vorangetrieben wurde. Dabei sollten sie in Amerika zu Wasser und zu Lande allerdings auf einen weniger hartnäckigen Gegner stoßen als im islamischen Asien. Und nicht nur die Spanier treten als Konquistadoren auf. Der Portugiese Pires de Andrade, der die Gesandtschaft nach Kanton führen soll, beteiligte sich am Angriff auf Kilwa[22] (1505), am Sieg über Calicut (1506), am Sturm auf Pattani (1507) und an der Schlacht um Due (1509).[23] Diese Episoden erinnern daran, dass die Ausweitung des portugiesischen Einflussbereichs in Asien zu dieser Zeit eine klare militärische Dimension hat, die 1511 in der Eroberung Malakkas gipfelt: Die malaiische Stadt wird von Afonso de Albuquerque, dem Vizekönig Indiens, mit 18 Schiffen und 1200 Mann eingenommen.

Vergleicht man diese Expansion in Asien mit der Erkundung und Besatzung der Karibik, so lagen bei den Eroberungen zur damaligen Zeit klar die Portugiesen in Führung. Den Spaniern ist dies durchaus bekannt. Sie hören von deren Heldentaten oder erfahren von ihnen aus dem Werk, das Martín Fernández de Figueroa 1512 in Salamanca veröffentlicht hat. Indien werde auf der östlichen Route erobert, so posaunt es schon der Titel seines Werkes hinaus: *Conquista de las Indias de Persia e Arabia.* In diesem Buch erfährt der spanische Leser alles über die »viertausend Meilen«, die Manuels Männer »entdeckt und erobert« hätten, sowie über »die Schlachten, mit denen sich seine Flotte dank erbitterter Kämpfe einzigartig und unsterblich machte«.[24]

Die Portugiesen landen an Chinas Küste

Im Juni 1517 nimmt Manuels Gesandtschaft von Malakka aus Kurs auf China. Laut den chinesischen Quellen »schickten [die Portugiesen] im zwölften oder im dreizehnten Jahr eine Gesandtschaft«.[25] Wochen später, am 15. August 1517, landet Fernão Pires de Andrade auf der Insel *da Veniaga,* die auf Portugiesisch auch Tamão und auf Chinesisch Tunmen heißt. An der Mündung des Perlflusses und des Westflusses (Xi Jiang) gelegen,[26] dient sie gewöhnlich als Zwischenstation für ausländische Kaufleute, die die chinesische Küste erreichen. Auf Tunmen ist 1513 Jorge Álvarez – wohl als erster Portugiese – gelandet, um Handel zu treiben. Álvarez hat dort einen *padrão,* eine Stele, errichten lassen, die als Zeichen für einen portugiesischen Stützpunkt diente.

Hier beginnen die Neuankömmlinge – in der Absicht, eine dauerhafte Niederlassung zu gründen – mit dem Bau von Baracken und Palisaden. Trotz der Aufforderung der chinesischen Behörden, den Perlfluss erst dann stromaufwärts zu fahren, wenn sie die Genehmigung dazu erhalten, beschließen einige Seeleute in ihrer Ungeduld, weiter nach Kanton zu segeln, wo sie dann nichts Besseres wissen, als mehrere Kanonensalven abzufeuern, um auf sich aufmerksam zu machen. Die blindwütende Machtdemonstration versetzt die völlig überraschten Kantonesen in Angst und Schrecken. Noch nie, so die chinesischen Quellen, seien Schiffe so nahe ans Zentrum der Stadt herangefahren. Die Portugiesen werfen den Anker und werden daraufhin zur »Poststation« gebeten, eine Art Herberge, in der ausländische Missionen empfangen und untergebracht werden.[27] Auf dem Muschelkai, im Südwesten der Stadt, am Flussufer gelegen, wohnen sie so außerhalb der Stadtmauern. Und sie sitzen hier fest, ohne richtig eingesperrt zu sein: Dank der am 24. Februar 1518 wegen des Laternenfestes herrschenden Umtriebigkeit können sie einen Rundgang auf den Stadtmauern unternehmen.[28] Sie vertreten sich die Beine, befriedigen ihre Neugierde und sammeln militärische Informationen – betreiben also ein wenig Spionage.

Zur Ordnung gerufen und an die guten Sitten erinnert, werden sie darin unterwiesen, wie sie sich vor dem Provinzgouverneur Tch'en Kin zu benehmen haben. Laut einer chinesischen Quelle habe dieser die Portugiesen im Heiligtum Guangxiao in die Riten des Protokolls einführen lassen und den Kaiser in einem Bericht um Order gebeten, wie mit ihnen zu verfahren sei. Dieses Guangxiao war angeblich die altehrwürdige Moschee Kantons aus dem 7. Jahrhundert, was darauf hindeutet, dass die chinesischen Behörden die Besucher für Muslime hielten. »Diese Leute mit den spitzen Nasen und Augenringen ähneln sehr den Muslimen.«[29] Nach anderen Deutungen handelte es sich um den großen buddhistischen Tempel Kantons. Damit hätten die Europäer nicht als Monotheisten, sondern als bilderverehrende Mitglieder einer buddhistischen Sekte gegolten. Auch hätten sie gerne »buddhistische Bücher gelesen«. Bei ihrem Aufenthalt lernen die Gesandten Kniefälle und Verneigungen, bei denen das Gesicht den Boden berührt, den Kotau. Derweil erstellen die Behörden eine Bestandsliste der von ihnen eingeführten Waren: Zweige von Korallenstöcken, Kampfer aus Borneo, vergoldete Harnische, grobe rote Seidenstoffe, Glasprismen, ein dreischneidiger Degen und ein besonders scharf geschliffenes Küchenmesser aus biegsamem Eisen.

Die Mission zählt zu diesem Zeitpunkt rund 80 Mitglieder: Neben Tomé Pires sechs Portugiesen, darunter drei Bedienstete, zwölf aus dem Raum des Indischen Ozeans stammende Diener und fünf Dolmetscher, sogenannte *Jurabaças* – eine Bezeichnung malaiischen Ursprungs – oder *Lingoas*. Pekings Antwort lässt auf sich warten. Die Portugiesen üben sich in Geduld, bis der Hof von sich hören lässt – offenbar in Form eines kaiserlichen Erlasses, wonach die Besucher Geld für ihre Ware erhalten und verabschiedet werden sollen.[30] Aber dieser abschlägige Bescheid kann die Mitglieder der Gesandtschaft nicht entmutigen.

Die in Tunmen zurückgebliebenen Portugiesen hausen derweil an Land in Baracken oder in ihren vor Anker liegenden Schiffen und geben wegen ihrer Sitten und Gebräuche als Sklavenhändler Anlass zum Gerede. Unter den Bauern und Fischern der Umgebung kursieren Gerüchte, wonach sie angeblich Kinder rauben. »Mehrfach entführten sie Nachwuchs unter zehn Jahren, die sie dann geröstet verspeisten. Für jedes bezahlten sie hundert Goldstücke. Und junge Taugenichtse nutzten die Gelegenheit, um so [mit ihnen] ins Geschäft zu kommen.«[31] Darauf wird noch zurückzukommen sein.

Dass sich die Europäer niedergelassen haben, gibt den chinesischen Behörden noch anderen Anlass zur Sorge. König Manuel möchte die asiatischen Konkurrenten vom chinesischen Markt verdrängen. Dazu sollen zwischen Cochin und Kanton und anschließend zwischen Pazem auf Sumatra und dem chinesischen Hafen feste Schifffahrtsrouten eingerichtet werden. Dazu notwendig ist der Bau von je einer Festung an der chinesischen Küste. Nur mit einer wehrhaften Niederlassung am Rand dieses Reichs lässt sich eine portugiesische Präsenz in der Region dauerhaft behaupten. Nach einem Muster, das sich anderswo in Asien und in Afrika bewährt hat, soll offenbar auf eine Absprache mit den chinesischen

Behörden verzichtet werden. Der Plan, Veteranen einzusetzen, die schon bei den portugiesischen Eroberungen (Azamor in Marokko, Hormus, Goa oder Malakka) gedient haben, um eine Militärbasis zu errichten, vor Ort Schiffe zu bauen und sie auf Expeditionen zu schicken, erinnert an die Spanier, die mit dieser Strategie um dieselbe Zeit auf den Antillen und in der Karibik Landgewinne machen.

Die Spanier landen an Mexikos Küste

Cortés, der an der mexikanischen Küste ebenfalls eine Basis benötigt, richtet diese in der Bucht von San Juan de Ulúa in der Nähe des künftigen Hafens von Veracruz ein. Für seine Gründung nutzt er vielsagenderweise den Begriff *fortaleza.*[32] Die Bucht ist berüchtigt: Die Spanier sind auf ihrer zweiten Expedition dort auf eine Insel gestoßen, auf der sie Überreste von Menschenopfern fanden, und tauften sie deshalb Isla de Sacrificios: »Zwei Knaben mit aufgeschlitzter Brust, Herz und Blut dargebracht diesem verfluchten Götzen.« Das Bild war erschütternd: »Wir empfanden größtes Mitleid, als wir die beiden toten Knaben fanden und diese Grausamkeit sahen.« Dagegen ist die Insel in der Mündung des Perlflusses, wo die Portugiesen angelegt und sich häuslich eingerichtet haben, längst eine Handelsstation, wie schon der Name *Veniaga,* das malaiische Wort für »Handel«, verrät. Chinesen und Mexikaner haben offenbar zum offenen Meer eine unterschiedliche Beziehung. Aber dieses Menschenopfer hätte den Spaniern, falls sie erkannten, wer hinter ihm steckte, sicher eine Vorstellung vom Einflussbereich der Mexica gegeben: Auf der Insel begegnen ihnen Priester, denen zufolge diese scheußlichen Opferungen vom Volk der *Culua* – also von dem tief im Binnenland liegenden Tenochtitlan – aus angeordnet worden seien. Dargebracht wurden sie dem allmächtigen Gott Tezcatlipoca, wie Bernal Díaz del Castillo sehr viel später erfahren sollte. Die Spanier verstehen *Ulua* anstatt *Culua,* taufen die unselige Insel San Juan de Ulúa und schlagen ihr gegenüber ihr Lager auf.

Es sei daran erinnert, wie Hernán Cortés dort angelangt ist: Im Jahr 1518 hat ihn Diego Velázquez de Cuéllar, der Gouverneur von Kuba, an die Spitze einer dritten Expedition berufen. Angetan und »voller Freude«

hat der Gouverneur die Neuigkeiten erfahren, die Juan de Grijalva von der zweiten Expedition zurückgebracht hat. Er brennt vor Ungeduld: Noch fehlt ihm vom künftigen Kaiser Karl V. die Ermächtigung, das neuerlich erkundete Gebiet zu kolonisieren, also »Tauschhandel zu treiben, zu erobern und zu besiedeln«, wie es in der zeitgenössischen Sprache heißt. Hernán Cortés, ein einfacher Kolonist ohne jede militärische Erfahrung, erhält folglich nur den Auftrag, »Tauschhandel zu treiben«, nicht aber Siedlungen zu gründen, auch wenn auf Kuba der Gouverneur bereits das Gegenteil in der Gewissheit hinausposaunt, dass ihm der Hof den hochtrabenden Titel des Gouverneurs *(adelantado)* von Yucatán verleihen wird.[33] Konkret und in Erwartung eines Besseren haben die Spanier nur das Mandat, die Gegend zu erkunden und alles zusammenzuraffen, was ihnen unterkommt. Am 18. November stechen Cortés und seine Gefährten mit einer anderen Idee im Kopf eiligst von Santiago de Cuba aus in See, womit sie sich den Zorn ihres Dienstherrn Diego Velázquez zuziehen werden. Sie halten Kurs auf die Halbinsel Yucatán, umschiffen sie und landen an der Küste von Tabasco. Unterwegs haben sie zwei wertvolle Dolmetscher, Jerónimo de Aguilar und Malinche, an Bord genommen.

Einige Monate später, am 22. April 1519, als Cortés in die von Grijalva erkundete Bucht San Juan mit der berüchtigten »Insel der Opfer« einläuft, nimmt das Unternehmen eine Wende, die sich der Gouverneur so nicht vorgestellt hat: Jedenfalls verläuft es nicht mehr nach Drehbuch. Derweil warten in Kanton Pires und die Seinen in zermürbender Langeweile noch immer auf ein Zeichen aus Peking.

Nachdem Cortés mit seinen Schiffen eingelaufen ist, haben sich die Indios bereits kundig gemacht, woher die Karavellen kommen. Cortés hat mit Kaziken Kontakt aufgenommen und beschenkt sie mit europäischen Gewändern – Hemden, Wämser, Mützen und Kniebundhosen.[34] Die Spanier erhalten von der Gegenseite ebenfalls Geschenke. Glaubt man Cortés, ist der örtliche Kazike entzückt: »Er war hochzufrieden und vergnügt.« Trotz des ungesunden feuchtheißen Klimas fühlen sich die Ankömmling in der Region, einem Labyrinth aus Lagunen und Sümpfen, offenbar wohl. Die Gegend ist besiedelt mit Menschen, die ursprünglich aus dem Tal von Mexiko stammen und vom Herrscher Tenochtitlans dorthin entsandt wurden. Folglich herrschen dort die Sprache – Nahuatl – und der Einfluss der Mexica vor. Nahe der Mündung des Papaloapan, in Tlacotalpan, residiert ein von Mexiko-Tenochtitlan eingesetzter Steuereinzieher *(Calpixqui)*.[35] Von all dem wissen die Spanier vorerst noch nichts. Aber sie sind entzückt, dass sie Gold vorfinden, und schätzen sich glücklich über den guten Empfang durch die Indios.

In diesem Moment schlägt die Expedition erklärtermaßen einen neuen Kurs ein. Von Cortés manipuliert, fassen die Kapitäne den Entschluss, in der Region »zu siedeln« und »ein *pueblo*« zu gründen«, um »sich rechtmäßig zu Herren über die Gegend« aufzuschwingen. Sie fordern Cortés auf – womit sie den Ball zurückspielen –, Alkalden und Gemeinderäte *(regidores)* zu ernennen, um die Stadt zu verwalten, und sprechen für den Fall, dass er sich weigere, zum Schein sogar Drohungen aus. Cortés fügt sich und gründet einen Weiler namens Villa Rica de la Vera Cruz. Der neue Stadtrat tritt schon am nächsten Tag zusammen. Er verkündet, dass die Vollmachten Cortés' als Vertreter Diego Velázquez' erloschen seien, und ernennt den abgesetzten *Capitán* eilends zum »Obersten Richter, *Capitán* und Anführer, dem wir alle Gehorsam schulden«.

Von da an fühlen sich die Spanier – so wie die Portugiesen in Tunmen – ganz wie zu Hause: Auf ausreichend planem Gelände stecken sie die Stellen ab, wo der Marktplatz, die Kirche und Arsenale entstehen sollen. An den Bauarbeiten für die Festung beteiligen sich alle, einschließlich Cortés. Manche legen Fundamente, andere fertigen Dachziegel oder Backsteine und wieder andere schaffen Wasser und Vorräte heran. Mauern mit Zinnen und Schießscharten wachsen in die Höhe. Bald werden vor dem Weiler auch ein Pranger und ein Galgen aufgestellt. Kurz, die Spanier lassen sich häuslich nieder und verschaffen sich die wehrhaften Mittel, mit denen sie angemessen für Gerechtigkeit sorgen können. Díaz del Castillo widmet dieser Episode Schilderungen, die sich ohne weiteres auf das Vorgehen der Portugiesen auf der Insel Tunmen übertragen ließen. Sie geben eine Vorstellung von der Vielseitigkeit, die Spanier und Portugiesen in dieser Lage beweisen müssen: Wie Pilze sprießen Häuser, eine Kirche und eine Festung aus dem Boden.

Und eine weitere Episode verbindet beide Geschichten, insofern sie verrät, mit welcher Selbstverständlichkeit sich Spanier wie Portugiesen auf erobertem Gebiet wähnen. An der Küste Chinas wie an der Mexikos zeigen die Neuankömmlinge, was sie von den etablierten Obrigkeiten halten. Während die Portugiesen auf Tunmen beschuldigt werden, sie hätten dem aus Kanton entsandten Steuerbeamten übel mitgespielt, misshandeln Cortés' Leute Moctezumas Tributeintreiber und setzen sie gefangen. Cortés rechtfertigt das Verhalten mit der Erklärung, er habe die unmenschlichen Forderungen der Mexica eindämmen wollen – sicher eine wirksame Art, um bei der örtlichen Bevölkerung Eindruck zu schinden. Tatsächlich offenbart dieses Vorgehen hier wie in China klar die raubgierigen Antriebe der Eindringlinge, die sich rücksichtslos die lokalen Reichtümer unter den Nagel reißen wollen. Der Zwischenfall ist ein Vorgeschmack auf den Augenblick, da Mexikos spanische Eroberer aus den Ureinwohnern Tribut herauspressen werden. Die Portugiesen in Kanton hegen dieselben Absichten und hätten sie auch in die Tat umgesetzt, wenn sie in China mexikanische Verhältnisse vorgefunden hätten. In Peking wie in Tenochtitlan lösen diese skandalösen Praktiken der Eindringlinge am Hof Empörung aus und schreien nach Vergeltung.[36]

Cortés hat also mit dem Gouverneur von Kuba gebrochen. Selbst wenn er offizielle Formen einhielt, hat er einen entscheidenden Schritt getan. Das Kapitel Diego Velázquez ist theoretisch abgeschlossen. Der Taschenspielertrick, mit dem er seine Siedlertätigkeit gerechtfertigt hat, kommt einem kleinen Staatsstreich gleich. Der einstige Handlanger des Günstlings des Bischofs von Burgos ist jetzt nur noch ein Usurpator und Verräter, der seinen Kopf riskiert. Dies schon deshalb, weil Diego Velázquez, wie der machthabende Konquistador am 1. Juli erfährt, aus Kastilien die erwartete Ermächtigung erhalten hat, das Festland »zu erobern und zu besiedeln«.[37] Denn dies zu organisieren steht allein dem Gouverneur Kubas zu. Unter diesen Umständen ist undenkbar, dass der Meuterer Cortés Pläne schmieden kann, ein gewaltiges Reich in Besitz zu nehmen. Er lässt allenfalls die Absicht erkennen, sich in dieser Niederlassung an der Küste auf Dauer einzurichten. Also bringt er ganze Nächte damit zu, Briefe zu schreiben und nach Wegen zu suchen, wie er seine Position festigen kann. Dabei stößt er auf zwei große Probleme: Er muss den Kaiser von seinen guten Absichten überzeugen und seinen Gefährten klar darlegen, wie sie sich in seiner Siedlung auf Dauer lohnenswert einrichten können.

Cortés' Eigenmächtigkeit und die Ziele der Portugiesen

Cortés entsendet folglich Emissäre, die seine Sache bei Hof vertreten sollen. Über sie erbietet er sich – was sonst könnte er vorschlagen? –, die Eroberung dieses »ausgedehnten und so stark bevölkerten« Gebietes deutlich besser voranzutreiben, als es sein einstiger Förderer tun könnte. Zusammen mit diesem Vorschlag schickt er dem Regenten Karl prachtvolle Präsente getreu dem Sprichwort »dádivas guebrantan peñas«, »Geschenke brechen die härtesten Steine«.[38]

Die Gaben sind zugleich politische Instrumente: Sie sind der greifbare Beweis dafür, dass jenseits des Ozeans eine Zivilisation existiert, die unvergleichlich höher entwickelt ist als die in den Siedlungen auf den Inseln oder in Castilla de Oro. Cortés' Vertreter müssen den Hof davon zu überzeugen, dass der scheinbare Ungehorsam des *Capitán* die Nachsicht des Herrschers verdiene, denn dessen eigenmächtige Schritte hätten sich wirklich gelohnt. Cortés behauptet, er habe in einem ersten Schreiben an Karl bereits eine Erklärung abgegeben, die sein unentschuldbares Vorgehen rechtfertige. Von dem Brief fehlt allerdings jede Spur. Ist er verloren gegangen oder hat ihn Cortés nur erfunden?[39] Falls es dieses mysteriöse Sendschreiben gab, konnte keiner Cortés vorwerfen, dass er sich seiner Verantwortung entzogen habe. Und da es »verloren« ging, lassen sich diese niedergelegten Bekenntnisse auch nicht dazu verwenden, um Cortés Arglist und Täuschung vorzuwerfen.

Am 26. Juli 1519 stechen seine »Anwälte« mit den Geschenken in See und segeln – ohne Diego Velázquez in die Hände zu fallen – übers Meer bis nach Spanien in der Hoffnung, die Situation zu entspannen und Cortés und seinen Getreuen den Kopf zu retten. Karl empfängt sie im folgenden Jahr, im März 1520, in Tordesillas und im April in Valladolid. Doch damit ist die Partie längst nicht gewonnen. Cortés' Befürchtungen sind mehr als begründet. Seine Gesandten stoßen in Spanien auf Freunde von Diego Velázquez sowie auf den allmächtigen Fonseca, den Bischof von Burgos, der die indischen Angelegenheiten seit Jahren eigenhändig betreut. Der italienische Humanist Pietro Martire d'Anghiera schildert die Atmosphäre bei Hof. Er äußert sich sehr entzückt über die Geschenke an den Kaiser, erinnert aber auch daran, dass der Rat des Königs die Eigenmächtigkeit des Konquistadors missbilligt. Ihm zufolge halten Diego Velázquez' Abgesandte und seine Unterstützer mit ihrer Meinung nicht hinterm Berg: »Es sind flüchtige Diebe, der Majestätsbeleidigung schuldig.« Einhellig fordern sie die Todesstrafe für die Rebellen. Um ein Haar verliert die künftige Eroberung Mexikos ihren Helden. Der Streit dreht sich vor allem darum, dass Cortés mit Villa Rica eine – im römischen Sinn – »Kolonie«[40] gegründet hat. Dabei bleibt das Thema, dass ein Territorium größer als Spanien erobert werden soll, ganz außen vor, obwohl die Geschenke und das Gold, die die Emissäre mitgebracht haben, eigentlich Begehrlichkeiten wecken müsste. So zumindest sieht es 1520 Pietro Martire d'Anghiera, der seine Einschätzung auch Papst Leo X. und der römischen Kurie mitteilt.

An diesem Punkt ist die Eroberung Mexikos erst ein *pronunciamiento,* also eine Revolte, angezettelt von einem Niemand in einem unbekannten Land, das wahrscheinlich reich, aber sicher feindlich gesinnt ist. Ist die portugiesische Gesandtschaft in Kanton dagegen nur ein diplomatischer Spaziergang? Mit welchen Absichten, oder besser, Einstellungen sind ihre Mitglieder, die Tausende Kilometer von Lissabon entfernt festsitzen, nach China gesegelt? Die Quellen sprechen hier eine ziemlich eindeutige Sprache: Eine Eroberung ist nicht ausgeschlossen, ja diese wird in den Sendschreiben Vieiras und Vasco Calvos, seines Gefährten im Unglück, ausdrücklich erwähnt. Auch wenn die Gesandten Lissabons im Gegensatz zu ihren spanischen Rivalen nicht als geborene Konquistadoren gelten, sind sie angesichts neu entdeckter Gebiete für eine bewaffnete Expedition stets offen. Ihre Spaziergänge auf Kantons Stadtmauern sind kein touristisches Vergnügen, mit denen sie sich beim endlosen Warten die Zeit vertreiben. Die Gesandten sollen vielmehr möglichst viele Informationen über die Verteidigungsmittel und Streitkräfte der Chinesen sammeln, insbesondere in der Region Kanton. Dass sie diese Mission erfüllen, verraten ihre mit sensiblen Informationen gespickten Schreiben an ihre Vorgesetzten. Alle zielen darauf ab, eine Intervention mit einer anschließenden militärischen Besatzung vorzubereiten.

Was verrät uns Cristóvão Vieira über Kanton und dessen militärische Bedeutung? »Der Anlaufhafen für ganz China ist Kanton.« Die Stadt ist das Einfallstor ins Reich der Mitte, eine Stellung, die zu gegebener Zeit Hongkong erhalten wird: »Sie eignet sich für den Handel mit Ausländern besser als jede andere.« Aber sie ist auch »der Grund und Boden«, der sich am besten auf der Welt zur Unterwerfung eignet«. Besser informiert, so schließt Vieira, werde König Manuel nicht zögern, sich in diese Eroberung zu stürzen: Mit ihr könne man mehr »Ehre erwerben als mit der Herrschaft über Indien«. Ein Waffengang biete zahlreiche Vorteile. Seiner üblen Behandlung überdrüssig, verspüre das chinesische Volk das Verlangen, sich gegen die verabscheuten Mandarine zu erheben. Es warte nur auf die Landung der Ausländer. »Alle wollen sich erheben und wünschen die Ankunft dieser Portugiesen in Kanton. [...] Alle harren der Portugiesen.«[41] Die Ankunft der Europäer werde auf dem Land eine Erhebung gegen die Mandarine anfachen. Rasch ausgehungert, werde sich die Stadt Kanton kampflos ergeben. Da Kriegsdschunken fehlten, sei der große Hafen nur durch Festungsmauern geschützt. Einmal erobert, brauche es nur zwei neu errichtete Festungen, um die Stadt in Schach zu halten: eine an der Nordflanke, weil »die Stadt von dorther eingenommen werden kann«, die andere auf der Seite der Landungsbrücke der Mandarine. Dem Tonfall nach ist kein Widerspruch möglich: Es dürfe keinen Augenblick gezögert werden. Die Operation durchzuführen, brauche weniger Zeit, als über sie zu schreiben.

Diese Eile stützt sich auf eine Analyse der angeblichen Schwächen des Reichs der Mitte. Die chinesische Herrschaft sei noch jung und fragil: »Bislang besaßen sie kein eigenes Herrschaftsgebiet, sondern eigneten sich Zug um Zug Ländereien ihrer Nachbarn an. Das Reich ist deswegen groß, weil diese Chinesen von einer gewaltigen Raffgier erfüllt sind. Von daher rühren ihre Anmaßung, ihr Hochmut und ihre Grausamkeit. Und dies weil sie, feige, schwach, ohne Waffen und Erfahrung in jedwedem Krieg, den Boden ihrer Nachbarn bislang weniger durch ihrer Hände Tatkraft als vielmehr durch List und auf heuchlerischen Wegen errangen. Und sie schaffen es, dass ihnen keiner schaden kann.«[42]

Cortés' Spanier sind potenzielle Konquistadoren, die eine Zeitlang so tun, als seien sie Gesandte. Dagegen sind Pires' Portugiesen offizielle Gesandte, die als solche empfangen werden, aber von kriegerischen Hintergedanken erfüllt sind. Systematisch ausgewertet, zeigen die verfügbaren Quellen, dass sich die beiden Unternehmen weniger deutlich unterscheiden, als es zunächst den Anschein hat. Sie werfen ein erhellendes Licht auf die oft diffusen Verbindungen der beiden Welten miteinander und auf die Kontakte, die zu Beginn der Frühneuzeit geknüpft werden: Der jeweilige Vorstoß wurde entweder von vor Ort (Kuba) oder von einer Hauptstadt (Lissabon) aus unternommen. Und er wurde entweder von Anfang an geplant (Pires) oder ganz spontan und unkontrollierbar (Cortés) umgesetzt. Hinter ihm stecken stets zwielichtige Kalküle, die die Europäer wie auch ihre jeweiligen Gastgeber zu zwiespältigen Verhaltensweisen bewegen, und dies umso mehr, als die Beteiligten jeweils in einer absolut neuen Situation stecken. Von Nahem betrachtet, erscheint das erwartete Aufeinanderprallen der verschiedenen Kulturen (Europa-China oder Europa-Mexiko) anfangs eher wie ein Katz-und-Maus-Spiel, in dem aber zunächst nicht erkennbar ist, wer darin Katze und wer Maus ist.

Der Marsch auf Peking (Januar bis Sommer 1520)

Im August 1519 legt, angeführt von Simão de Andrade, eine zweite portugiesische Flotte in Kanton an. Sie stößt zu Pires' Gesandtschaft, sticht aber im Sommer 1520 von China aus erneut in See. Zu diesem Zeitpunkt befindet sich Pires seit sechs Monaten auf dem Weg nach Peking. Die chinesischen Behörden haben seinem Gesuch, in die Hauptstadt zu kommen, nach fast einem Jahr des Wartens in Kanton am Ende doch stattgegeben. Laut *Mingshi* (»Geschichte der Ming«) soll es den Portugiesen gelungen sein, einen Eunuchen zu bestechen, dem das Guangdonger Kommissariat für Schifffahrt und die Überwachung der Grenzposten übertragen worden war.[43] Die Gesandtschaft bricht am 23. Januar 1520 auf und legt einen Zwischenstopp in Nanking ein, wo sie mit dem Kaiser zusammentreffen soll.[44] Kaiser Zhengde ist von Reisen zurück, die er 1518 und 1519 durch Chinas Norden und Nordwesten unternommen hatte. In Nanking hält sich derzeit auch der Gesandte Tuan Muhammad auf, der Kanton in der ersten Jahreshälfte 1520 verlassen und sich an Tomé Pires' Fersen geheftet hat. Entsandt wurde er vom König von Bintan (der aus Malakka vertriebene Mahmud Shah), um sich beim Kaiser über die Portugiesen zu beschweren.

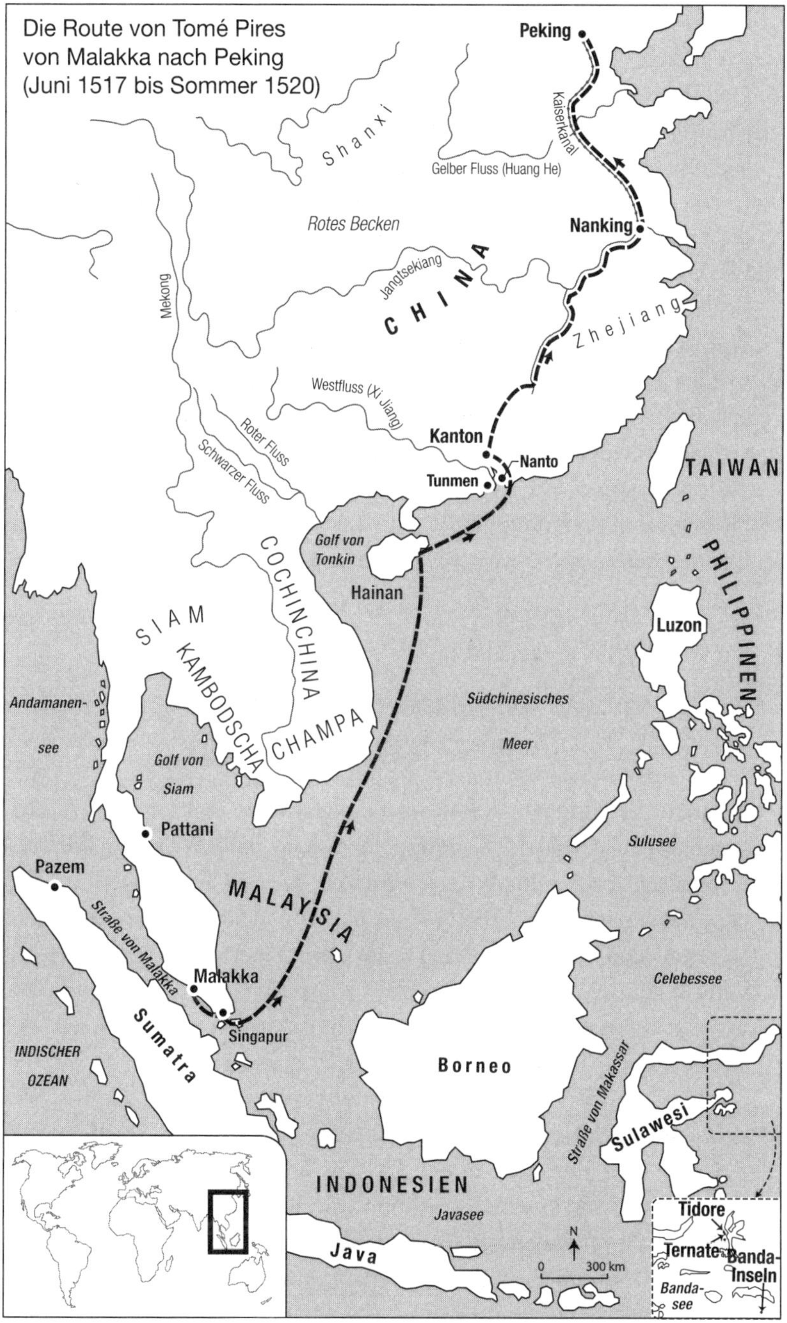
Die Route von Tomé Pires
von Malakka nach Peking
(Juni 1517 bis Sommer 1520)
Peking
Kaiserkanal
Shanxi
Gelber Fluss (Huang He)
Rotes Becken
Nanking
Jangtsekiang
CHINA
Mekong
Zhejiang
Westfluss (Xi Jiang)
Roter Fluss
Schwarzer Fluss
Kanton
Nanto
Tunmen
TAIWAN
Golf von Tonkin
Hainan
COCHINCHINA
PHILIPPINEN
Luzon
SIAM
KAMBODSCHA
CHAMPA
Andamanen-see
Golf von Siam
Südchinesisches Meer
Pattani
Sulusee
Pazem
MALAYSIA
Straße von Malakka
Malakka
Singapur
Celebessee
Sumatra
INDISCHER OZEAN
Borneo
Straße von Makassar
Sulawesi
INDONESIEN
Javasee
Java
N
0 300 km
Tidore
Ternate
Banda-Inseln
Banda-see

Im Sommer, möglicherweise im kaiserlichen Gefolge, gelangt Pires schließlich bis nach Peking. Aber auch dort muss er sich noch bis Januar 1521 gedulden, ehe sich die Möglichkeit einer offiziellen Audienz abzeichnet. Um die Dinge zu beschleunigen, hat sich die portugiesische Gesandtschaft die Unterstützung des einflussreichen Eunuchen Ning Cheng und des Generals Jiang Bin gesichert.[45] Jiang Bin soll Pires auch die Erlaubnis erteilt haben, den Kaiser in Nanking persönlich zu treffen. Die Dinge ziehen sich deshalb so in die Länge, weil Kaiser Zhengde, der sich irgendwann zwischen dem 5. Dezember 1519 und dem 18. Januar 1521 in Tong-tscheu bei Peking aufhält, vor Pires' Gesandtschaft gewarnt worden ist. Wegen Vorwürfen, die aus Kanton, Nanking und Peking gegen die Portugiesen erhoben wurden, hat er seine Antwort auf ihr Gesuch vertagt. Trotzdem werden die portugiesischen Gesandten in der Hauptstadt zuvorkommend empfangen. Sie können sich in aller Ruhe mit dem Hofzeremoniell vertraut machen, dem sich Manuels Gesandter bereitwillig unterwerfen will.[46] Aber wird er am Ende auch offiziell empfangen?

Der Marsch auf Mexiko (August bis November 1519)

Während sich Pires in Kanton nach wie vor im Wartestand befindet, sucht sich in Mexiko der Konquistador tastend einen Weg, wägt die Kräfteverhältnisse ab und holt Auskünfte über Mexiko-Tenochtitlan ein, das er offenbar seit Ostern 1519 im Visier hat. Vor allem versucht er Allianzen zu schmieden und seiner Präsenz vor Ort Akzeptanz zu verschaffen. Er schließt ein Abkommen mit ungefähr 30 *pueblos* der Sierra, insbesondere mit den Totonaken, die den Mexica nicht gewogen sind.[47] In diesem Zusammenhang wird Villa Rica de la Vera Cruz gegründet.

Cortés möchte die aztekische Hauptstadt persönlich in Augenschein nehmen und Moctezuma treffen. Er lässt seine eigenen Schiffe zerstören, um einer Rückkehr in der Art Grijalvas vorzubeugen, und startet am 16. August 1519 eine Expedition mit 300 Fußsoldaten *(peones)*, 15 Reitern, 400 totonakischen Kriegern und 200 Trägern *(tamemes)*, die die Geschütze transportieren.[48] Alles verläuft anscheinend ganz problemlos.

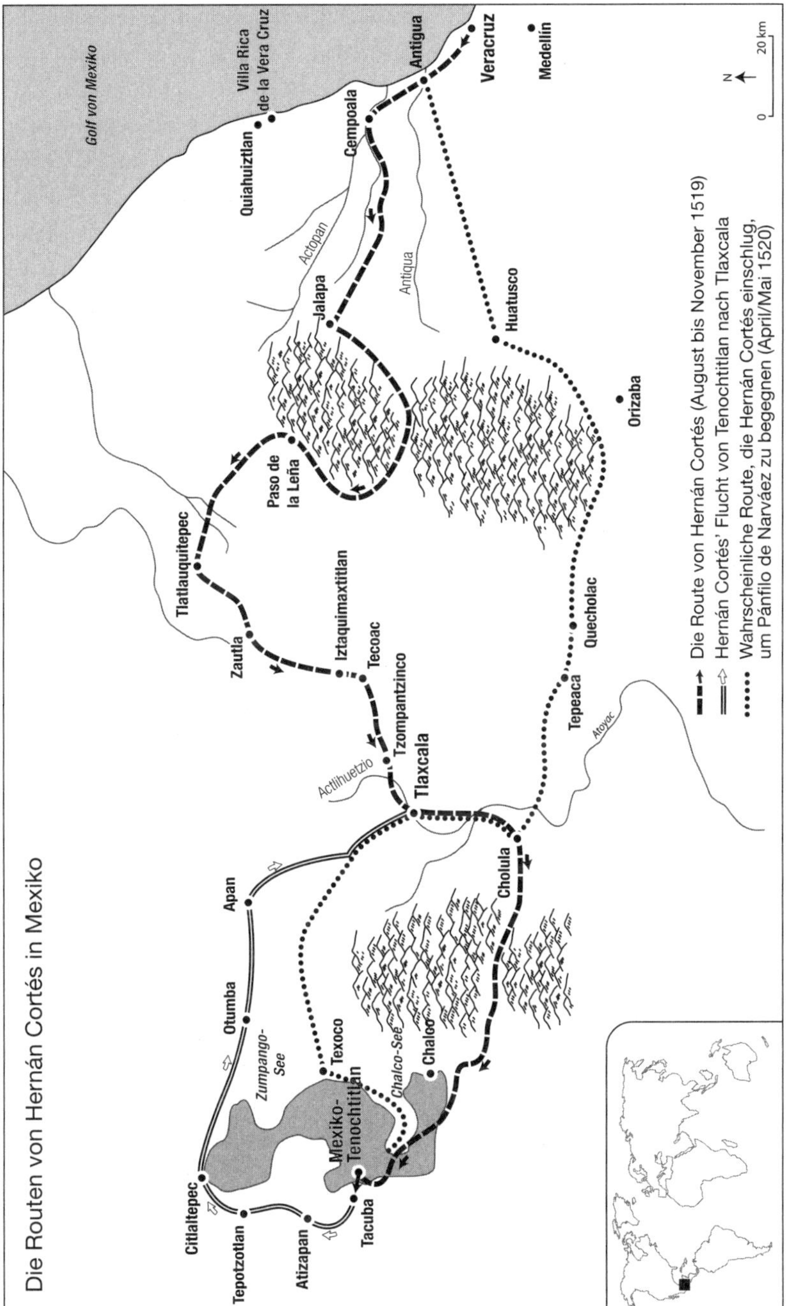

Die Routen von Hernán Cortés in Mexiko
Golf von Mexiko
Villa Rica de la Vera Cruz
Quiahuiztlan
Cempoala
Antigua
Veracruz
Medellín
Actopan
Antigua
Jalapa
Huatusco
Orizaba
Paso de la Leña
Tlatlauquitepec
Iztaquimaxtitlan
Zautla
Tecoac
Tzompantzinco
Quecholac
Tepeaca
Atoyac
Actlihuetzio
Tlaxcala
Cholula
Apan
Otumba
Zumpango-See
Texcoco
Chalco-See
Chalco
Mexiko-Tenochtitlan
Citlaltepec
Tepotzotlan
Atizapan
Tacuba
Die Route von Hernán Cortés (August bis November 1519)
Hernán Cortés' Flucht von Tenochtitlan nach Tlaxcala
Wahrscheinliche Route, die Hernán Cortés einschlug, um Pánfilo de Narváez zu begegnen (April/Mai 1520)
N
0
20 km

Die Indio-Herrscher begeben sich angeblich hocherfreut unter spanische Herrschaft: »Sie zeigen sich sehr zufrieden, Vasallen Eurer Majestät und meiner Freunde zu werden.« Ob in Cempoala, in Sienchimalem (Xicochimalco) oder in Istaquimaxtitlán, wo sich die Spanier eine Woche lang aufhalten, überall wird ihnen ein herzlicher Empfang zuteil. Cortés beruhigt seine Gesprächspartner mit der Versicherung, dass er nur auf der Durchreise sei: »Ich ging dort nur deshalb hin, um sie zu besuchen.« Dieser Marsch wäre als Spaziergang verlaufen, wären nicht zahlreiche der schlecht ausgerüsteten Indios aus La Fernandina (Kuba) in den eisigen Bergen umgekommen: »Sie waren unzulänglich gekleidet.«[49]

Angesichts der Umstände kann man schwerlich von einem Eroberungsfeldzug sprechen, der von langer Hand geplant ist und mit dem Segen der Kolonialbeamten sowie der kaiserlichen Behörden durchgeführt wird. Von einer Unterstützung der spanischen Streitkräfte, die auf den karibischen Inseln stationiert sind, kann keine Rede sein. Diego Velázquez denkt gar nicht daran, diese Rebellion zu dulden. Der Gouverneur Kubas hat eilends eine Flotte mit einer Truppe zusammengestellt, mit der er sie niederzuschlagen gedenkt. Mit der doppelten Stärke von Cortés' Besatzung sticht sie im März 1520 in See. Sie hätte den Unruhestifter eigentlich mühelos aus dem Verkehr ziehen können, um in Sachen Erkundung und Eroberung wieder bei null zu beginnen. Einen schwierigen Stand hat Cortés auch in der spanischen Hauptstadt. Kurz nachdem dort die Nachricht von seiner Rebellion eingetroffen ist, bricht im Juni 1520 in Kastilien der Comuneros-Aufstand aus und wird zum Flächenbrand, der erst fast ein Jahr später, am 23. April 1521, mit dem Sieg der königlichen Truppen in der Schlacht von Villalar in der Provinz Valladolid gelöscht werden kann. Vor diesem Hintergrund sorgt Cortés' eigenmächtiges Handeln für einigen Aufruhr. Am Hof sehr aktiv und einflussreich, zählen Velázquez' Parteigänger fest darauf, bei König Karl die Hinrichtung dieses namenlosen Rebellen zu erreichen.[50] Aber das Manöver wird ebenso scheitern wie die Operation der Flotte, die Cortés verfolgen soll.

Ohne die Möglichkeit, auf Kuba oder am spanischen Hof persönlich etwas zu bewirken, schlägt sich Cortés unaufhaltsam weiter nach Tenochtitlan durch, um so vor Ort Punkte zu sammeln. Obwohl die eigentliche Eroberung noch gar nicht begonnen hat, lässt er sich von nichts, schon gar nicht von feindseligen Indios oder von ängstlichen Gefolgsleuten aufhalten. Sein Spaziergang endet vor den Toren Tlaxcalas.

Zu ersten Kämpfen gezwungen, verlieren die Spanier gut 50 Mann. Klagen beschwichtigt Cortés mit den Worten: »Besser als ehrenhafter Mann sterben, wie die Lieder es verkünden, als in Schande zu leben.«[51] Ebenso erfolglos versucht ein verbündeter Indio, Cortés mit einem Argument zu bremsen, das sehr viel später die Chinesen ins Feld führen werden, um die Portugiesen von einem Einmarsch abzuschrecken: »Hinter dieser Provinz leben so viele Menschen, dass hunderttausend Mann gegen dich kämpfen werden, und sollten sie umkommen oder besiegt werden, kommen noch einmal so viele. Lange Zeit können weitere hunderttausend die vorigen hunderttausend ersetzen und umkommen. Und du und die Deinen, die ihr doch unbesiegbar zu sein behauptet, werdet euch in den Kämpfen tödlich erschöpfen.«[52] Auf die Launen des Geschicks und die prekäre Lage der Spanier weist auch Pietro Martire d'Anghiera hin, als er im fernen Kastilien die Nachrichten aus der Neuen Welt kommentiert: »Gleichwohl waren die Unseren nicht immer siegreich. Ganz häufig war ihnen das Glück abhold, und zuweilen vernichteten die Barbaren, die keine Gäste duldeten, ganze Armeen der Unseren.«

Die Quellen vermitteln ein widersprüchliches Bild von der Expedition. Aus der Ferne und im Nachhinein stellt ihr Pietro Martire d'Anghiera einen Adelsbrief aus, indem er sie mit dem Krieg Julius Caesars gegen die Helvetier und Germanen oder mit dem Kampf des Themistokles gegen die Horden des Xerxes vergleicht. Oder gar mit der Einnahme Galliens! Ist ein berühmteres und klassischeres Beispiel für eine gut durchdachte Eroberung denkbar? Die in Marsch gesetzten Streitkräfte, die Cortés zusammengetrommelt hat, tragen zusätzlich zum Glanz des Unternehmens bei: Nicht weniger als 100.000 Tlaxcalteken sollen sich freiwillig bereiterklärt haben, die Spanier auf ihrem Marsch auf Cholula und Tenochtitlan zu begleiten.[53] Aber vor Ort sieht es anders aus: Von Angst gepackt, fühlen sich die Mitglieder der Expedition an ein eher unrühmliches Beispiel erinnert: Sie vergleichen Cortés' Abenteuer mit dem des ebenso populären wie legendären mittelalterlichen Bandenführers Pedro Carbonero, des »tapferen Cordovaners«[54], der seine Männer in eine aussichtslose Schlacht gegen die Mauren geführt hat.[55] Damals geriet das Unternehmen zum Desaster: Die Mauren metzelten die Christen ohne Ausnahme nieder. Und nun hatte Cortés seine Männer »dahin geführt, wo es kein Entrinnen mehr gab«.[56]

Die Entscheidung für die Maßlosigkeit

Das Unternehmen hat folglich immer noch nichts von einem Eroberungsfeldzug, der an höherer Stelle geplant wurde und eiskalt durchgezogen wird. Es ist vielmehr die tollkühne Aktion eines Einzelnen und seiner Getreuen, noch dazu eines *Capitán* mit einer inzwischen zweifelhaften Legitimität. Cortés kann nur auf Gott und sich selbst zählen und führt ein Unternehmen an, das jederzeit zu scheitern vermag. Er scheut sich nicht, die Meinung seiner Gefährten wiederzugeben, die ihn wörtlich als einen »Irrsinnigen« bezeichnen. Aber der Irrsinnige folgt einer Logik. Um den Vorwürfen einer Rebellion zu begegnen und das Duell mit dem Gouverneur von Kuba für sich zu entscheiden, bleibt ihm kein anderer Weg, als das Herrschaftsgebiets Moctezumas an sich zu reißen und dem Vorstoß einen legalen und untadeligen Anstrich im Dienste des Kaisers und der Christenheit zu geben.[57] Unter diesen Umständen erscheint die Eroberung Mexikos weder als das Ergebnis eines reiflich überlegten Plans noch als ein politisches Projekt: Vielmehr geht es für den Anstoßgeber um Leben und Tod. Angesichts seiner besorgten und erschöpften Männer, die an die Küste zurückkehren wollen, bleibt Cortés vor Ort nichts anderes übrig, als auf die Lockungen von Reichtum und Ruhm zu setzen, um seine Leute in künftige Schlachten zu treiben.

In seiner offenbar ausweglosen Situation greift er auf maßlose Übertreibungen zurück und verspricht das Blaue vom Himmel: Seine Männer seien »in der Lage, […] die größten Reiche und Herrschaftsgebiete der Welt zu gewinnen«. »Der größte Ruhm, die größte Ehre, wie sie vor unserem Zeitalter noch keine Generation errungen hat«, würden ihnen im Kampf zuteilwerden.[58] Cortés inszeniert sich als Raubtier, das, besessen von Eroberung, in globalem Maßstab agiert und es sich als Aufgabe setzt, die bedeutendsten Mächte der Erde zu attackieren und auf Kurs zu bringen. Wenn mit der Neuzeit tatsächlich der von Peter Sloterdijk[59] beschriebene Sprung ins Ungeheure vollzogen und die Fähigkeit erworben wurde, jede Verantwortung für begangene und noch zu begehende Verbrechen zu übernehmen, dann ist Cortés ein Exponent dieser Neuzeit. Sein Programm ist buchstäblich wahnwitzig. Aber ist es das mehr als die Vorhaben der Portugiesen in Kanton oder die Vorschläge eines Tomé Pires? Schon zu einer Zeit, in der er noch nichts von seiner Gesandtschaft nach China wusste, hat er orakelt: »Mit zehn Schiffen wird der Statthalter von Indien, der Malakka einnahm, die ganze chinesische Küste unterwerfen.«[60]

Cortés' maßloses Programm war ganz dazu angetan, den hauptsächlichen Empfänger seiner Briefe, Kaiser Karl, zu beunruhigen, der so gar nichts von einem unersättlichen Eroberer hatte. Am Ende sollte es indes voll im Einklang stehen mit Idealen, die Großkanzler Mercurino Gattinara dem jungen Fürsten einzuschärfen begann: die der Universalmonarchie und des *dominium mundi*.[61] Zu der Zeit ist es allerdings noch deutlich zu früh, um den Plan, ein neues »Universalreich mit christlicher Berufung zu gründen, um so den Islam zu bekämpfen«, mit einer Eroberung der Neuen Welt in Angriff zu nehmen.

Cortés muss alles daransetzen, um nicht Karls Missfallen zu auf sich zu ziehen, ihn mit den richtigen Worten zum Handeln zu bewegen und Vergebung zu erlangen. Hier wirkt seine Feder wahre Wunder. In der Darstellung, die er in seinem zweiten Brief liefert – im Oktober 1520, als er das anvisierte Tenochtitlan erreicht und sich vom dem entdeckten Reich ein genaueres Bild gemacht hat –, stellt er sämtliche Ereignisse auf den Kopf. Die Darstellung ist ebenso heroisch wie »politisch korrekt« und ein visuelles Spektakel, das Hollywood würdig gewesen wäre, hätte es denn schon die moderne Filmindustrie gegeben. Diese Bilder werden sich in ein sensationsheischendes historisches Gedächtnis tief eingraben. Das Unternehmen wird zur »Eroberung und Befriedung« hochstilisiert. Das Land ist »wundersam«, so die beständig wiederkehrende Charakterisierung: Es sei »eine besonders große sehr reiche Provinz namens Culúa, in der sehr große Städte liegen, versehen mit prachtvollen Bauten, großen Handelsplätzen und gewaltigen Schätzen. Eine ist noch großartiger und reicher als alle anderen. Sie heißt Tenustitlan und ist mit wundersamer Kunstfertigkeit in eine Lagune hineingebaut. Über diese Stadt und Provinz gebietet ein gewaltiger Herrscher namens Mutezuma. Dort widerfuhren dem *Capitán* und seinen Spaniern staunenswerte Dinge.«[62] Insbesondere die Indio-Städte im Tal von Mexiko werden in immer höheren Tönen gepriesen, die ihren Kulminationspunkt schließlich in einer Beschreibung Tenochtitlans, der Hauptstadt des aztekischen Dreibunds, erreichen.[63]

Cortés' Pathos findet auf Anhieb einen Widerhall, der seine Hoffnungen weit übertrifft: Seine Schilderungen und Bilder faszinieren die lateinische Christenheit und beflügeln bis in die hintersten Winkel Böhmens und Polens die Fantasien. Das Aufsehen steht in krassem Kontrast zu der Stille, die derweil China umgibt. Mexiko rückt in Europa – auch mit bildhaften Darstellungen – deutlich früher als Peking in den Blick: Der berühmte Stich der aztekischen Hauptstadt, gestaltet nach einem Brief Cortés', wird nach Belieben reproduziert und kommentiert. Gleichwohl ist die Beschreibung Chinas,[64] die Vieira nach seinem Bericht über Pires' Gesandtschaft erstellt, nicht minder staunenswert. Obwohl sie die erste eines Augenzeugen ist, der ins Landesinnere gereist ist, findet sie kaum Beachtung.[65]

Cortés setzt sich unablässig positiv in Szene. In seinem Brief stellt er sich als allerorts gefragter Besucher mit hilfreicher Hand und als Gesandter Karls V. da, der bereit sei, nach Abschluss seines Besuchs zurückzukehren. Und so präsentiert er sich auch den Indio-Fürsten: »Eure Majestät hatte Kenntnis [von der Existenz Moctezumas] und [...] ich bin nur angereist, um ihn zu besuchen.« Was spielt es schon für eine Rolle, wenn die indigene Bevölkerung die alphabetische Schrift nicht beherrscht: Angeblich wird mit ihnen schon alles schriftlich geregelt – »Urkunden und Unterlagen, die ich mit den Eingeborenen dieser Gebiete verfasst habe« –, in Papieren, die während der Wirren der Eroberung natürlich verloren gingen. Alles soll für den Konquistador wider Willen sprechen: der angeblich gewissenhafte Einsatz des *requerimiento* »in vorschriftsmäßiger Form mit den Dolmetschern, die ich mitgebracht habe«,[66] wie auch die legitime Verteidigung, die angesichts der erdrückenden Übermacht des Gegners in Reibereien notwendig wurde: 100.000 Tlaxcalteken gegen 40 Armbrustschützen, 13 Reiter, 5 oder 6 Arkebusen und ein halbes Dutzend Kanonen.[67] Schließlich wollte man sich nicht niedermetzeln lassen.

Stillstand hier wie dort

Worauf ließen sich die mexikanischen Indios mit Blick auf den unbekannten Herrscher in der Ferne ein, als dessen Emissär sich Cortés aufspielte? Waren die Spanier in ihren Augen etwas anderes als ein furchterregender Söldnerhaufen, dem gegenüber es besser war, sich sein Wohlwollen oder seine Dienste zu sichern?

Auf den Stationen des Vormarschs werden immer wieder Geschenke ausgetauscht und von den Indios Willkommenszeichen gesetzt, auf die hin der Spanier Wünsche ausrichten lässt. Allerdings stößt die Expedition, und das ist hier entscheidend, auf den höflichen, aber entschiedenen Widerstand Moctezumas. Cortés empfängt die erste »offizielle« Gesandtschaft des Herrn von Tenochtitlan während der Scharmützel, die sich seine Männer mit Truppen aus Tlaxcala liefern. »Sechs adlige Herren der wichtigsten Vasallen Mutezumas suchten mich mit ungefähr 200 Männern in ihren Diensten auf und teilten mir mit, dass sie von Mutezuma kämen, um mir verkünden, dass er der Vasall Eurer Hoheit sein und jährlich Tribut entrichten wolle [...]. Ihn werde er unter der Bedingung begleichen, dass ich seinen Boden nicht betrete, und dies deshalb, weil dieser ganz unfruchtbar und mittellos sei und er nicht wolle, dass ich Not leiden müsse.«[68]

Derweil sitzt in Kanton auch die portugiesische Gesandtschaft fest, weil ihr ebenfalls der Zutritt zum Reich verwehrt wird: Dass sich die Europäer der Hauptstadt nähern, kommt gar nicht infrage. Peking wie Tenochtitlan wollen verhindern, dass die Ausländer ihr Kernland ausspähen: Die Mexica in der aztekischen Hauptstadt sperren sich dagegen ebenso kategorisch wie die Autoritäten des Reichs unter dem Himmel. Die chinesische Blockade wird Monate dauern und nur deshalb überwunden werden, weil die portugiesischen Gesandten hartnäckig und gewieft daran arbeiten, vor Ort und später am Hof Allianzen zu schmieden, die ihnen den Weg zum Kaiser ebnen. Ebenso stur bemüht sich Cortés darum, die Mexica von seinen guten Absichten zu überzeugen, während er zugleich seine Position im Zentrum des Tals von Mexiko absichert: In seinem Brief spricht er in diesem Zusammenhang von seinem »entschlossenen Willen«. Ob Eroberung oder Gesandtschaft, in der ersten Phase ihres Vordringens ziehen sich Spanier wie Portugiesen fraglos die Feindschaft der lokalen Mächte zu. Aber entgegen jeder Erwartung gelingt es beiden, die Vorbehalte des jeweiligen Gegenübers zu zerstreuen, ja ihm das Gesetz des Handelns aufzuzwingen.

Diese erste Phase wird ganz von Palavern und Mauscheleien bestimmt. In Tlaxcala erhält Cortés immer wieder Besuch von »Boten Moctezumas«, die ihm mitteilen, dass ihn in Cholula weitere Gesandte erwarten, die zwischen der tlaxcaltekischen Stadt und Mexiko-Tenochtitlan unterwegs sind. Von zwei Seiten bedrängt, beschließt Cortés, die Zwistigkeiten zwischen diesen verfeindeten Lagern gründlich auszunutzen: »Zu meiner Freude sah ich die Zwietracht und Unstimmigkeiten zwischen beiden […] und brachte sie gegeneinander auf.«[69] Bei seiner Ankunft in Cholula, einer »Stadt mit Moscheen« (sic), fragt er sich erneut, was die Mexica im Schilde führen: Stellen sie ihm jetzt eine Falle? Er verlegt sich auf Drohungen: »Da nun [Moctezuma] sein Wort nicht hielt und mir nicht die Wahrheit sagte, möchte ich meine Haltung ändern. War ich in der Absicht gekommen, ihn aufzusuchen, mit ihm zu sprechen, ihn als Freund zu gewinnen und ein friedliches Zwiegespräch anzuknüpfen, so stand nun mein Entschluss fest, bei ihm einzudringen, um Krieg gegen ihn zu führen und ihm alles anzutun, was man einem Feind nur antun kann.«[70] Daraufhin soll Moctezuma Cortés zu beschwichtigen versucht haben, indem er ihm ein prachtvolles Geschenk – »zehn Goldplatten und 1500 Kleidungsstücke« – schickte. Der *Tlatoani* gibt sich ahnungslos von den Intrigen der Cholulteken und spielt den betrübten Herrscher, dem die Fäden entglitten seien. Cortés nutzt die Lage und zeichnet das Bild eines verschlagenen Fürsten, der es verdient, dass man ihn aus dem Verkehr zieht.

Am Ende – eine Eroberung hat noch nicht stattgefunden, sondern nur eine Serie diplomatischer Offensiven – willigt Moctezuma ein, Cortés nach Tenochtitlan kommen zu lassen, »weil er erkannt hat, dass ich durchaus entschlossen war, ihn zu besuchen«. »Er wollte mich«, so der Konquistador, »in der großen Stadt empfangen, in der er sich aufhielt.« Bei der Ankunft in der Provinz Chalco gerät Cortés allerdings erneut unter Druck: Moctezuma »forderte mich auf, umzukehren und nicht mehr zu versuchen, in seine Stadt zu kommen.« Cortés verweist auf die Dringlichkeit seiner Mission, bleibt aber denkbar höflich: »Ich antwortete ihm, dass ich umkehren würde, wenn dies in meiner Macht stünde.« Jedenfalls »[sagte ich ihm], dass ich wieder abziehen würde, wenn ich ihm einen Besuch abgestattet hätte und er mich anschließend in seiner Gegenwart noch immer nicht dulden wolle«. In Amecameca, also noch näher an Mexiko-Tenochtitlan, empfängt Cortés eine weitere Gesandtschaft. Wieder entgeht er dank Vorsichtsmaßnahmen einem Überraschungsangriff. Zum x-ten Mal kommen Gesandte zu ihm, die ihn mit Drohungen ein letztes Mal beschwören, seinen Vormarsch zu stoppen, »denn er müsse sonst viele Schwierigkeiten und Entbehrungen erleiden […], ein Punkt, den diese Herren immer wieder hervorhoben«.[71] Der Spanier denkt gar nicht an eine Umkehr. Endgültig zermürbt, beschließt Moctezuma, die spanische Truppe bei sich zu empfangen, und lässt ihr in Iztapalapa Willkommensgeschenke überbringen: Sklaven, Kleidungsstücke und Gold. Tenochtitlan ist bereit, Cortés zu empfangen.

Wie erklärt sich Moctezumas Meinungsumschwung, wenn man an das Schicksal denkt, dass ihn nun erwartet? Ein Vergleich mit den Ereignissen in China führt auf einige Fährten. Auch einer Handvoll Portugiesen ist es gelungen, sich über alle Hindernisse hinweg einen Empfang im Zentrum des Kaiserreichs zu sichern. Welches Interesse konnten der Hof in Peking und der aztekische Dreibund gehabt haben, diese seltsamen Besucher am Ende doch noch zu empfangen? Als eine erste Antwort kann man ihre abschlägigen Bescheide als Tests betrachten, bei denen geprüft werden sollte, welche Absichten die Fremden hegten und inwieweit sie sich an ein unbekanntes Terrain anpassen konnten. In beiden Fällen werfen die Herkunft und die Absichten der Eindringlinge Fragen auf. Angesichts der Ungewissheit ist bei den Gastgebern Einfallsreichtum und Flexibilität geboten. Weder Pires noch Cortés traten als klassische Eroberer auf. Es sind weder Mongolen noch Tlaxcalteken. Die Chinesen wie die Mexica müssen herausbekommen, was ihre Ankunft zu bedeuten hat. Je nachdem, wie die Lage interpretiert wird, fallen die Reaktionen vor Ort aus. Aus gemeinsamen – wirtschaftlichen oder militärischen – Interessen kann sich eine Annäherung ergeben: Man denke an die kantonesischen Händler, die den verlockenden Avancen der Portugiesen erliegen, oder an die tlaxcaltekischen Kämpfer, die nicht abgeneigt sind, ihre Truppen durch fremde Kampfkraft zu verstärken. In China wie in Mexiko schaffen Rivalitäten zwischen Peripherie und Zentrum – Kanton gegen Peking, die Küste um Veracruz oder Tlaxcala gegen Tenochtitlan – wie auch Zwistigkeiten innerhalb der Zentralgewalt ein günstiges Klima, um ein ausländisches Korps aufzunehmen, das die politische Szene um ein neues Element bereichert. Die chinesischen Quellen machen im Übrigen keinen Hehl daraus, dass es um die Beziehungen zwischen Kaiser Zhengde und seinem Staatsapparat ziemlich schlecht bestellt war.

Wenig bekannt ist, wie Moctezumas Umgebung auf die Besucher regierte und welche Spannungen im aztekischen Dreibund den *Tlatoani* veranlassten, den künftigen Eroberer seines Reichs zu empfangen und ihm Gastfreundschaft zu gewähren. Cortés musste vor allem in Spanien sein Gesicht wahren und schilderte wohl deshalb in seinen Schreiben ein Szenario, das zu schön ist, um wahr sein zu können. Er stellt den herzlichen Empfang, der ihm zuteilwird, und die Bündnisangebote eines großen Teils der indigenen Gruppen als Zeichen dafür dar, dass sie sich freiwillig einer unstrittigen Autorität unterwerfen. Spontan sollen Moctezumas Gesandte in Tlaxcala angeboten haben, dem spanischen Herrscher Tribut zu leisten.[72] Cortés beschwört eine »Freundschaft«, die ihm Moctezuma entgegenbringe, um damit zu erklären, warum er in einer so feindlichen Umgebung so erfolgreich ist, und um seinem Vormarsch einen friedlichen und legitimen Anstrich zu geben.

Die Begegnung mit den Kaisern

Die Expedition in China gipfelt wie die in Mexiko in einer entscheidenden Etappe: in der Begegnung mit dem Kaiser. In China findet sie in Nanking statt, wie Cristóvão Vieira schreibt: »Am 23. Januar des Jahres 1520 brachen wir auf, um mit dem König von China zusammenzutreffen. Im Mai befanden wir uns beim König in Nanking. Dort gebot er uns, nach Peking weiterzuziehen, um unsere Aufgabe rasch zu erledigen. Am 2. August wurde schriftlich nach Kanton berichtet, was sich beim König zugetragen hatte.«[73]

Vieira schildert die Audienz bei Zhengde mit einer frustrierenden Diskretion, erwähnt aber detaillierte Berichte, die nach Kanton geschickt worden seien. Sie sind heute verschollen. Nicht minder bedeckt halten sich die anderen portugiesischen Quellen.[74] Aber ihnen zufolge genossen die Portugiesen eine privilegierte Behandlung: »In Nanking sahen wir den König in Person, der sich entgegen den Sitten und Gebräuchen des Landes viel Zeit [für uns] nahm. Normalerweise zeigt sich der König nie außerhalb seiner Gemächer. Seitdem China das Land China ist, erlaubt sich der König selten, gegen das Brauchtum zu verstoßen. Selten bekommen ihn Fremde so zu Gesicht, wie wir ihn gesehen und wie ich es geschildert habe.« Einzelheiten deuten darauf hin, dass die Gesandten einen vertraulichen Kontakt anknüpfen konnten: »Er erwies uns große Ehre und fand Gefallen daran, uns zu empfangen. Mit Tomé Pires spielte er Dame, zuweilen in unserem Beisein. Desgleichen gebot er uns, mit allen Großen zu speisen, was bislang dreimal geschah. Er besichtigte die

Schiffe, auf denen wir reisten. Er ließ alle Truhen holen, nahm sich die Gewänder, die ihm gefielen, und gab Tomé Pires die Erlaubnis, dass wir nach Peking kommen durften, um dort unsere Anliegen zu betrachten.« Ein so vertraulicher Umgang in den Beziehungen ist einzigartig. Dieser zwanglose Empfang in Nanking steht in krassem Kontrast zu dem Prunk und Schwulst, mit dem Cortés in Mexiko empfangen wird. Wie erwähnt, haben sich die Portugiesen möglicherweise die Fürsprache des kaiserlichen Günstlings Jiang Bin erkauft, um Zhengde zu dem für seine Minister überraschenden Schritt zu bewegen.[75]

Wohl nie geklärt werden wird, ob der Kaiser mit Pires chinesisches Schach – *xiangqi* – spielte oder ob die Portugiesen ihm einen Vorläufer des heutigen Damespiels oder Backgammons beibrachten, eines der »Brettspiele«, die damals auf der Iberischen Halbinsel en vogue waren.[76] Der in dem Zusammenhang verwendete portugiesische Ausdruck deutet darauf hin, dass es sich um ein »Brettspiel« mit Feldern, Spielsteinen aus Holz, Knochen oder Elfenbein (die späteren Damesteine) und sechsseitige Würfel gehandelt hatte.[77] Auch die Umstände sprechen eher dafür, dass der Herrscher neugierig ein neues Spiel kennenlernen wollte, als dass er sich mit einem Neuling im Schach zu messen beabsichtigte. Dass Pires auf seiner Reise Spiele mitnahm, mit denen sich die Besatzung auf vergnügliche Art die Zeit vertreiben konnte, liegt auf der Hand. Wie man heute weiß, waren Spiele damals in Asien wie in Europa verbreitet. Das europäische Schach und seine chinesische Entsprechung gingen wahrscheinlich aus demselben Urschach hervor, das um 500 v. Chr. in Nordwestindien kreiert worden war. Als die Portugiesen in China auftauchen, werden die Wege, die die Karawanen und mit ihnen die Spiele von alters her nahmen, schlagartig kürzer und führen zu zahllose Anpassungen und Veränderungen. Welten, die einst nur entfernte, mittelbare und sporadische Beziehung miteinander unterhielten, kommen nun in direkteren Kontakt zueinander – auch durch den Austausch von Spielen.

So auch in Mexiko. Die Männer in Cortés' Gefolge tauschen mit Moctezuma Geschenke und Kleidung aus und frönen ihrer Leidenschaft zum Spiel, die offenbar universell geteilt wird. Als Díaz del Castillo Wache schiebt, beobachtet er, dass der *Tlatoani* und Cortés *totoloque* spielen: »Das Spiel, dass sie so nennen, war mit glatt polierten Kugeln ausgestattet, die eigens zu diesen Zweck aus Gold gefertigt werden. Sie schossen mit diesen Kugeln und mit ebenfalls goldenen Steinen über weite Entfernungen und spielten um Juwelen oder kostbare Münzen in Partien, in denen je fünf Punkte verteilt wurden.«[78] Zum Amüsement aller, insbesondere Moctezumas, ertappen sie einen künftigen Konquistador beim Schummeln: »Er machte viel *ixoxol,* als er seine Punkte zusammenzählte.«[79]

Der Chronist stellt Moctezuma mit den Umgangsformen eines freigebigen Grandseigneurs dar. Aber ist der *Tlatoani* der Mexica wirklich der König eines Ritterromans? Hinter dem Klischee und der großzügigen Höflichkeit des Herrschers zeichnen sich Besorgnisse ab, die man erst dann versteht, wenn man weiß, welche Bedeutung das Spiel unter den Ureinwohnern Amerikas hatte. Unabhängig von der Intelligenz und spielerischen Stärken entscheidet allein das Schicksal über den Ausgang: Dessen Zeichen erforscht der *Tlatoani* im Spiel aufmerksam, begierig auf Hinweise, nach welcher Seite die Waage sich neigt, wenn keine Hand eingreift. Das Spiel soll vorausdeuten und den Ausgang eines realen Spiels offenbaren, bei welchem dem Verlierer der Untergang und dem Sieger der absolute Triumph winkt.[80] Die Mexica kennen keine Halbheiten: Die im Ballspiel Besiegten werden bis zum letzten Mann hingemetzelt. In Moctezumas Welt ist der siegreiche Krieger von heute vielleicht schon morgen das Menschenopfer, dass unter dem Obsidianmesser des Priesters stirbt. Bedeutet dies, dass die Mexica mit dem Schicksal und um die Zukunft »spielen«, während sich ihre Besucher ganz profan amüsieren und sich die Taschen füllen? Das hieße vergessen, dass die spanische Expedition auf einen Astrologen – auf Botello – zählt, der ebenfalls das Schicksal zu erkunden sucht. So ist gut vorstellbar, dass auch Cortés im Ausgang der Spiele eine Vorwegnahme seines Schicksals und das seiner Gefährten sieht.[81] In Nanking dürfte man es eher so gesehen haben, dass der positive Ausgang des Spiels auf einer Folge guter Züge, also auf Erfahrung und Raffinesse, beruht, während der Zufall eine untergeordnete Rolle spielt. Allerdings muss davor gewarnt werden, aus Tomé Pires und Zhengde Menschen zu machen, die uns heutigen allzu sehr ähneln.

In diesem Jahr 1520 verkehren in Nanking wie in Mexiko zwielichtige europäische Gestalten, die den jeweiligen eigenen Herrscher noch nie zu Gesicht bekommen haben, jetzt aber mit »Herren der Welt« verkehren, die für gewöhnliche Sterbliche grundsätzlich unerreichbar sind. Hier spielt man Dame, dort wirft man Kugeln: zwei Arten, sich zu vergnügen, aber auch eine Möglichkeit, sich in Situationen zu entspannen, die für die Europäer wie für Moctezuma – glaubt man Cortés, ist er die Geisel seiner Besucher – nervenaufreibend sind. Menschen gewinnen nicht über Nacht einen Draht zueinander. Im Spiel lernen sie mit Überraschungen fertigzuwerden oder die Zeit totzuschlagen, die sie nicht immer dazu nutzen können, die Gegenpartei auszuspionieren oder ihr eine Falle zu stellen. Neben dem Antrieb, zu erobern und zu besitzen, spielt auch Neugierde mit. Und nicht nur bei den Neuankömmlingen. Wie man leicht vergisst, wecken so bizarre Geschöpfe, die von weither kommen und der grundlegendsten Sitten und Gesetze in China bzw. in Mexiko unkundig sind, großes Interesse. Sie können bedeutende Gestalten wie Moctezuma oder Zhengde, die jahrhundertealte Traditionen und geheimes Wissen verkörpern, sogar faszinieren. Jedenfalls sorgen die Fremden einen Augenblick lang für Abwechslung im alltäglichen Einerlei, das in jeder Gesellschaft und in allen Kulturen herrscht, auch wenn ihre haarsträubende Unkenntnis der Landessitten die Einheimischen zu schockieren vermag. So beschwert sich der Herrscher Tenochtitlans denn auch über einen spanischen Riesen, der in der Nacht keine bessere Beschäftigung findet, als auf seinen Wachgängen zu onanieren.[82]

Anders als in Nanking kommt es in Tenochtitlan zu derartigen Vorfällen erst mehrere Wochen nach der ersten offiziellen Begegnung, der beide Parteien eine spektakuläre Bedeutung beigemessen haben; die Mexica boten dazu entsprechende Geldmittel und Krieger auf, während die Spanier das Ereignis in lebhaften Farben schilderten. Die Begegnung zwischen Cortés und Moctezuma ist schon deshalb höchst bedeutsam, weil Cortés sie in seinem zweiten Brief zum Kern seiner Argumentation macht. Er führt dem Leser die Pracht eines exotischen Venedigs vor Augen und malt dem Kaiser Moctezumas Kapitulation aus, weil er nur so für seine Unbotmäßigkeit Vergebung erlangen kann. Vor diesem Hintergrund lassen sich reale Beschreibungen nur mit Mühe, wenn überhaupt, von Ausschmückungen in dem Brief unterscheiden, den Cortés einige Monate später nach Europa abschickt.

Die Entdeckung und die Beschreibung der »großen Stadt« leiten in der Geschichte der spanischen Präsenz in Amerika auf jeden Fall eine Wende ein. Mit ihnen wird eine Schwelle überschritten, die Cortés für sein bisheriges Vorgehen die beste Rechtfertigung liefert. Nachdem in einem tropischen Remake der Eroberung der Kanaren die Wilden der karibischen Inseln unterworfen und Kolumbus' Hoffnungen zerstoben sind, zum Reich des Großkhans vorzustoßen, sind die Spanier nun endlich in eine Welt vorgestoßen, die all diese Mühen gelohnt hat. Dass sie »zivilisiert« ist, wie wir es heute bezeichnen würden, wird allen, insbesondere Cortés, sogleich bewusst: »Man findet hier fast [...] eine Lebensweise wie in Spanien wieder, mit ebenso viel Ordnung und Organisation wie dort. Und wenn man bedenkt, dass diese Barbaren so weit von der Kenntnis Gottes und jeder Verbindung zu anderen vernunftbegabten Nationen entfernt sind, so ist es bewundernswert, mit wie viel Verstand sie an alle Dinge herangehen.« Denn Moctezumas Herrschaft erstreckt sich nicht nur über ein Gebiet »fast wie in Spanien«,[83] sie verkörpert auch die Entdeckung eines Kontinents, der, zwischen Europa und Ostasien liegend, mit zahlreichen Völkern besiedelt ist, die bislang ohne Kontakt zur übrigen Welt und zum geoffenbarten Gott geblieben sind. Weitaus mehr, als nur Neuland zu entdecken, sind die Spanier auf eine andere Menschheit gestoßen, die wie aus dem Nichts aufgetaucht ist. Glanzvoll beschwört Cortés die weltweite und geschichtsträchtige Bedeutung seiner Expedition, indem er die Eroberung der »größten Reiche der Welt« und das ruhmreichste Unternehmen aller Zeiten ankündigt.[84] So kann er hoffen, den Ruch des Unruhestifters gegen den unsterblichen Ruhm des Eroberers einzutauschen.

Um seine Aktionen vor der Krone, der Justiz und den Theologen zu rechtfertigen, drängte sich die Geschichte, wonach Moctezuma sich spontan unterworfen habe, geradezu auf: Mit ihr allein ließen sich die Fragen nach der Legitimität der Eroberung vom Tisch wischen. Sie sicherte dem Vorgehen des Konquistadors einen untadeligen Anschein ohne jeden Misston und ließ sein eigenmächtiges Vorgehen als einen vollen Erfolg aussehen, der seinem Dienstherrn ein weiteres Reich verschafft: Karl V. »kann den Titel des neuen Kaisers dieser Gebiete annehmen, mit ebenso großem Recht und Verdienst, wie er den des Kaisers über die deutsche Nation trägt.«

Wie macht Cortés dies glaubhaft? Indem er blufft. Er legt Moctezuma eine Überlegung in den Mund, wonach es sich bei seiner Unterwerfung um eine freiwillige Rückgabe handle. Denn sind die Mexica nicht, wie die Spanier, Fremde auf diesem Boden? »Wir stammen nicht aus diesem Gebiet, sondern sind Ausländer. Wir sind aus weit entfernten Regionen eingewandert.«[85] Dabei seien sie nicht allein gekommen: Ein Herrscher, der inzwischen wieder in seine Heimat – »auf seinen natürlichen Boden« – zurückgekehrt sei, soll sie bis nach Tenochtitlan geführt haben. Dass dessen Nachkommen – die Kastilier – eines Tages das ihm Zustehende einfordern würden, lag in der Natur der Sache. Moctezuma dankt folglich ab und verzichtet zugleich darauf – ähnlich wie 1946 der japanische Kaiser Hirohito –, als ein lebender Gott zu gelten: »Ich bin wie ihr aus Fleisch und Blut und wie ihr alle sterblich. Man kann mich berühren.« In einer wundersamen Beschleunigung der Geschichte und schneller, als die Indios aus der Kupfer- in die Eisenzeit eintreten, säkularisiert Moctezuma so seine Weltsicht.

Die nachfolgenden Ereignisse bestätigen angeblich die guten Absichten des aztekischen Fürsten gegenüber den Eindringlingen. Alles sieht so aus, als habe sich dieser auf die Gelegenheit gestürzt, sich dem Caesar zu unterwerfen: Man habe »bei Moctezuma und den Eingeborenen dieses Landes solchen Willen, eine solche Freude« gespürt, »als hätten sie Eure Heilige Majestät *ab initio* als ihren König und natürlichen Herrn anerkannt«.[86] Meilenweit entfernt von dem Taktieren, den Kompromissen, den Fehlgriffen und Ausrutschern, die die Spanier unweigerlich begleiteten, als sie auf mexikanischen Boden vordrangen und sich schließlich in Tenochtitlan festsetzten,[87] zeichnet Cortés ein absolut glatt verlaufendes Szenario. Der künftige Konquistador stellt seinen Kaiser vor vollendete Tatsachen und strickt an einem Gründungsmythos, der die Geschichte der Expansion des Abendlandes bis heute bestimmt.

Liest man Cortés, so könnte man glauben, dass die Geschichte gar nicht anders hätte verlaufen können, so natürlich sei der spanische Vorstoß vonstattengegangen, so selbstverständlich sei der Einmarsch erwartet worden, so sehr in gutem Glauben habe man ihn durchgeführt, so groß sei die Gewissheit gewesen, dass er im Recht und auf einer Linie mit dem natürlichen Verlauf der Geschichte erfolgt sei. Bei den Indios wie bei den Spaniern habe es geschrieben gestanden: »Schon seit vielen Tagen waren die [Einheimischen] auf dem Laufenden.« Und auch Kaiser Karl habe es »schon seit vielen Tagen gewusst«. Längst sei ihm die Existenz dieser Vasallen in der Ferne bekannt gewesen, gerade so, als habe Karl V. bereits von Azteken gehört! Den Indios sei nichts anderes übriggeblieben, als sich kampflos den Besuchern zu unterwerfen: »Verfügt nach Gutdünken über alles, was wir besitzen.«[88]

Dies ist zugleich ein Schulbeispiel für das *requerimiento,* dieses in der Karibik eingeführten Brauchs des Aufrufs an die angetroffenen Völker, sich freiwillig zu unterwerfen – nur dass er diesmal nicht an einen

Stamm von Insulanern ergeht, sondern an eine Kontinentalmacht, um nicht zu sagen, an eine ganze Zivilisation. Dass er dabei tief in die Trickkiste greift, gibt Cortés unumwunden zu: »Insbesondere erschien mir angebracht, sie glauben zu machen, dass Eure Majestät derjenige sei, den sie erwarteten.« Was spielt es für eine Rolle, dass der Kaiser eigentlich nicht der erwartete »Messias« der Indios war! Tenochtitlan, der unvergessliche Schauplatz dieser Episode, die Cortés für seinen Dienstherrn so genial inszeniert hat, ist eine Lüge wert! Wie sollte man »der Größe, den besonderen und wundersamen Dingen dieser großen Stadt Temixtitan [Tenochtitlan]« auch widerstehen?[89]

Der Zusammenprall der Kulturen

Ihr Gesandter darf nicht empfangen werden. Auch muss ihnen deutlich gemacht werden, ob wir sie als gehorsam ansehen oder sie für unbotmäßig erachten. Man muss ihnen befehlen, das [von ihnen besetzte] Territorium in Malakka zurückzugeben. Erst danach wird man zustimmen, dass sie Tribut erbringen. Wenn sie halsstarrig an ihrer Täuschung festhalten, muss man Manifeste an alle fremden Völker versenden, um ihre Verbrechen öffentlich zu machen, und gegen sie Strafexpeditionen aussenden.

Bericht des kaiserlichen Zensors K'ieou Tao-long (zweite Hälfte des Jahres 1520)[1]

In Tenochtitlan wie in Nanking verlaufen die Ereignisse zunächst friedlich. Ein Kampf der Kulturen bleibt für den Augenblick aus. Als die Spanier und die Portugiesen auf fremdes Gebiet vordringen, leisten sie sich anfangs einige Gesetzesverstöße: So gründen die Portugiesen in Tunmen und die Spanier in Veracruz illegale Niederlassungen, widersetzen sich Anordnungen der lokalen Behörden, die sie auf Distanz halten wollen, oder gehen sogar gewaltsam gegen siamesische Kaufleute, indianische *Calpixquis* oder chinesische Mandarine vor. Weder die Spanier noch die Portugiesen haben die Lage unter Kontrolle. Beide Parteien haben bereits in der Karibik bzw. an der indischen Küste und in Malakka – positive Erfahrungen gesammelt, können aber nicht absehen, wie ihre Gegner – die Indios bzw. die Chinesen – reagieren werden.

Unbehagliche Situationen

Tomé Pires zieht um den 1. August 1520 in Peking ein. Laut Vieira kommt er in den abgeschotteten Gebäuden unter, die für Ausländer bestimmt sind. Jetzt muss man ihn offiziell empfangen. Getreu dem chinesischen Protokoll übergibt er dem Ritenministerium König Manuels Schreiben.

Die chinesischen Behörden erhalten gleich mehrere Schriftstücke. Eines ist versiegelt und darf nur in Peking geöffnet werden. Ein anderes stammt von Pires de Andrade und wurde in Malakka ins Chinesische übertragen.[2] Die Übersetzer begnügten sich allerdings nicht mit ihrem Kerngeschäft, sondern brachten das Schreiben zudem in eine Form, die der Pekinger Hof akzeptieren kann: In ihm versichern die Portugiesen dem Sohn des Himmels ihre Ergebenheit. Als Tomé Pires das Vorgehen der Übersetzer bemerkt, protestiert er und manövriert sich damit in eine unbehagliche Lage. Denn wenn Manuels Gesandte keine Unterwerfung bekunden, gilt der übersetzte Brief bei den Chinesen als Fälschung: Die Gesandten sind Betrüger, und ihre Mission ist eine Farce. Das Beglaubigungsschreiben wird abgewiesen. Pires muss auf die Rückkehr des Kaisers nach Peking warten. Dann wird über sein Schicksal entschieden.

Ohnehin sind die Portugiesen hohen Beamten ein Dorn im Auge. Alles deutet darauf hin, dass man ihnen auf den endlosen 2.000 Kilometern, die Kanton von Peking trennen, immer wieder Knüppel zwischen die Beine geworfen hat. Wahrscheinlich haben die Großsekretäre Yang T'ing-houo und Mao Ki auf den Kaiser, der sich in Tong-tscheu aufhielt, vor dessen Rückkehr Druck ausgeübt.[3] Die kaiserlichen Zensoren wollen abwarten, bis der Gesandte Tuan Muhammad eintrifft, den der gestürzte Herrscher Malakkas an den Hof entsandt hat. Das wird erst nach Januar 1521 der Fall sein. Die malaiischen Gesandten hatten Peking vor möglichen Spionageaktionen der Portugiesen in China gewarnt: Bei diesen Dieben sei es Brauch, auf Land, das sie sich aneignen wollten, erst einen Stein zu legen und dann ein Haus zu errichteten. So seien sie in Malakka vorgegangen. Gleichwohl scheint Kaiser Zhengde bereit, die Fremden bei sich zu dulden, auch wenn sie ganz offenkundig – aber was können sie dafür? – über die lokalen Sitten kaum auf dem Laufenden sind.

Pires muss Geduld walten lassen. Um sich auf das Hofzeremoniell in Peking vorzubereiten, holt er bei anderen ausländischen Gesandten genaue Auskünfte über die Einzelheiten ein, da er in Nanking beim Kaiser nur eine Privataudienz erhalten hat. Weder bei Barros noch bei Vieira klingt an, dass Pires irgendeine Scheu gezeigt hätte, dem Kaiser zu huldigen. Allerdings wird es ihm auf immer versagt bleiben, sich im Kaiserpalast dreimal vor einer Mauer zu verneigen, hinter welcher der Herrscher Chinas thronen soll.[4] Zhengde stirbt am 20. April 1521. Damit bricht der in Nanking angebahnte Kontakt jäh ab. Alle Gesandten, die sich in

Peking aufhalten, werden fortgeschickt. Pires muss den Rückweg nach Kanton antreten.

Kaum ermutigender ist die Lage in Tenochtitlan. Cortés lotet aus, inwieweit die Hauptstadt im Texcoco-See für ihn zur Falle werden könnte. Mit seinen maximal 500 Mann – es könnten auch nur ein paar hundert sein – ist er den 2.000 bis 3.000 in der Stadt lebenden Mexica auf Gedeih und Verderb ausgeliefert. Sollten die ihnen die Versorgung verweigern, würden sie mitsamt ihrer Pferde verhungern und verdursten. Moctezuma gefangen zu nehmen, steht außer Frage. Dem Chaos, das damit ausgelöst würde, fielen als erstes die Spanier zum Opfer. Dennoch behauptet Cortés in seinem zweiten Brief das Gegenteil: Um die Mexica als ein Volk hinzustellen, das gegen Karl aufbegehrt und gegen das in einem Akt legitimer Vergeltung vorgegangen wird, muss er die Geschichte einer vorigen Unterwerfung erfinden, die dadurch vervollständigt wird, dass die Besucher den Herrscher angeblich als Geisel genommen haben.[5] Seltsamerweise hielt es Cortés zwischen November und Mai offenbar für unklug, den Kaiser über seine angebliche Eroberung zu informieren. Die sich widersprechenden Quellen, wonach Moctezuma bald ein streng überwachter Gefangener sei und sich bald ziemlich frei bewegen könne, lassen Cortés' Darstellung der Ereignisse jedenfalls ziemlich unglaubwürdig erscheinen.[6]

Der *Tlatoani* hat es lange vermieden, sich mit den Eindringlingen auf eine bewaffnete Auseinandersetzung einzulassen: Kämpfe in Tenochtitlan, selbst bei einem ungünstigen Ausgang für die Europäer, hätten die Dominanz der Mexica über die Alliierten des aztekischen Dreibundes erschüttern können. In einer offenen Feldschlacht hätten die Spanier ihre gefürchtete Kampfkraft unter Beweis stellen können. Auch musste Moctezuma unter allen Umständen vermeiden, dass er in den anderen Städten im Tal von Mexiko sein Gesicht verlor. Hätten aufgebrachte Spanier und ihre tlaxcaltekischen Verbündeten in der Stadt Zwischenfälle provoziert, hätten ausbrechende Unruhen seine Macht erschüttern können. Und der *Tlatoani* hatte weitere Gründe, um eine Konfrontation hinauszuzögern. Vielleicht wollte er zunächst noch Tribut kassieren oder das Ende der Regenzeit abwarten. Jedenfalls machte er den missliebigen Besuchern gegenüber wohl zunächst einmal gute Miene zum bösen Spiel.

Angesichts der Lage bleiben Tenochtitlans Führer keineswegs untätig. Stets auf der Hut, hat Moctezuma die Spanier auf ihrem Marsch in

Richtung Hauptstadt auf Schritt und Tritt ausspähen lassen. Er ließ seine Spione Bilder der Spanier zeichnen, um sich eine Vorstellung zu verschaffen, wie sie aussehen und über welche Waffen sie verfügen, um entsprechend zu reagieren. Man stellt sich Moctezuma inmitten eines »Krisenkabinetts« vor, das täglich eingehende Berichte über die vordringenden Spanier bespricht.[7] Glaubt man dem Chronisten Diego Durán, der die Vorgänge sehr europäisch deutet, soll der *Tlatoani* angeordnet haben, in den Archiven nachzuschauen, ob es Präzedenzfälle gab und wer die Neuankömmlinge sind – wohl nicht ganz ohne Folgen, denn am Ende sollte sich in den Köpfen der Indios die Vorstellung von der »Rückkehr« des Quetzalcoatl festsetzen. Die Beobachtungen und Überprüfungen werden fortgesetzt, als Cortés mit seiner Truppe in Tenochtitlan eingezogen ist. Alles deutet darauf hin, dass Moctezuma über die Vorgänge stets genau im Bilde ist: Noch vor Ankunft der Spanier in der Hauptstadt und der Begegnung mit ihnen war er über ihre Argumente und Absichten auf dem Laufenden.

Die Spanier brauchen Zeit: Sie müssen ihre Beziehungen zu den Indio-Verbündeten abklären, über den Einsatz von Pferden nachdenken, die die Kampfkraft erhöhen, aber im Gefecht sehr verwundbar sind, und sich überlegen, wie sie auf dem Texcoco-See von Schiffen Unterstützung bekommen können. Zudem müssen sie eine Verbindungslinie aufbauen, um sich dauerhaft Verstärkung vom Meer zu sichern, und demoralisierende Angriffe vorbereiten.[8] Mit all diesen Taktiken hoffen sie auf lange Sicht Teile der Indio-Bevölkerung auf ihre Seite zu ziehen. Fürs erste sind sie aber noch mit einer Bestandsaufnahme befasst – und fragen sich schlicht, welche Möglichkeiten für eine Eroberung bestehen …

Der Tod der Kaiser

Als Cortés Anfang 1520 erfährt, das eine spanische Flotte aus Kuba unterwegs ist, um ihn festzusetzen, verschwindet er aus Tenochtitlan und lässt das Gros seiner Männer zurück. Jetzt besteht das Risiko, dass er Diego Velázquez' Häschern in die Hände fällt, während seine Männer auf Gedeih und Verderb den Mexica ausgeliefert sind.

Die Gefahr aus Kuba kann gebannt werden, aber während Cortés' Abwesenheit erhebt sich Tenochtitlan gegen seine Männer. Kaum zurückgekehrt, sitzt er in der Falle. Er ist am Boden zerstört: »Die beste und edelste Stadt von allem, was je in der Welt entdeckt worden war, drohte verloren zu gehen, und mit ihr würde man alles Errungene verlieren.«[9] Vor diesem Hintergrund sollen die Spanier Moctezuma als Geisel genommen haben. Mit 3.000 verbündeten Tlaxcalteken halten sie sich in ihrem Palast verschanzt, den sie in eine Festung verwandelt haben. Die Mexica versuchen sie auszuhungern und lassen einen Geschosshagel auf sie niedergehen. Bei den Kämpfen im Stadtzentrum werden schon am ersten Tag 80 Männer, darunter auch Cortés, verletzt. Dabei hat der Eroberungsfeldzug noch gar nicht begonnen. Mit Moctezuma als Unterpfand versucht Cortés die Azteken dazu zu bewegen, die Waffen niederzulegen, verliert aber kurz darauf seinen bedeutendsten Trumpf: Der *Tlatoani*, so die europäischen Quellen, wird von einem Stein getroffen und erliegt drei Tage später seinen Verletzungen. Der Gegenseite zufolge sollen ihn die Spanier hingerichtet haben.

Die Führer der mexikanischen Offensive verlangen von Cortés, das Land sofort zu verlassen. Die Übermacht der Mexica ist erdrückend. Die Lage der Spanier erscheint aussichtslos. Ein Rückzug bei Tag würde in eine Katastrophe führen, ein Gegenangriff wäre Selbstmord: »Sie hatten die Rechnung aufgemacht: Wenn auf 25 von ihnen nur einer von uns umkommen würde, wären wir als erste vernichtet. Denn wir sind wenige und sie dagegen zahlreich.«[10] Den Eindringlingen bleibt nichts anderes übrig, als in einer Nacht, in der ein ein heftiges Gewitter tobt, einen Ausbruch zu wagen. Sie erleiden große Verluste: 200 Spanier, 45 Reittiere und 2.000 »befreundete« Indios kommen dabei um. Das verheerende Ereignis wird als *Noche Triste,* als die »traurige Nacht«, im kollektiven Gedächtnis bleiben.

Angefacht vom Tod des *Tlatoani,* markiert den Aufstand in Tenochtitlan eine entscheidende Wende. Die kriegerische Partei hat die Oberhand gewonnen und ist fest entschlossen, die Fremden um jeden Preis zu beseitigen. Erst jetzt werden die Europäer in einen gnadenlosen Krieg verwickelt.[11] Noch ist es kein Eroberungsfeldzug, sondern eine verzweifelte Flucht, die davon zeugt, dass die Spanier unzulänglich vorbereitet und militärisch unterlegen sind. Die nur knapp dem Tod Entronnenen sind noch längst nicht in die Rolle der Konquistadoren geschlüpft. In der bewaffneten Konfrontation sind die Indios zunächst im Vorteil.

Auch in China entsteht durch den Tod des Herrschers für die Besucher eine völlig neue Lage, wenn auch aus anderen Gründen. Zhengde ist am 20. April 1521 einer Lungenentzündung erlegen. Die chinesische Bürokratie reagiert unverzüglich. Jiang Bin, der nun in Ungnade gefallene Günstling des Verstorbenen wird verhaftet und kurz darauf mit seinen vier Söhnen hingerichtet. Alle ausländischen Gesandten werden des Landes verwiesen. Die Chronik *Ming Shilu* vermerkt dazu: »An diesem Tag […] gewährte man allen tributzollenden Barbaren aus Kumul, Turfan, Fo-lang-ki [die Portugiesen] und anderen Orten Belohnungen und gebot ihnen, in ihre Länder zurückzukehren.«[12] Als am 27. Mai der neue Kaiser Jiajing in die Hauptstadt einzieht, ist Pires bereits abgereist. Er hat Peking irgendwann zwischen dem 2. April und dem 21. Mai verlassen. Was geschieht nun? Die neue Herrschaft bringt einen Politikwechsel. Der aufgestaute Zorn auf den verstorbenen Herrscher entlädt sich. Die Clans um den – damals erst 13-jährigen – Thronerben führen unter der kaiserlichen Entourage Säuberungen durch und löschen sämtliche Spuren der vorigen Herrschaft aus. So schließen sie zu der Zeit, da sie die Botschafter des Landes verweisen, auch das »Leopardenhaus«, in dem sich Zhengde gerne aufgehalten hat. Tomé Pires muss anders als andere Gesandte ohne Geschenke oder einen Ehrentitel verschwinden.

Der Portugiese blickt in Kanton einer ungewissen Zukunft entgegen Im Frühjahr 1521, als er die Reise gen Süden angetreten hat, läuft in den Hafen von Tunmen (Tamão) eine portugiesische Flottille ein. Beladen mit Pfeffer und Brasilholz, können die Schiffe unter dem Kommando von Diogo Calvo ihre Fracht offenbar noch problemlos löschen. Im Februar hat das Ritenministerium zwar allen ausländischen Schiffen untersagt, an der chinesischen Küste anzulegen, aber die Kunde von dem Verbot ist noch nicht bis nach Kanton vorgedrungen. Im Frühsommer verkehren weitere portugiesische Schiffe in den Gewässern um Tunmen. Die chinesische Flotte verhängt eine Blockade. Die Portugiesen in Kanton, auch Vasco Calvo, werden verhaftet. Im Juni durchbricht Duarte Coelho die Blockade von Tunmen mit einer schwer bewaffneten Dschunke und einem Schiff, das er von Kaufleuten in Malakka gechartert hat. Der *Haidao* (Admiral) der Provinz, Wang Hong, befiehlt daraufhin einen Angriff, den die portugiesische Artillerie aber abwehren kann.

Als sich die Kämpfe schon 40 Tage hinziehen, tauchen zwei weitere portugiesische Schiffe auf, die den Chinesen entkommen und bis nach Tunmen gelangen konnten. Am 7. September 1521 fällt der Entschluss, Tunmen zu räumen. Die portugiesische Flotte verlässt im Schutz der Dunkelheit ihren Ankerplatz, wird aber am frühen Morgen von den Chinesen eingeholt und beschossen. Dank eines schweren Gewittersturms entgehen sie einem Desaster. Damit haben die Portugiesen ihre erste *Noche Triste* hinter sich. Ähnlich der Flucht der Spanier im Vorjahr aus Tenochtitlan können sie schließlich aufs offene Meer entkommen. Ende Oktober landen sie erneut in Malakka. Tomé Pires' Gesandtschaft trifft wenig später in Kanton ein und wird sogleich unter Aufsicht gestellt.

Seit August 1521 hegten die Kantonesen den Verdacht, dass die neuerlich eingelaufenen Schiffe zur Verstärkung von Pires und seiner Gruppe entsandt worden seien. »In diesem Augenblick verfassten die [Behörden von Guangdong] einen neuen Bericht und bestätigten, dass unter den Hochseeschiffen einige waren, deren [Besatzung] sagte, dass sie aus dem Reich der Fo-lang-ki stammten und gekommen seien, um den Gesandten [Tomé Pires] mit Kleidung und Proviant zu beliefern. Daraufhin verlangten [die Behörden], dass die regulären Zölle auf die ausländischen Waren, die diese Leute transportierten, ausgesetzt würden.« Als die Angelegenheit dem Ritenministerium vorgelegt wurde, lautete dessen Antwort: »Die Fo-lang-ki sind kein Königreich, das [die Erlaubnis hat], an den Hof zu kommen und Tribut zu zollen. Zudem sind sie [in ein Nachbarland] eingefallen, dessen Herrscher von [China] eingesetzt worden war. Sie traten gewalttätig auf und haben gegen Gesetze verstoßen. Sie bringen Waren, um Handel mit ihnen zu treiben, und schützen nur vor, ihren [Gesandten] zu versorgen. Im Übrigen sind die Absichten der Barbaren undurchsichtig. Wenn sie lange bleiben, nährt dies den Verdacht, dass sie spionieren. Die Mandarine, die mit der Aufsicht betraut sind, müssen angewiesen werden, alle auszuweisen und ihnen zu verbieten, das Territorium zu betreten. Wenn es sich fortan um Barbaren aus Übersee handelt, die zu den vorgesehenen Zeitpunkten anlanden, um Tribut zu zollen, dann sollen die Zölle gemäß den Vorschriften aufgehoben werden. Aber mit all jenen, die sich den Überprüfungen entziehen oder außerhalb der vorgesehenen Zeiten mit Waren eintreffen, muss gebrochen werden.«[13] Peking empfiehlt, dem Hilferuf der malaiischen Gesandtschaft nachzukommen, allerdings ohne eine chinesische Flotte zu entsenden: Mit Unterstützung Siams und der Nachbarstaaten soll Malakka wieder an den Sultan zurückfallen.

Als Tomé Pires Ende September oder schon Ende August 1521 wieder in Kanton eintrifft, findet er dort ein höchst angespanntes Klima vor. In den Quellen ist die Rede von Frauen, die das neuerliche Warten ausfüllen. Jetzt ist Pires eine Geisel der Kantonesen. Die chinesischen Behörden haben beschlossen, ihn als Unterpfand zu benutzen: Er soll die Rückgabe Malakkas an dessen legitimen Herrscher aushandeln. Die malaiischen Gesandten, die nach Peking gereist waren, mussten ebenfalls nach Kanton zurückkehren. Dort übergeben sie Pires im Oktober 1522 ein offizielles Schreiben der Chinesen, das sich an den König von Portugal und in Abschrift an den Gouverneur von Malakka richtet: Es enthält die Forderung, Malakka an seinen rechtmäßigen Gebieter zurückzugegeben. In Drohungen, im Tonfall und seinen Überlegungen drückt der Ritenminister die tiefe Verachtung aus, die sich in China fortan gegen die Portugiesen richtet: »Das Land der Franges [Portugiesen] muss ein recht kleines Gebilde am Meer sein. Seitdem es die Welt gibt, ist niemals ein Gesandter aus diesem Gebiet auf Chinas Territorium gelandet.«[14] Die chinesischen Behörden schlagen damit nicht nur die Tür zu: Sie verlangen zudem den Abriss des kleinen Forts auf der *Ilha de Mercadoria* (Tunmen) und den Abzug der Portugiesen aus Malakka. Sie fordern genaue Auskunft darüber, wie viele ihrer Landsleute sich in Malakka, Cochin und auf Ceylon aufhalten. Um die Kräfte des Gegners besser einschätzen zu können und seine technische und militärische Überlegenheit zu brechen, sollen die Portugiesen für die Chinesen sogar »Galeeren« bauen, Pulver herstellen und Bombarden fertigen.[15] Aber Pires lehnt es ab, Verhandlungen zu führen, zu denen er kein Mandat besitzt.

Das zweite portugiesische Desaster

Derweil ist eine weitere portugiesische Flotte – fünf Schiffe und eine Dschunke aus Malakka – im August 1522 in Tunmen eingelaufen. Der Kommandeur Afonso de Melo Coutinho erhielt sogleich Anweisung, jeden Handel zu unterlassen und mit Tomé Pires keinerlei Kontakt aufzunehmen. Noch im selben Monat versucht Melo Coutinho das Hauptquartier der chinesischen Streitkräfte in Nanto (Nan-t'eou) im Sturm zu erobern. Eine Schlacht mit ungewissem Ausgang tobt. Obwohl hoffnungslos unterlegen, können die Portugiesen mehreren Dutzend chinesischen Kampfdschunken eine Zeitlang standhalten. Nach zwei Wochen der Gefechte ziehen sie sich mit schweren Verlusten an Männern und Schiffen zurück.[16] Im ersten Jahr Jiajings »verwüsteten sie schließlich die Bucht Si-ts'ao. Der ›Kommandant der Verteidigungsmaßnahmen gegen die Japaner‹ und der *po-hou* [Hundertmann] Wang Ying-ngen gingen zum Angriff über. Ein Soldat aus Hiang-houa [einer Garnison], P'an Ting-keou, kletterte [beim Entern] als Erster hinauf. Alle andern folgten ihm nach. 42 Personen wurden lebend gefangengenommen, darunter Pie-tou-lou und Chou-che-li, [dazu] wurden 35 Köpfe abgehackt und zwei Schiffe [der Fo-lang-ki] erobert. Was von den [portugiesischen] Banditen übrig war, segelte mit drei Schiffen davon, die später den Kampf wieder aufnahmen. [Wang] Ying-ngen fiel im Gefecht. Auch diese Banditen wurden zersprengt und ergriffen die Flucht. Die kaiserlichen Truppen konnten sich ihre Kanonen sichern, die *fo-lang-ki* genannt wurden. Der *fou-che* [Flottenkommandant Guangdongs] Wang Hong ließ sie dem Hof zukommen«[17].

Nach einer anderen chinesischen Quelle[18] wollte »der *Haidao* Wang Hong [die Portugiesen] mit Truppen vertreiben. Die aber dachten gar nicht daran, zu gehen, sondern nutzten im Gegenteil ihre Kanonen für einen Angriff und forderten unsere Truppen heraus. Ab dem Moment beobachteten unsere Leute sie furchtsam aus der Ferne, ohne sich näher heranzuwagen. Als Mittel schlug einer vor, gute Schwimmer auszusenden, welche dann ins Wasser glitten, die [portugiesischen] Schiffe anbohrten und sie versenkten. Alle Portugiesen wurden gefangengenommen. Dafür erhielt Wang Hong eine Empfehlung für [gehobene] Aufgaben.«[19] Nach dieser Darstellung soll die chinesische Flotte erst nach einem oder mehreren Rückschlägen auf die geschilderte Kriegslist zurückgegriffen haben.[20]

Auf portugiesischer Seite zieht Cristóvão Vieira die Bilanz dieses zweiten Desasters: Eines der vier Schiffe ist in die Luft geflogen, ein anderes untergegangen. Zwei weitere, das von Diogo de Mello und das von Pedro Homem, sollen mit rund 40 Mann dem Feind in die Hände gefallen sein.[21] Die Verletzten wurden gleich nach Ankunft auf den chinesischen Schiffen hingerichtet: »Weil sie wegen ihrer Wunden und Fesseln schrien, schlugen sie ihnen schon auf den Dschunken die Köpfe ab.«[22] Die chinesischen Quellen heben zudem die Gefangennahme eines »fo-lang-ki namens *Pie-tou-lou«*, also Pedro Homems, hervor, der aber in Wahrheit entkommen sein muss, weil er später im Gefecht auf See umkam. Offenbar wollten die Chinesen ihren Sieg aufbauschen, indem sie einen Portugiesen als Gesandten ausgaben.[23]

Für Vieira und seine unglücklichen Gefährten ist die Expedition am 14. August 1522 mit Melo Coutinhos Ankunft zum Alptraum geworden. Die in Kanton festsitzenden Mitglieder der portugiesischen Gesandtschaft landen im Kerker. Als Zielscheibe der Rachegelüste von Behörden, Mandarinen, Soldaten und Eunuchen erfahren sie alle möglichen seelischen und körperlichen Grausamkeiten: »Die engen Ketten verursachten geschwollene Arme und aufgeschürfte Beine.« Vieira berichtet von ihrem Martyrium und zieht eine Schreckensbilanz: Viele Gefangene sind durch Hunger und Kälte umgekommen.[24] Die Frauen, die die Expedition begleitet hatten, wurden in die Sklaverei verkauft.

Im Dezember 1522 fällen die Richter von Kanton ihr unwiderrufliches Urteil: »Die kleinen Diebe des Meeres kamen, vom großen Dieb entsandt, um auf heimtückische Weise unser Land ausspionieren.« Die Eindringlinge gelten folglich als Piraten und ihre Frachten als Hehlerware oder »Beute der Banditen«. Im folgenden Frühjahr wird per Erlass die Hinrichtung der Gefangenen verfügt. Die Vollstreckung des Urteils findet am 23. September statt. Die Portugiesen werden durch die Hauptstraßen und Vororte Kantons getrieben und anschließend mit Armbrustschüssen getötet. »Diese 23 Personen wurden in Stücke geschlagen, am Kopf, an den Armen, den Beinen und dem Geschlecht, das ihnen in den Mund gestopft wurde. Der Torso wurde auf Höhe des Bauchs in zwei Stücke getrennt.« Vieira zählt in seinem Brief einzeln die portugiesischen, afrikanischen und indischen Opfer auf, nennt jeweils die Strafe und vermerkt die Anzahl der Getöteten sowie die erlittenen Grausamkeiten. Seine Empörung mutet dabei geradezu lächerlich an, wenn man sich die Brutalität vor Augen hält, mit der Portugiesen und Spanier gewöhnlich auf erobertem oder erkundetem Gebiet vorgingen. Von den Vergeltungsmaßnahmen betroffen sind zudem asiatische und chinesische Kollaborateure, so die Besatzungen der Schiffe, auf denen die Portugiesen nach Kanton gelangten: »Viele ertranken oder kamen im Gefängnis durch Schläge oder Hunger um.« Siamesen werden enthauptet oder gepfählt, weil sie die Portugiesen nach China eingeschleust haben.[25]

Mit solch spektakulären Hinrichtungen wollen die chinesischen Behörden ein Exempel statuieren und die Bevölkerung davon abhalten, mit den Fremden in irgendeiner Form zusammenzuarbeiten: »Damit alle in Kanton wie in der Region es sähen, damit ihnen deutlich würde, dass sie Portugiesen nicht unterstützen dürfen, und damit das Volk über die Portugiesen nicht einmal spricht. [...] Ihre Köpfe und Geschlechtsteile wurden, von Portugiesen getragen, [...] den Mandarinen Kantons vorgeführt, inmitten von Tänzen und Lustbarkeiten zur Schau gestellt, in den Straßen aufgehängt und anschließend auf den Abfallhaufen geworfen. Seither galt als ausgemacht, dass die Portugiesen so wenig wie andere Ausländer auf chinesischem Boden geduldet würden.« So wird den Kantonesen unmissverständlich klargemacht, dass die Portugiesen nur schmutziges Gesindel aus dem Nichts sind, und die Fremdenfeindlichkeit in einem Land geschürt, in dem die Gebildeten jeden Ausländer für einen Wilden und »Barbaren« *(fan-ren)* halten.[26] Dutzende Portugiesen, die sich an die Küste gewagt haben, werden misshandelt und hingerichtet. 1523 oder vielleicht im Mai 1524 wird wahrscheinlich auch Pires exekutiert: In den chinesischen Quellen ist von der Tötung des »üblen Verbrechers« Huo-chê Ya-san die Rede.[27] Bis heute umgibt das Schicksal des Gesandten Pires ein Mysterium. Laut einer Überlieferung soll er der Hinrichtung entgangen und im Exil in einer Stadt im Landesinneren gestorben sein.

In ihrem Unglück unterscheiden die Portugiesen in Kanton allerdings sorgfältig Kantons Mandarine, die sie als Schuldige ausmachen, von den kaiserlichen Behörden: »An diesen Gütern und denen auf fünf Dschunken haben sich die Mandarine kräftig bereichert. Diese Diebe sind längst aus Kanton verschwunden. Sie wurden, wie es Brauch ist, in andere Provinzen entsandt und zu Großen des Reichs ernannt.«[28] Die Opfer heben darauf ab, dass auf örtlicher Ebene eine Intrige gesponnen worden sei, und beklagen eine skandalöse Verletzung ihrer Rechte: »Dies ist keine Gerechtigkeit, sondern die Justiz dreier diebischer Mandarine.«[29] So spielen sie auf diplomatische Art den Affront gegenüber der portugiesischen Krone herunter, nehmen Peking in Schutz und wollen nicht wahrhaben, wie umfassend und radikal das Vorgehen der Chinesen ausgefallen ist.

Jedenfalls sieht Johann III., der seit 1521 Portugal regiert, großzügig über die Affäre hinweg. Der neue König rückt vom universellen Machtanspruch seines Vaters ab und verzichtet auf Vergeltungsmaßnahmen.

Stattdessen konzentriert er seine Bemühungen auf die Region östlich von Malakka und verstärkt seine Präsenz auf den Molukken. 1524 ordnet er den Bau einer Festung auf den Sundainseln an, weil neuerdings Gefahr besteht, »dass sich die Kastilier dieses Gebiet aneignen wollen, da sie wissen, dass es dort massenhaft Pfeffer gibt«.[30]

Die Rache der Spanier

Mit der *Noche Triste* ist Cortés' Abenteuer keineswegs zu Ende. Anders als die Chinesen schaffen es die Mexica nicht, sich alle Gegner vom Hals zu schaffen. Cortes erleidet zwar kein Szenario wie Pires in Kanton, entkommt aber nur mit knapper Not und muss hohe Verluste und eine demütigende Niederlage einstecken. In der *Noche Triste* verwandeln sich die Konquistadoren in Verzweifelte, die völlig durchnässt, mit Schlamm besudelt und blutend das Weite suchen. Dabei liegen die Unterschiede zwischen den Ereignissen in China und denen in Mexiko nicht immer klar zutage: Es wäre ein Irrtum, hier einen Gegensatz zwischen scharfsichtigen, schnell reagierenden Chinesen und leichtsinnigen, gutgläubigen Mexica zu sehen. Und auch keinen zwischen standhaften Mandarinen und einer zaudernden mexikanischen Führung. Chinesen und Azteken unterscheiden sich in ihren Reaktionen weniger stark voneinander, als man meinen könnte. Beide Völker reagieren gleichermaßen vielschichtig und brutal. Mit der gleichen Grausamkeit, mit der die Chinesen in Kanton die Gefangenen zerstückeln, schlitzen die Indios ihre Opfer vor den Augen der Gefährten auf, bringen ihre Herzen den Göttern als Opfergabe dar und verspeisen die Leichenteile. Und wie es Pires' Gefährten und den Soldaten der beiden portugiesischen Flotten geschah, wären um ein Haar auch die Spanier von den Mexica niedergemetzelt worden und so von der Bühne der Geschichte verschwunden. Allerdings sind Chinesen und Mexica in ihrem Vorgehen unterschiedlich erfolgreich, weshalb sich am Ende die Grausamkeit der Spanier ins kollektive Gedächtnis graben wird.

Aus Tenochtitlan entkommen, zieht sich der verletzte Cortés mit seinen völlig erschöpften Männern und Pferden zurück. Von den Indios bedrängt, gehen die Gehandikapten davon aus, »dass ihr letzte Tag gekommen sei«.[31] Wie durch ein Wunder wenden sich die verbündeten Tlaxcalteken nicht gegen die übriggebliebene spanische Truppe, um »ihre vormalige Freiheit wiederzuerlangen«. Vielmehr halten sie dem neuen Alliierten die Treue. In diesem Augenblick beschließt Cortés, sich an die Eroberung Tenochtitlans oder, wie er es nennt, an »die Befriedung der Gegend« zu machen, anstatt sich an die Küste zurückzuziehen und auf mögliche Verstärkung zu warten. Entsprechend präsentiert er sein Unternehmen denn auch als »die Rückeroberung der größten und wunderbarsten Stadt Temixtitan und der anderen Provinzen, die ihr unterworfen sind«.

Um nicht als Verräter dazustehen, der das Gebiet im Stich lässt, muss Cortés die »völlig grundlos« ausgebrochene Indio-Rebellion niederschlagen. Der Krieg ist in seinen Augen folglich in dreifacher Hinsicht gerechtfertigt: als legitime Verteidigung – wegen »der Sicherheit unserer Leben« –, als Rückeroberung verlorengegangener Besitzungen und als Kampf gegen Barbarei und Götzenverehrung. Mit den neuerlich eingeführten Argumenten, wonach der Glaube verbreitet und die Barbarei besiegt werden soll, vervollständigt Cortés eine Ideologie, die sämtliche Bestandteile des kolonialen Imperialismus vereint. Und falls noch nicht genug, fügt Cortés noch das Motiv der gerechten Rache hinzu. Die Feinde sind keine unschuldigen Völker, die überrannt werden, sondern unbotmäßige Vasallen, die ihr Wort gebrochen haben. Jetzt wird vollends deutlich, was die »machiavellistische« Inszenierung sollte, die sich Cortés für seinen Einzug in Tenochtitlan einfallen ließ: Damit der Abbruch der Beziehungen zu den Mexica als ein »Verrat« gelten kann, muss Moctezuma den Fremden zuvor sein Reich abgetreten haben.[32]

Cortés zeigt sich noch immer maßlos: Den zigtausend Indios auf Kriegsfuß hat er in Tlaxcala lediglich 40 spanische Reiter, 500 »Fußsoldaten«, darunter 80 Arkebusiere und Armbrustschützen, 8 oder 9 Kanonen und »ziemlich wenig Pulver« entgegenzusetzen.[33] Mehr als auf seine Waffen, Männer und Pferde zählt er daher auf die Unterstützung zahlreicher lokaler Indio-Fürsten, um sich den Gegnern gegenüber einen Vorteil zu sichern. Bei der »Befriedung« der kleinen Städte im Tal von Mexiko sammeln seine Truppen Erfahrungen im Krieg gegen die Indios und scharen weitere Gruppen von Überläufern um sich. Cortés verdankt es ebenso sehr seinem Verhandlungsgeschick wie dem Erfolg seiner Waffen, dass er erneut nach Tenochtitlan ziehen und die Stadt belagern kann.

Die Operation wird bis ins Kleinste geplant und lange vorbereitet. Zur Hilfe kommt den Spaniern dabei eine unerwartete Verbündete: eine Pockenepidemie, die in Tenochtitlan nach der der Vertreibung der Spanier im Juni 1520 ausgebrochen ist. Sie ist für einen Sieg sicher nicht entscheidend, weil sie auch unter den indianischen »Freunden« des Konquistadors grassiert, wird aber erheblich zum Sturz der Mexica beitragen.[34] Ein taktisches Meisterstück ist der Bau einer Flotte von Brigantinen, die der spanischen Artillerie hervorragende Mobilität verleiht. Dass Schiffe zu einem entscheidenden Trumpf werden können, haben angesichts der Chinesen schon die Portugiesen im Perlflussdelta erkannt.

Tenochtitlan fällt im August 1521, also um die gleiche Zeit als Pires, aus Peking hinauskomplimentiert, die endlose Rückreise nach Kanton angetreten hat. Aber weniger die knappe Überlegenheit der Spanier als vielmehr die politische Zersplitterung der mesoamerikanischen Welt besiegelt letztlich das Schicksal dieser Region. Hinzu kommt die besonders schwache Immunabwehr der Indios gegenüber den eingeschleppten Krankheiten der Europäer. Die Ureinwohner Mexikos, die gegen die Eindringliche weder militärisch noch biologisch ausreichend gewappnet sind, werden diese niemals wieder los.

Der Zusammenprall der Zivilisationen

Die Eroberung Tenochtitlans und die Niederlage der indigenen Völker erscheinen aus heutiger Sicht als selbstverständlich. Ganz vergessen wird dabei, dass die ersten Begegnungen mit der Urbevölkerung für die Spanier übel verlaufen waren.

Der Chronist Díaz del Castillo behielt die Expedition von 1517 in schrecklicher Erinnerung: »Oh! Wie mühselig ist es, auf Entdeckungsreise zu gehen, vor allem so, wie wir uns in dieses Abenteuer gewagt haben! Ermessen kann dies nur, wer die äußersten Strapazen selbst durchlitten hat.«[35] Hernán Cortés sieht sich mit seinen 500 Mann und rund 20 Pferden, eine Hundertschaft Seeleute nicht mitgezählt,[36] in Mexiko nahezu 20 Millionen Indios gegenüber. Auch wenn es weniger als die 120 Millionen Chinesen zur Zeit der Ming-Dynastie sind, ist die Übermacht gigantisch. Pierre Chaunu, der sich meisterhaft auf weltumspannende

Vergleiche versteht, erinnert daran, dass die demographische Größe Mittelamerikas der Nordchinas entsprach und dass auf den Hochebenen und in den andinen und mittelamerikanischen »Reichen« insgesamt so viele Menschen wie in ganz China lebten.[37] Schon angesichts der zahlenmäßigen Überlegenheit der nachmals unterworfenen Völker zeigt sich die mehrfach hervorgehobene Maßlosigkeit der Europäer. Sie prägt insgesamt diese Geschichte, die eines der spektakulärsten und dramatischsten Beispiele für den Zusammenprall verschiedener Kulturen bildet. Und dieser *Clash* der Kulturen endete mit dem endgültigen Sieg der Europäer.

Dabei ist allem seine Brutalität ins kollektive Gedächtnis des Abendlands eingegangen: Die zahlenmäßig deutlich unterlegenen Spanier kämpfen als eine entfesselte Soldateska gegen Indios, die sich in der Schlacht erst an Reitersoldaten, Pulverdampf und Kanonendonner gewöhnen müssen. Über den Grausamkeiten der Spanier, die die »schwarze Legende« bestimmen, wird fast ganz vergessen, wie erbittert zahlreiche indianische Gruppen den Konquistadoren Widerstand leisteten. Entgegen den Darstellungen lief die Eroberung in einem schleppenden Tempo ab und wurde von Pannen und Misserfolgen begleitet. Der Fall Tenochtitlans im August 1521 leitete nicht den sofortigen Untergang der prähispanischen Welt ein, auf den dann im Handumdrehen ein spanisches Mexiko entstand. Erst nach Generationen sollten die Spanier und das Abendland diesem neu entdeckten Gebiet auf Dauer ihren Stempel aufprägen. Die Kolonialherren stießen nicht nur auf alle möglichen Hindernisse und Widrigkeiten, auch verhinderte die zunehmende Verschmelzung der Kulturen und Rassen auf unerwartete und unvorhersehbare Weise, dass die lokalen Dorfgemeinschaften komplett von der Bildfläche verschwanden oder zu Klonen kastilischer Dörfer wurden.

Nichtsdestotrotz markiert die Eroberung der Hauptstadt der Mexica den Beginn eines langen Prozesses, bei dem die Europäer den amerikanischen Kontinent in Besitz nehmen und ihn für Jahrhunderte im iberischen, europäischen und westlichen Lager verankern. So gesehen, ist sie ein Ereignis von kontinentaler Bedeutung. Und mehr noch: Die Eroberung Tenochtitlans erscheint als eine entscheidende Etappe jener Globalisierung, die von Spanien und Portugal ausgegangen ist. Sie bildet den Auftakt zur Integration der Völker auf dem amerikanischen Kontinent in ein spanisches Reich, das über die ganze Welt verstreut liegt. Sie ist eine Durchgangsstation im Wettrennen um Asien, um China und die Gewürze und hat, so gesehen, auch globale Bedeutung.

Für den Zusammenbruch der indianischen Gesellschaftsformen wurden zahlreiche Gründe angeführt: so das diplomatische Geschick Cortés', der die Zwistigkeiten seiner Gegner und Verbündeter auszunutzen wusste, sein Pragmatismus, die überlegene Bewaffnung der Spanier und vor allem die ersten verheerenden Ausbrüche der aus Euroa eingeschleppten Krankheiten. Nachdem das Eisen über das Kupfer obsiegte, machte sich das destabilisierende christliche Missionarswesen daran, die alten Götterkulte zu zerschlagen und sie durch neue Glaubensformen zu ersetzen. All diese bedeutenden Faktoren sollten in den folgenden Jahrzehnten in weiteren Teilen des Kontinents wirken.

Angesichts der spektakulären Eroberung Mexikos erscheint der Gesandte Tomé Pires eher als eine traurige, wenn nicht gar bedeutungslose Gestalt. Seine Gesandtschaft ging in der globalen Geschichtsschreibung unter und ist allenfalls noch dem engen Kreis der Historiker bekannt, die sich auf das portugiesische Asien spezialisieren. Sie endete nicht nur im Fiasko, sondern erscheint auch als eine folgenlose Episode: kein wirklicher Vorstoß nach China, keine Eroberung, keine Kolonisierung und noch weniger die Christianisierung oder etwas anderes, das sich auf der Habenseite der globalen Expansion der Portugiesen verbuchen ließe. Behält das Abendland nur seine gelungenen Vorstöße wie die auf den amerikanischen Doppelkontinent im Gedächtnis?

Wie lassen sich so gegensätzliche Ergebnisse auch ohne die oben erörterten Hintergründe erklären? Spontan fallen einem hier Unterschiede zwischen den jeweiligen Akteuren und nationalen Bildern ein. Tomé de Pires, Apotheker des Königs, Kaufmann und Kenner der Geschäftswelt, unterscheidet sich deutlich von dem Unruhestifter, erfolgreichen Söldnerführer und gewieften Politiker Cortés. Die Spanier gelten traditionell als geborene Konquistadoren, die Portugiesen als reisende Kaufleute. Aber beide Nationen einen auch zahlreiche Gemeinsamkeiten: ihr Entdeckerdrang, ihre Gier nach Schätzen, ihre unangefochtene Führungsrolle in der Seefahrt, ihre Fähigkeit, eine zahlenmäßige Unterlegenheit auszugleichen, ihre schlagkräftige Bewaffnung, die Bedeutung ihrer abgelegenen Stützpunkte (Kuba ist so nützlich wie Malakka) sowie ihre außergewöhnlichen Militärführer. Albuquerque, der Eroberer Goas, Malakkas und der Insel Hormus, der mit den großen Feldherren der Antike verglichen wurde, besitzt das Format eines Cortés.[38] Hinzu kommt ein weiterer, eher überraschender Punkt: Wie Vieiras und Calvos Briefe offenbaren, hegten auch die Portugiesen die Absicht, einen Teil Chinas zu erobern und zu kolonisieren: eben jenen Teil, der für sie zur Falle wurde.

Die portugiesischen Versuche, in China Fuß zu fassen, wurden von den Chinesen komplett durchkreuzt. Eine Erklärung, warum die jeweiligen Vorstöße so unterschiedlich ausgingen, findet man wohl am ehesten in den Unterschieden zwischen den jeweiligen Gegnern und den verschiedenen Terrains. Die Portugiesen wurden zunächst festgesetzt, dann mundtot gemacht und schließlich vernichtet. Es gelang ihnen nie, die Situation, die sie mit ihrer Landung herbeigeführt hatten, selbst zu kontrollieren. Dagegen schufen wohl die inneren Widersprüche in der mesoamerikanischen Welt die Grundlage dafür, dass die Konquistadoren in der amerikanischen Geschichte blitzartig die Oberhand gewannen.

Die Bezeichnung der anderen

Woher stammen die Besucher Chinas? Anhand von deren Bewaffnung stellen Gebildete in China die Hypothese auf, dass sie asiatischen Ursprungs seien. Nach dem *Yue-chan ts'ong-t'an* »liegt das Königreich der Fo-lang-ki südlich des Königreichs Java. Diese beiden Reiche gebrauchen ähnlich gestaltete Feuerwaffen, doch die der Fo-lang-ki sind größer als die Javas. Die Männer des Landes setzen sie mit großem Geschick ein und können mit kleineren einen Sperling töten. Falls sich Chinesen überhaupt an sie heranwagen, verlieren sie mehrere Finger, oder es wird ihnen eine Hand oder der Arm abgerissen. Die Feuerwaffen müssen lang sein. Kurze schießen nur auf knappe Entfernungen. Der Lauf muss rund und glatt sein. Ist er verbogen oder rau, reicht das Geschoss nicht sehr weit. Nur die Leute aus Tong-kouan stellen das gleiche Modell wie die Ausländer *(fan-ren)* her. Anderswo gefertigte [Modelle] sind häufig [zu] kurz und untauglich.«[1]

Eine merkwürdige Gedächtnislücke

Wieso vermuten die Chinesen, dass die Fo-lang-ki aus der Region um Java stammen? Zeigen sie damit nicht ein seltsam kurzes Gedächtnis? Europäer – und nicht nur Marco Polo – waren in China schon im 13. und bis ins 15. Jahrhundert hinein aufgetaucht. Im 14. Jahrhundert hatte der Papst in Avignon sogar eine franziskanische Gesandtschaft an den Hof des Großkhans nach Cathay entsandt, die unter Führung Giovanni de Marignollis im Mai oder Juni 1342 dort tatsächlich eintraf. Wie in chinesischen Annalen vermerkt, brachten diese *Fou-lang* große Pferde als Geschenke mit. Im *Yuan che,* in dem Marignollis Gesandtschaft erwähnt wird, bezeichnet der Ausdruck *Fou-lang* die Gegend, aus der die Gesandten des Papstes kamen. In den Ming-Annalen zu Calicut,[2] die zu Beginn des folgenden Jahrhunderts verfasst wurden, ist die Rede von zweischneidigen Säbeln, sogenannten *fou-lang.* Obwohl diese schriftlichen Zeugnisse noch vorlagen, waren die direkten und indirekten Kontakte zu Europäern zu Beginn des 16. Jahrhunderts offenbar in Vergessenheit geraten. In den *Ming Shilu* fehlt jeder Hinweis auf das Land der Fremden oder auf frühere Besuche. Und auch die Berichte der Expeditionen des Admirals Zheng He (1371–1433), der bis zur ostafrikanischen Küste vorgestoßen war, schweigen sich zu dem Thema aus. Dass sich die chinesischen Behörden mit Blick auf die Fremden ratlos zeigen, überrascht also keineswegs.

Sie taufen sie nach ihrer Kanone *Fo-lang-ki,* ein Name, dessen arabischer oder persischer Ursprung in China in Vergessenheit geriet und den die Portugiesen, denen er ein Begriff ist, mit *Franges* oder *Frangues* wiedergeben.[3] Trotz dieser Etikettierung ist den Chinesen die Herkunft der Fremden nicht gleichgültig. Ihre Quellen verlieren sich in Mutmaßungen darüber, wo deren mysteriöses Land zu verorten sei: Liegt das Königreich der *Fo-lang-ki* südwestlich des Ozeans, unweit von Malakka? Befindet es sich, wie erwähnt, südlich von Java? Ist der Name gar eine neue Bezeichnung für das nordwestlich von Sumatra gelegene Labri oder für das Land P'o-li (vermutlich das heutige Java)?[4] Stammen die Fremden von Inseln, auf der Kannibalen leben? So setzt sich in China anstatt des überlieferten Ausdrucks *Fou-lang* als Übersetzung für *Farangi* oder *Frangi* der Begriff *Fo-lang* durch. Dabei ist die Verschiebung von *Fou-lang* zu *Fo-lang* wahrscheinlich einer Lautschrift geschuldet. Und sie hat Folgen, bezeichnet doch Fo »Buddha«, womit *Fo-lang* damals auch als »Knaben des Buddha« aufgefasst werden kann. Da Buddha aus Indien stammt, passt diese Bezeichnung auf Leute, die von Westen her ins Reich der Mitte gekommen sind. Die verschiedenen Bedeutungen, die der Bezeichnung *Fo-lang* zugeordnet werden, machen die Verhältnisse undurchsichtiger und beflügeln die Fantasie: Neben der Lesart »Knaben des Buddha« ließ sich der Name auch als »Wölfe des Buddha« verstehen. Letzteres passte perfekt auf ein Volk, das für seine Grausamkeit in der Schlacht berüchtigt war.

Dabei wusste Peking durchaus, dass Portugiesen in Südostasien präsent waren und vor kurzem blutig Malakka erobert hatten. Zudem lebte überall eine aufmerksame chinesische Diaspora, und einer ihrer Angehörigen war sehr früh schon per Schiff bis nach Lissabon vorgedrungen. Die chinesischen Dschunken, die in den südostasiatischen Häfen verkehrten und bis nach Indien segelten, transportierten nicht nur Waren. Sie beförderten auch Informationen und Gerüchte, welche die islamischen Seeleute von den indischen Gewässern bis nach Südostasien verbreiteten. Und diese Muslime hatten allen Grund, von ihren christlichen Rivalen ein finsteres Bild zu kolportieren und ihre chinesischen Partner, von denen manche seit geraumer Zeit ebenfalls zum Islam bekehrt waren, vor diesen zu warnen.

Will man Substanzielleres über die Fo-lang-ki erfahren, halte man sich an den *Kouang-tong t'ong-tche* von 1535 und den *Hai-yu* von 1537, wo von Malakka die Rede ist. In noch späterer Zeit, in der Geschichte der Ming (*Mingshi*), taucht ein kurzer historischer Hinweis auf: »Die Fo-lang-ki leben in der Nähe von Man-la-kia [Malakka]. Unter Zhengde setzten sich auf dem Gebiet Malakkas fest und vertrieben den König. Im 13. Jahr schickten sie einen Gesandten [namens] *kia-pi-tan-mo* mit anderen aus, um Erzeugnisse ihres Landes als Tribut darzubringen und um ein Siegel für die Investitur zu erbitten. Damals erfuhr man erstmals ihren Namen. [...]. Diese Leute fassten dort für lange Zeit Fuß, plünderten Reisende aus und gingen so weit, Kinder zu rauben, um sie zu verspeisen.«[5]

Die Portugiesen fallen durch ihr Auftreten und ihr Äußeres auf. In den chinesischen Quellen werden sie als »sechs Fuß groß« beschrieben, mit »einer langen Nase, einer weißen Gesichtshaut und einem Pirolschnabel«.[6] Oder auch »mit einem Adlerschnabel und Katzenaugen, einem frisierten Bart und rötlichen Haaren«. In koreanischen Quellen findet sich der gewagte Vergleich mit einem Nachbarvolk: »Diese Leute, deren Physiognomie an die der Japaner erinnert, tragen Kleidung und essen Dinge, die ziemlich unzivilisiert sind.«[7] Die Beschreibung ist absichtlich ungenau: Vergeblich versuchen die Portugiesen – wahrscheinlich schon 1534 und sicher 1565 – die Ausdrücke »Portugal« und »Portugiesen« durchzusetzen. Ihr Hinweis, sie hießen »P'ou-tou-li-kia«, führt nicht zum Erfolg.[8] Sie bleiben für immer die Fo-lang-ki, deren Herkunft den chinesischen Gebildeten offenbar ziemlich gleichgültig ist.

Castilan! Castilan!

Das damalige China ist im Handel und in der Diplomatie um Klassen besser vernetzt als die mittelamerikanischen Volksgruppen mit ihren spärlichen Informationsmitteln. Trotzdem werden die Spanier schon 1517, also beim ersten Aufeinandertreffen, bei ihrem Namen genannt: Die Maya Yucatáns empfangen die Europäer mit dem Ruf »Castilan! Castilan!« und fragen sie, ob sie von dorther kämen, wo die Sonne aufgehe.[9]

Von Anfang an erhalten die künftigen Eroberer eine Herkunft und einen Namen – und sogar den richtigen: *Castellanos.* Da ihn die Konquistadoren bei ihrer Ankunft häufig genannt haben dürften, ist er sicher eines der ersten spanischen Wörter, die sich die Indios einprägen. Die Aufmerksamkeit, die diese allem entgegenbringen, beindruckt später den franziskanischen Chronisten Motolinía: »Diese Menschen beobachten und bemerken vieles.«[10] *Castellano,* aus dem auf Nahuatl *Caxtilan* wird, bezeichnet später durchgehend die fremdländische Herkunft der Tiere und Dinge, die die Spanier eingeführt haben: »Pferd« heißt *Caxtillan mazatl,* also »Hirsch aus Kastilien«, ein europäisches Schiff wird *Caxtillan acalli,* »Schiff aus Kastilien« genannt, und Papier wird zu *iztac Caxtillan amatl,* »weißes Papier aus Kastilien«.[11] Gleichwohl fehlt den Indios jedwede Vorstellung von diesem Land: Für sie ist *castilan* eine ebenso unbestimmte Bezeichnung wie *franc* für Chinesen und Malaien. In der mesoamerikanischen Welt gehörte man weder einem Land noch einem Kontinent an, sondern Stadtstaaten, *altepeme,* wie Tlaxcala oder Mexiko-Tenochtitlan.[12] So steht *castilan* für einen hypothetischen Ort dieses Namens, eine Besonderheit, die den Spaniern ebenfalls nicht fremd ist. Auch sie identifizieren sich zunächst mit ihrem Heimatort: Cortés versteht sich vornehmlich als Bürger aus Medellín. Dagegen wird die Bezeichnung *castilan* zudem mit dem Osten, dem Ort des Sonnenaufgangs, in Verbindung gebracht, was dafür spricht, dass die Fremdlinge göttlicher Abstammung sind. Dass die Portugiesen in China als Leute aus dem Westen (des Buddha) und die Spanier in Mexiko als Söhne des Ostens gelten, spiegelt in prägnanter Verkürzung wieder, wie die Nationen der Iberischen Halbinsel von zwei Seiten her den Globus in die Zange nehmen.

Als sie Mexiko entdecken, verkehren die Spanier schon seit 20 Jahren in der Karibik. Dass es dabei an der mexikanischen und der mittelamerikanischen Küste sowie auf den Antillen zu sporadischen Kontakten kam, ist durchaus möglich: Dies belegt die Odyssee einer aus Jamaika stammenden Indio-Frau, die die Spanier an der mexikanischen Küste entdecken und als Dolmetscherin einsetzen. Sicherlich kursierten auf den karibischen Inseln bereits Gerüchte über diese unbekannten Besucher, über ihre gewaltigen Schiffe und wahrscheinlich auch über ihre Raubzüge. 1502 war Kolumbus vor dem heutigen Honduras auf ein beladenes Schiff von der Länge einer Galeere gestoßen, mit Indios, die »wie die Mauren Grenadas« Gesicht und Körper verhüllten.[13] Die Begegnung löste bei Kolumbus Staunen aus, aber wohl noch mehr bei den Maya auf dem Schiff. Sie weckte Ahnungen, die der Lotse Alaminos später Hernandez de Córdoba, einem Freund von Las Casas, anvertraute: »In der Nähe dieses Gewässers im Westlichen Meer, unterhalb der Insel Kuba, so verriet ihm sein Gefühl, musste eine sehr reiche Gegend liegen.« In einen intensiveren Kontakt mit der Urbevölkerung kamen die schiffbrüchigen Spanier, die an den Stränden Yucatáns landeten und dort von den Maya als Sklaven aufgenommen wurden. Diese konnten sich so in aller Ruhe ein Bild von den Stärken und Schwächen der Europäer machen. Diese Überlebenden nahmen mehr oder weniger die Lebensweisen und Haltungen der Indios an – so sehr, dass sich ein schiffbrüchiger Spanier sogar dafür entschied, dauerhaft bei den Indios bleiben und sie mit seinen Kenntnissen im Kampf gegen die Eindringlinge zu unterstützen.[14]

Die Nachricht vom Auftauchen fremder Seefahrer verbreitete sich allerdings nicht nur an der Küste des Golfs von Mexiko und auf der Halbinsel Yucatán. Wahrscheinlich erreichte sie schon ganz zu Anfang des 16. Jahrhunderts auch Tenochtitlan, das zu tributpflichtigen Territorien und zu den tropischen Regionen am Golf von Mexiko und in der Karibik wirtschaftliche und politische Beziehungen unterhielt. Über die Handelswege gelangten regelmäßig Waren, Menschen und Neuigkeiten ins Zentrum des Landes. Die *Pochtecas,* einflussreiche Kaufleute der Nahuas, besaßen enge Verbindungen zu den Mächtigen Tenochtitlans. Bekanntlich nutzten sie ihre Handelsverbindungen zu den Maya und zum tropischen Tiefland auch dazu, um für den aztekischen Dreibund zu spionieren. Wie gut dieser Nachrichtendienst funktionierte, verrät sich die Geschwindigkeit, mit der Moctezuma davon erfuhr, dass im Golf von Mexiko Pánfilo de Narváez' Flotte aufgetaucht war.

Der Verlust der indianischen Quellen und die Umdeutung der Geschichte durch die Indios und Konquistadoren erwecken den Eindruck, die aztekischen Stadtstaaten seien von der spanischen Invasion völlig überrascht worden und deswegen zusammengebrochen. Mit dieser Sicht lassen sich die eigentlich unerklärliche Niederlagen rationalisieren und die Fehler, die im Umgang mit den Konquistadoren begangen wurden, leicht herunterspielen.

Aber selbst wenn sich keine Schiffbrüchigen an die mexikanische Küste gerettet hätten, wäre Cortés' Expedition nicht wie ein Blitz aus heiterem Himmel über die Urbevölkerung hereingebrochen. Angesichts der beiden ersten Landungsversuche (1517/18) hatten die Indios Zeit und die Möglichkeit, die Gefahr zu erkennen und sich gegen sie zu wappnen. Als Cortés' Soldaten Mexiko durchstreiften, waren sie keineswegs aus dem Nichts aufgetaucht, weshalb sie entsprechend empfangen wurden.

Barbaren oder Piraten?

Fo-lang-ki, Castilan. In China wie in Mexiko erhält der andere, der von außerhalb kommt, der Fremde, in diesem Fall der Spanier oder Portugiese einen Namen. Aber diese eher undurchsichtigen Namen, die ein Volk und eine Region bezeichnen, bilden nur ein Element und eine Etappe in einem deutlich komplexeren Prozess der Identifikation. Die Fremden zu identifizieren, ist in den jeweiligen Fällen aber unterschiedlich dringend. Während die Chinesen die Fo-lang-ki – wie andere Fremde – nur als ungehobelte Besucher sehen, haben Mexikos Indios das dringende Bedürfnis, diesen Aggressor zu verstehen, der bei ihnen eindringt und sie bald unterwerfen und von Grund auf verändern wird. Mehr noch: Die mesoamerikanischen Kulturen haben dem Anderen offenbar stets einen Platz eingeräumt, was erklären würde, weshalb sie sich deutlich schwerer als das Reich unter dem Himmel damit taten, sich nach außen hin abzuschotten und zu verteidigen.

Portugiesen und Spanier verkörpern für die Chinesen wie für die Mexikaner das Unbekannte und Mysteriöse. Sie werfen Fragen zu ihrer Natur und zur Bedeutung ihres Erscheinens auf. Und sie führen zu verschiedenen Interpretationen, die sich insofern zu decken scheinen, als sie aus dem Auftauchen von Fremden ein Ereignis machen, das sich seit langem angekündigt hat und alle möglichen Gefahren heraufbeschwört. Bei den Indios sind die Spanier womöglich Nachfahren eines verbannten Fürsten, die jetzt zurückkehren, um sich das Ihre wiederzuholen. Bei den Chinesen gibt es Überlieferungen unbekannter Herkunft, in denen vor einer Invasion gewarnt wird, die das Land zerstören könnte.[15]

Weitere Haltungen gegenüber den Fremden erklären sich aus dem Arsenal der Glaubensformen und Erfahrungen der jeweiligen Parteien. In China weiß niemand, woher die Portugiesen genau kommen, und keiner erinnert sich daran, dass in den vorangegangenen Jahrhunderten im Reich der Yuan, der Vorgänger der Ming, bereits Europäer verkehrten. Es wird Jahrzehnte dauern, ehe der Schleier des geheimnisvollen Herkunftsorts der Fo-lang-ki gelüftet wird. Aber eine andere Form der Erkenntnis erwerben die Chinesen unmittelbar durch Begegnungen und ihre Erfahrungen mit den Eindringlingen. In ihren Augen fallen die Portugiesen, so erklären uns Vieira und Calvo, unter die Kategorie der Fremden, das heißt der Wilden *(fan-ren)*. Und diese sind, so haben die Portugiesen erfahren, Menschen, die nicht zum »Land Gottes« gehören und folglich »weder Gott noch die Erde kennen«.[16] *Fan-ren* bezeichnet allerdings auch noch den Verbrecher, einen Delinquenten und Schuldigen, der Gesetze umgeht, missachtet und mit Füßen tritt. Portugiesen sind zwar wie Chinesen Menschen, aber eine minderwertige Rasse, vor der man sich hüten muss, ähnlich wie vor den *barbaroi,* denen die Griechen bestialische Praktiken nachsagten, insbesondere die, menschliche Föten zu verspeisen.[17] Grausam, blutrünstig und geistig minderwertig: eine ganze Serie von Bestimmungen setzt die Fremden herab und bestätigt die Überzeugung der Chinesen, dass sie ihnen gegenüber qua Geburt überlegen seien.

Paradoxerweise haben die Portugiesen angesichts dieser Sichtweisen den Eindruck, sich auf vertrautem Terrain zu bewegen. Chinesen und Portugiesen eint das große Misstrauen, das sie Menschen entgegenbringen, die jenseits der ihnen bekannten Welt leben, sei es das christliche Abendland oder die chinesische Einflusssphäre. Nur sind diesmal die Portugiesen die Barbaren und werden von den anderen als tieferstehend angesehen. In Asien ist diese missliche Lage für sie keineswegs neu, haben sie es doch ständig mit Kulturen zu tun, die der ihren vergleichbar, wenn nicht gar in vielfacher Hinsicht überlegen sind. Die Seeleute aus Lissabon teilen das prekäre Schicksal des fahrenden Volks. Sie sind überall durchreisende Unbekannte, die häufig in Schwierigkeiten geraten oder eine Überlegenheit zu spüren bekommen, vor allem durch islamische Widersacher.

Obwohl die Portugiesen Barbaren sind, verfügen sie über so manchen Trumpf. Auch wenn sie den Chinesen unzivilisiert erscheinen, segeln sie auf schnellen Schiffen, bieten eine große Feuerkraft auf und verfügen über eine ausgefeilte Militärtechnik. Ist bei ihnen jede Liebesmüh verloren? In Kanton hat man ihnen chinesische Sitten beizubringen versucht. Der Kaiser hat sich angesichts ihrer Schwächen in Nachsicht geübt. Aber ihr Bild ist desto düsterer geworden, je besser die Chinesen sie kennenlernten.

Den angelandeten Seeleuten aus Lissabon ist ein entsetzlicher Ruf vorausgeeilt. In Kanton wie in Peking ist bekannt, dass sie 1511 Malakka eroberten und sich an der chinesischen Küste wie kleine Tyrannen aufführen. Sogar in Peking sollen sich Portugiesen, ungezogen und überheblich, als unerträglich erwiesen haben: »Sie brachen wegen der Rangordnung einen Streit vom Zaum.«[18] Tuan Muhammad, der malaiische Botschafter am Pekinger Hof, hält mit Vorwürfen nicht hinterm Berg: »Die *Franges*-Banditen kamen voller Energie und mit vielen Leuten nach Malakka, raubten das Land, vernichteten und töteten zahlreiche Menschen, beraubten die einen und setzten die anderen gefangen. Die Überlebenden stehen nun unter ihrer Fuchtel.«[19] Die Mandarine verlangen, dass Malakka an den rechtmäßigen Herrscher zurückgegeben wird, und verweisen darauf, dass dieses »Königreich« dem chinesischen Schutz unterstand.

Grund zur Klage haben nicht nur die Malaien. Zensoren aus der Region Kanton bringen beim Ritenministerium Beschwerden gegen die Portugiesen vor. Ein ganzes Konzert an Vorwürfen erhebt sich:[20] Sie hinterzögen auf Tunmen Zölle auf entladene Waren, hinderten Siamesen am Bezahlen ihrer Zölle und versperrten ihnen den Zugang zum Handel. Sie beschlagnahmten und entführten die Dschunken anderer Kaufleute, verbreiteten mit zahlreichen Bewaffneten und Bombarden Angst und Schrecken und hätten sogar in aller Öffentlichkeit eine Hinrichtung vollzogen. Sie träten auf skandalöse Weise in Erscheinung: »Sie hatten eine steinerne und ziegelgedeckte Festung [errichtet], umgeben von Geschützen und angefüllt mit Waffen.« Als gefährliche Fremde können sie keinen mehr täuschen. Sie sind Spione, die auf fremdem Gebiet Fuß fassen wollen, wie schon die berüchtigten *padrões* zeigen, jene Steine, die die Seefahrer aus Lissabon überall auf ihrem Weg errichten. Das Urteil der chinesischen Obrigkeit steht unwiderruflich fest: Die Fo-lang-ki »sind Räuber« und Mörder. Sie sind nicht mehr nur Barbaren, sondern auch Piraten und Spione,[21] so die Urteilssprüche, die im Dezember 1522 gegen sie ergehen. Mit den Hinrichtungen und dem Schicksal Tomé Pires' hätten sie nicht tiefer sinken können. Aber die chinesischen Rachegelüste machen hier noch nicht halt.

Ob gerechtfertigt oder nicht, trotz aller Anklagen schauten sich manche Chinesen nach neuen Geschäftspartnern um, die ihnen dabei helfen konnten, sich die Taschen zu füllen: Für sie waren die »ausländischen Barbaren« wertvolle und notwendige Gesprächspartner, mit denen sie sich verständigen konnten. Hier die offizielle Darstellung, die Argumentation der Gebildeten, die stur an ihren Gewissheiten festhielten, und die fremdenfeindliche Propaganda, die darauf abzielte, das Reich wirksam abzuschotten; dort die nachvollziehbaren Interessen zahlreicher Kaufleute oder armer Schlucker, die mit Ausländern Handel trieben, um sich eine Existenz zu sichern.

Ungeheure göttliche Wesen

Dieselbe Lage herrschte in Mexiko. Die Gruppen, die bei der spanischen Invasion die Fäden zu ziehen meinten, sahen in den Spaniern offenbar etwas anderes als die Mexica, die sie um jeden Preis loswerden wollten. Wie die Ureinwohner anfangs auf die Eindringlinge reagierten, ist heute nur schwer nachzuvollziehen. Wer waren diese Leute, die an der Küste aufgetaucht waren? Waren sie wie die Indios Menschen, *tlacatl?* Einfache Leute, *macehualli?* Adlige *tlacatl?* Oder gar allmächtige Wesen ähnlich dem Huitzilopochtli oder dem Ehecatl? Selbst dann hätte man sie vielleicht als *tlacatl* bezeichnet.[22] Stattdessen belegten die Indios die Neuankömmlinge mit einem Ausdruck, der sie von ihnen und überhaupt von Menschen deutlich abhob. So wie die Ureinwohner der Antillen geglaubt hatten, die Seefahrer seien aus dem Himmel herabgestiegen, und wie die Peruaner sie später mit der pan-andinen Schöpfergottheit Wiraqucha gleichsetzen sollten, erhoben auch Mexikos Ureinwohner ihre lästigen Besucher zu göttlichen Wesen.

Laut den europäischen wie den indianischen Quellen galten die Spanier als »Götter«, als *teteo,* was im Kastilischen mit *teules* wiedergegeben wurde. Die Indios sahen sie als übernatürliche oder einem übernatürlichen Reich entstammende Wesen an, die folglich gefährlich waren. Auf ihre Welt hatten sie als »Bewohner der Erdoberfläche« grundsätzlich keinen Einfluss. Gegen sie erwies sich selbst die Waffe der Magie, auf welche die Mexica zurückgriffen, als vollkommen stumpf. In einer Gesellschaft, die großen Wert auf respektvolle Umgangsformen legte, ließ sich mit der Kategorie des Göttlichen die Frage beantworten, die die neue Situation aufgeworfen hatte. Mit dem Ausdruck *teotl* – *teteo* in Plural – konnte man sich auf elegante Art an Wesen wenden, für die sich in der irdischen Ordnung kein Platz fand, da sie außerhalb der Indio-Gesellschaft standen. Wie hätten sie diese Wesen, die keine »natürlichen« Herren waren, anders anreden können als mit dem Ausdruck *teules.* Und so wurden die zu Göttern gewordenen Spanier denn auch logischerweise in Heiligtümern untergebracht, in einem *teocalli,* »Haus des Gottes«, oder *teopan,* »wo sich der Gott befindet«, wie die Indios diese Kultstätten nannten.[23]

Teotl verweist auf eine indianische Vorstellung des Göttlichen, die Wörter wie »Gott« oder »Gottheit« nur ungenau wiedergeben. Ziemlich früh erkannten die Spanier, dass *teotl* sowohl »Gott« als auch »Dämon« bedeuten kann. Der Begriff bezeichnete zugleich bedrohliche Mächte, die sich unberechenbar und unkontrollierbar verhielten, und sogar die Menschen, die diese in Ritualen und Zeremonien verkörperten. Eine Anekdote des Chronisten Bernal Díaz del Castillo zeigt, wie geschickt sich die Konquistadoren die Doppeldeutigkeit dieses Begriffs zunutze machten: Um den Indios Angst einzuflößen, schickt Cortés den furchterregenden Heredia, einen einäugigen hinkenden Basken mit vernarbtem Gesicht und langem Bart, mit der Anweisung vor, mit seiner Muskete in den Wald zu feuern. Dazu erklärt der Konquistador: »Damit möchte ich sie glauben machen, dass wir Götter seien oder dass wir der Bezeichnung und dem Ruf gerecht würden, den wir bei ihnen genießen. Und da du eine hässliche Fratze hast, glauben sie, du seist ein Idol.«[24] Ein *teotl* ist auch ein Kandidat für ein Menschenopfer, ein »vergöttlichtes« Opfer, dazu geeignet, verspeist zu werden. Die Indios, denen Spanier in die Hände fielen, hatten dies sicher im Blick.

Während die Invasion der Fremden für die Chinesen ein reines Schreckgespenst oder allenfalls ein gescheiterter Versuch bleibt, nimmt sie in Mexiko konkrete Gestalt an: Die ungebetenen Besucher richten sich auf Dauer ein: Da die Indios diese »Götter« weder vertreiben noch physisch vernichten können, müssen sie herausbekommen, was sie bei ihnen wollen. Und später müssen sie sogar versuchen, aus ihrer plötzlichen Erscheinung ein erwartetes und zwangsläufiges Ereignis zu machen, um die Missgriffe, Fehleinschätzungen und zaudernden Haltungen zu erklären, die ihre Niederlage herbeigeführt haben. Die Einstellungen und Äußerungen, die Cortés Moctezuma im November 1519 in den Mund legt, bringen die Resignation eines Mannes zum Ausdruck, der sich in ein unausweichliches Schicksal gefügt hat, auch wenn seine angebliche Abdankung zu rasch erfolgt, als dass man an sie glauben könnte. Allerdings nimmt diese angebliche Haltung des *Tlatoani* Überlegungen vorweg, die der Invasion einen Sinn geben und den Fall Tenochtitlans und die Besatzung Neuspaniens als Notwendigkeit erscheinen lassen.[25]

Nach ihrem Sieg werden aus den *teules*, als die die Invasoren zunächst gelten, schrittweise *tecuhtli*, Landesherren, manche sogar wider Willen: »Ganz dumme Spanier«, schreibt der Missionar Motolinía, »fühlten sich beleidigt. Empört beschwerten sie sich über uns mit der Behauptung, wir würden ihnen ihren Namen rauben, […], und merkten gar nicht, diese Armen, dass sie sich einen Namen anmaßten, der Gott allein zustand.«[26] Die Spanier hatten sich den von den Indios verliehenen Namen schließlich zu eigen gemacht und ihn zu *teules* hispanisiert. Dieser Sprachgebrauch hielt sich mehrere Jahre. Dann holten die kolonialen Verhältnisse Mexikos die Eroberer auf den Erdboden zurück.

Die Hölle, das sind die anderen

Die Eingeborenen der Neuen Welt seien Barbaren. Davon sind die Europäer so unerschütterlich überzeugt, wie es die Chinesen mit Blick auf die Portugiesen sind. Während die Chinesen im portugiesischen Sprachgebrauch nicht als »Wilde« oder »Barbaren« auftauchen, etikettieren die Spanier die indigenen Völker Amerikas mit solchen Bezeichnungen, um die angestrebte Herrschaft über sie zu rechtfertigen.

Seit der Antike bezeichnen Griechen, Römer, Christen, Europäer und schließlich die Bürger der westlichen Welt die anderen gewohnheitsmäßig als »Barbaren«. Ob die andere Sprache und Lebensgewohnheiten für die Griechen, ob die religiösen Unterschiede für die Christen, ob die technische, militärische und kulturelle Unterlegenheit für die Europäer in der Renaissance und der Aufklärung oder ob die angeblichen rassischen Unterschiede für die Europäer des 19. Jahrhunderts: Immer wieder riefen irgendwelche Unterschiede Diskriminierungen auf den Plan. Der Ausdruck »Barbar« wird so universell, dass er sogar auf Europäer passt, wenn es – mit Machiavelli – darum geht, Einfälle von Ausländern ins Vaterland zu geißeln.

Im Verlauf des 16. Jahrhunderts, im Zug der Globalisierung durch Spanier und Portugiesen, sahen sich die Europäer mit den Hochkulturen der Welt und mit zahllosen Volksgruppen konfrontiert, die noch lange Zeit als primitiv gelten sollten. In der Neuen Welt diente ihnen der Ausdruck »Barbaren« als Gegenbegriff zu *cristianos*,[27] als die sie sich allgemein selbst bezeichneten. Und diese Unterscheidung ging über das rein Sprachliche hinaus: Sie regelte vielmehr die Beziehung der Kolonialherren zu den Unterworfenen.

Um diese Beziehungen entspann sich bei den Spaniern in der ersten Hälfte des 16. Jahrhunderts eine Debatte, die Juristen wie Juan López de Palacios Rubios, Theologen wie Francisco de Vitoria, Humanisten wie Ginés de Sepúlveda und die gewaltige Figur des Dominikaners Bartolomé de Las Casas auf den Plan rief. Waren die Indios der Karibik als Barbaren von Natur aus zu Sklaven bestimmt? Was war mit Mexikos und Perus Indios, deren Städte, Handel, Kunsthandwerk und Kulte insgesamt auf ein zivilisiertes Verhalten hindeuteten, während abscheuliche Praktiken wie Menschenopfer, Kannibalismus und sogar Homosexualität eher für barbarische Zustände sprachen? Verharrten die Indios in einem kindlichen Zustand, weshalb sie erzogen werden mussten? Oder waren sie gar Untermenschen, *homunculi,* dazu bestimmt, den Zivilisierten zu dienen? Neben den Situationen, die dringend geregelt werden mussten, lieferte Amerikas Entdeckung breitgefächerten Stoff für Überlegungen wie die, dass der Begriff des Barbaren ungerechtfertigt oder zu ungenau sei, weshalb er anhand der Erfahrungen in der Neuen Welt neu justiert und verfeinert werden müsse. Wichtige Etappen in dieser Debatte waren die Verkündung der *Leyes de Burgos* (Gesetze von Burgos) 1512, mit denen erstmals die Rechte und Pflichten der Indios festgelegt wurden; die Entdeckung der – als solche anerkannten – Zivilisationen Mexikos 1517; die Lehren des Dominikaners Vitoria in Salamanca zwischen 1526 und 1539; die Kontroverse zwischen Las Casas und Sepúlveda 1550/51.

In all dem kamen die Chinesen nicht vor. Wenn sie in Las Casas' Schriften überhaupt auftauchten, so unter dem Namen, unter dem sie seit dem Altertum bekannt waren – als »Serer« –, und vor dem Hintergrund der dürftigen antiken Kenntnisse über sie.

Die Urbevölkerung benennen

Während sich die Chinesen wie die Indios darum bemühten, für die aufgetauchten Europäer Namen zu finden, standen diese vor demselben Problem. Der Ausdruck »Barbaren« fand bei den Spaniern keine einhellige Zustimmung, aber das spanische Wort *indios* – damals für »Inder« und erst später für »Indianer« oder »Indios« – wurde gleich zu Anfang ein für alle Mal festgelegt. Die Spanier, die die Urbevölkerung der Neuen Welt benannten, wähnten sich ganz in der Nähe Asiens und sollten erst sehr viel später erkennen, dass sie einen neuen Kontinent entdeckt hatten. So setzte sich *indios,* eigentlich »Inder«, durch, als gehörten die von Kolumbus entdeckten Völker zu jenem »Indien«, von dem schon bei den antiken Autoren die Rede gewesen war. Dabei hatten auch die alten Griechen diese Bezeichnung nicht selbst aufgebracht: Sie leitete sich vielmehr aus dem Altpersischen *Sindhi* für den Fluss Indus ab und gelangte vom Griechischen aus ins Lateinische.

Die Spanier führten also einen antiken Begriff, der nach wie vor die Anrainer des Indischen Ozeans bezeichnete, einer neuen Nutzung zu. Von der Existenz der *Chins* erfuhren sie dagegen über die Portugiesen, wobei aber deren Bezeichnung auf der Iberischen Halbinsel bereits verbreitet war, noch ehe die Portugiesen an der Küste des »Reichs unter dem Himmel« landeten. In der 1512 in Salamanca erschienenen *Conquista de las Indias de Persia* tauchen »Chins« auf, »die ein Volk nahe Malakka sind, Lederstiefel tragen und wie Christen weiß sind. Sie essen nicht mit Händen, sondern mit stark parfümierten Holzstäbchen.«[28] Dabei haben die portugiesischen Seeleute den Ausdruck *Chins* nur übernommen. Auch er geht aufs Persische zurück, das ihn seinerseits wahrscheinlich aus dem Sanskrit entlehnte. Mit anderen Worten: Wir bezeichnen die Einwohner des alten China und die Urbevölkerung der Neuen Welt bis heute mit Ausdrücken persischen Ursprungs, ohne dass uns dabei bewusst ist, dass wir sie der persischen Hochkultur verdanken. Und wie an anderer Stelle erwähnt, leitete sich der Begriff *Fo-lang,* mit dem die Chinesen die Portugiesen bezeichneten, aus *Frangi* und *Francs* ab und ist so ebenfalls dem Persischen zu verdanken.

Als Spanier und Indios, Portugiesen und Chinesen aufeinandertrafen und gegenseitig Bezeichnungen füreinander finden mussten, beschränkten sie sich dabei nicht nur darauf, ihre Gegenüber mit klischeehaften Ausdrücken zu belegen. Sie mussten vielmehr Begriffe finden, die vor Ort einleuchteten und alteingesessenen Völkern vertraut waren. So bemühten sich die Spanier, eine breit aufgestellte Terminologie mit dem Ziel zu übernehmen, die der jeweiligen sprachlichen, ethnischen und kulturellen Vielfalt Rechnung trug: Die Einwohner Mexiko-Tenochtitlans tauchen sogleich unter dem Namen Colhuas, »Indios aus Culua« auf, den sie den tributpflichtigen Volksgruppen des Tals von Mexiko verdankten.[29] So erkennt Cortés beispielsweise sehr bald, dass die »natürlichen Einwohner von Taxcaltecal« – die Tlaxcalteken – Erbfeinde der Azteken waren. Dies hindert die Konquistadoren freilich nicht daran, Anahuac in »Neuspanien« umzubenennen, wie Cortés in seinem zweiten Brief vom Oktober 1520 erläutert.[30]

Mit anderen Worten: Der Akt, die anderen zu bezeichnen, wird auf mehrere Arten durchdekliniert: durch Anleihen aus dem überlieferten Repertoire an vereinfachenden Gegenbegriffen – Barbaren/Christen oder Barbaren/Han –, durch den Rückgriff auf Wörter aus der Sprache der Bezeichneten – *Culua, Castilan* – oder durch Einführung einer neuen Kategorie – *teules,* Söhne des Buddha –, die auf die Benannten angewandt wird. Man unterwirft die jeweils anderen entweder einem Klischee oder setzt auf ethnographische Präzision und respektiert ihren eigenen Sprachgebrauch. Und wie zählebig solche begriffliche Festlegungen sind, zeigen die zahlreichen europäischen Sprachen, in denen die Bezeichnung für die Ureinwohner Amerikas – frz.: *Indiens,* engl.: *Indians,* span.: *Indios* – noch immer mit der für die Inder zusammenfällt, während beispielsweise das Deutsche zwischen »Indios« und »Indianer« auf der einen und »Inder« auf der anderen Seite unterscheidet. Ebenso gebrauchen wir »Azteken« – was kaum besser ist – für die Mexica aus Mexiko-Tenochtitlan. Nur das Wort »Barbar« ist unter dem Zwang der *political correctness* und des kulturellen Relativismus aus unserer wissenschaftlichen Sprache verschwunden.

Ebenso schliffen sich im Sprachgebrauch die aus dem Persischen stammenden Bezeichnungen »China« und »Chinesen« ein, während die Portugiesen vor Ort rasch mitbekamen, dass China mit »Königreich Dō«, beziehungsweise Than *(»was unbegrenzt ist«)* bezeichnet wurde, mit einem Namen, den das Land von den Japanern erhalten hatte.[31] Das gesamte Jahrhundert hindurch sollten Portugiesen und Spanier eine Diskussion darüber führen, wie die Einwohner des Reichs unter dem Himmel zu bezeichnen seien. Wie »Indios« setzte sich »Chinesen« durch. Außer Gebrauch kam lediglich der spanische Ausdruck *Indias occidentales* (»Westindien«), der in der englischen Bezeichnung *West Indies* – »Westindische Inseln« – für den Archipel in der Karibik allerdings fortlebt.

Die Eindringlinge benennen

Identifizieren heißt nicht nur, den Gelandeten eine geographische Herkunft und ein Wesen zuzuweisen, sondern auch Individuen zu bezeichnen, Gesichtern anhand vorgegebener Raster einen Namen und einen Titel zuzuordnen, die je nach Zivilisation und Land variieren. In den verschiedenen chinesischen Quellen – darunter im *Shilu* der Ming[32] – ist die Rede vom *kia-pi-tan-mo,* der die Mission angeführt habe. Dabei übertragen sie den Titel des *Capitão mor*[33], den Pires de Andrade innehatte, auf Tomé Pires und münzen ihn dabei zu dessen Eigennamen um – eine gängige Praxis in Südostasien. Der portugiesische Ausdruck *Capitão* für »Kapitän« oder »Hauptmann« wurde in der italienischen und der spanischen Entsprechung von mehreren Sprachen Indiens und des Malaiischen Archipels übernommen, ehe er ins Chinesische und weiter ins Japanische gelangte. Wen überrascht es da, dass die Nahuas bei Benennungen ebenso vorgehen? Wenn sie von Hernán Cortés reden, nennen sie ihn entsprechend *Capitán*, ein Ausdruck, der denn auch von den Informanten Bernardino de Sahagúns und bei den Verfassern der *Cantares,* der Indio-Lieder aus der Kolonialzeit, gebraucht wird.[34]

Dabei bleiben die Namen nicht immer stabil. Veränderungen in den chinesischen Quellen sprechen dafür, dass die Absichten und die Identität der Portugiesen problematisch gesehen wurden. So wird Tomé Pires, der zunächst *kia-pi-tan-mo* heißt, beim Kaiser in Nanking als *Huo-chê Ya-san* eingeführt[35] – ohne dass so recht klar wird, warum er jetzt einen neuen Namen trägt. Hat Pires sich selbst einen muslimisch klingenden Namen – wie Khôjja Asan – zugelegt, weil dieser chinesischen Ohren vertrauter klang? Auch die Indios scheuen nicht dafür zurück, die Namen der Spanier ihrer Sprache anzugleichen oder eigene Namen zu vergeben: So wird aus Rodrigo de Castañada, einem Gefährten Cortés', *Xicotencatl*,[36] während Pedro de Alvarado wegen seines dichten blonden Haupthaars den Namen *Tonatiuh*, »Sonne«, erhält. Zudem werden kastilischen Kämpfern – um ihre Tapferkeit zu würdigen – angesehene Titel verliehen.

Dagegen verlieren in Kanton die im Kerker gelandeten Portugiesen neben ihrer Freiheit auch ihre Namen und Titel: Tomé Pires wird zunächst als »großer Botschafter-Kapitän« bezeichnet, dann aber zum *kia-pi-tan-mo*[37], zum *Capitão mor*, herabgestuft, als seine Mission nicht mehr als Gesandtschaft gilt und die Gesandten ihren Status verlieren. Und die träge Bürokratie bezeichnet Cristóvão Vieira mit dem Namen des Notars Tristão da Pinha, dessen Position er einnimmt: »Wie schon in den Büchern der Mandarine geschrieben steht, nennen sie mich so.« Portugiesische Namen im Chinesischen wiederzugeben, ist schwierig. Vasco Calvo wird zu *Cellamen*: »Alle erhielten unpassende Namen, weil man die richtigen nicht schreiben konnte und die Chinesen keine schreibbaren Buchstaben besitzen. Ihre sind des Teufels.«[38] Kaum besser kommen die Spanier mit den Namen der Indios zurecht – mit dem Unterschied, dass in Kanton bei der Vergabe von Namen die Chinesen dominieren, während dies in der Neuen Welt die Spanier sind.

Kannibalische Indios und menschenfressende Portugiesen

Für die Chinesen sind die Portugiesen schlicht »Piraten«, denen man gerüchteweise Kannibalismus an kleinen Kindern nachgesagt. Damit wird ein schreckliches Bild verbreitet, dass auch eingedenk des Kulturschocks, den diese neu aufgetauchten »unzivilisierten Kreaturen« auslösen, ziemlich übertrieben erscheint.[39] Auch wenn diese Vorwürfe nicht ausdrücklich von offizieller Seite stammen, so wurden sie offenbar dazu eingesetzt, um die Bevölkerung von den beunruhigenden Besuchern fern zu halten. Angeblich raubten die Portugiesen Kinder und »verspeisten sie geröstet«.[40]

Die abscheuliche Beschuldigung ist auch in portugiesischen Quellen vermerkt, allerdings in geschönter Form, insofern der Kopist auf den Gedanken kam, das Wort »Kind« durch »Hund« zu ersetzen. Ausführlicher sind hier die chinesischen Dokumente. Die Eindringlinge sollen die Kinder gewohnheitsmäßig in Metallbehältern im Dampf schmachten lassen, ihnen bei lebendigem Leib die Haut abziehen und sie anschließend zubereiten.[41] In seinen *Décadas da Ásia* (»Dekaden von Asien«) gibt João de Barros diese Gerüchte wieder und versucht sich sogar an einer Erklärung: »Für Leute, die noch nie von uns hörten, waren wir der Angst und Schrecken des ganzen Orients. Derlei Dinge wurden gerne geglaubt, und wir glaubten dasselbe von ihnen und anderen fernen Nationen, von denen wir fast nichts wussten.«[42]

Wenn von Kannibalismus im 16. Jahrhundert die Rede ist, kommt einem unweigerlich die Neue Welt in den Sinn – dank Montaignes Werk und einer Vielzahl anderer Schriften, die kannibalische Praktiken schildern oder Gedanken über sie anstellen.[43] Der Vorwurf des Kannibalismus nimmt in dem exotischen Bild, das sich die Europäer von den neu entdeckten Völkern machen, einen entscheidenden Platz ein. Er rechtfertigt maßgeblich die Eroberung und bestimmt später auch die Kritik, die die europäische Gesellschaft im Rückblick an selbst übt. Ob sie angegriffen, verachtet oder verteidigt werden – »Ich glaube, es steckt mehr Barbarei darin, einen Menschen lebendig als tot zu verspeisen«,[44] so Montaigne –, die Indios liefern ständig Stoff für die Spekulationen der Europäer, die aus der Ferne über sie reden und ihnen alles Mögliche in den Mund legen. Von welcher Seite man sie auch betrachtet, sie stellen die Position ihrer Beobachter zu keinem Zeitpunkt infrage.

Dagegen stellt China nun alles auf den Kopf. Diesmal richtet sich die Anklage nicht gegen Volksgruppen in der Ferne oder in der Vergangenheit, sondern gegen die Europäer selbst.[45] So, wie die Portugiesen als Barbaren gelten, erscheinen sie auch als Genießer von Menschenfleisch. Ziehen die Chinesen etwa eine hämische Freude daraus, die Vorurteile, mit denen die Portugiesen an Land gingen, gegen sie selbst zu richten?[46] Allerdings entfallen bei den Europäern sämtliche mildernden Umstände: Weder die Religion noch Rituale oder eine Kriegsethik können ihr Verhalten rechtfertigen. Und soweit mir bekannt ist, gibt es auch keine chinesische Stimme, die mit diesem Schauermärchen aufgeräumt hätte.

Unsichtbare Portugiesen, exhibitionistische Kastilier

Diese Vorurteile und Gerüchte zeigen, dass die Herkunft der Fo-langki für die Chinesen für lange Zeit ein nebulöses Thema blieb. Damals wusste niemand, von welcher Region aus genau sie aufgebrochen waren. Kein früherer Schriftsteller hat je darüber berichtet. Und wie sie hier hergekommen waren, lag ebenso im Dunkeln.

Eine merkwürdige Schrift, deren einzelne Handlungsfäden Paul Pelliot in geduldiger Arbeit auseinandergedröselt hat, enthält einen Bericht, in dem verschiedene Gesandtschaften nach Peking, alle mit üblem Ausgang, durcheinandergebracht werden: Aus dem Gesandten Houo-tchö Ya-san (Khôjja Asan) wird ein Chinese, der für die Portugiesen arbeitet, oder sogar der portugiesischen Botschafter persönlich – gerade so, als nehme das kollektive Gedächtnis in China Verwechselungen von Personen und Fakten gerne in Kauf, solange es nur lohnt, sich mit dem betreffenden Ereignis auseinanderzusetzen! Aber es dürfte auch gewiss nicht leicht gewesen sein, die Neuankömmlinge zu identifizieren: Die Portugiesen lebten inmitten von Asiaten verschiedener Herkunft, waren mit Asiatinnen verheiratet, gaben sich häufig als asiatische, insbesondere siamesische Kaufleute aus und wurden auch so bezeichnet, falls man sie nicht gar für Chinesen hielt! Ihr diskretes Auftreten erleichterte die Kommunikation. Es stellte offenbar jedermann zufrieden und beugte Fragen vor, auf die es nur komplizierte Antworten gab und die schließlich eher unwichtig waren in einer Welt, in der vor allem der freie Handel und die Geldflüsse zählten. In dieser Globalisierung war ethnographische Genauigkeit überflüssig.

Dagegen erklären in Mexiko die Invasoren unablässig, wer sie seien und wer sie schicke. Sie betonen ihre Unterschiede und heischen die Aufmerksamkeit ihrer Gesprächspartner. Während die besiegten Portugiesen bald lernen werden, wo sie an der Küste – in abgelegenen Buchten, bewaldeten Landstrichen und provisorischen Häfen – untertauchen können, machen sich die Spanier in Mexiko daran, das Land nach dem Ebenbild des eigenen – zu einem erträumten Neuspanien – umzugestalten.

Die Macht der Kanonen

Wer hat nur die Fo-lang-ki gemacht? [...]
Ihr Donner erschreckt auf hundert Li Entfernung,
und bringt die Räuber um allen Mut [...].
Wer hat nur die Fo-lang-ki gemacht?

Wang Yangming[1]

Im Jahr 1519, im selben Jahr, als Cortés den Boden von Mexiko betritt, dichtet der chinesische Philosoph Wang Yangming diese dem Fürsten Lin Kien-su gewidmete Elegie. Heute gilt er als ein bedeutender Denker der Geschichte des Konfuzianismus. Vor allem durch sein Werk *Befragung des Großen Lernens* beherrscht er das geistige Leben im China des 16. Jahrhunderts.[2] Seine Gedanken über das »angeborene Wissen von Gut und Böse« und seine Auffassung über die Einheit von Wissen und Handeln haben ihn nicht davon abgehalten, eine politische Karriere zu machen und dem Kaiserreich im Kampf gegen das Räuberunwesen zu dienen. Dieser Philosoph hat unter anderem geschrieben: »Der Große betrachtet die Welt als eine einzige Familie und das Land als eine einzige Person, [...] alle Menschen auf der Welt sind Brüder. [...] Mit den zehntausend Dingen eins sein ...«[3] Er ist auch ein Mann der Tat, der im Namen des Kaisers Vergeltungsfeldzüge führte. Bei dieser Gelegenheit findet er in einer Elegie mit dem Titel *In Erinnerung an die Fo-lang-ki* preisende Worte für die geheimnisvollen Fo-lang-ki, die sich beim Einsatz gegen Räuber und Aufständische bestens bewährt hatten.[4] Der Philosoph, der beauftragt worden war, die Erhebung unter Führung des Prinzen Zhu Zhenhao niederzuschlagen, hatte die Hilfe des Fürsten Lin Kien-su angefordert. »Es war im siebten Monat, die Hitze lastete schwer auf dem Land und viele Menschen starben auf den Straßen an Hitzschlag. Der Fürst schickte zwei Diener mit Proviant auf den Weg. Sie waren trotz der Hitze bei Tag und Nacht unterwegs, nahmen Abkürzungen und legten mehr als dreitausend Li zurück, bis sie mir schließlich den Proviant überreichten.« Nach erfolgreichem Feldzug dankte er dem Fürsten Lin für die Idee, Kanonen nach dem Muster der Fo-lang-ki anfertigen zu lassen und ihm zusammen mit dem Proviant das Rezept zur Herstellung des Schießpulvers zu schicken.

Die Artillerie der Eindringlinge

Man kann sich nur schwer vorstellen, dass die Besiegten von Tenochtitlan solche Hymnen anstimmen könnten. Für die Niederlage der Azteken und ihrer Verbündeten wird gewöhnlich die Feuerkraft der Spanier verantwortlich gemacht. Auf beiden Seiten des Pazifiks hat in gänzlich verschiedenen Umständen die Kanone der Europäer den Ausschlag gegeben. Die Chinesen haben sie »Kanone der Franken« (*Fo-lang-ki*) genannt, die Nahua-Indianer hingegen die »Feuertrompete« *(tlequiquiztli)*. Die Hakenbüchse oder Arkebuse wurde zu *xiuhalcapoz*, die »Feuer-*Alcapoz*«, eine phonetische Umschrift des spanischen Wortes *arcabuz*. In der Nahuatl-Sprache bezeichnet *tlequiquiço* alles, was zum Schleudern eines Projektils dient: Arkebusen, Bombarden, Kanonen.[5] Obgleich die schwierige Handhabung dieser Feuerwaffen und der Mangel an Schießpulver und Munition ihren Einsatz auf dem Schlachtfeld erheblich eingeschränkt haben, muss doch festgestellt werden, dass sie die Schlagkraft der Europäer ganz wesentlich erhöht haben.

Erstaunlich bleibt, dass auch die Chinesen, die doch das Schießpulver und die Artillerie erfunden haben, sich vor den europäischen Kanonen fürchten. Hier sei an die Seeschlachten erinnert, die sich Chinesen und Portugiesen liefern und in denen die portugiesischen Schiffe mit ihren leichten Kanonen ihre Überlegenheit zeigen. »Die Portugiesen können im Krieg zu Lande nicht bestehen. Sie sind wie Fische: Sobald man sie aus dem Wasser zieht, sterben sie.«[6] Aber auf ihren Schiffen sind sie gefürchtete Gegner. Ein kaiserlicher Mandarin schreibt: »Die Fo-lang-ki sind grausame und verschlagene Leute. Ihre Waffen sind denen der anderen Fremden überlegen. Vor einigen Jahren sind sie in die Stadt Kanton eingedrungen und der Donner ihrer Kanonen hat die Erde erzittern lassen. […] Wenn wir ihnen jetzt erlauben, Handel zu treiben und bei uns ein und auszugehen, wird alles unvermeidlich in Krieg und Blutvergießen enden. Dann hätten die Leiden unseres Südens kein Ende.«[7] Die Kanone hat gezeigt, dass sie den Vorteil der Mobilität und hohen Feuerkraft sowohl im Delta des Perlflusses als auch in der Lagune von Mexiko ausspielen konnte.

Piraterie der Chinesen

Was tun angesichts der europäischen Kanonen? Unser portugiesischer Informant Cristóvão Vieira erklärt,[8] dass die Chinesen, die um die Überlegenheit der portugiesischen Waffen wussten, alles getan hätten, um hinter das Geheimnis zu kommen. Haben sie Abtrünnige aus dem Lager des Gegners für sich gewinnen können? Das scheint die von Vieira erzählte Anekdote nahezulegen. Im Jahr 1521 soll Pedro, ein chinesischer Christ, der gemeinsam mit seiner Frau auf dem Schiff des Diogo Calvo fuhr, die für die Portugiesen riskante Lage erkannt und sich zum Desertieren entschlossen haben. Er kehrte dorthin zurück, woher er stammte. Dort versteckte er sich so lange, bis ihm die Mandarine freies Geleit zusicherten, vorausgesetzt, er liefere ihnen Auskünfte über die Stärke der portugiesischen Truppen in Cochin und Malakka und verspreche, Schießpulver, Bombarden und Schiffe herzustellen. Die beiden Galeeren, die unter seiner Anleitung gebaut wurden, fielen nicht zur Zufriedenheit der Mandarine aus, denn sie fanden, dass zu viel Holz verbraucht wurde. Man sandte ihn deshalb nach Peking, um sich dort als Pyrotechniker zu beweisen. Als Belohnung erhielt er eine Leibrente. Vieira will erfahren haben, dass Pedro in der fernen Hauptstadt Kanonen fertigte.

Die chinesischen Quellen wissen noch mehr zu berichten, aber sie stimmen nicht mit der portugiesischen Darstellung des Sachverhalts überein.[9] Danach soll es einen Chinesen mit Namen Ho Jou gegeben haben, den der Kaiser ausgezeichnet hatte. Doch dieser Ho Jou hat eine andere Rolle inne, er wird nach Nanking, nicht nach Peking gesandt. »Ho Jou, der Stellvertreter in der Zollbehörde *(siun-kein)* von Paicha in der Unterpräfektur von Tong-Kouan hatte sich an Bord der Schiffe der Fo-lang-ki begeben, um Zoll zu erheben. Dort lernte er die Chinesen Yang San, Tai Ming und andere kennen, die schon lange unter den Fremden lebten und die Technik kannten, wie die Fremden Schiffe bauen, Kanonen gießen und Schießpulver herstellen. [Wang] Hong beauftragte Ho Jou, Männer auf die Schiffe zu schicken unter dem Vorwand, dort Wein und Reis zu verkaufen. Tatsächlich sollten sie sich aber heimlich mit Yang San und den anderen Chinesen treffen und sie überreden, wieder in die Zivilisation zurückzukehren.[10] Dafür versprach man ihnen eine hohe Belohnung. Yang San und seine Mitreisenden willigten ein. Noch in der gleichen Nacht kam ein Boot und brachte sie heimlich an Land. Ho Jou aber überprüfte genau, wie es mit ihrem Wissen [über die Herstellungstechniken] bestellt war. Dann hieß er sie, Kanonen gemäß dem Muster der Fremden herzustellen.«

Im Weiteren erfahren wir, wie Wang Hong im Jahr 1522 mithilfe dieser Geschütze die Portugiesen vertrieb. Bei der Gelegenheit sollen ihm über zwanzig große und kleine [portugiesische] Kanonen in die Hände gefallen sein. Wang Hong hielt große Stücke auf die Feuerkraft der europäischen Artillerie. Nachdem er Erster Minister geworden war, erklärte er: »Die Gefährlichkeit der Fo-lang-ki beruht einzig und allein auf ihren Kanonen und Schiffen. Keine andere Waffe seit dem Altertum ist den Kanonen an Vernichtungskraft überlegen. Könnte man sie zur Abwehr der Barbaren [des Nordens, das heißt der Mongolen] einsetzen, hätten die Wachtruppen an der Großen Mauer leichtes Spiel mit ihnen. Ich verlange, dass man je ein Modell an jede Landesgrenze schickt, um sie nachzubauen und sie dann gegen die Barbaren einzusetzen. Der Kaiser billigte den Vorschlag seines Ministers. Noch heute werden diese Kanonen oft an den Grenzen eingesetzt.«

Zweifellos haben die Chinesen die Auseinandersetzungen mit den Fremden genutzt, um sich die portugiesische Technik unrechtmäßig anzueignen, doch müssen die Kanonen *Fo-lang-ki* schon vor der Ankunft der Portugiesen im Reich der Mitte bekannt gewesen sein. Wie wir bereits gesehen haben, findet man schon 1519 in den Schriften Wang Yangmings Hinweise auf die Kanonen *Fo-lang-ki*. Wenn man zu dieser Zeit in Fujian diese Kanonen bereits kennt und nachbaut, dann müssen sich die Bewohner dieser Gegend schon mit der neuen Waffe vertraut gemacht haben. Eine Nachricht aus dem Jahr 1510 bestätigt diese Annahme. Ihr zufolge soll man in jenem Jahr mehr als hundert Kanonen *Fo-lang-ki* im Kampf gegen das Räuberunwesen in der Provinz eingesetzt haben. Die neuartigen Kanonen waren also schon vor der Ankunft der Fremden in China bekannt. Die Chinesen hätten also Kenntnis von den Maschinen *(ki)* bekommen, sie hätten sie »Maschinen der *Fo-lang* (*fo-lang-ki*)« genannt und einige Jahre darauf haben sie den Fremden dieselbe Bezeichnung gegeben unter Wahrung der letzten Silbe *ki.* Die Chinesen nennen die Leute aus Lissabon nach der Waffe, die sie verwenden.

Wie erklärt sich aber, dass die portugiesischen Kanonen vor den Portugiesen nach China gekommen sind? Die Wanderung der Wörter gibt uns dazu Hinweise. Es ist bekannt, dass um 1500 herum Babur, der Begründer des Mogulreichs, die Waffen der Portugiesen *Farangi* nennt. Dieses ursprünglich türkische Wort soll dann ins Telugu und darauf ins Malaiische gewandert sein. Daraus wird die Hypothese abgeleitet, dass die Malaien die ersten Kanonen nach China eingeführt haben, und zwar sogar schon vor der Eroberung Malakkas (1511).

Eine Kanone für das Jenseits

Wie haben die Azteken auf den Donner der Kanonen und Arkebusen reagiert? Der ohrenbetäubende Lärm, der Geruch des Schießpulvers und die schweren Zerstörungen haben die Geister der Zeitgenossen so nachhaltig beeindruckt, dass die Indianer von Neuspanien die Ereignisse der *Conquista* nie ohne Hinweis auf die Waffen der Eroberer schildern konnten. Der schriftliche Bericht, den die indianischen Zeitzeugen in der Mitte des 16. Jahrhunderts für den Franziskaner Bernardino de Sahagún anfertigten, enthält auch viele Bilder, auf denen Kanonen und Arkebusen, teils in Ruhe, teils in Aktion, zu sehen sind.[11] Andere Codices aus der Kolonialzeit weisen nachdrücklich auf die Feuerwaffen hin. Die Erinnerung an ihre verheerende Wirkung wird auch bei den großen Festen beschworen, wenn die Indianer in Tanz und Gesang die Tapferkeit ihrer Ahnen beim Einmarsch der Spanier vergegenwärtigten. Ihre Gesänge oder *Cantares* erzählten mit halluzinatorischer Eindringlichkeit von der Belagerung der Stadt Mexiko.[12] Die Feuerwaffen spielten bei dieser Beschwörung der Vergangenheit stets eine wichtige Rolle: »Und immer wieder erschallt der Donner aus der Arkebuse, und Rauchschwaden steigen[13] zum Himmel auf.«

Die Cantares schildern auch Episoden, in denen die Azteken des Jahres 1521 nicht mehr als Kanonenfutter erscheinen, sondern als mutige Krieger, die dem Eindringling ebenbürtig sind. Dies zeigt besonders ein Lied mit dem Titel *Tlaxcaltekisches Stück,* das den Kämpfen bei der Belagerung Mexikos gewidmet ist. Zum Klang der Trommeln tanzen sich die Krieger in Kampfekstase, ehe sie ihren traditionellen Feinden aus Tlaxcala und Huejotzingo, die nun mit den Spaniern verbündet sind, entgegentreten. Unter den erstaunten Blicken des Publikums, das sich aus Indianern, Mestizen und Spaniern zusammensetzt, erleben die aztekischen Fürsten ihre theatralische Auferstehung. Auftritt des großen aztekischen Anführers Motelchiuh, »der Adler, unser Bollwerk, der Jaguar, unsere Bastion«. Mit ihm beginnt der Angriff, auf den der zeitweilige Rückzug der Spanier folgt. »Als ihnen aber die Artillerie des Angreifers in die Hände gefallen ist, ruft Kaninchen, der Gott des Rausches: ›Tanzt, ihr Leute aus Tlaxcala! Tanzt, ihr Leute aus Huejotzingo!‹«[14] Für Motelchiuh und seine Gefolgsleute, die den Eroberer (*tepehuanime)* entwaffnet und vernichtet haben, beginnt, gleichfalls als Tanz, die Stunde der Danksagung.

Doch der Dank währt nur kurz, denn wenig später schildert das Lied die Ankunft der Spanier auf ihren Brigantinen. Mit ihnen Schiffen umzingeln sie die Tenochcas und Tlatelolcas, dann nehmen sie Cuauhtemoc gefangen und treiben die aztekischen Fürsten unter dem Donner der Kanonen und Arkebusen in die Flucht über den See. Mitte des 16. Jahrhunderts und mitten in Mexiko beschwören indianische Adlige im Gesang und im Tanz die dramatischen Ereignisse:

Donner, immer wieder Donner
schallt aus den Arkebusen
und Rauchschwaden steigen zum Himmel [...]
Und die Fürsten fliehen über das Wasser.
Die Tenochcas sind umzingelt,
und ebenso die Tlatelolocas.[15]

Dass dieser Cantar erbeutete Kanonen erwähnt, wird mit Blick auf das Buch XII des Florentiner Codex deutlicher.[16] Der mehr als dreißig Jahre nach den historischen Ereignissen verfasste Bericht stellt das bedeutendste Zeugnis der indianischen Bevölkerung über die Eroberung Mexikos dar, denn er wurde nach Aussagen von Überlebenden des Kampfes gegen die Spanier in Nahuatl-Sprache verfasst.

Die Chronik schildert ausführlich die verheerenden Wirkungen der spanischen Artillerie.[17] Vor allem die mit Kanonen bestückten Brigantinen, die auf der Lagune kreuzen, richten Verwüstungen an. Die Schützen nutzen die hohe Beweglichkeit der Schiffe und suchen sich ihre Ziele so aus, dass die Schäden möglichst groß sind und das Feuer sich auf ganze Stadtviertel ausbreitet. Dennoch verlieren die Belagerten nicht ihren Widerstandswillen. Sie lernen rasch, den Kugeln aus Arkebusen und Kanonen geschickt auszuweichen. »Die Azteken suchen vor der Artillerie Deckung, sie bewegen sich im Zickzack und wenn sie sehen, dass auf sie geschossen wird, kauern sie sich in die Boote.« Der Text in Nahuatl ist anschaulicher als die spanische Übersetzung des Franziskaners Sahagún: »Wenn sie sahen, dass gleich eine Kanone abgefeuert werden würde, warfen sie sich zu Boden und krallten sich in der Erde fest.«[18] Eine andere Taktik besteht darin, gefangene Spanier zu zwingen, auf ihre eigenen Landsleute zu schießen. Das gelingt freilich nicht immer. Ein Armbrustschütze, der sich weigert und nur in die Luft schießt, wird von den Azteken »mit großer Grausamkeit« niedergestreckt.[19] Aus dieser Episode erfährt man weniger über die Wut der Einheimischen als über ihre Unfähigkeit, sich der Waffen der Spanier zu bedienen.

Genau in diesem Punkt zeigt sich die Unterlegenheit der Azteken. Sahagúns Zeitzeugen berichten im Detail über einen Vorstoß der Spanier: »Sie schafften noch ein großes Geschütz herbei und griffen den Innenhof des Adlers an. Sie nahmen das Gebäude zum Ziel; der Geschützdonner und der Rauch erschreckten die Verteidiger und schlugen sie in die Flucht. [...] Sie brachten das Geschütz noch näher an den Innenhof des Tempels des Huitzilopochtli, wo sich ein runder Stein so groß wie ein Mühlstein befand.« Die Spanier mussten vor den frischen Truppen der Azteken, die mit Booten angelandet wurden, zurückweichen. Immer neue Krieger sprangen an Land und versperrten den Spaniern den Weg. Genau in diesem Augenblick bemächtigten sich die Einheimischen der Kanone der Spanier. »Sie haben sie mitgenommen und am Berg Tepetzinco an einer besonders tiefen Stelle namens Tetamaçulco, wo sich die Bäder befinden, ins Wasser geworfen.« Der Bericht in Nahuatl schildert den Zorn der Indianer, die die schwere Kanone vom Opferstein bis zum Wasser geschleppt hatten.[20]

Wie ist die Handlung der Azteken zu interpretieren? *Tamazolin* bedeutet in Nahuatl »Kröte« und *Tetamazolco* heißt dann so viel wie »steinerne Kröte«. Der Ortsname bezeichnete eine Anhöhe am Ufer der Lagune von Tetzcoco, wo die Barken anlegten, mit denen die Priester zum Strudel von Pantitlan gefahren wurden. Beim Fest von Etzalqualiztli zu

Ehren der Regengötter *(tlaloque)* besuchten die Priester die Gewässer von Pantitlan, um dort Menschenherzen zu opfern. »Das Wasser geriet daraufhin in Wallung und begann zu schäumen.« Nach der Rückkehr nach Tetamazolco nahmen die Priester ein rituelles Bad. Doch das ist noch nicht alles, was man über diesen heiligen Ort weiß.[21] Bei der Feier zu Ehren der Göttin Xilonen war es Brauch, eine Frau, die den Schmuck der Göttin trug, zu opfern. Es hieß, sie sei ihr Ebenbild. Vor ihrer Opferung veranlasste man die Frau, den »Vier Himmelsrichtungen« Weihrauch darzubringen. Tetamazolco gehörte zu den vier Punkten, an denen Opfergaben für die vier Zeichen der Jahreszählung dargebracht wurden: *acatl,* das Rohr; *técpatl,* der Feuerstein; *calli,* das Haus, und *tochtli,* das Kaninchen. Tetamazolco entsprach dem Osten, dem Acatl, der Farbe Rot und dem Männlichen. Es liegt nahe, den östlichen Ursprung des Teils mit der durch Tetamazolco markierten Himmelsrichtung zu verbinden, eben mit dem roten Osten.

Was war nun das Besondere an diesen Orten? Sie verkörperten vier Durchgangspunkte zwischen der Welt der Menschen und der Welt der Götter. Durch sie gingen die vier Säulen des Himmels oder die vier heiligen Bäume oder die vier *tlaloque*, die den Regen von den Enden der Welt herbeibrachten. Über diese Wege kamen die Götter auf die Erde; die göttlichen Wirkkräfte gingen von diesen Bäumen aus, ebenso das Feuer des Schicksals und der Zeit. »Diese Wege verbanden den Ort des Türkisblauen (den Himmel) mit dem Ort des Obsidian (der Unterwelt) und schufen in der Mitte statt des grünen Schmucksteins (die Erdoberfläche) die Zeit, den Wechsel, den Krieg der beiden Strömungen.«[22] Die aztekischen Priester haben sich also beeilt, die spanische Kanone in die jenseitige Welt zu befördern. Die Indianer haben nicht versucht, die Feuerwaffe zu kopieren oder sie sich anzueignen, sondern sich ihrer entledigt, indem sie sie zu einer Opfergabe machen, damit sie den Verteidigern von Mexiko nicht mehr schaden könne.

Eine antiquierte Technik

Ist dies der Ort, das Klischee von der technischen Überlegenheit der Europäer über die noch in der Jungsteinzeit lebenden Indianer anzubringen?

Die Zeugnisse der Einheimischen erinnern vielfach an eine andere Episode aus der Belagerung der Stadt Mexiko, nämlich die Geschichte von der Schleuder. »Damals hatten die Spanier auf einem flachen Gebäude ein hölzernes Katapult errichtet, um Steine auf die Indianer zu schleudern. Das Katapult war fertig installiert, die Spanier standen daneben, wiesen mit dem Finger darauf und gaben ihrer Bewunderung Ausdruck. Die einheimische Bevölkerung stand unten und schaute hinauf. Die Spanier richteten das Katapult auf den Gegner. Sie benutzten es wie eine Schleuder. Doch der Stein hat am Ende nicht die Bewohner getroffen, sondern ist nach hinten auf eine Ecke des Marktplatzes gefallen. Deswegen sind die Spanier offenbar in Streit geraten. Sie zeigten mit den Händen auf die Verteidiger. Die Aufregung war groß.« Der Augenzeugenbericht in Nahuatl gibt die Sicht der Indianer wieder. »Das Netz mit den Steinen *(quauhtematlatl)* hielt keine klare Richtung ein. Man brauchte viel Zeit für die Justierung. Dann konnten es alle sehen. Es war eine Schleuder mit einem sehr dicken Seil *(tomauac inmecalt)*. Wegen dieses Seils gab man ihr die Bezeichnung ›Schleuder aus Holz‹ *(quauhtematlatl)*.«[23]

Der Reinfall mit dem Katapult – *el trabuco* oder Schleuder –, das die Spanier gegen die Tlatelolcas aufgefahren haben, korrigiert das Bild, wonach die Indianer beim Anblick der spanischen Waffen unverzüglich in Ohnmacht und Panik verfallen wären. Sahagúns Zeitzeugen belegen auch, dass die Angst nicht nur auf Seiten der Indianer herrschte. Diese wussten ebenfalls Schrecken zu verbreiten. So ermuntert der *Cihuacoatl* (Ratgeber) Tlacotzin seine Leute, das Zeichen des Huitzilopochtli einzusetzen, eine lange Lanze mit einer Obsidianklinge an der Spitze, denn in ihr zeige sich der Wille Huitzilopochtlis, die Spanier mit der »Feuerschlange«, der »Feuerklinge« abzuschrecken.[24] Der »Nachtvogel des Quetzal« geht zum Angriff über. »Quetzals Flügel schienen sich zu öffnen. Als unsere Feinde [die Spanier] das sahen, war es, als stürze ein Berg zusammen. Alle Spanier wurden von Panik ergriffen; wie waren voller Furcht, als hätten sie im Zeichen des Gottes etwas anderes gesehen.« Dies änderte allerdings nichts daran, dass die Stadt schließlich in die Hände der Spanier und ihrer Verbündeten fiel.

Mit der Eroberung durch die Spanier machen die Indianer einen Sprung aus der Stein- und Bronzezeit in die Zeit des Eisens und des Stahls. Die Kluft ist enorm, aber sie wird rasch überwunden. Die Indianer holten erstaunlich rasch den technischen Rückschritt auf, der ihnen in erheblichem Maß die Niederlage eingebracht hat. Die Spanier führen die Schmiedetechnik in den Städten und auf dem Land ein. Das Eisen verdrängt das traditionelle Kupfer und die einheimischen Handwerker lernen den Umgang mit Hammer, Amboss und Blasebalg. Das Eisen wird *tliltic tepoztli,* »schwarzes Kupfer« genannt, der Stahl erhält die Bezeichnung *tlaquahuac tlitic tepoztli,* »schwarzes hartes Kupfer«.[25] Eine ganze Reihe von Wörtern entsteht zur Bezeichnung neuer Werkzeuge und Gegenstände des täglichen Lebens wie Äxte, Sägen, Nägel, Scheren, Eisendraht, Ketten, Ambosse, Hämmer und vieles mehr. In allen steckt die Wortwurzel *tepoztli,* Kupfer, da das Kupfer für die Indianer lange Zeit das Metall schlechthin war.

Die Benennung der Dinge

Man hätte meinen können, dass die Indianer zur Bezeichnung der Waffen der Sieger genauso vorgegangen wären, da die Zerstörungsmacht der Waffen im Wesentlichen in den neuen Metallen lag. Doch das ist nicht der Fall. Sie bildeten viele neue Wörter für die Waffen der Spanier gebildet, aber auf unerwartete Weise. Zur Bezeichnung des Begriffs Feuerwaffe ist die Wahl auf *tlequiquiztli,* »Feuertrompete«, gefallen. Das Wort scheint gleich zu Beginn der Eroberung entstanden zu sein und ist aus dem Bestandteil *tletl,* Feuer, und *quiquiztli,* Meeresschnecke oder Muschelhorn, zusammengesetzt. Letzteres ließen die Priester von den Tempeln herab erschallen. Die Nahua-Indianer sehen den ihnen unbekannten Gegenstand in einem rituellen Zusammenhang, denn Muschelhorn und Feuer spielen in vielen religiösen Zeremonien eine Rolle. Das Wort *tlequiquiztli* wird zum Ausgangspunkt einer ganzen Reihe von Wortneuschöpfungen, die alle um die Feuerwaffen kreisen. Für Schießpulver wird der Ausdruck »Erde für die Feuertrompete«, für die Arkebuse die Umschreibung »handbetriebene Feuertrompete« benutzt.[26] Für die Verben und Substantive meidet man die Bezeichnung des neuen Metalls, des Eisens, so als wolle man den prägenden ersten Eindruck, den des feuerspeienden Rohrs, bewahren.

Die Chinesen, die das Schießpulver schon seit langer Zeit kannten, verfügten über den Gegenstand und über das Wort: »Kanone« heißt *tch'ong*. Sie hatten daher keinen Grund, sich über die Waffe der Portugiesen zu wundern, sieht man von der verheerenden Wirkung ab. Nicht die Waffe an sich war das Problem, sondern ihre Herkunft. Die Chinesen haben sie *fo-lang-ki* (oder *chi*)[27], »Maschine der *Fo-lang*«, genannt. Das Schriftzeichen *Chi* meint den Begriff Maschine als Antriebsaggregat, kann aber auch Handhabe, Taktik, List bedeuten. *Fo-lang* bezeichnet die ausländische Herkunft, die portugiesische Kanone ist also die Maschine der *Fo-lang*. Diese Kennzeichnung unterscheidet den neuen Gegenstand von der traditionellen Kanone, erinnert aber zugleich daran, dass es sich um eine Entlehnung handelt, um eine geglückte Aneignung. Wie bereits erwähnt, tauchen zu Beginn des 16. Jahrhunderts portugiesische Kanonen zuerst in Indien auf, dann verbreiten sie sich in Südostasien und geraten schließlich den Chinesen in die Hände. Der Hinweis auf den fränkischen Ursprung, der dem Begriff angeheftet wird (*Frangi),* wird von Sprache zu Sprache weitergetragen. In China wird aber *Frangi* oder *Farangi*[28] nicht mit *Fou-lang* übersetzt, sondern mit *Fo-lang*. *Fo* aber bezeichnet den Buddha, der aus Indien, also in chinesischer Sicht aus dem Westen stammt. Die verheerenden Waffen kommen ebenfalls aus dem Westen. Nun stand noch aus, den Zusammenhang zwischen den Kanonen und den Eindringlingen festzustellen. Dies geschah nach der Niederlage der Portugiesen in der Seeschlacht von 1522: »Die kaiserliche Marine erbeutete Kanonen, die *Fo-lang-ki* genannt wurden.«[29] Mit anderen Worten, die europäischen Kanonen sind vor den Portugiesen ins Land gekommen und haben diese Bezeichnung erhalten. Die Portugiesen hat man nach ihren Kanonen benannt, *Fo-lang-ki*. Allerdings reicht ein Namen nicht aus, um die geographische Herkunft und die Identität der Fremden eindeutig zu bestimmen. Wir werden uns im folgenden Kapitel mit dieser Frage noch beschäftigen.

Die Azteken wie die Chinesen sehen zwar in der schlagkräftigen Artillerie der Europäer einen Grund für deren siegreiches Vordringen, aber die Reaktion fällt ganz unterschiedlich aus. In Mexiko stellen die Einheimischen sogleich eine Verbindung her zum Muschelhorn und zur Trompete, während in China die Fachleute von einer Maschine sprechen. Es wäre leicht, hier das archaische Denken der Indios, das durch Bild und Ritual geprägt ist, von der Modernität der Chinesen abzusetzen, die selbst über Maschinen und innovative Technik verfügen. So einfach ist es freilich nicht, denn beide Interpretationen, die aztekische wie die chinesische, gehen von der Vorstellung eines Apparates aus, der einen markerschütternden Hall erzeugt. Von einer Maschine reden aber nur die Spanier und die Chinesen. Die Azteken haben keine Kanonen, sie kennen weder das Rad noch den Wagen noch das Segelschiff. Davon einmal abgesehen, geben die Maschinen und Werkzeuge den Anstoß zu umfangreichen Wortschöpfungen bei den Eroberten, mit denen sie auf die neue Ordnung der Dinge reagieren.[30] Welten miteinander verbinden, dazu braucht es zuerst die passenden Wörter für die Dinge. Wer sie benennen kann, hat sie schon bei der Hand, auch wenn er sie sich noch nicht angeeignet hat.

Kulturen – opak oder transparent?

> Euer Vasall und andere hatten Gelegenheit, sich mit ihnen [den Portugiesen] zu unterhalten und sie fanden diese Menschen sehr offen.
>
> *Lichao Shilu,* koreanische Quelle

> Wir sind bestrebt, die Fremden in Ehren zu halten.
>
> Kaiser Zhengde in Yu Ruji, *Libu Zhighao,* 1620

Konnten sich Chinesen, Portugiesen, Spanier und Indianer auf Anhieb miteinander verständigen oder waren die Welten, die hier aufeinandertrafen, so undurchdringlich, dass die Europäer größte Mühe hatten, mit der Bevölkerung der Gegenden, in denen sie landeten, Beziehungen aufzubauen? Für den Augenblick der Kontaktaufnahme stellt sich die Frage, welche Kluft die Gesellschaften trennt oder welche Nähe zwischen ihnen möglich ist. Und diese Fragen sind für die Spanier und Portugiesen genauso relevant wie für die Chinesen oder die indianischen Bewohner Alt-Mexikos.[1]

Die Erfahrung der Portugiesen und Spanier

Die europäischen Eindringlinge scheinen keine Schwierigkeiten zu haben, mit ihren asiatischen oder mittelamerikanischen Gastgebern zu kommunizieren. Was wir hier unter Kommunikation verstehen – ein Kontakt, der sich durch Improvisation, Anpassung, Pannen und nur ungefähre Richtigkeit im Ausdruck charakterisiert –, hat wenig mit der intellektuellen Auseinandersetzung zu tun, die später in allen Fällen zu dem Ergebnis gelangen wird, dass die Kulturen unvereinbar sind. Die Europäer und ihre Partner klopfen sich nicht auf ihre Denkgewohnheiten ab, sondern ihnen geht es beim Austausch mit den Einheimischen ständig darum, sich auf die aktuelle Situation einzustellen und ihr Überleben zu sichern.

Die Anstrengung wird selbstverständlich in erster Linie von den Ankömmlingen gefordert, die von China oder dem alten Mexiko nichts wissen. Umso mehr erstaunt die Selbstsicherheit, mit der die Europäer an fremden Küsten landen, sich niederlassen, Handel treiben, auf Kundschaft gehen und sich mit dem Land vertraut machen. Die Portugiesen der Gesandtschaft des Tomé Pirés und die Spanier des Cortés erwecken den Eindruck, sich wie Fische im Wasser zu bewegen. Wenn nötig, geben sie auch ihrer Überraschung Ausdruck, sei es über Landschaften oder Situationen, in die sie geraten, aber nur sehr selten sieht man sie fassungslos oder desorientiert. Ist der erste Augenblick der Verblüffung vor etwas Unvorhersehbarem verflogen, fassen sie sich rasch, indem sie das Neue auf das Bekannte oder schon einmal Erlebte zurückführen. Die schiere Größe von Städten wie Mexiko oder Kanton mag erstaunen, aber der Vergleich mit vertrauten Städten wie Lissabon, Venedig oder Granada stellt sich sofort ein. Überwältigen lassen sich die Europäer durch das Fremde nicht.

Man kann sich des Eindrucks nicht erwehren, dass die Opazität der Kulturen im Kontakt, die für uns Heutige evident ist, für die damaligen Menschen nicht unbedingt ein Hindernis darstellte. Auf jeden Fall war sie nicht das Hauptproblem. Vollständige Kenntnis des Anderen ist nie Voraussetzung für Kommunikation gewesen. Es genügt, so viel zu wissen, dass man die gesetzten Ziele erreicht. Die Beteiligten haben weder Lust noch Interesse, den Anderen ethnologisch zu erforschen, was ja auch ein Anachronismus wäre. Daher bleibt es bei den Ungewissheiten der Chinesen über die Portugiesen, bei den holzschnittartigen Urteilen der Spanier über die Indianer, bei allen möglichen Klischees (Götter, Barbaren, Banditen …), die eine grobe Orientierung bieten, um die jeweilige Rolle zu skizzieren und den Rahmen für die Begegnungen zu setzen.

Die Protagonisten des Dramas der Begegnungen waren keine Dilettanten. Zwar war Tomé Pires »keine herausragende Persönlichkeit, sondern nur Apotheker«, wie João de Barros schreibt, »aber in diesem Beruf machte ihm keiner etwas vor; er fragte und forschte, bis er den Dingen auf den Grund gekommen war und obendrein besaß er für alles ein reges geistiges Interesse.«[2] Und Tomé Pires ist kein Einzelfall. In Malakka scheinen sich die Portugiesen vom ersten Augenblick an mit den chinesischen Händlern verstanden zu haben. Der Gouverneur Afonso de Albuquerque hatte Gelegenheit, die Männer, die im großen Hafen ein und aus gingen, kennen und schätzen zu lernen, und sparte nicht mit mit Lob für sie. Der Chronist João de Barros berichtet, der Gouverneur habe im Umgang mit ihnen gemerkt, dass es sich um edel gesinnte, zivilisierte Personen handele, die sich auf vielen Wissensgebieten auskennen und keineswegs die ungehobelten Sitten der anderen Völker in Indien zeigten.«[3] Das Verhältnis zu den Chinesen wird also als ungewöhnlich gut bezeichnet und dieser Eindruck ist auch noch vierzig Jahre später, zum Zeitpunkt, da Barros seine Chronik veröffentlicht, unverändert.

Auch Cortés scheint bei seinen Erkundungen auf aztekischem Territorium nicht auf größere Hindernisse gestoßen zu sein, ja man kommt zu dem Schluss, dass es eher seine Landsleute, die Schergen des Gouverneurs von Kuba oder sogar einige seiner eigenen Gefährten waren, die ihm Steine in den Weg legen. Das Studium der Quellen lädt nicht zu Mutmaßungen ein über eine fehlende Kommunikationsgrundlage der Welten bei ihrem ersten Zusammentreffen. Das heißt nicht, dass zwischen den Menschen und den Gesellschaften keine Differenzen bestehen, aber in erster Linie bemüht man sich, halbwegs stabile Brücken zu schlagen und Kontakte zu knüpfen, um die friedliche Koexistenz und den Austausch zu fördern. Es gab Situationen, in denen die Europäer glaubten zu verstehen, was sich vor ihren Augen abspielte, obwohl sie tatsächlich die Erklärungen, die man ihnen dazu gegeben hatte, falsch interpretierten oder verzerrten. Doch solche Fehldeutungen, Fehlschlüsse oder Irrtümer bilden die Grundlage, ja manchmal sogar den Antrieb der Beziehungen, die Menschen untereinander knüpfen.

Für die Spanier und Portugiesen sind Mexiko und China Kulturen, zu denen ein Zugang möglich ist, wenn man sich ihnen indirekt nähert (was Tomé Pires in seiner *Suma oriental* versucht hat) oder vor Ort improvisiert, und sei es anfangs auch durch Vergleiche mit Bekanntem (der Islam in Granada), damit das überwältigend Neue nicht gar so verstörend wirkt (was Hernán Cortés tut, wenn er Mexiko als ein Land sieht und beschreibt, in dem sich allerorts Moscheen erheben). Die Europäer sind sich ganz gewiss, dass sie das Wesentliche verstehen, nur deshalb arbeiten sie an Plänen zu Eroberung und Kolonisation. Man mache sich nur klar, wie Cortés systematisch Informationen sammelt und auswertet, ehe er das Wesentliche (was oft dem entspricht, was *politically correct* ist) für seine Briefe in die Heimat zusammenfasst. Malinche ist nicht seine einzige Informantin. Cortés versteht sich meisterlich darauf, aus seinen Verbündeten und Geiseln – das ist der Fall bei Moctezuma und den einheimischen Fürsten – verlässliche Informanten zu machen. Als die Azteken versuchen, die Spanier in die Falle von Cholula zu locken, durchschauen die Tlaxcalteken die Situation und teilen dies Cortés zu seiner Rettung mit. »Die Bürger dieser Stadt haben mich gewarnt, dass es sich um eine Falle handele.«[4] Tomé Pires schöpft ebenfalls seine Quellen aus und beweist mit der *Suma oriental*, dass er wie Cortés in der Lage ist, das Wesentliche zu extrahieren. Für seine Gesamtschau werden sich viele europäische Experten interessieren, sobald sein Werk ins Italienische übersetzt und von dem Venezianer Ramusio verbreitet wird.

Beide Unternehmungen haben sich die Diplomatie zunutze gemacht. Tomé Pires hat ganz offiziell und von Anfang bis Ende als Diplomat gehandelt, während Cortés dies aus taktischen Gründen zu bestimmten Gelegenheiten getan hat. Im Lauf des 15. Jahrhunderts, also gerade vor der Epoche, die uns hier interessiert, haben die Europäer die Regeln des diplomatischen Umgangs entwickelt, bestimmte Formeln präzisiert und ein stärkeres Bewusstsein der Unterschiede in Konzeption und Stil zwischen sich und ihren Nachbarn entwickelt.[5] Die Diplomatie, die die lateinischen Staaten für den Umgang untereinander und mit den islamischen Gesellschaften entwickelt haben, erleichtert auch die Vernetzung der Erdteile. Selbstverständlich verfügen die Portugiesen dank ihrer Präsenz in Afrika und Asien über Erfahrung im Umgang mit außereuropäischen Mächten. Doch die Spanier stehen ihnen darin nicht nach. Der Krieg mit dem islamischen Granada bringt ihnen auch die Konfrontation mit den Herren des Maghreb und den Mamelucken Ägyptens. Außerdem hat der kastilische Königshof schon zu Beginn des 15. Jahrhunderts eine Gesandtschaft zu Tamerlan geschickt. Der Erfolg dieser Mission bestand nicht so sehr in diplomatischen Kontakten als vielmehr in dem hochinformativen Bericht, den die Gesandten des Königs Heinrich III. von ihrer Reise mitbrachten. Ihre Beobachtungsgabe steht derjenigen der italienischen Botschafter im Zeitalter der Renaissance in nichts nach.[6]

Die Beispiele von Pires und Cortés zeigen, dass es bereits gewisse Regeln gegeben hat und dass diese nicht unbedingt mit denjenigen in den Gastländern übereinstimmen. In den Augen der Portugiesen scheinen die Chinesen vor allem auf die Einhaltung der Formen größten Wert zu legen: »In diesem Punkt waren sie sehr empfindlich.«[7] Die Europäer bemühten sich, auf diesem Gebiet zu lernen und sich anzupassen, auch wenn falsche Töne unvermeidlich waren, zumal weder Pires noch Cortés eine diplomatische Ausbildung besaßen. Der Portugiese hatte die Gelegenheit, mit Vertretern ausländischer Mächte zu verhandeln, aber dabei drehte es sich lediglich um Handelsangelegenheiten.

Aus dem Geist der Diplomatie erklärt sich auch der Sinn der Geschenke, die Cortés einsammelt, ausführlich in seinem ersten Brief beschreibt und dann an Kaiser Karl V. schickt. Die Jaguare aus Mexiko hatten eigentlich den Löwen und Leoparden Gesellschaft leisten sollen, die die Fürsten des Maghreb den Spaniern zum Geschenk gemacht hatten. Allerdings vertrugen sie die lange Schiffsreise nicht und kamen in einem schlechten Zustand in Europa an. Der Eroberer vermeldet auch stolz die Geschenke für Moctezuma: eine Schale aus Muranoglas, ein Perlencollier und »Glasdiamanten«,[8] ferner samtene Kleidungsstücke, auch wenn sie nicht aus der Garderobe des Kaisers, sondern aus dem Besitz des Kapitäns stammen. Man muss großzügige Geschenke machen, auch wenn vieles improvisiert ist, um sich damit der Geschenke der anderen würdig zu erweisen.

Aus der Diplomatie erklärt sich auch die große Bedeutung der Audienzen und Empfänge. Cortés in Mexiko erweist man diese Würde, während Pires in Peking in Quarantäne gehalten wird und sich dann in Nanking mit einer Privataudienz begnügen muss. Im 15. Jahrhundert lernen die Botschafter, sich an die Sitten und Gebräuche des Landes anzupassen. So verfährt Pires, den allerdings die Vorstellung, einen Kotau vor dem chinesischen Kaiser zu vollführen, abgeschreckt hat, und sogar Cortés, denn die indianischen Maler des florentinischen Codex bilden ihn im Federschmuck ab, den ihm Moctezuma geschickt hat. »Sie haben den Schmuck geholt und dem Kapitän Hernán Cortés angelegt. Zuerst haben sie ihm Krone und Maske gereicht, dann haben sie ihm die Halsbänder und den Goldschmuck angelegt und zum Schluss den oben erwähnten Schild über den linken Arm gestreift.«[9]

Der Schriftverkehr spielt eine immer größere Rolle im 15. Jahrhundert, nicht nur zwischen den christlichen Staaten, sondern auch mit der islamischen Welt. Zwischen Portugal und China stellt er sich wie selbstverständlich ein. Wir haben schon auf die Briefe hingewiesen, die Pires übergeben soll. Man könnte einwenden, dass dieser Kommunikationskanal im aztekischen Mexiko wegfällt, da es hier keine alphabetische oder ideo- bzw. logographische Schrift gibt. Das stimmt aber nicht ganz. Cortés ruht nicht eher, bis er einen Austausch erreicht hat und versichert gegenüber dem Kaiser, dass die Verträge, die mit den indianischen Oberhäuptern abgeschlossen wurden, alle die Schriftform erfüllen.

Die Diplomatie befördert den Frieden oder den Krieg. Man kann das spanische *requerimiento,* mit dem die Indio-Völker aufgefordert werden, die Oberhoheit des Kaisers anzuerkennen, als diplomatisches Mittel ansehen, Blutvergießen zu vermeiden, aber andererseits lässt es für die Betroffenen nur einen Ausgang. In ähnlicher Weise führt der unbeugsame Wille der chinesischen Behörden, nur mit solchen Staaten zu verhandeln, die den chinesischen Kaiser als obersten Machthaber anerkennen, zum selben Ergebnis: Der Ersuchende muss sich unterwerfen. Eine solche Haltung erlaubt keine auf Gleichheit und Gegenseitigkeit beruhende Beziehung. In jedem Fall müssen die Vertreter der sich gegenüberstehenden Mächte einen Gesichtsverlust ihres obersten Herrn vermeiden. Cortés spricht immer wieder nachdrücklich von der Größe Karls V., obwohl dieser für die Azteken ein völliger Unbekannter ist. Pires kann jede Forderung akzeptieren, außer dass sich sein König zum Vasallen des Kaisers von China macht. Zwar verfügt er über einen gewissen Spielraum, ist aber an die Weisungen gebunden, die er als Gesandter erhalten hat. So darf die Rückgabe Malakkas nicht Gegenstand der Verhandlungen sein.

Waren die Beziehungen im Mittelmeerraum zwischen Christen und Muslimen denn einfacher? Damit es dort zu einem Austausch kam, mussten sich beide Seiten die »Lücken« im juristischen System zunutze mache.[10] Cortés, der übrigens über kein offizielles Mandat verfügte, hat sein Vorgehen so gut getarnt, dass schwer zu rekonstruieren ist, inwieweit er tatsächlich seine Gastgeber darüber aufgeklärt hat, was eine Vasallenpflicht gegenüber Karl V. bedeutet. Wenn er also auf diplomatische Formen solchen Wert legt, dann ist das ein Beleg für die gewachsene Bedeutung der Diplomatie im 16. Jahrhundert. Cortés stellt sich Moctezuma als der Botschafter seines Kaisers vor und nutzt dies, zumindest einige Monate lang für die Immunität seiner Gefährten und seiner Verbündeten zu sorgen.

Die Dolmetscher

Die Sprachbarriere, an der jede weitere Annäherung hätte scheitern können, wird rasch von Dolmetschern überwunden, die das Begehren der Europäer und die Reaktionen der Einheimischen der jeweils anderen Seite vermitteln. Bei ihrer ersten Expedition im Jahr 1517 sind die Spanier noch auf sich selbst gestellt. Bei der zweiten begleiten sie zwei Maya-Indios, Melchorejo und Juliano, vom Kap Catoche, und sie stoßen auf eine Einheimische, die die Sprache von Jamaika spricht, die wiederum mit der Sprache Kubas verwandt ist. Letztere verstehen die Konquistadoren. Im Verlauf der Expedition nehmen sie eine weitere Einheimische in ihre Dienste und machen sie zur Dolmetscherin für das Nahuatl. Die Verständigung geschieht aber immer noch viel »durch Zeichen«.[11] Erst bei der dritten Expedition verfügen die angehenden Eroberer über kompetente Dolmetscher, die die Kluft zwischen den beiden Welten zu überbrücken helfen. Es ist wieder eine einheimische Frau, Malinche, und ein Spanier namens Jerónimo de Aguilar. Malinche übersetzt das Nahuatl der Indianer in die Sprache der Maya, Jerónimo de Aguilar ist für die Übersetzung aus der Maya-Sprache zuständig, bis Malinche das Spanische so gut beherrscht, dass der Umweg nicht mehr nötig ist und die Verständigung rascher vonstatten gehen kann.

In China ist es so, dass Pires über Kontakte und ein Wissen verfügt, das er sich in ganz Asien erworben hat. Bei der Abreise von Malakka nach China hat die portugiesische Gesandtschaft mehrere Dolmetscher, vermutlich Chinesen oder *jurabaças,* bei sich. In Kanton haben die Portugiesen Zeit genug, sich weiteres Wissen anzueignen, ehe sie ins ferne Peking aufbrechen. In den langen Monaten des Wartens in Kanton lernen sie schon die ersten Brocken Chinesisch und machen sich mit den Sitten und Gebräuchen bei Verhandlungen mit der kaiserlichen Verwaltung vertraut.

Spanier und Portugiesen greifen in Asien und Amerika auf einheimische Dolmetscher oder Europäer zurück, die auf die andere Seite gewechselt sind. In Mexiko scheint es keine ausgebildeten Dolmetscher gegeben zu haben. Vorstellbar wäre immerhin, dass die *Pochtecas*, die Wanderhändler, vor Ort über Vermittler verfügten, die ihnen bei den Handelsgeschäften halfen. Auf jeden Fall mussten die Mexica, wenn sie sich mit den Europäern verständigen wollten, auf Einheimische zurückgreifen, die bei den Spaniern das Dolmetschen gelernt hatten. In Yucatán gab es den besonderen Fall des Jerónimo de Aguilar, der Schiffbruch erlitten und bei den Maya in Gefangenschaft deren Sprache erworben hatte. Dies ist jedoch nicht zu vergleichen mit der Berufsgruppe der Dolmetscher in Asien, die sich im Gefolge einer langen Tradition des Austausches zwischen China und Südostasien gebildet hat. Der Andalusier Aguilar und die Indianerin Malinche sind dagegen Dolmetscher aus Gelegenheit.

In Asien wie in Amerika sind die Dolmetscher und Übersetzer die ersten Vermittler, auf deren Schultern zunächst der Großteil der Kommunikation ruht. Dabei kommt es auch zu Zweideutigkeiten und Missverständnissen. Kehren wir zu der Affäre um die Briefe zurück, die Tomé Pires zu überbringen hatte. Wie bereits erwähnt, wird der Portugiese mit drei Briefen am chinesischen Kaiserhof vorstellig: Der eine ist versiegelt und kommt von König Manuel; der zweite stammt aus der Feder von Fernão Pires de Andrade, dem militärischen Befehlshaber der Expedition, und dieser Brief wurde von Übersetzern ins Chinesische übertragen; der dritte schließlich stammt von den »Gouverneuren von Kanton«. Der erste Brief enthält nun das genaue Gegenteil von dem, was im zweiten steht. In diesem nämlich haben die Übersetzer die Worte des Befehlshabers gemäß der chinesischen Sitte wiedergegeben, nämlich derart, dass der König von Portugal als ergebener Vasall des »Sohnes des Himmels, des Herrschers der Welt« erscheint. Davon stand nichts im Brief Manuels, denn bei aller diplomatischer Höflichkeit enthielt dieses königliche Schreiben keine Ergebenheitsadresse. Das chinesische Ministerium verlangt sogleich eine Erklärung. Der Zorn der Portugiesen, der sich zunächst gegen die Übersetzer richtet, verschärft die Situation noch. Die Verwirrung endet damit, dass die Gesandtschaft aus Peking ausgewiesen wird. Man könnte alles auf einen Übersetzungsfehler schieben und die Frage der Nichtkommunizierbarkeit aufwerfen. Eine chinesische Quelle, die *Wahrhafte Chronik des Kaisers Wuzong*,[12] scheint dies nahezulegen: »Was die Barbaren treiben, ist widersprüchlich und gibt uns Anlass zur Beunruhigung.« Wir deuten dies eher in dem Sinn, dass die Chinesen ein tatsächlich widersprüchliches Verhalten auf portugiesischer Seite wahrnehmen. Für die chinesischen Behörden ist das ein Grund für wachsendes Misstrauen.

Genau besehen, hängt der Unmut, den die Übersetzer auf sich ziehen, nicht mit einer Übersetzungsschwierigkeit oder einem Übersetzungsfehler zusammen. Vielmehr ist der kritische Punkt das interkulturelle Verständnis, das die Übersetzer geleistet haben, wenngleich dies in den Augen der Portugiesen politisch nicht korrekt war. Die Übersetzer haben darüber selbst Auskunft gegeben. Wie hätten sie König Manuels Brief auch getreu übertragen sollen? Sie hatten keinen Zugang zu ihm (der Brief war verschlossen und versiegelt), über seinen Inhalt konnten sie nur spekulieren. Warum hätten sie unter diesen Umständen die Worte der Portugiesen nicht in die Formen gießen sollen, die nach den Sitten und Gebräuchen des chinesischen Kaiserhofes – »nach dem Brauch in China, [...] nach der Landessitte«[13] – die einzig akzeptablen waren? Eine andere Lösung gab es für sie nicht. Die Übersetzer haben sich also nicht über den Sinn eines Brief, deren Inhalt sie nicht kennen konnten, getäuscht, sondern ihr Verhalten entspringt dem Willen, eine Botschaft für chinesische Verhältnisse verständlich zu machen, selbst wenn dies dem Geist der portugiesischen Verhandlungsführung zuwiderlief. Für die Portugiesen hatten die Übersetzer keinen Anlass und kein Recht, aus dem König von Portugal einen Vasallen des Kaisers von China zu machen.

Zu dem unglücklichen Umstand, dass der Kaiser starb, gesellte sich nun noch ein schrecklicher diplomatischer Fauxpas. Die an sich schon misstrauischen chinesischen Behörden schauten argwöhnisch auf diese Ausländer, die sich den althergebrachten Sitten verweigerten und obendrein noch einen auf Chinesisch abgefassten Brief überreichten, mit dessen Inhalt sie plötzlich nicht einverstanden waren. Daraufhin verliert die Gesandtschaft Tomé Pires' ihren Status, sie ist genauso »falsch« wie der Brief. Die Portugiesen werden der Hochstapelei und der Täuschung geziehen. »Alle hatten den Eindruck, dass wir uns die Einreise nach China erschlichen hätten, um das Land auszuspionieren. Dass in den beiden Briefen Unterschiedliches stand, wurde uns als Täuschung ausgelegt.«[14] Der Brief des Königs Manuel wird verbrannt. Die neue Verwaltung weist die Ausländer aus, diese verlieren ihren diplomatischen Status, bleiben in Kanton in Haft und werden der Spionage angeklagt.

Die von den Portugiesen offiziell vertretene Auffassung setzt Pires' Gesandtschaft in den Augen der Chinesen in ein zweifelhaftes Licht. Dabei hätte Pires schon bevor er den Fuß auf chinesischen Boden setzt, eigentlich wissen müssen, wie pedantisch die Chinesen die Hofetikette auslegen und welche engen Grenzen ihre Diplomatie den Beziehungen zum Ausland zieht. Pires hat offenbar die fest verwurzelten Machtansprüche des Kaiserhofes unterschätzt. Hinzu kommt, dass in China die Übersetzer generell unter dem Verdacht stehen, mit den Ausländern unter einer Decke zu stecken. Das harte Vorgehen gegen Pires und seine Männer ist durchaus kein Einzelfall. Die als Vermittler auftretenden Diaspora-Chinesen werden von der kaiserlichen Verwaltung nicht gern gesehen, man wirft ihnen vor, zugunsten ihrer Arbeitgeber Spionage zu betreiben und gegen die Gesetze zu verstoßen, die das Land vor Gefahren aus dem Ausland schützen. In Mexiko fällt das Schicksal der Dolmetscher ganz unterschiedlich aus, je nachdem wie die Machtverhältnisse liegen. Die einen sind es leid, von den Spaniern manipuliert zu werden, und flüchten zurück in die Welt der einheimischen Indios. Andere, die in der Gewissheit leben, auf Seiten der Mächtigen zu stehen, machen sich für ihre neuen Herren unverzichtbar wie etwa Malinche, die sich ganz in den Dienst des Hernán Cortés stellt. In Mexiko und in Asien spielen die Frauen als Dolmetscherinnen und Partnerinnen eine nicht zu unterschätzende Rolle, auch wenn die Quellen in diesem Punkt nur sehr zurückhaltend Auskunft geben.

Wie mit der Andersartigkeit umgehen?

In Mexiko haben Spanier und Indios nicht dieselbe Auffassung von den Unterschieden, die sie trennen. Die Unterscheidung in Europäer und Indios ergibt nur für uns einen Sinn. Die Eindringlinge, die ihr Selbstverständnis aus dem Unterschied zu den Muslimen von Granada oder den Eingeborenen der Karibik beziehen, treten den Mexica als Spanier oder Christen gegenüber.

Für die einheimischen Bewohner Mittelamerikas liegen die Dinge ganz anders. Die Spanier müssen ihrer Ansicht nach aus einem Stadtstaat, einem *altepetl*, stammen. Sie werden daher nicht als Menschen aus einem anderen Land, von einem anderen Kontinent oder mit einer ganz anderen Religion wahrgenommen. Im Übrigen verstehen sich die Einheimischen nur sehr selten als »wir, das Volk«, *nican titlaca*.[15] Da ihnen Vergleichsmöglichkeiten und Informationen fehlen, führen sie das Neue meist auf Bekanntes aus ihrer näheren Umgebung zurück. Sie sehen es also nicht als neu und einzigartig an. Ein Katapult wird zu einem *quauh-*

temamatl, einer Holzschleuder; ein Pferd ist für sie ein »Hirsch« *(maçatl);* eine Arkebuse ist eine »Feuertrompete« usw. Der Schock des Neuen wird auf diese Weise abgefedert, was im Gegensatz zur geschichtlichen Darstellung steht, die die Spanier von der Eroberung geben. Dies führt uns zu einem Gedanken zurück, den wir schon weiter oben geäußert haben: Mag der Eroberungsfeldzug des Hernán Cortés aus europäischer Sicht als ein Zusammenprall der Kulturen erscheinen, so ist dies für die einheimische Bevölkerung Mittelamerikas nicht der Fall. Erst nach der Etablierung des Kolonialregimes, das mit Ausbeutung und Christianisierung einherging, nach den Epidemien und Verwüstungen, also erst aus dem geschichtlichen Abstand und mit dem Bewusstsein eines nicht rückgängig zu machenden Machtwechsels kehrt bei den Besiegten die Erkenntnis ein, dass eine Epoche zu Ende gegangen ist und sie die Leidtragenden sind.

Auf spanischer Seite erkennt man sofort und sogar mit Erleichterung, dass es hier – anders als bei den »Barbaren« auf den Inseln – Städte, Festungen, Händler und religiöse Bauwerke gibt, die man »Moscheen« nennt. Was die Spanier befremdet, ist weniger die Andersartigkeit der Religion als vielmehr eine Reihe von Kultformen, die mit dem christlichen Glauben als unvereinbar gelten: Götzenverehrung, Kannibalismus, Menschenopfer. Diese durchweg religiösen Verhaltensweisen lösen den größten Abscheu bei den Europäern aus. In der offiziellen Darstellung, das heißt in den Briefen an den spanischen Königshof, halten sich Cortés und seine Leute streng an die christliche Orthodoxie. Cortés geht auch Risiken ein, wenn er Götzendarstellungen zerstört und verlangt, sie durch christliche Bildwerke zu ersetzen. Er weigert sich, das Fleisch der Geopferten zu berühren und bekämpft diesen Kult.

Weitab der staatlichen und religiösen Behörden des Mutterlandes sieht die Realität aber anders aus. Cortés legt nach außen hin so großen Wert darauf, den Kannibalismus zu bekämpfen, weil er ihn bei seinen einheimischen Verbündeten toleriert. Auch bei der Götzenverehrung muss er hier beide Augen zudrücken. Er muss also lernen, wie wir heute sagen würden, mit Mentalitätsunterschieden umzugehen, weil er nicht in der Lage ist, sie zu unterbinden. Mit anderen Worten, er toleriert Abweichungen, um nicht seine Bündnispolitik mit indigenen Partnern aufs Spiel zu setzen. Die Toleranzschwellen, die in den christlichen Königreichen auf der Iberischen Halbinsel gelten, ändern sich je nach den Machtverhältnissen. Tatsächlich ist zur gleichen Zeit die Ausübung des Islam im Königreich Granada und in anderen Regionen Spaniens noch erlaubt. Erst in der zweiten Hälfte des 16. Jahrhunderts werden in dieser Hinsicht rigide Verbote erlassen.

Wie wir gesehen haben, bemühen sich auch die Indios ihrerseits um eine begriffliche Definition der Andersartigkeit, die sie an den Eindringlingen beobachten, und bezeichnen sie als *teules*. Das ist allerdings ein schillernder Begriff. Es ist schwierig, den Sachverhalt weiter zu klären, denn alle Zeugnisse der Einheimischen, die nach deren Niederlage, Kolonisierung und Christianisierung entstanden, sind stark von diesen Ereignissen geprägt. Aus den wenigen Spuren, die aus der Epoche des ersten Zusammentreffens erhalten sind, gewinnt man den Eindruck, dass die Azteken die Spanier und deren einheimische Verbündete in einen Topf geworfen haben, so als würden sie als eine einheitliche Front der Feinde des Dreibundes wahrgenommen. Es dauert einige Zeit, bis die Bewohner Mittelamerikas sich an den Begriff »Indio« gewöhnen, mit dem die Sieger sie belegen, und bis sie ahnen, wie fern die Welt ist, aus der die »Kastilier« kommen.

Im fernen China haben die Portugiesen ebenfalls ein Auge für die Andersartigkeit ihrer Gastgeber. Seit sie ihr kleines Königreich verlassen haben und zu den Küsten Afrikas, Indiens oder bis nach Südostasien aufgebrochen sind, begegnen sie ständig Fremdem, Andersartigem, worüber man in Tomé Pires' *Suma oriental* lesen kann. Sie scheinen einen schärferen Blick und ein feineres Gespür für solche Unterschiede gehabt zu haben als die Spanier in der Neuen Welt. Dies liegt zum Teil daran, dass sie durch ihre Dolmetscher besser informiert sind und dass sie in Weltgegenden reisen, die seit Jahrtausenden in Kontakt miteinander stehen. Die Menschen, die Dinge, die Situationen erschließen sich leichter als in Mexiko. Falls man von einer größeren Weltgewandtheit der Portugiesen sprechen kann, dann verdanken sie diese Flexibilität im Verhalten ihrer Position der Schwäche im Verhältnis zu den Reichen und Gesellschaften, mit denen sie Kontakt aufnehmen. Dies trifft besonders im Fall Chinas zu, wo sie in eine prekäre Situation geraten. Die Frage der Andersartigkeit wird denn auch weniger von den Europäern als vielmehr von den Chinesen gestellt.

Anders als für die Azteken besteht für die Chinesen die Welt aus Chinesen und Barbaren. Und für sie gehören die Portugiesen zu den schlimmsten Barbaren. Die Portugiesen stehen also im Blickpunkt. Die Chinesen nötigen sie, ihre Andersartigkeit als einen Mangel zu betrachten, als eine Beschränktheit, die nicht allein auf fehlende Kenntnis der Sitten und Gebräuche der Chinesen zurückgeht, sondern Zeichen fehlender Kultur und damit der Unterlegenheit ist. Nur ein Beispiel: Als die portugiesischen Schiffe mit Tomé Pires an Bord vor Kanton kreuzen, halten es die Mannschaften für angebracht, Salut zu schießen und ihre Banner aufzuziehen, weil das eben portugiesische Tradition sei und weil die Chinesen in Malakka es ebenso gehalten haben.[16] Sie mögen sich noch so sehr auf ihre Arglosigkeit berufen, die Bewohner Kantons reagieren entsetzt und die Behörden müssen den Portugiesen deutlich machen, dass solches Imponiergehabe in China nicht gern gesehen wird. Die Portugiesen müssen sich fortan um »chinesische Manieren« bemühen, von denen sie nichts wussten und die ihnen ihre Gastgeber nun beibringen. Mehrere Monate lang werden sie dazu in Kanton festgehalten, ob in der großen Moschee oder in einem buddhistischen Tempel, ist nicht klar. Die chinesischen Behörden lassen keine Gelegenheit aus, den Ausländern zu zeigen, dass sie, die Chinesen, ihnen überlegen sind. Der Prunk und der Reichtum der Stadt haben noch jeden Gast beeindruckt. Die Portugiesen wissen, was mit ihnen gespielt wird. Sie begreifen, dass die Langsamkeit, mit der die Behörden sich der Gesandtschaft in Kanton annehmen, nur eine Taktik ist, um den Ausländern die »Majestät und den Prunk ihrer Hoheiten« deutlich zu machen.[17]

Aber nicht alle Chinesen sind so pedantisch. Die Behörden in Kanton nehmen Anstoß am ungenierten Auftreten der Portugiesen, aber den Kaiser selbst scheint dies eher zu amüsieren, er soll Verständnis für die Besucher gezeigt haben. Zhengde macht sich einen Spaß daraus, die kaiserliche Bürokratie zu necken. Überhaupt zeigt er sich für alles Fremde erstaunlich aufgeschlossen. Er hat das Haus der Leoparden bauen lassen, um dem Zeremoniell der Verbotenen Stadt zu entkommen, und er umgibt sich mit tibetischen Mönchen, zentralasiatischen Gauklern, mongolischen und jurchischen Leibwächtern und islamischen Schriftgelehrten. Dank seiner Kenntnisse der mongolischen und tibetischen Sprache unterhält er sich mit mongolischen und islamischen Botschaftern, kleidet sich wie sie und probiert auch ihre Speisen.[18] Eine Zeitlang geht sein Interesse sogar so weit, sich an die Speisevorschriften des Koran zu halten.

Das Dekret ergeht, »den Gästen, die von fern kommen, mit Freundlichkeit zu begegnen«.[19]

Die Portugiesen profitieren von des Kaisers Neugier für fremde Kulturen und man versteht, dass mit seinem plötzlichen Tod sich die Lage zu ihren Ungunsten ändert. In Peking zeigen sich neben dem Kaiser auch koreanische Beobachter von den europäischen Gästen angetan. Sie finden die Besucher sehr »offen«, sie wundern sich über ihre Kleidung »aus Gänsefedern« – tatsächlich ist es aber Samt –, bemerken, dass die Fremden über die Frästechnik verfügen und äußern sich bewundernd über die Schönheit ihrer in einer eigentümlichen Schrift verfassten Bücher: »Die Sätze scheinen echte Sprichwörter zu enthalten, [...] sie waren von ganz außerordentlicher Schönheit.«[20]

Die Entschlüsselung der Gesellschaften

Alles in allem haben Portugiesen und Spanier den Eindruck, die Eigentümlichkeiten der von ihnen entdeckten Gesellschaften so weit verstanden zu haben, dass sie eine Diagnose stellen und Schwächen aufdecken können. Hüten wir uns, die Richtigkeit der Diagnose nach dem Erfolg oder Misserfolg der Eroberung und Kolonisierung zu bemessen, auch wenn der Schluss naheliegt, dass Cortés seinen Erfolg in Mexiko seiner scharfsinnigen Analyse verdankt bzw. dass das Fiasko der Portugiesen in China eine Folge ihrer Kurzsichtigkeit gewesen ist. Haben die Spanier die Welt Alt-Mexikos wirklich besser verstanden als die Portugiesen die Welt der Ming-Dynastie?

Das Kriterium des Erfolgs scheint uns aber sehr fragwürdig. Spaniern und Portugiesen ist mit Sicherheit Wesentliches entgangen, aber nichts spricht dafür, dass wir heute bei der Begegnung mit dem China oder Mexiko des 21. Jahrhunderts besser gewappnet wären. Die Europäer haben bestimmte Strukturen der Gesellschaften erkannt, in die sie als Fremde eindrangen, Machtverhältnisse richtig eingeschätzt und Informationen gesammelt, auf deren Grundlage sie einen Plan zur Eroberung und Kolonisierung entworfen und – im Falle der Spanier – erfolgreich ausgeführt haben. Das ist ihnen gelungen, weil sie auf die Kooperation mit einheimischen Verbündeten setzen konnten, wie es auch heutzutage jeder Investor auf fremdem Terrain tun würde. Die chinesischen Behörden hatten durchaus Grund, die Portugiesen der Spionage zu bezichtigen.

Hinter all diesen Ereignissen ahnt man das Entstehen einer »globalen Sphäre«, das heißt eines Raumes planetarischen Ausmaßes, in dem alle denkbaren Begegnungen und Entwicklungen möglich werden und in dem ein Mindestkonsens für einen regelmäßigen Austausch herrscht. Eine ganze Reihe von *middle grounds*[21] entsteht an ganz verschiedenen Orten des Planeten, wo sich Religionen und Kulturen begegnen. China und Mexiko im Zeitalter der Entdeckungen durch Portugiesen und Spanier sind nur weitere Räume in einer Ökumene, die den Europäern vertraut ist. In jeder dieser Zonen kommt es unabhängig voneinander, aber simultan zu ersten Schritten zu einer Synchronschaltung des Planeten, in die nach und nach alle Erdteile einbezogen werden.

Die größten Städte der Welt

In China gibt es viele Städte und Festungen, alle aus Stein und Mörtel erbaut. Die Stadt, in der der König residiert, heißt Cambara. Viel Volk drängt sich dort, auch Edelleute, außerdem zahlreiche Pferde.

Tomé Pires, *Suma oriental*

Die große Stadt Temixtitan wurde in einem Salzsee angelegt [...]. Sie verfügt über vier Zufahrtsstraßen, alle gepflastert und so breit wie zwei Reiterlanzen.

Cortés, *Segunda Carta*
(»Zweiter Bericht« an Kaiser Karl V.)

Spanier und Portugiesen – und nach ihrem Vorbild alle anderen westeuropäischen Kolonialstaaten – hatten eine tückische Art, sich den ganzen Erdball anzueignen: Sie beschreiben und kartographieren die Gebiete, die sie erforschen und dann kolonisieren wollen. Die beiden Expeditionen, deren eine von Erfolg gekrönt wurde, während die andere in einem Fiasko endete, haben zwei Weltregionen gegolten, die sich fortan vor den Europäern als ein riesiger Raum ausbreiten. Spaniern und Portugiesen verdanken wir auch die ersten Beschreibungen Chinas, Mexikos und ihrer Städte. Mit diesen beiden Auftritten auf der Weltbühne (mit großem Trara im Fall Mexikos, eher diskret im Fall Chinas) beginnt sich erstmals ein globales Bewusstsein ebenso wie ein globales Gesamtbild abzuzeichnen.

Geographie oder die Kunst der Spionage

Dank Pires' *Suma oriental* und einiger anderer, minder bedeutender Texte gerät China um einiges früher als Mexiko in den Fokus der Europäer. Dem unglücklichen Gesandten verdanken wir das erste Porträt Chinas unter der Herrschaft der Ming, und zwar gerade zu der Zeit, als Portugiesen und Italiener seine Küsten erkunden – bloß hatte Pires sein Werk verfasst, bevor er auch nur einen Fuß auf chinesischen Boden setzte.

Vasco Calvo und Cristóvão Vieira haben ihre Haft in Kanton genutzt, Informationen über das Land zu sammeln. Das hat den chinesischen Behörden nicht gefallen, die die Portugiesen nicht mehr freilassen wollten. Wie Pires verfügen die beiden über genug Material für eine Gesamtdarstellung Chinas. Zunächst ein wenig Wirtschafts- und Verwaltungsgeographie: fünfzehn Gouvernements, zwei Hauptstädte, Nanking und Peking, mit Angabe des geographischen Breitengrades und dem Hinweis, dass Peking die größere Bedeutung zukomme. An der Küste gebe es zahlreiche Städte. Wasserstraßen seien der wichtigste Verkehrsadern, da die Landwege im Allgemeinen als unsicher gelten. Zwischen Norden und Süden werde keine Schifffahrt betrieben, »um zu verhindern, dass das Land bekannt wird«.[1] Nanking und Peking seien durch einen Kanal verbunden. Die nördliche Hauptstadt werde im Wesentlichen aus dem Süden versorgt. Der Schwerpunkt der Darstellung liegt auf den drei südlichen Provinzen – Guanxi, Guangdong und Fujian –, diese drei interessieren die Portugiesen am meisten und über sie wissen sie einiges. Der Süden ist durch Gebirge von den übrigen zwölf Provinzen abgetrennt, nur zwei steile und beschwerliche Wege verbinden ihn mit dem Norden. Die Beschreibung der Umgebung von Kanton, der Stadt selbst und der Küste von der Insel Hainan bis zur Mündung des Perlflusses dient der Vorbereitung der portugiesischen Invasion. Aus der Tatsache, dass sich die Arsenale allesamt in der Umgebung von Kanton befinden und der Seeweg die Nabelschnur bildet, über welche die Stadt versorgt wird, wird geschlossen, dass gegen einen Angriff von See, die Überlegenheit der portugiesischen Flotte einmal unterstellt, keine Verteidigung möglich sei. Liest man diese und andere Bemerkungen, so leuchtet ein, dass die Chinesen recht hatten, ihre ausländischen Gäste der Spionage zu bezichtigen. Tatsächlich dienten die Briefe Vieiras und Calvos keinem anderen Zweck.

Die Fruchtbarkeit des Bodens und der blühende Handel machen die Provinz Kanton zu einer der reichsten ganz Chinas. Die Zölle die auf die Einfuhren erhoben werden, füllen die Kassen des Kaisers und seiner Mandarine. In den Manufakturen stellt man Seile, Leinen, Seide und Baumwolltextilien her. Man betreibt die Perlenfischerei und den Anbau von Betelnusspalmen, »das Beste, was man in China finden kann«.[2] Ja, es gebe hier sogar die einzigen Eisenerzvorkommen im ganzen Reich. Aus dem Metall würden »Töpfe, Nägel, Waffen und andere Gerätschaften« hergestellt. Tüchtige Handwerker gebe es in großer Zahl, man könne sie exportieren wie eine Ware, denn »von hier kann man vier- bis fünftausend Bewohner pro Jahr fortführen, ohne dass dies eine spürbare Lücke hinterließe«.

Die Verwaltung und das Rechtswesen scheinen für Vieira und seinen Adlatus keine Geheimnisse mehr in sich zu bergen. In den langen Monaten, in denen sie mit Gefängnissen, Gerichten und Prozessen Bekanntschaft gemacht haben, sind sie der chinesischen Bürokratie auf die Schliche gekommen. Sie beschreiben dem Leser bis ins Kleinste die Hierarchie der Mandarine, die Machtverhältnisse in der Verwaltung, die Verteilung der Beamten, den Postenschacher; sie erläutern die Bedingungen für reguläre Versetzungen, Strafversetzungen und Beförderungen. Vieira kommt nach dieser vorläufigen Bestandsaufnahme zu einem sehr negativen Urteil, das in schreiendem Gegensatz zu den Lobeshymnen steht, die europäische Beobachter immer wieder anstimmen. Die Bestechung, so Vieira, sei überall anzutreffen, die Richter denken nur daran, sich die eigenen Taschen zu füllen, sie hätten das Gemeinwohl aus den Augen verloren, sie beuteten das Volk aus. »Die Mandarine piesacken das Volk mehr als der Teufel.« Hinter der schlechten Verwaltung stehe eine schlechte Regierung und eine angeschlagene Herrschaft. In der Bevölkerung bestehe ein Hang zur Kriminalität und zum Räuberunwesen. In den Gebieten abseits der großen Flüsse, wo sich die Ordnungsmacht konzentriert, komme es immer wieder zu Aufständen. Diese werden mit großer Brutalität niedergeschlagen, glaubt man den Schilderungen der verhängten Strafen. Nur in ganz wenigen Fälle greife man auch zur Verbannung, dem Pendant des portugiesischen *degredo*.

Was die Armee und die Landesverteidigung betreffe, so werde sie nach Ansicht der beiden Portugiesen weit überschätzt, und zwar angefangen bei der obersten Führung. Es gebe hohe Militärs, »Ritter-Mandarine«, deren richterliche Gewalt sich nur auf die Angehörigen ihrer Truppen bezieht. Diese werden schon für Lappalien bestraft und im Allgemeinen nicht besser als Bauerntölpel behandelt. Wer sind die Männer, die ihnen unterstehen? Die meisten von ihnen sind Kriminelle, deren Strafe in eine Verbannung in ferne Provinzen umgewandelt wurde. Und die Waffen, vor allem die Artillerie? »Vor Ankunft der Portugiesen hatten die Chinesen keine Bombarden, nur einen Typus von Kanone, der nicht viel taugt.«[3] Die Bevölkerung ist nicht bewaffnet, und die Soldaten müssen die Waffen nach Ende der militärischen Operationen wieder bei den Mandarinen abgeben. Auch über die Verteidigungsanlagen, die Festungen, die Stärke der Mauern, die Bewachung der Wälle und Tore wird von den beiden Portugiesen genau und kritisch Auskunft gegeben.

Woraus besteht die chinesische Flotte? Zum größten Teil aus Piratendschunken, die nach einer Abmachung mit den Mandarinen von Kanton für den kaiserlichen Dienst requiriert wurden. Die Besatzungen rekrutieren sich aus »Gesindel«, das zum Dienst gezwungen wird, viele sehr junge Männer ohne militärische Erfahrung. Nach dem Orkan, der 1523 den Großteil der Schiffe zerstört hat, darf man annehmen, dass Kanton nur noch durch seine Stadtmauern geschützt wird. Auch in dieser Hinsicht habe man also nichts zu fürchten.

Die Lage auf dem Land? Die Bauern ächzen unter der Steuerlast, sie sind gezwungen, ihr Land und ihre Kinder zu verkaufen. Wenn sie nicht zu Fronarbeiten für die Mandarine verurteilt werden, beutet man sie in den Poststationen aus, wo sich Reisende und hohe Beamte von ihnen bedienen lassen. Nach dem Besuch des Steuereintreibers bleibt ihnen kaum noch etwas zum Leben. Wer die Steuer nicht entrichten kann, dessen Besitz wird beschlagnahmt und er selbst ins Gefängnis geworfen. Unter diesen Bedingungen geben die Bauern lieber klein bei und lassen sich demütigen: »Dem Bauern, der sich vor dem Mandarin zu Boden wirft, muss dieser wie ein blitzeschleudernder Gott erscheinen.« Unterm Strich bedeutet dies, dass das Volk in tiefem Elend lebt. Der gemeine Mann könne jederzeit festgenommen werden. »Jeden Tag werden viele Menschen arretiert, aber nur wenige kommen wieder frei. Man lässt sie im Kerker wie Tiere verschmachten.« Jahrhunderte vor dem Regime Maos wird die Bewegungsfreiheit der Chinesen in engen Grenzen gehalten. Ohne eine Erlaubnis der Behörden dürfe sich niemand weiter als zwanzig Meilen von seinem Wohnort entfernen. Ein solcher gebührenpflichtiger Passierschein enthält den Namen und das Alter des Reisenden. Wer ohne solch einen Schein aufgegriffen wird, was leicht geschieht, denn auf den Straßen sind überall Spione unterwegs, wird verhaftet und der Wegelagerei angeklagt, worauf harte Strafen stehen.

Zieht man Bilanz, so ist das wenig und zugleich viel Information für eine erste Kontaktaufnahme. Die ganze Analyse wird selbstverständlich von der Idee beherrscht, dass eine Eroberung nicht nur möglich sei, sondern sich geradezu aufdränge. Unsere Portugiesen beweisen eine unersättliche Neugier und wissen sich zu helfen. So stützt sich das Bild, das Calvo von China zeichnet, auf eine chinesische Quelle, die er sich verschafft hat: »Ich besitze ein Buch über die fünfzehn Gouvernements mit einer detaillierten Aufstellung für jedes Gouvernement, wie viele Städte, Marktflecken und andere Ortschaften es dort gibt. Ferner enthält es Ausführungen über die besondere Verwaltung für ein jegliches Ding, auch hier mit den Namen der Städte und ihren Einrichtungen.« Calvo schreibt auch darüber, wie er zu seinen Informationen gekommen ist. Als er als kranker Mann im Gefängnis saß, habe er chinesisch lesen und schreiben gelernt, um dann mithilfe eines Dolmetschers – dessen Name er aus Vorsicht nicht nennt – die besagte Quelle zu erschließen. Dem Buch sei auch eine Karte des Gouvernements Kanton beigebunden: »Darauf sind die Flüsse und die Städte verzeichnet, mitsamt den Namen unten auf der Karte.« Calvo entdeckt »mindestens zehn *villas,* deren jede größer ist als die Stadt Evora.« Außerdem berechnet er die Entfernung zwischen den Inseln vor der Mündung des Perlflusses und Kanton auf fünfzig bis sechzig Meilen.

Das für einen ersten Versuch durchaus gelungene Länderporträt verbindet Informationen und Karten aus einer chinesischen Quelle mit Eindrücken des Verfassers, zu denen zur Erläuterung auch Vergleiche mit den Städten der Heimat treten: Kanton etwa sei »eine Stadt von der Größe Lissabons«.[4]

Die größten Städte der Welt

Portugiesen und Spanier gelangen im Abstand von etwas mehr als einem Jahr nach Mexiko-Tenochtitlan (November 1519) und nach Peking (Dezember 1520). Sie durchstreifen China und das Tal von Mexiko und entdecken dabei weitere Städte, zu denen auch Hauptstädte gehören: Nanking im Reich der Mitte und Tlaxcala in Mittelamerika. Bei ihren Wegen zwischen Peking und Mexiko stoßen die Europäer auf einzigartige Welten, von denen sie wissen, dass sie sie sich einverleiben können. Die Dokumente dieser Begegnungen stellen herausragende Zeugnisse dar, denn die Besucher entdecken auf ihre eigene Art und Weise (anders als die Theoretiker der Stadtarchitektur wie Alberti oder Dürer) die wichtigsten urbanen Muster, die damals auf unserem Planeten zu finden waren: die chinesische Stadt, die mittelamerikanische Stadt und die portugiesische bzw. spanische Stadt, wobei bei Letzteren immer noch die arabisch-andalusische Stadt im Hintergrund erkennbar ist. Was fehlt, ist eine asiatische oder mittelamerikanische Sicht auf die europäische Stadt. Indios und Chinesen müssen sich die portugiesische oder spanische Stadt als das Spiegelbild eines *altepetl* oder einer chinesischen Stadt vorgestellt haben. Bestenfalls kennen manche Kaufleute aus Kanton oder Fujian den portugiesischen Handelsposten in Malakka, doch der ist wenig beeindruckend, denn die Kaufleute aus Lissabon haben nach der erst kürzlich gelungenen Eroberung (1511) kaum Zeit gehabt, sich einzurichten.

Der Vorstoß in andere Welten, der den Portugiesen und Spaniern vorbehalten ist, hat singulären Charakter. Mexiko-Tenochtitlan ist zwar noch nicht die Hauptstadt von Mexiko, aber die wichtigste Stadt des Dreibundes. Dieser herrscht über den größten Teil des Tals von Mexiko und erstreckt sich von den Ufern des Atlantiks bis zu denen des Pazifiks. Bei Ankunft der Spanier dürfte Mexiko-Tenochtitlan schätzungsweise 250.000 Einwohner gehabt haben. Damit war die Stadt zweifelsohne die größte Metropole ganz Amerikas; Mexiko-Stadt ist das auch heute noch.[5] Die Stadt, deren schachbrettartiger Grundriss nach kosmologischen Gesichtspunkten auf die vier Himmelsrichtungen hin angelegt ist – darin zeigt sich der Einfluss Teotihuacans –, hat sich um einen gewaltigen Zentraltempel ausgebreitet, der den sonst üblichen großen Freiplatz der Nahua-Städte ersetzt. Der *Templo mayor* erhebt sich in der Mitte des heiligen Bezirks, den er weit überragt. Die von hier ausgehenden Hauptstraßen teilen Tenochtitlan in vier Stadtteile.

Während Mexiko-Tenochtitlan zu Beginn des 14. Jahrhunderts gegründet wurde, verlieren sich die Anfänge Pekings im 1. Jahrtausend v. Chr. Das Peking der Ming-Dynastie ist die Hauptstadt eines ungeheuren Reiches, das sich von der mongolischen Grenze bis nach Indochina und von Zentralasien bis zum Ufer des Chinesischen Meeres erstreckt.[6] Nach mehr als einem halben Jahrhundert erhält Peking den Rang von *Dadu*, der »Großen Hauptstadt«, die seit der zweiten Hälfte des 13. Jahrhunderts Sitz der Mongolenherrschaft gewesen war. *Dadu* entspricht Khanbaliq (Cambaluc, Cambara), von dem Marco Polo in seinem Reiseberischt spricht. Zur Zeit des Besuchs des Venezianers soll die Stadt mindestens eine halbe Million Einwohner gehabt haben. Im Jahr 1420 entscheidet Kaiser Yongle aus dem Willen heraus, ganz Asien ein chinesisches Zentrum zu geben, der alten Hauptstadt des Mongolenreiches seinen alten Rang wieder zu verleihen.[7] Er gibt der Stadt den Namen, den sie heute noch trägt: Peking, »Nördliche Hauptstadt«. Peking ist die steingewordene Idee einer Verherrlichung konfuzianischer Werte. Die Stadt verkörpert die zentralistische Politik des chinesischen Kaisers und bekundet dessen Willen, den Gefahren aus dem Norden entgegenzutreten. Mitte des 16. Jahrhunderts hat Peking bereits die Größe, die sie bis zu Beginn des 20. Jahrhunderts behalten wird. Heute ist sie nach Shanghai die zweitgrößte Stadt Chinas.

Das Zentrum von Mexiko-Tenochtitlan und damit das Zentrum der Welt ist, wie wir gesagt haben, der *Templo mayor;* das Zentrum von Peking markiert die »Verbotene Stadt«.[8] Diese Bezeichnung, im Chinesischen *zi jin cheng,* bezieht sich auf den Stern Ziwei, den Polarstern, den höchsten Punkt des Himmelsgewölbes, an dem die höchste Gottheit ihren Sitz haben soll. Die Stadt stellt eine Synthese der Kosmologie des Yin und Yang dar und wird in ihrer Anlage vom neokonfuzianischen Gedankengut geprägt, demzufolge der Herrscher zugleich der Weise auf dem Himmelsthron ist. Ein solcher kosmischer Zentralismus, ob chinesischer oder aztekischer Spielart, fehlt selbstverständlich in Valladolid, dem Sitz des Königshofes, und auch in Granada, der einstigen Kapitale des Nasridenreiches. Man müsste sich nach Rom oder Jerusalem wenden, wollte man ähnliche städtebauliche Vorstellungen im christlichen Europa finden.

Was haben Portugiesen und Spanier von der Anlage der chinesischen oder aztekischen Hauptstadt verstanden? Im Wesentlichen das, was äußerlich wahrnehmbar war: die enormen Menschenmassen, die diese Städte bevölkerten, die Fassaden, die von Reichtum und Luxus, von militärischer Stärke und ungeheurer Macht kündeten. Die Mitglieder der portugiesischen und spanischen Expeditionen sind keineswegs alle gebildete Leute, aber die wenigen, die über ein Minimum an klassischer Bildung verfügen, wissen, dass die Stadt das Aushängeschild einer Zivilisation darstellt. In Städten zu wohnen beweist, dass man zu den Nationen gehört, »in denen Verstand und Vernunft walten«.[9] Die *ciudad* ist gleichbedeutend mit der *respublica,* das wiederholt Bartolomé de Las

Casas, darin Aristoteles folgend, in allen Debatten um den Status der Indios Amerikas.

Wenn es darum geht, die Rationalität der Ureinwohner der Neuen Welt zu verteidigen, greift der Dominikanerpater stets auf das Argument der städtischen Zivilisation zurück. Als Erster stellt er ein Panorama der präkolumbischen Städte Amerikas auf, angefangen bei den Städten der Cibola in Nordamerika, über das Cuzco der Inka, bis zu den Ruinen von Tiahuanaco.[10] Drehte sich im 16. Jahrhundert die Diskussion um den Menschen der Neuen Welt, kam die Frage der städtischen Kultur auf. Der Dominikanerpater stellt sich gegen die Klischees vom Guten Wilden und rückständigen Waldbewohner, die in der europäischen Vorstellung vorherrschen, und vertritt das Bild eines urbanen Indios: »Diese Menschen lebten als vernunftbegabte Wesen in großen Siedlungen, die wir Städte und städtische Siedlungen nennen. Und nicht nur irgendwelche Siedlungen, sondern große, herrliche Städte mit prächtigen Bauwerken und vielfach geschmückt. Manche zeichneten sich noch zusätzlich aus, wie dies auch bei vernunftbegabten Menschen der Fall ist.«[11] Das Argument der entwickelten Stadtkultur war nicht nur geeignet, die Indio-Gesellschaft auf das Niveau der Alten Welt zu heben, sondern verschaffte auch der chinesischen Gesellschaft einen Platz auf dem Gipfel der Menschheit.

Wie Lissabon oder Salamanca

Mit der Landung an der Küste Yucatáns gelang den Spaniern ein gewaltiger Sprung, mit dem sie die Inselwelt, in der sie sich bis dahin aufgehalten hatten, hinter sich ließen. »Von unseren Schiffen aus sahen wir eine große Siedlung, die ungefähr zwei Meilen von der Küste entfernt lag. Da es sich um eine Stadt von bedeutenden Ausmaßen zu handeln schien, wie wir sie weder auf Kuba noch auf Hispaniola jemals gesehen hatten, gaben wir ihr den Namen Groß-Kairo.«[12] Kairo, die Hauptstadt der Mamelucken, bietet sich zum Vergleich an, eine Stadt, von der ein Jahrhundert später der Schotte William Lithgow schreibt, sie sei »die erstaunlichste Stadt der Welt«.[13] Unter dem exotischen afrikanischen Anstrich – Kairo ist weder Granada noch Salamanca noch Venedig – merkt man, das schon mit der ersten Expedition von 1517 eine entscheidende Schwelle überschritten wird.

Mit der Entdeckung der Städte ändert sich die spanische Expansion. Vor den Augen der Entdecker zeichnet sich endlich eine Welt ab, die sie an ihre Heimat erinnert. In den Ortschaften an der Küste leben Händler und Priester. Die städtische Fassade weist die Bevölkerung eindeutig als zivilisiert aus. »Bei ihnen gibt es alle Formen der Hierarchie und der Zivilisation (*policía),* diese Menschen sind vernunftbegabt und ordnungsliebend. Der beste Teil Afrikas kann ihnen nicht das Wasser reichen.«[14] Die ersten städtischen Siedlungen, auf die die Spanier stoßen, sind die Maya-Städte der Halbinsel Yucatán, die erste befindet sich am Kap Catoche an der nordöstlichen Spitze. Zwei Wochen später sehen sie vom Schiff aus auf der Höhe von Campeche einen weiteren *pueblo,* »offenbar recht groß«. Dort gibt es »sehr große Bauten aus Stein und Kalk, die für den Kult ihrer Götzen bestimmt waren«.[15] Erst bei der dritten Expedition (1519) erreichen die Konquistadoren nach mehrmonatigem Marsch durch das Landesinnere schließlich die Städte des Tals von Mexiko und insbesondere Tenochtitlan.

In Cortés' erstem Brief (Juli 1519) ist lediglich von *pueblos* die Rede, also Dörfern, wenngleich manche groß und wohlgeordnet seien. In seinem zweiten Brief benutzt er die Begriffe *ciudades* und *villas* zur Bezeichnung der städtischen Siedlungen, die er schon in seinem verlorenen Brief erwähnt haben soll, vor allem aber für die Städte, in die er auf dem Weg nach Mexiko gekommen ist: Cempoala, Nautecatl, Tlaxcala, Cholula und selbstverständlich Mexiko-Tenochtitlan, Höhepunkt der Expedition, das stets die »große Stadt« genannt wird.[16] Schließlich tauchen auch zahlreiche *villas* und *fortalezas* auf, ohne das der Konquistador einen Unterschied zwischen den beiden machte. Dass er nun andere Bezeichnungen verwendet, entspricht nicht nur der größeren Bedeutung der Siedlungen, sondern deutet darauf hin, dass er alles daransetzt, um aus seiner Entdeckung ein Großereignis zu machen. Sogar ein so unbedeutender Ort wie Iztaquimaxtitlan erhält dank der Erwähnung, er dehne sich über drei, vier Meilen aus und besitze »eine Festung, von der es in halb Spanien keine bessere gibt«, großes Ansehen.[17]

Schließlich greift Cortés auch auf die *aldeas* und *alquerías* einer bescheideneren Größenordnung zurück.[18] Das arabische Erbe prägt den Blick genauso wie die lateinischen Tradition: Ganz oben auf der Skala rangieren *ciudad* und *villa*, während weiter unten *aldea* und *alquería* kommen, die Dörfer und Weiler. Die städtische Bevölkerung versucht man auch zahlenmäßig zu erfassen: Die Stadt Texcoco, eine der Hauptstädte des Dreibundes, schätzt man auf 30.000 Feuerstellen, während kleinere Städte zwischen 3.000 und 4.000 Feuerstellen haben.[19] Bei Bedarf werden auch Eigentümlichkeiten der Topographie erwähnt. Im Fall von Iztaquimaxtitlan stellt Cortés den Einwohner der Unterstadt, die in bescheidenen Häusern nahe am Fluss wohnen, diejenigen gegenüber, »die in der Oberstadt sehr gute Häuser besitzen und reicher sind als die Bevölkerung im übrigen Tal«.[20] Die Bilanz fällt sehr positiv aus. In Cortés' Augen steht Mexiko seiner Heimat Spanien in nichts nach: »Unterwegs durchquerten wir drei Provinzen eines sehr schönen Landes, dessen Städte, Marktflecken und Dörfer ebenso gute Häuser aufwiesen wie solche in Europa.« Bei den Vergleichen, die die Konquistadoren mit Burgos, Granada, Sevilla, Cordoba und Salmanca ziehen, schneidet Mexiko im Allgemeinen sogar besser ab.[21] Die Konquistadoren halten sich an die kastilischen und andalusischen Städte, die ihnen vertraut sind. Ausnahmsweise ziehen sie auch italienische Städte heran, die einige unter ihnen besucht haben, oder sogar ferne Metropolen, die sie nur vom Hörensagen kennen, wie etwa die Hauptstädte des Osmanischen Reiches oder des mameluckischen Ägypten. So erhält man eine Vorstellung, welche Idee die Spanier von der Stadt im 16. Jahrhundert hatten, da sie auf ihren Expeditionen das Neue, das sich vor ihren Augen darbot, ständig deuten, einordnen und mit Begriffen versehen mussten. Die Stadt Tlaxcala erscheint ihnen größer und dichter bevölkert als Granada. Zur ständigen Versorgung der Stadt wird ein Markt abgehalten, zu dem täglich an die 30.000 Menschen strömen und auf dem alle Güter angeboten werden, »auf die gleiche Weise, wie das in allen Städten der Welt geschieht«.

Ist das bereits der Ansatz zu einem globalen Bewusstsein? Sicherlich steckt eine rhetorische Absicht dahinter, gleichwohl ist nicht von der Hand zu weisen, dass sich durch das ständige Vergleichen der mexikanischen Städte mit solchen Europas, Asiens und Afrikas die spanische, portugiesische und mediterrane Auffassung von Stadtkultur um einen globalen Blickwinkel erweitert. Das ist der Grund, weshalb Amerika, das zuerst in der Gestalt Mexikos, dann des ganzen Kontinents wahrgenommen wird, den Anstoß zu einem globalen Bewusstsein geben konnte. Anders verhält es sich mit China, das als Teil Asiens zu einer Welt gehört, die man schon lange kannte oder doch zu kennen glaubte. Das China der Ming-Herrschaft fügt nur ein weiteres Element hinzu, aber Mexiko ist das fehlende Element, um die Welt als Totalität zu denken. Mit Mexiko gelangt die Kultur des Westens erst zu ihrem ganzen Wesen, nämlich als städtische Zivilisation.

Eine andere Zugangsweise zu den mesoamerikanischen Städten liegt in der Besonderheit der politischen Formen, die in ihnen herrschen. Tlaxcala erweckt schon früh Cortés' Aufmerksamkeit, denn die Stadt ist Sitz einer oligarchischen Macht, die Ähnlichkeiten mit den Handelsrepubliken Venedig, Genua und Pisa hat, während Mexiko-Tenochtitlan oder Texcoco von einem Monarchen regiert werden. Aus verschiedenen Gründen ist die Stadt also ein wesentliches Erkenntnisinstrument: Die Indios identifizieren sich mit der Stadt, zu der sie gehören – und das ist nichts Ungewöhnliches für Cortés, der, wie wir wissen, in den Augen seiner Gefährten zunächst einmal als ein Mann aus Medellín (Extremadura) gilt. Die Bewohner als Tlaxcalteken oder Culuas zu bezeichnen, bedeutet zugleich, sie aus der gesichts- und geschichtlslosen Masse der Indios herauszuheben. Cortés hat schnell begriffen, dass der Stadtstaat der Kernbegriff der mesoamerikanischen Politik ist.

Mexiko-Tenochtitlan, das am Ende des langen Marsches durch das Landesinnere steht, bildet die letzte zu überwindende Schwelle. Die Stadt spukt schon in den Köpfen der Konquistadoren, ehe sie sie erreichen. Und wie hätten sie von der Lage der Stadt mitten in einem See und in einem Hochtal, das von zwei mächtigen Vulkanen dominiert wird, nicht beeindruckt sein können? Die regierenden Azteken scheuen keine Mühen, damit die Stadt Moctezumas jeden Besucher mit ihrer Pracht beeindruckt. Kein Neuankömmling kann sich dem sensationellen Anblick und der Demonstration politischer Macht entziehen. Gepflasterte Dammstraßen, bewegliche Brücken, schnurgerade und breite Straßen, zu denen Kanäle parallel verlaufen, Paläste und »Moscheen« – alles das verfehlt nicht seine Wirkung auf Cortés und liefert einen weiteren Beleg für die Inszenierung der Macht in der aztekischen Welt.

Erst auf den zweiten Blick erkennen die Spanier die wirtschaftliche Bedeutung von Mexiko-Tenochtitlan. Den Konquistadoren, die es auf Gold und andere Reichtümer abgesehen haben, fallen als Nächstes die Märkte in die Augen. Auf dem umtriebigsten Markt, den sie mit einer Stadt von der Größe Salamancas vergleichen, kommen rund 60.000

Menschen zusammen und tauschen Waren. Alles ist genau geregelt, in jeder Marktgasse wird ein bestimmtes Produkt angeboten, hier die Heilkräuter, dort Obst und Gemüse, weiter entfernt Wildbret, noch weiter Keramikwaren.[22]

Die Schriften der Portugiesen, die aus der Zeit ihrer Ankunft in China auf uns gekommen sind, haben aus bekannten Gründen nicht die Suggestionskraft der Briefe des Cortés. Die Briefe, in denen sich Pires nach Art des spanischen Konquistadors über seinen Aufenthalt in Kanton, seinen Empfang in Nanking und schließlich seine Ankunft in Peking verbreitet, sind allesamt verloren gegangen und ebenso die sie begleitenden Zeichnungen.[23] Erhalten sind allein die Briefe von Vieira und Calvo aus der Haft. Sie stützen sich auf mündliche Auskünfte, benutzen Karten und ein auf Chinesisch verfasstes Schriftstück, eben jenes »Buch der fünfzehn Gouvernements«, das sie sich von einem kundigen Einheimischen haben übersetzen lassen.[24] Man findet darin vieles über Kanton und seine Umgebung, aber diese Informationen stammen oft nicht aus unmittelbarer Anschauung. Was die Portugiesen über die chinesischen Städte berichten, dürfte fundierter sein als das, was Cortés schreibt, aber es ist stets von der amtlichen Sichtweise geprägt. Der Befund stammt aus dem Herzen der chinesischen Stadt, während Cortés' Bild von Mexiko ein Panorama vermittelt, wie es sich von den Ausläufern der Vulkane oder von der Höhe des *Templo mayor* bietet.

Kanton ist die erste chinesische Stadt, in der sich die Portugiesen bewegen und die sie am besten kennen. Die Zeit erzwungener Untätigkeit haben Pires und seine Leute genutzt. Es dauert Monate, bis die Gesandtschaft schließlich die Erlaubnis zum Aufbruch erhält und erst Nanking, dann Peking erreicht. Die Portugiesen haben alle Muße, die Orte, in denen sie Rast machen und die Landschaften, durch die sie ziehen, genau zu betrachten. Wie für die Spanier in Mexiko, so bildet auch hier die Stadt eine wesentliche Kategorie, um die neue Wirklichkeit einzuschätzen. Die Siedlungsdichte beeindruckt die Portugiesen. Je dichter sich die Städte auf ihrer Reise durch das Land aneinanderreihen, desto schöner scheint den Besuchern der Weg. Die Größe und Pracht der Städte fasziniert sie.[25] Die Städte, die sie zum Vergleich heranziehen, sind meist diejenigen ihrer Heimat (Lissabon, Évora) oder ausnahmsweise auch indische (Calicut). Der Vergleich macht einen beträchtlichen Größenunterschied deutlich: Kanton, eine Stadt über dem Durchschnitt, ist so groß wie Lissabon, während die Provinzstädte, die durch die sie auf der Reise kommen, zehnmal mehr Einwohner haben als Évora.[26]

»Peking ist die Stadt, in der der König residiert.«[27] Die Portugiesen, die gute Kartographen sind, berechnen die Lage der Stadt auf den 38. oder 39. nördlichen Breitengrad. Sie erkennen auch die strategische Bedeutung der Hauptstadt angesichts der Mongolenmacht. »Sie befindet sich an einem Ende des Landes, denn die Chinesen sind im Krieg mit einem Volk, das sie Tazas [Tataren] nennen.« Außerdem kennen sie die mongolische Herkunft Pekings und sie wissen, dass die Hauptstadt auf die Versorgung durch das übrige Reich angewiesen ist: »Das Umland produziert keinen Reis, denn das Land ist kalt und der Boden nicht fruchtbar […]; [das Land] liefert weder Holz noch Steine noch Ziegel.« Peking wird also richtig wahrgenommen als politische Hauptstadt mit strategischer Bedeutung vor der nördlichen Grenze, hinter der die größte Gefahr für China lauert.

Dem Chronisten João de Barros kommt das Verdienst zu, die von den ersten Besuchern Kantons gesammelten Informationen zu einer Gesamtdarstellung verarbeitet zu haben. »Die Schönheit der Stadt liegt in der Anordnung ihrer Häuser, denn die Stadt hat zwei Hauptstraßen, die sich schneiden und die zu vier von den insgesamt sieben Toren führen. Die Straßen sind schnurgerade, sodass man, wenn man sich an einem Tor befindet, auch das gegenüberliegende sehen kann. Die anderen Straßen sind in Bezug auf diese beiden Verkehrsachsen angelegt. Vor dem Eingang jedes Hauses ist ein Baum gepflanzt, der das ganze Jahr seine Blätter behält und Schatten und Kühle spendet. Auch die Bäume sind so angepflanzt, dass ein Betrachter, der am Fuß eines Baumes steht, alle anderen in einer Flucht sieht.«[28] Barros behauptet noch viel mehr zu wissen und verspricht alles Weitere in den Bänden seiner *Geographie* mitzuteilen. Dieses Werk ist aber verschollen.

Wie in Mexiko, teilen die Portugiesen die chinesischen Städte in *ciudades* und in *villas* ein. Die ersten Beobachter erkennen die Notwendigkeit, auch chinesische Begriffe einzuführen wie beispielsweise *chenos* (von *xian,* Präfektur) zur Markierung der wichtigsten städtischen Siedlungen, und zwar solche, die bei den Chinesen noch über den Städten rangieren.[29] Die Portugiesen greifen im ganzen 16. Jahrhundert auf heimische Begriffe zurück und verlassen sich sowohl auf Erläuterungen chinesischer Informanten als auch auf Angaben aus chinesischen Quellen.

Und sie zählen die Städte. Das Gouvernement von Kanton umfasst dreizehn Städte, sieben Präfekturen und hundert *villas*. Sie fragen sich auch, welchen Rang jede Stadt wohl einnimmt. Dabei kommen sie zu dem Schluss, dass die Rangfolge der kleineren Städte nicht auf der Zahl der Einwohner, sondern auf dem Vorhandensein von Festungsanlagen und Verwaltungsfunktionen beruht.[30]

In allen portugiesischen Darstellungen wird auf den Unterschied zwischen der chinesischen Elite und der Masse der ausgebeuteten Bevölkerung abgehoben. Dieser Unterschied ist in der Physiognomie der Stadt ablesbar. So auch in Kanton, wo die große Masse »in Holzhäusern mit Lehmwänden, zusammengepfercht in Großfamilien (*parenteira)* wohnt«,[31] während es andererseits auch Tempel, Behördenpaläste, Gefängnisse und die Mandarinen-Villen gebe. Das Augenmerk der portugiesischen Beobachter richtet sich offenbar auf die Extreme. Das kann seinen Grund darin haben, dass die Reisenden, die zum Handel und zur Spionage ins Land gekommen sind, kein besonderes Interesse an Stadtsoziologie entwickeln.

Der Blick des Eroberers

Die chinesischen Städte werden vor allem unter wirtschaftlichen und militärischen Gesichtspunkten betrachtet. Dies gilt für die Städte der Provinz Guangdong und vor allem für Kanton, dem einzigen Hafen, in dem Ausländer Handel treiben durften und der dem Außenhandel offenstand. Die europäischen Besucher nehmen die Topographie und die geographische Lage der Stadt so genau auf, weil sie es auf ihre baldige Eroberung abgesehen haben.

Ähnlich wie Cortés blicken die Portugiesen mit dem Auge des Spions und Eroberers auf das Land und achten auf alle militärischen Aspekte. Die chinesischen Städte sind von Mauern umgeben, in die monumentale Tore eingefügt sind, aber sie besitzen keine Festungen. Die Portugiesen verschaffen sich Zugang zu den Wehranlagen und vermessen die Mauern genau. Sie zählen auch die Türme und kommen auf neunzig, »die als Bastionen dienen«. Sie schätzen die Truppenstärke der Garnison: »An die dreitausend Mann bewachten unter dem Befehl ihrer Hauptleute die

Tore der Stadt.«[32] Wie sollte die Stadt nach der Eroberung gehalten werden? Die Europäer entdeckten schon bald einen leicht erhöhten befestigten Platz vor der Nordmauer, auf dem man eine Wehranlage errichten konnte. Von dort aus würde man die ganze Stadt leicht kontrollieren können.[33] Die Schiffsanlege der Mandarine im Zentrum von Kanton wäre der geeignete Ort, um eine zweite Festungsanlage zu errichten. Damit könnte man die ganze Stadt in die Zange nehmen. Man kann sich vorstellen, dass Cortés und seine Leute ähnliche Gedanken hegten, wenn sie in Mexiko-Tenochtitlan spazieren gingen.

Am anderen Ufer des Pazifiks haben die Konquistadoren den gleichen taxierenden Blick für die aztekischen Städte, ganz gleich, ob sie sie besuchen oder angreifen. Die Verteidigungslinien, die Höhe und Länge der Mauern, die Widerstandsfähigkeit der verwendeten Baumaterialien, die strategischen Punkte – alles wird genauso gründlich untersucht wie die Stärke der Truppe und die Wehrkraft. Alles, was den Vorstoß der Europäer erleichtern oder hindern könnte, muss berücksichtigt werden. Sie sezieren die Stadt, die sich vor ihren Augen ausdehnt, mit Gründlichkeit, denn es geht bei einem Angriff um ihr eigenes Schicksal und das der ganzen Expedition. Die Portugiesen denken genauso und schicken strategische Informationen an ihre Landsleute in Malakka in der Hoffnung, dass diese möglichst rasch kommen und sie aus dem Kerker befreien werden.

Der postume Triumph der aztekischen Hauptstadt

Dieses Bild Chinas aus erster Hand hat sich aber nicht bei den Lesern der Alten Welt durchsetzen können. Dafür gab es mehrere Gründe: den Tod des portugiesischen Gesandten Tomé Pires, die geringe Verbreitung der aus Kanton nach Europa geschickten Briefe und die Verschwiegenheit, mit der die Entdeckungen der Portugiesen behandelt wurde. Mochte sich Tomé Pires auch in Peking aufgehalten haben, in den Köpfen der Europäer herrscht weiterhin der Name der Vorgängerstadt Khanbaliq, der Hauptstadt der Mongolen, und das Bild des alten Cathay, wie es europäische Reisende im 13. und 14. Jahrhundert, allen voran Marco Polo in seinem *Milione*, beschrieben haben.[34]

Das China der Ming-Kaiser hat nicht Eingang in die Vorstellungswelt der Renaissance-Gelehrten gefunden. Der diplomatische und militärische Misserfolg der Portugiesen zog auch einen medialen Misserfolg nach sich. Dies ist dem zukünftigen Bild Chinas zugute gekommen. Die abschreckenden Beschreibungen und negativen Urteile, die ein Vieira und ein Calvo über China liefern, haben so gut wie kein unmittelbares Echo und überlassen das Feld den Bewunderern der Größe Chinas und seiner wirtschaftlichen, politischen, geistigen und künstlerischen Qualitäten. Allerdings dauert es noch bis zur zweiten Hälfte des 16. Jahrhunderts, bis einige Jesuiten und der Dominikaner Gaspar da Cruz das Objekt der Bewunderung fest in der Vorstellungswelt der Europäer verankern. Wird der Eindruck des ersten Kontakts für immer ausradiert? Nicht vollständig, denn Jahrzehnte später taucht das negative Bild eines Vieira und Calvo wieder aus der Versenkung auf, so als gäbe es eine dunkle, beunruhigende Seite Chinas, vor der man sich hüten müsse.

Das gewaltige Echo, das der Siegeszug des Cortés in Europa findet, hebt sich von der Stille ab, die den Besuch der Portugiesen in Peking umgibt. Die Rezeption der Briefe des Cortés in Europa, die Diskussion des Themas unter Humanisten und Malern – so Albrecht Dürer, der sich begeistert über die in Brüssel ausgestellten mexikanischen Schaustücke äußert – haben die ganze Christenheit mit der Pracht der aztekischen Reiches und der Stadt Mexiko-Tenochtitlan bekannt gemacht. Cortés hat es sich nicht nehmen lassen, eine von ihm angefertigte Zeichnung nach Europa zu schicken, damit ihr Bild in den Köpfen der Leute bei Hof und bei den Gelehrten der Alten Welt präsent sei. Der Grundriss von Tenochtitlan, der 1524 in Nürnberg gedruckt wird, bietet die passende Illustration zu den Texten. Er hat möglicherweise Dürers Spekulationen über die ideale Stadt inspiriert, die er drei Jahre später in seiner »Befestigungslehre« ebenfalls in Nürnberg veröffentlicht. Die Darstellung von Mexiko-Tenochtitlan hat zur Herausbildung der Idee der modernen Stadt beigetragen. Diese Modernität entsteht am Schnittpunkt zweier Welten und im Zusammenprall der Kulturen.

Viel Pomp, nicht wenig Sensationslust und eine unbedingte Verherrlichung der Eroberung prägen ein Bild, das sich für mehrere Jahrhunderte dem europäischen Kulturgedächtnis einschreibt. Wir können hier nicht alle Elemente analysieren, die uns auf jeder Seite von Cortés' Schriften begegnen und die alle zusammen unsere Vorstellung von

Amerika und Mexiko begründen: die willkürliche Begrenzung eines Territoriums, Neuspanien oder Mexiko; eine emblematische Metropole Mexiko-Tenochtitlan; die Auszeichnung der Mexica oder Alt-Mexikaner zu Ungunsten ihrer Nachbarvölker, ihrer Verbündeten und ihrer Gegner und die bis heute in unserer Fixierung auf die Azteken fortlebt; die Idee, dass es eine »Indio-Religion« gebe mit Kultstätten oder Pyramiden, mit Festen und Menschenopfern; die an den Kaiser geschickten Schätze; schließlich die ambivalente Haltung zu einer prunkvollen Kultur, deren exotische Erscheinung fasziniert, aber die man dennoch ohne Zögern zerstört.

Angefangen mit Cortés haben die Spanier, später die Europäer im Allgemeinen, aus Mexiko eine Gesellschaft gemacht, die sich im Zwiespalt befindet. Einerseits blickt sie auf eine ruhmreiche präkolumbische Vergangenheit zurück, andererseits ist sie Teil einer Kolonialgeschichte, die nichts Eiligeres zu tun hatte, als die Reste dieser Vergangenheit zu zerstören. Das ist der Rahmen, in dem man sich auch heute noch Mexiko vorstellt, und unser heutiger Blick geht auf die Zeit der *Conquista* unter Cortés zurück. Die Kolonisatoren haben das Land umgekrempelt und in mehreren Wellen der westlichen Kultur und der Moderne unterworfen. Mexiko-Stadt, der mesoamerikanische *altepetl*, Schmelztiegel zahlreicher Kulturen, ist eine der Metropolen des Kontinents und gehört mit Peking und Kanton zum Klub der Megastädte der globalisierten Welt. Dennoch stellen wir uns Mexiko nicht wie die chinesischen Megastädte vor, denn diese haben nie das Schicksal der Kolonisation erdulden müssen. Das hat seine Gründe im frühen 16. Jahrhundert, dessen Geschichte wir in diesem Buch neu schreiben wollen.

Die Faszination, die das präkolumbische Amerika entfaltet, wird zu seiner Zeit nur vom Interesse für das Osmanische Reich übertroffen. Dem hinduistischen Indien, das einen solchen Reiz auf die Menschen der Antike und deren Erben im Mittelalter ausgeübt hat, war nicht mehr Aufmerksamkeit beschieden als dem China des Tomé Pires. Auch hier besteht eine zeitliche Koinzidenz mit den Ereignissen im alten Mexiko, denn um 1520 erhält ein portugiesischer Pferdehändler eine Audienz im Königreich von Vijayanagar, wovon er eine ausführliche Schilderung liefert. Doch erst als sich die Chronisten João de Barros und Jerónimo Osório der Geschichte annehmen, findet das indische Königreich seinen Platz im anerkannten Kanon des europäischen Orientalismus, ohne indes in puncto Faszinationskraft mit dem Osmanischen Reich, dem Mongolenreich oder mit China und Japan mithalten zu können.[35] Mexiko als Synonym für die Neue Welt wird nicht als eine weitere Seite im Atlas der bekannten Welt wahrgenommen, sondern es ist das fehlende Element, das eine globale Sicht der Welt ermöglicht. Und diese Sicht werden sich die Europäer fortan nicht mehr nehmen lassen.

Die Stunde des Verbrechens

Doch wenn man Staaten in einem Gebiet erobert, in dem eine andere Sprache gesprochen wird und andere Sitten und Gesetze herrschen, gibt es Schwierigkeiten. Man muss schon großes Glück haben und viel Geschicklichkeit aufwenden, um sie zu behaupten. Es ist besser draufgängerisch als bedächtig zu sein. Denn Fortuna ist ein Weib; um es unterzukriegen, muss man es schlagen und stoßen.

Niccolò Machiavelli, *Der Fürst*[1]

Was fällt leichter, als »Kolonisten, also Menschen unseres Schlages, mit ihrer Habe in ein oder zwei Länder zu senden, die wie Fesseln in diesem Land wirken«[2]? Im Jahr 1513, zur Zeit seiner Verbannung aus Florenz, denkt Machiavelli darüber nach, wie Herrschaftsgebiete am besten zu erwerben und die Herrschaft zu festigen sind. Er denkt dabei im Wesentlichen an europäische Staaten, doch schließt seine Erörterung ferner gelegene Gebiete in Afrika oder Asien, »die sich in Sprache, Sitten und Gesetzen von uns unterscheiden« nicht aus, denn er beschäftigt sich auch mit dem Osmanischen Reich und mit dem Alten Orient. Nur wenige Jahre nach der Abfassung von *Il Principe* (»Der Fürst«) stellt sich die dort erwogene Frage nach der Eroberung von Völkern fremder Sprache und Sitten nun für die Spanier und Portugiesen auf ganz drängende und pragmatische Weise. Diese stehen in Asien und Amerika vor der dreifachen Herausforderung, fremde Gesellschaften zu verstehen, zu erobern und die Herrschaft über sie zu festigen. Verstehen, erobern, herrschen, oder besser gesagt verstehen, um die Herrschaft zu erobern und zu erhalten. Wer sich nämlich irrt, der riskiert, mit dem Leben zu bezahlen. Cortés, Pires, Vieira und Calvo waren die ersten Europäer, die, fern von Spanien und Portugal, fern der vertrauten Welt des Mittelmeers und der antiken Welt, die Politik nicht mehr im Rahmen der christlich-islamischen Welt dachten. In dieser Hinsicht hätten sie einen Platz neben dem Verfasser des »Fürsten« verdient, wenn nicht Jahrhunderte des Eurozentrismus die Moderne von solchen exotischen Vorstellungen gereinigt hätten.

Die Kunst, Gesellschaften zu zerschlagen

Wie wird man Herr über Völker, von denen man so gut wie nichts weiß, die sich von uns in vielfacher Hinsicht unterscheiden, aber offensichtlich zivilisiert sind wie die Gesellschaften Chinas und Mexikos? Wie überwindet man die Hindernisse im Zusammenhang mit der eigenen und der fremden Zahl an Menschen, der Entfernung und der Unvorhersehbarkeit? Spanier und Portugiesen mussten zur gleichen Zeit auf diese Fragen eine Antwort finden. Anfangs folgten sie, ohne es zu wissen, dem Rat Machiavellis: »an einem oder zwei Plätzen Kolonien anzulegen, die gleichsam wie Fesseln in diesem Land wirken«.[3] Beide sind über das Meer gekommen und haben sich zunächst Brückenköpfe an der Küste eingerichtet, um Verbindung nach draußen zu halten, also im Fall der Spanier nach Kuba und der Portugiesen nach Malakka. Die Gründung der Villa Rica de Vera Cruz im Juli 1519 oder der Bau der Festung und des Hochgerichts von Tunmen im Jahr 1518 sind Beispiele für dieses Vorgehen. Pires und Cortés legen diese Posten zur Sicherung ihres Nachschubgebiets an, ehe sie den langen Marsch ins Herz der beiden »Reiche« unternehmen.

Es kommt darauf an, dass die politische Klugheit – die machiavellische *virtù* – die Unwägbarkeiten des Schicksals und das Unvorhersehbare der Situation meistert, und sei es auch durch Einsatz von Gewalt. Was die *virtù* betrifft, so ähneln sich Spanier und Portugiesen. Vergleichbares Vorgehen in taktischer und strategischer Hinsicht, annähernd gleiche Ziele, die Ambivalenz der gesamten Unternehmung – diplomatische Mission, Spionage oder erster Schritt zur Eroberung? – alles das verrät gewiefte Praktiker der Macht. Die Europäer verfügen über Trümpfe, sie sind beweglich, anpassungsfähig, wissen sich auch in neuen und unvorhersehbaren Situationen zu helfen. Was nun die Fortüne betrifft – damit meint Machiavelli die Umstände, das Schicksal, das Glück –, so wird sich herausstellen, dass sich die Verhältnisse in China als widerständiger erweisen als die in Mexiko.

Die Spanier und Portugiesen sind wie Machiavelli der Überzeugung, dass man zur Bezwingung der Gegenseite deren interne Zwiste ausnutzen muss und dass zum Erreichen seiner Ziele auch Gewaltanwendung notwendig ist. Dazu müssen sie die Konflikte und Differenzen innerhalb der Gesellschaften identifizieren und sich nach und nach mit ihnen vertraut machen. Recht schnell erkennt Cortés, welchen Vorteil er aus den

Ressentiments ziehen kann, die die Oberherrschaft des Dreibunds weckt. Er setzt auf die Gespaltenheit des Landes, weniger auf die »ethnischen« oder »kulturellen« Unterschiede – die selbstverständlich niemals mit diesen Begriffen bezeichnet werden – als vielmehr auf die Brüchigkeit der erst jüngst errichteten Herrschaft, die offenbar durch Drohungen, Erpressung und Waffengewalt errungen wurde. Wenn die Azteken aber nur durch die von ihnen verbreitetete »Angst«[4] Macht über ihre einheimischen Vasallen haben, dann heißt das auch, dass ihnen jede Legitimität fehlt. Das wiederum bedeutet, dass ein künftiger Einsatz von Gewalt, also die Eroberung, gerechtfertigt scheint. Cortés fällt die Aufgabe zu, die Ängste, die Mexiko-Tenochtitlan schürt, zu neutralisieren und aus den Vasallen Moctezumas Untertanen des Kaisers Karl V. zu machen. Zur Übertragung des Gehorsams ist jedes Mittel recht, ob Verhandlungen oder Gewalt. Viele indigene Stadtstaaten sind von der Schlagkraft der Neuankömmlinge so beeindruckt, dass sie ins Lager der Gegner des Dreibunds schwenken. Dieses Lager wird zunächst nicht als das Lager der Spanier oder gar der Sieger gesehen. Cortés braucht nur noch seine Männer, Streitrosse und Kanonen in den Dienst der neuen Verbündeten zu stellen, »gegen die Indios von Culua, das sind ihre Feinde und die unsrigen[5]«.

Nun geht es nur noch darum, sich auf Unwägbarkeiten einzustellen, Glücksumstände zu nutzen und dem Schicksal Hellsicht und Willensstärke, also die machiavellsche *virtù*, entgegenzusetzen. Von Anfang bis Ende und in jedem Augenblick erweckt Cortés den Eindruck, als beherrsche er die Situation, wende sie zu seinem Vorteil und bewältige eine Krise nach der anderen. Sein Weg, den er uns wie einen fehlerlosen Ritt präsentiert, hätte ihn als einen Musterschüler Machiavellis erscheinen lassen, wenn sich unser Mann viele tausend Kilometer fern von Europa nicht aus eigener Kraft zu dem gemacht hätte, was er durch die Bewältigung seiner Aufgabe geworden ist.

In China sind die Verhältnisse anders. Dabei haben sich auch die Portugiesen Mühe gegeben sich anzupassen. Vieira und Calvo haben die chinesische Gesellschaft einer Analyse unterzogen. Nach ihrer Ansicht liegt ihr ein Dualismus zugrunde. Das »Volk« *(povo)* steht den Mandarinen gegenüber, so wie bei Machiavelli der *popolo* den Großen *(grandi/nobili)* gegenübersteht. Das chinesische Volk wird ausgebeutet. »Die Leute sind sehr arm, die herrschenden Mandarine behandeln sie schlecht.« Die kleinen Leute leben in ständiger Furcht: »Die Leute werden so geknechtet, dass sie nicht wagen, den Mund aufzumachen.« Ein solches System lässt dem Volk keinen anderen Ausweg als die Rebellion gegen die Herrschenden. »Alle möchten sich erheben und sehnen die Portugiesen herbei.«[6] Bei Machiavelli ist es ebenfalls der Hass des Volkes, der die Machtstellung des Fürsten in Gefahr bringt und den sich dieser nicht zuziehen darf, denn »der sicherste Schutz des Herrschers besteht darin, beim Volk nicht verhasst zu sein«. Wer sich beim Volk unbeliebt macht, der verscherzt sich seine Zuneigung und sein »Wohlwollen«[7] und läuft Gefahr, von der Macht vertrieben zu werden. Die Portugiesen in Asien wussten nicht, dass Machiavelli in der Opposition von Volk und Herrscher die wesentliche Triebfeder der von ihm analysierten politischen Mechanik sah.[8] Freilich war dies schon im Mittelalter[9] eine gängige Einsicht. Die portugiesischen Chroniken, wie etwa diejenige von Fernão Lopes, betonten die Rolle des Volkes in der Auseinandersetzung mit den Mächtigen des Reiches und schilderten anschaulich »die Kämpfe der Kleinen gegen die Großen«.

Das portugiesische Volk erweist sich als entscheidender Faktor, mit dessen Hilfe der Herr von Avis, der künftige König Johann I., im Jahr 1385 an die Macht kommt. Der Rückhalt im Volk scheint für die neue Dynastie und folglich auch für die Königsmacht eine Selbstverständlichkeit zu sein.[10] Daher erstaunt es nicht, dass diese Ideen die Portugiesen bis Asien begleitet haben und auch in Kanton ihr Gemeingut bleiben. Die Gefangenen in Kanton sind wie der florentinische Machttheoretiker der Überzeugung, dass man sich nur mit dem »Volk« verbünden brauche, um die Zügel der Macht zu erringen. Mit dem Unterschied, dass die Großen des Reiches, mit denen es Vieira und Calvo zu tun haben, nicht die Adligen sind, sondern die kaiserliche Bürokratie – eine gesellschaftliche Gruppe und Institution von ungeheuren Ausmaßen, von denen weder Machiavelli noch all jene, die dem Römischen Reich nachtrauerten, eine Vorstellung hatten. Und das ist einer der Gründe, weshalb die Portugiesen bei ihrer Analyse der chinesischen Verhältnisse zu ganz anderen Ergebnissen kommen als Cortés in Mexiko. Und weshalb sie scheitern. In China ist der Gegner eine Klasse von Bürokraten, die Mandarine, für die es in Europa keine Entsprechung gibt. In Mexiko handelt es sich um das bekannte Phänomen einer Koalition mehrerer Staaten, die erst seit kurzer Zeit von den Azteken dominiert wird. Eine Gemeinsamkeit besteht aber, nämlich dass die Spanier und Portugiesen von der Angst, die die herrschende Macht im Volk verbreitet, ihren Vorteil zu ziehen beabsichtigen.

Die Portugiesen verweisen immer wieder darauf, wie brüchig die Herrschaft der Mandarine sei und wie zügellos diese das Volk ausbeuten. Die Massen seien bereit, sich bei der kleinsten Schwäche der herrschenden Bürokratie zu erheben. »Sie halten still, warten aber alle auf Veränderung, denn sie werden in einem Maße ausgebeutet, wie man es sich nicht vorstellen kann.« Der Auftritt portugiesischer Truppen würde China in einen Schockzustand versetzen und ein Chaos ausbrechen lassen: »In den Städten käme es zu Aufständen, mit Plünderungen und Gewalttätigkeiten in ihrem Gefolge, denn das Volk würde sich als Erstes der Mandarine entledigen und dann gäbe es keine Autorität mehr im ganzen Reich.« Die Portugiesen aus Malakka brauchten dann nur noch die Zügel der Macht ergreifen. Das geplagte Volk würde sie als Befreier empfangen. Mit einem Wort, das Volk liebe seine Herrschaft nicht, es hege nur Hass auf die Mandarine und sehne sich nach jeder Veränderung, die ihm die Freiheit bringt.[11]

Spanier und Portugiesen spielen sich in jedem Fall als Rächer der Entrechteten auf. In Mexiko denkt Cortés von der Zersplitterung der politischen Macht zu profitieren, indem er auf die Gegner des Dreibundes setzt, also in erster Linie auf Stadtstaaten, weniger auf interne Spannungen zwischen den Herrschenden und dem Volk.[12] In China soll der soziale Konflikt, um nicht zu sagen der »Klassenkampf«, die Herrschenden stürzen und den Eroberern zum Sieg verhelfen. Die Portugiesen führen ständig das Wort »Volk« im Mund und sprechen von unerträglichen Lebensbedingungen.[13] Vereinfachend könnte man sagen, dass die Spanier in Mexiko in einen Feudalkrieg geraten, bei dem es nur um Gefolgschaftswechsel geht, während die Portugiesen sich vorstellen, einen Volksbefreiungskrieg zu schüren.

In diesem Sinne möchte Vieira sogar eine Proklamation verfassen, welche »die Freiheit für jedermann im Land«[14] verkünden soll. Dabei verwendet er den Begriff Freiheit nicht zum ersten Mal. Doch um welche Freiheit handelt es sich? Man ist versucht, es in die Nähe der »Unabhängigkeit von der Tyrannei« zu rücken, von der Machiavelli und die Florentiner Humanisten sprechen, allerdings wissen wir zu wenig über das politische Denken in Portugal zu jener Zeit. Ein Volk ist frei, wenn es sich einer tyrannischen Herrschaft entledigt hat.[15] Was liegt näher, als in China die unzufriedenen Massen aufzuwiegeln, die sich dem erstbesten Führer anvertrauen? »Sie kennen keine Treue weder zum König noch zu Vater oder Mutter, sie folgen einfach dem Stärkeren.«[16] Diese Einschätzung mag überraschen, vergleicht man sie mit dem Bild der Machtfülle, mit dem gewöhnlich die Herrschaft der Ming verbunden wird. Das Urteil wird aber verständlich, wenn man sich daran erinnert, dass die Portugiesen seit der Eroberung Malakkas täglich mit Chinesen Umgang haben, die mit dem kaiserlichen Regime gebrochen hatten, oder mit Küstenbewohnern, die sich über die Gesetze hinwegsetzen, um mit Schmugglern und Piraten Geschäfte zu machen.

Was soll mit dem Herrn über China oder dem *Tlatoani* geschehen? Diese Frage stellt sich in Kanton wie in Mexiko. Über mehrere Monate verhandelt Cortés mit Moctezuma, ehe er ihn in seine Gewalt bringt und dann benutzt, um die Aufständischen in Mexiko zu beschwichtigen. Im Fall der Portugiesen in China geht es nicht direkt um die Person des Kaisers. Man hat es mit der Bürokratie in Kanton zu tun, während der kaiserliche Hof in Peking fern und unerreichbar bleibt. Und dennoch überlegt man, ob man den Ming-Kaiser zu einem Vasallen Lissabons machen könne. Das ist ja auch das erste Angebot, das die Spanier Moctezuma machen.

Wie konnten Spanier und Portugiesen die Widerstandskraft von ganzen Gesellschaften, die ihnen doch zahlenmäßig weit überlegen waren, so gering einschätzen? Weil sie der Auffassung sind, dass die Schwäche des Gegners nicht allein an den gegenwärtigen Umständen liegt. Sie meinen, dass die Herrschenden in China oder Mexiko nicht fest im Sattel sitzen, weil sie erst seit kurzem an der Macht sind oder weil ihre Legitimität bestritten wird. Es handele sich also um eine strukturelle Schwäche. Und die Betroffenen wüssten um diese Schwäche. Moctezuma selbst räumte ein, dass sich die Azteken als Zugewanderte sehen. »Sie stammten nicht aus dieser Gegend.«[17] Was die Chinesen betrifft, so sollen diese »eine schreckliche Angst haben, ihr Land zu verlieren«, weil ihre Besitzrechte fragwürdig seien.[18] Die Besucher scheuen sich nicht, ihre Gegner mit dem schlechten Gewissen und der Unruhe jener Herrschenden zu versehen, die ihre politische Schwäche kennen. Dies ist im Fall der Aztekenherrschaft durchaus zutreffend – denn es handelt sich um eine Erorberergesellschaft, die erst seit kurzem im Tal von Mexiko regiert und deren Legitimität bestritten wird –, während die Deutung der chinesischen Verhältnisse doch verblüfft, es sei denn, man hält die anderthalb Jahrhunderte der Ming-Herrschaft für noch relativ jung und bewertet die Probleme an der Nordgrenze als sehr hoch.

Der Vorteil der Waffen

Als ein weiterer Grund für die Instabilität der chinesischen Gesellschaftsordnung wird die Schwäche ihrer Truppen angesehen. Dies geht so weit, dass die Portugiesen eine Eroberung in Gestalt eines Blitzkrieges für möglich halten. Mit einem Dutzend Schiffen und einigen hundert bewaffneten Männern trauen sie sich zu, das Kartenhaus zum Einsturz zu bringen. Ähnlich sehen es die Spanier in Mexiko, nur schnell hat es zu gehen. Cortés muss die Machtverhältnisse zu seinen Gunsten entscheiden, indem er möglichen Bündnissen anderer Gruppierungen mit dem Dreibund zuvorkommt und unsicher gewordene Bündnispartner für sich gewinnt.[19] Es gilt, rasch und hart zuzuschlagen, ehe Mexiko-Tenochtitlan sich fasst und die Indio-Verbündeten erkennen, welche Gefahr die Spanier darstellen.

Dass die einheimischen Armeen trotz großer Zahl und regelmäßigem Ersatz der Truppen dennoch Schwäche zeigen, hat Spanier und Portugiesen verwundert. Sie äußern sich dazu in Mexiko und China unterschiedlich. Im Allgemeinen seien die Chinesen kein kriegerisches Volk: »Ihr Leben lang nehmen sie kein scharfes Messer in die Hand, um Nahrung zu schneiden.« Die Menschen aus dem Volk besitzen keine Waffen, weder Schwerter noch Bogen. Wenn sie einen Angriff fürchten müssen, vergraben sie ihre wenige Habe.[20] Im Kriegsfall verbarrikadieren sie sich in ihren Häusern und ergeben sich schließlich dem Sieger, wer es auch sei. Die Portugiesen haben gelernt, zwischen der Armee und dem chinesischen Volk zu unterscheiden. Anders in Mexiko: Dort ist jeder Indio ein potenzieller Krieger. Im Kriegsfall erweisen sie sich im Nahkampf als gefährliche Gegner, aber, und das ist ihre größte Schwäche, sie verfügen weder über Feuerwaffen noch Katapulte noch Pferde.

Die Feuerkraft der europäischen Artillerie versetzt die Bevölkerung in Mexiko wie in China in Angst und Schrecken. Die Europäer fühlen sich dadurch im Bewusstsein ihrer Überlegenheit bestätigt, obwohl die Geschosse beim Gegner oft mehr Angst als Schaden verursachen. Zahllos sind in den spanischen Chroniken die Schilderungen der Panik, die die Schüsse der Konquistadoren auslösen. Dass sich auch die Chinesen durch portugiesische Kanonen ebenso beeindrucken lassen, verwundert allerdings. »Sie legen einen Finger an den Mund, so erschrocken sind sie, denn sie sind leicht einzuschüchtern.« Die Chinesen haben keinen Mumm, da sind sich die Portugiesen ganz sicher.

Wozu hält sich der chinesische Kaiser dann eine Berufsarmee? In erster Linie, um gegen das Räuberunwesen und gegen Volksaufstände vorzugehen. Doch ihre Schlagkraft lässt sehr zu wünschen übrig. »Sie schießen mit Pfeilen, allerdings nicht sehr gut.«[21] Den Nachschub für die Truppen rekrutiert man unter gemeinen Kriminellen, die zur Strafe aus ihrer Heimatprovinz verbannt wurden und nur schlechte Soldaten abgeben. Vieira und Calvo stellen sie auf eine Stufe mit den portugiesischen *degredados*, das sind Verbrecher, die man in entlegene Gegenden verbannt. Die beiden Portugiesen schätzen die Truppenstärke auf 13.000 bis 14.000 Mann, von denen 3.000 in Kanton stationiert sind. Braucht man nicht 40.000, um auch nur einem Soldaten aus Malabar Paroli zu bieten? Die chinesischen Soldaten machen einen weibischen Eindruck: »Sie besitzen keinen Schneid, sie schreien nur viel.«

Da sind die mexikanischen Krieger aus anderem Holz geschnitzt. Freilich haben Cortés und seine Gefolgsleute auch allen Grund, die Tapferkeit des Gegners zu übertreiben – dann erstrahlt ihr eigener Ruhm umso heller. Dagegen sind die Portugiesen bestrebt, den Gegner abzuwerten, um Lissabon und Goa zu überzeugen, dass ein Waffengang in China ein Kinderspiel sei. Spanier und Portugiesen wissen, dass sie ihre Gegner aufgrund deren zahlenmäßiger Überlegenheit fürchten müssen, aber sie glauben fest, durch taktische Wendigkeit, überlegene Waffentechnik und Kampfesmut die gegen sie aufgebotenen Truppenmassen einschüchtern, ja in die Flucht schlagen zu können.

Eroberungspläne

Gleiche Ursachen, gleiche Wirkungen, oder doch annähernd. Der Aufstand der Indios gegen die spanischen Konquistadoren und die Repression, die die Portugiesen in Kanton zu spüren bekommen, veranlassen die Europäer, eine militärische Eroberung der Gebiete zu planen. Spanier wie Portugiesen bringen Gründe vor, um mit Waffengewalt eine nicht mehr tragbare Situation zu ihren Gunsten zu entscheiden. Da ist von der »Grausamkeit« und dem »Schurkentum« der Mandarine die Rede, sie würden nur schikanieren und die portugiesischen Schiffe ausplündern. Da prangert man den Treuebruch und die Raserei der Azteken an, die nach dem Tod Moctezumas ihrem Zorn freien Lauf lassen. Doch auch die tägliche Unsicherheit, in der die Europäer leben müssen, legt ihrer Ansicht nach eine militärische Lösung nahe. Diese Lösung scheint in Cortés' Geist oder besser gesagt in seinen Schriften auch deshalb ganz selbstverständlich, weil der Krieg nur die Ausgangslage wiederherstellt, also ein Akt der Notwehr ist. »In kürzester Zeit wird das Land wieder in dem Zustand sein, in dem ich es schon hatte.« Kann man gegenüber Kaiser Karl V. das Signal zum Eroberungsfeldzug einleuchtender begründen?

Auch die Portugiesen in Kanton konnten dieses Argument vorbringen, denn einige Jahre zuvor hatten die Chinesen ihnen auf der Insel Tunmen relative Bewegungsfreiheit eingeräumt. Ihrer Ansicht nach wäre eine Eroberung die Vergeltung für das Scheitern der Gesandtschaft, für gegebene und dann nicht gehaltene Versprechen, für das arrogante Verhalten der Mandarine. Vor allem aber bekämen die Inhaftierten wieder Hoffnung, den Kerker in Kanton zu verlassen. Sie haben den Eindruck, dass sie ihr weiteres Schicksal noch in der Hand haben. Angesichts eines Gegners, der sich durch nichts beschwichtigen lässt und sich nicht an Regeln hält, ist an ein Zurückweichen nicht zu denken, auch wenn Vorsicht geboten ist, um nicht, wie Cortés es ausdrückt, »die Meute noch weiter scharf zu machen und ihre Kühnheit anzustacheln«.[22]

Wie zum Angriff übergehen? Aus dem zweiten Brief von Cortés ebenso wie aus den Briefen Vieiras und Calvos geht hervor, mit welchen großen Plänen die künftigen Konquistadoren schwanger gehen. Im Fall der Spanier erhält Cortés die Gelegenheit – zufällig, könnte man sagen – und verfügt über die Mittel, seine Pläne in die Tat umzusetzen. Im Fall der Portugiesen bleiben die Pläne nur Papier. In beiden Fällen enthüllen die schriftlichen Quellen das Denken der Europäer, ihre Ziele und Absichten für die nahe und ferne Zukunft, fast so wie Kriminelle, die sich überlegen, wie sie am besten einen Coup landen. Wenn das Objekt der Begierde China oder Mexiko heißt, zeigt der Coup rasch ungeheure Ausmaße. Diesen Zug ins Ungeheure hält Peter Sloterdijk für ein Merkmal der europäischen Moderne: »Wir beginnen die Neuzeit als eine Epoche zu überblicken, in der durch menschliche Täter, durch Unternehmer, Techniker, Künstler und Konsumenten, Ungeheures bewirkt wird. Dieses Ungeheure wird weder durch die alten Götter geschickt noch durch die klassischen Monstren dargestellt; die Neuzeit ist das Weltalter des menschengemachten Ungeheuren.«[23]

Die »Stunde des Verbrechens« kommt schon bald, und das Verbrechen oder der Versuch dazu wird künftig globale Ausmaße annehmen. Was sich hier anbahnt, ist nicht mehr vergleichbar mit den Kriegen in Italien, nicht einmal mit den Barbareneinfällen oder dem Vordringen der Osmanen. Die Täter kommen von der Iberischen Halbinsel und sie schlagen in der gleichen Stunde, wenn auch tausende Kilometer voneinander entfernt, zu.

Der im Oktober 1520 aus Mexiko-Tenochtitlan vertriebene Cortés arbeitet zunächst daran, seine Truppen neu zu sammeln. Zunächst braucht er so schnell wie möglich Verstärkung von den Spaniern auf den karibischen Inseln. Auf Hispaniola (Santo Domingo) schickt er vier Schiffe aus, die »mit Pferden und Männern zu unserer Verstärkung zurückkommen sollen«. Er plant, noch vier weitere Schiffe zu erwerben, um Pferde, Waffen, Katapulte und Schießpulver, also alles für einen Eroberungsfeldzug Nötige heranzuschaffen. Gewiss, der Feind ist zahlenmäßig haushoch überlegen und er verfügt über befestigte Städte, auch scheint er entschlossen, die »Christen« auszurotten oder doch aus dem Land zu vertreiben. Aber mit der Verstärkung aus Kuba und Hispaniola will Cortés nach Mexiko zurückkehren, die Hauptstadt belagern und sie in »sehr kurzer Zeit« einnehmen. Er hat schon einen Angriffsplan, nämlich die Stadt vom Wasser aus anzugreifen, und dazu zwölf Brigantinen in Bau gegeben. Die Schiffe werden in vorgefertigten Einzelteilen von Trägern über Land transportiert und in Mexiko selbst zusammengesetzt. In der Zwischenzeit gründet er eine *villa de Españoles,* samt Festung, die den Verbindungsweg zwischen dem Golf von Mexiko und dem Kriegslager sichern soll.[24]

Die Portugiesen in Kanton müssen die Eroberung im Dunkel ihres »Höllenkerkers« planen. Sie bleibt allerdings der Traum von Gefangenen, die nach Rache dürsten und die ihre Machtlosigkeit nur schwer ertragen. Die Pläne werden unter schwierigsten Bedingungen geschrieben, ohne Wissen der chinesischen Bürokraten und selbst der Diener, die ihnen das Essen bringen. »Ich kann nicht länger schreiben, denn meine Hand ist ganz mit Wunden bedeckt, die wieder aufgehen«, schreibt Vasco Calvo am Ende seines ersten Briefes »aus der Haft des Provinzrichters«. Und er fügt hinzu: »Alle meine Glieder schmerzen, außerdem habe ich keine Feder, wie wir sie benutzen, sondern nur einen chinesischen Pinsel zum Schreiben. Das macht sich in den Briefen bemerkbar.«[25]

Vieira und Calvo ersinnen dennoch einen Eroberungsplan, der an Härte demjenigen eines Hernán Cortés in Mexiko in nichts nachsteht. Die beiden müssen ihr Vorhaben hunderte Male im Kopf durchgespielt haben. Um der tristen Gegenwart zu entkommen, wenden sie sich ganz der Zukunft zu. Sie wissen selbstverständlich auch, dass sie im Fall des Scheiterns der Eroberung mit ihrem Leben bezahlen müssen. Denkt der aus Mexiko vertriebene Cortés nach dem Fiasko der *Noche Triste* denn anders? Seinem zweiten Brief an Karl V. (Oktober 1520) fehlt der triumphale Ton, der ihm erst später aus der Gewissheit des Erfolgs in die Feder fließt. Der Konquistador und seine Männer sind beim Aufstand der Azteken dem Untergang nur um Haaresbreite entgangen, und wenn die einheimische Bevölkerung die Niederlage der Spanier zu nutzen weiß, dann ist es um die Träume von Gold und Ruhm geschehen – und auch um ihr Leben. Die Eroberungspläne der Spanier und Portugiesen sind daher auch Hilferufe an ihre fernen Könige daheim.

Das von den Portugiesen zu erobernde Gebiet sollte sich auf die Provinz Kanton und die Südküste Chinas beschränken. Dass gleich auch ein Einmarsch in Südchina erwogen wird, ist gar kein realistisches Ziel, sondern soll lediglich gegenüber Lissabon die Machbarkeit einer begrenzten Intervention verdeutlichen. Zu Beginn will man das Mündungsgebiet des Perlflusses unter portugiesische Kontrolle bringen und so viele gegnerische Schiffe wie möglich zerstören. Da der erste Versuch mit dreihundert Mann keinen Erfolg gebracht hat – das ist eine Anspielung auf das Scheitern der Mission von Afonso de Melle im Jahr 1522 –, sollten es diesmal zwei- bis dreihundert Mann mehr sein. Dann könne man die Siedlungen auf den Inseln im Mündungsgebiet angreifen, zum Beispiel

Nanto, die Flüsse hinauffahren, die befestigten Plätze zerstören und die Chinesen in Angst und Schrecken versetzen. Die Ufer der Flüsse müssten »in Brand gesetzt werden, damit die portugiesische Artillerie freies Schussfeld bekommt und sich die Chinesen nicht dort verschanzen und aus der Deckung Pfeile auf uns abschießen«. Und damit nicht genug. »Feuer muss überall gelegt werden, nicht ein einziges Haus darf stehen bleiben.«

Alles ist schon genauestens festgelegt. Wie die Artillerie zu verwenden ist, wo die Landung stattfinden soll, nämlich in der Nähe des Hauptstadttores von Kanton, wie drei Geschütze in Stellung zu bringen sind, um die kupferbeschlagenen Torflügel zu zerstören.[26] Bei günstigem Wind sollte man in einem halben Tag und noch am Abend in Kanton ankommen. Im Süden der Stadt befänden sich genug Vorräte zur Versorgung von 20.000 Mann mit Fisch, Fleisch und Reis. Zwischen Nanto und Kanton biete Anung-hoi eine windgeschützte Reede für die Schiffe, in der Nähe gebe es genug Quadersteine, um eine Festung wie in Goa zu errichten. Die portugiesische Flotte werde die Flussufer im ganzen Delta säubern. Die Mandarine werden sich ergeben, möglicherweise lassen sie auch die Stadt evakuieren und entziehen sich selbst durch die Flucht. Dann fällt Kanton in portugiesische Hand.

Für diesen Waffengang seien keinesfalls gewaltige Mittel erforderlich. Gleiches gilt übrigens auch für die Eroberung Mexikos, für die es keines Nachschubs aus Spanien bedürfe. Nach Calvos Schätzung reichen circa tausend Mann. Mit einer einzigen portugiesischen Galeone zwingt man die Stadt in die Knie. Vieira, der mit Bewaffneten nicht so geizt oder weil er realistischer ist, schätzt die nötige Truppenstärke auf zwei- bis dreitausend Mann. Sind erst einmal die Stadtmauern und die Wachen überwunden, stehen die Paläste der Mandarine zur Plünderung offen, dort gibt es Gold, Silber und Waren aller Art. Als Erstes stürmt man den Palast des obersten Steuerbeamten *(pochenci),* in dem sich der königliche Schatz *(fazenda do rei)* befindet, dann das Gefängnis des Gouverneurs der Präfektur Kanton *(conchefaa oder chanchefu)*, dann die Faktoreien. Die Schatzsuche, die die Portugiesen in der Phantasie vorwegnehmen, erinnert an eine Episode der Plünderung Mexiko-Tenochtitlans, als die Spanier alles daransetzen, den in den Fluten des Sees versenkten Indio-Schmuck zu finden. Ferner wird man auch die Reisvorräte beschlagnahmen und sie später an die hungernden Einwohner verkaufen, denn die

Stadt wird mit dem Ausbruch der Feindseligkeiten von der Versorgung abgeschnitten sein. Einen Teil der Reisvorräte behält man als Naturallohn für die Arbeiter, die die Festungen bauen sollen. Dabei wird man darauf achten, sie großzügiger zu bezahlen als es die Mandarine taten, ohne dass das den König in Lissabon auch nur einen Real kostet.[27]

Die Formen bleiben dennoch gewahrt. Ehe es zum Krieg kommt, wird eine Botschaft, ein *recado,* an die oberste staatliche Behörde in Kanton geschickt. Dies übernimmt ein kleiner »Kaffernneger«, über dessen Schicksal man lieber kein Wort verliert. Die Form entspricht dem *requerimiento,* das die Spanier in Amerika anwenden. In dem Schreiben wird auf die infame Behandlung des Gesandten Tomé Pires hingewiesen, ferner geht es um ungerechtfertigte Beschlagnahmungen portugiesischer Güter, um Beschädigungen der Schiffe und um Angriffe auf portugiesische Soldaten. Sollte der Gesandte nicht freigelassen werden oder sollte eine Antwort zu lange auf sich warten lassen, folge die rücksichtslose Vergeltung.[28] In China wie in Mexiko wird eine unmissverständliche Drohung ausgesprochen.

Die Stunde des Verbrechens oder der blutige Krieg

Spanier und Portugiesen wissen, dass das beste Mittel, die Macht an sich zu reißen, darin besteht, die Bevölkerung in Angst zu versetzen. Cortés' Männer gefallen sich in immer neuen Beispielen für die Kunst, Schrecken zu verbreiten. Schon beim ersten Kontakt mit den Indios von Tlaxcala kommt es zu Gräueltaten. Wenig später in Izucar werden »rund hundert Moscheen und befestigte Gebetshäuser in Schutt und Asche gelegt«.[29]

Auch die Portugiesen sind wie Cortés entschlossen, einen gnadenlosen Krieg zu führen, »um den Chinesen Angst zu machen«. »Man gehe ungesäumt mit Feuer und Schwert gegen sie vor, denn das verdienen Eure Feinde, Hoheit.«[30] Mit Bezug auf Nanto an der Mündung des Perlflusses heißt es: »[…] man muss den Ort einnehmen und in Brand stecken, alles muss in Flammen aufgehen. Das muss den Bewohnern von Anfang an klar sein.«[31] Man denkt an »Verheerungen schlimmster Art, um den Bewohnern Furcht einzuflößen«. Das läuft auf die Anwendung der Taktik der verbrannten Erde hinaus: »Nichts Chinesisches darf dem Feuer entkommen.« Alle Schiffe, die nicht zu Kriegsschiffen umgebaut werden können, sollen ein Raub der Flammen werden. Als Maxime ihres Handels sollte ein Satz gelten, dem auch die Männer des Cortés gefolgt wären: »Der Krieg soll, wo immer das möglich ist, ohne jede Rücksicht geführt werden.«

Die portugiesischen Waffen werden eine solch verheerende Wirkung haben, dass das Volk vor den grausamen Mandarinen keine Furcht mehr haben wird. Um die chinesischen Truppen in Schach zu halten, genügt es, »die Zähne zu zeigen«. Grenzenlos ist das Vertrauen der Portugiesen in die Feuerkraft ihrer Waffen. »Diese Leute können sich nicht wehren. Sie brauchen nur den Donner der Geschütze hören, dann laufen sie über und hören auf die Befehle der Portugiesen.«[32] Allerdings müssen sämtliche Kampfhandlungen so zügig wie möglich ausgeführt werden, damit der Provinzführung keine Zeit bleibt, sich zu fassen oder Verstärkung heranzuholen.

Die Nachkriegszeit in Kanton

Die Besatzungstruppen werden durch zwei noch zu errichtende Festungen Kanton unter ihre dauerhafte Kontrolle bringen. Zunächst baut man eine befestigte Siedlung im Norden, von wo aus die portugiesische Artillerie den Stadtkern im Visier hat. Die Pagoden im gesamten Umkreis liefern dazu ein hervorragendes Baumaterial. Wie in Mexiko-Tenochtitlan steht die Zerstörung der heidnischen Tempel auf der Agenda. Eine zweite Festung vervollständigt die Wehranlagen. Sie wird am Wasser, an der Schiffsanlege der Mandarine ihren Platz finden. Die Stärke der Garnisonstruppe, ihr Ersatz alle drei bis vier Monate, alles ist schon geplant und durchgerechnet. Die Truppe wird auch die Bewachung der Stadttore übernehmen. Für die Überwachung der Einwohner will man einheimische »Nachtwächter« rekrutieren, denn »das ist hier der Brauch. Die Wächter erhalten Trommeln aus den Häusern der Mandarine.«[33]

Die Festungen werden innerhalb von wenigen Tagen mit den hier überall verfügbaren Quadersteinen, dem Bauholz und Mörtel gebaut, und zwar von einheimischen Arbeitskräften, die in Hülle und Fülle vorhanden ist. Letztere beschäftigen die Portugiesen sehr. Aus den chinesischen Massen lassen sich gehorsame, flinke und billige Arbeitskräfte gewinnen, von denen man profitieren sollte. Die Scharen, die sich um den Dienst für die Europäer drängen werden – »es kommen sicherlich hunderttausend« –, werden Galeeren, Galeonen und, warum nicht, wie in Mexiko auch Brigantinen bauen. Die Bewachung der Stadttore, die nächtliche Schließung, die Aufstellung der portugiesischen Garnisonen, die Reglementierung der Einwohnerschaft, alles ist bereits geplant, über alles ist unter Vieira, Calvo, Tomé Pires und anderen in den langen Tagen ihrer Haft diskutiert worden. Ein Plan, der im Geschwindschritt in die Tat umgesetzt werden kann. »Die Ausführung braucht weniger Zeit als die Tinte zum Trocknen.«

Wie kann sich der Besatzer in der Region behaupten? Die Portugiesen von Kanton planen, in allen Siedlungen kleine Forts zu errichten. Zur Kontrolle der Küste und der Inseln wird in jeder großen Stadt eine Festung gebaut und ein halbes Tausend Portugiesen patrouilliert auf dem Meeresarm. Siedlungen an den Flüssen erhalten ebenfalls Forts und Garnisonen jeweils zu fünfzig Mann, die man aus Indien herbeiholen und auch mit dem Eintreiben der Steuern betrauen wird: »Alle erhalten ein Amt und alle werden damit reich, ganz so, wie es im Land üblich ist.« Denn man lässt so weit wie möglich alles beim Alten, man hält sich an die Sitten und Gebräuche des Landes. Die chinesischen Massen werden weiterhin vor der Obrigkeit im Staub liegen, damit sie ihre guten Manieren nicht verlernen. Für die geringste Übertretung setzt es Hiebe mit der Peitsche, »denn das Volk ist schlecht«.[34]

An der Stellung des Königs von China wird nicht gerührt, wenn er sich vernünftig zeigt und jährlich eine Schiffsladung Silber als Tribut leistet, damit die Unruhe nicht auf seine anderen Provinzen übergreift. Mit anderen Worten, wenn er Manuel von Portugal, den die Chinesen als den »König der Diebe« bezeichneten, als seinen Lehnsherrn anerkennt. Das Gleiche haben, wie bereits erwähnt, anfangs auch die Spanier Moctezuma angeboten, als sie ihn aufforderten, Karl V. anzuerkennen. Die maßlosen Ansprüche, die an beiden Enden des Globus von den Europäern vorgebracht werden, bestätigen, dass die Stunde des Verbrechens gekommen ist.

Das koloniale Projekt

Die Eroberung muss sich mittel- und langfristig rentieren. Die Region Kanton erscheint als Gans, die goldene Eier legt: »Die Provinz hat große Bedeutung und verspricht hohe Gewinne.« Nach grober Schätzung könnte die Stadt 50.000 Tael Silber und die umliegenden kleineren Städte 20.000 bis 30.000 abwerfen. Die Städte des Mündungsgebiets allein betrachtet würden schon erhebliche Gewinne bringen. Mit dem in Hülle und Fülle vorhandenen Ingwer und mit dem sehr feinen Zimt kann man die Laderäume der portugiesischen Schiffe füllen. Kanton, diese schöne und volkreiche Stadt, wird die portugiesische Krone am Ende weniger gekostet haben als Goa. »Nirgendwo sonst auf der Welt bietet sich ein so reiches Land zur Eroberung an, und je mächtiger unser Stand in dieser Weltgegend ist, desto größeren Gewinn ziehen wir daraus.«

Der Krieg, in dessen Gefolge der Außenhandel zum Stillstand kommt, wird Unruhe ins ganze chinesische Reich bringen. Als Reaktion auf die wirtschaftliche Not wird sich die Provinz Kanton erheben und das Innere des Reiches wird folgen.[35] Vieira ist sich bewusst, welche Spannungen die kaiserliche Entscheidung verursacht hat, die Provinz für Ausländer zu sperren. Mit ihrem Einmarsch würden die Portugiesen Feuer an die Lunte legen und das ganze Reich der Mitte zur Explosion bringen. Den Verantwortlichen in den Porzellanfabriken und Seidenspinnereien im Landesinneren könne nicht verborgen bleiben, welchen Nutzen sie aus dem Handel mit den Portugiesen zögen, wenn sie für sie produzierten.

Das Ziel der Portugiesen geht über einen bloßen Beutezug weit hinaus. Was Calvo vorschwebt, ist die systematische Ausbeutung der Ressourcen der Region im größeren Rahmen eines Asiens unter portugiesischer Ägide. Dazu braucht es »eine weitere *casa da India*«, Gold und Silber müssen nach Indien geliefert werden, wenn dort Mangel an Edelmetall herrscht; gleiches gilt für Rohstoffe, »Kupfer, Salpeter, Blei, Kalialaun, Werg, Hanfseile, Eisen, Erdpech und Eisenwaren aller Art«. Sollte es in Portugiesisch-Indien an Schiffen fehlen, kann man sie (»Galeeren, Galeonen«) in China bauen lassen, Holz gibt es hier genug, ebenso Schreiner, denn die »vermehren sich wie Ungeziefer«, und sonstige Handwerker. Ohne dass man von den Portugiesen, die sich hier niederlassen, irgendetwas im Gegenzug fordern würde. Für den Pfeffer aus Pazem, Pedir (Sumatra), Pattani und Banda müsste man eine große Faktorei eröffnen; das

Monopol für den Gewürzhandel erhielte die portugiesische Krone. Diese Faktorei würde sich rasch mit chinesischen Waren füllen, mit denen sich glänzende Geschäfte machen ließen.[36]

Wenn man die Region erst einmal unterworfen hat, kann das portugiesische Aktionsfeld ausgeweitet werden. Von der Provinz Kanton aus könne man mit einer Flotte von 40 Schiffen und 600 bis 700 Mann man nach Fujian vorstoßen. Fujian würde ebenfalls Vasall des Königs von Portugal werden und alljährlich eine Schiffsladung Silber nach Lissabon schicken. Am besten wäre es, wenn man sich die Reichtümer des Landes teilte, die eine Hälfte für die Krone, die andere Hälfte für die Eroberer. Bei dieser Unternehmung gebe es nur Gewinner: »Man erhielte ein zweites Indien mit der Aussicht auf ähnlichen Reichtum und das für lange Zeit. Mit wachsender Bevölkerung stiegen auch die Gewinne, zumal sich die Herrschaft im Land immer mehr festigen würde. Alle Portugiesen könnten zu Reichtum gelangen, denn das Land eignet sich dafür bestens.« Nach der Eroberung des »Gouvernements Fujian« stehen als Nächstes die Ryūkyū-Inseln auf der Tagesordnung. Die Bewohner dieser Inselkette treiben schon lange heimlich Handel mit der chinesischen Küste, Ryūkyū ist daher zur Drehscheibe der ganzen Region geworden. Hier ist Gold, Kupfer und Eisen reichlich vorhanden und außerdem treten die Händler als Großaufkäufer von Pfeffer auf.

Die Portugiesen wissen noch nicht, dass Ryūkyū das Tor für eine weitere politische Macht in der Region ist. Dahinter steht Japan, das Cipangu des Marco Polo und des Kolumbus. Mit ihrem Vorhaben, die ganze Südküste Chinas zu besetzen, treten die Portugiesen in die Fußstapfen all jener Kaufleute, die vor ihrer Ankunft Malakka als Handelsplatz nutzten und nun in Pattani einen Ersatz gefunden haben.[37] Mit anderen Worten, die Portugiesen im Kerker von Kanton planen die Übernahme des gesamten Handels im Chinesischen Meer. Das schwebte wohl ursprünglich König Manuel vor und daran haben die Portugiesen schon gearbeitet, als sie die Siamesen, die sich Kanton annähern wollten, in die Schranken verwiesen.

Last but not least denkt man daran, qualifizierte Arbeitskräfte aus China in die portugiesischen Kolonien in Indien zu schaffen – sozusagen die Verlagerung von menschlichen Ressourcen. Auf diese Weise könnte die Provinz Kanton noch stärker in das asiatische Handelsimperium der Portugiesen integriert werden. Man stellt sich schon vor, wie chinesische

Handwerker »Schreiner, Maurer, Schmiede, Dachdecker, Säger, kurz Handwerker aller Zünfte mitsamt ihren Frauen«[38] auf portugiesischen Schiffen in die Städte am Indischen Ozean gebracht werden. Anders verhält es sich in Mexiko, denn dort müssen die Spanier die einheimischen Arbeitskräfte erst ausbilden, ehe sie als Schmiede, Weber oder Bäcker ihre Arbeitskraft ausbeuten können.

Die harte Schule der Kolonisation

Die eroberte und zum Teil zerstörte Stadt, ob sie nun in China oder in Mexiko liegt, soll den Stempel der Sieger tragen. Sie muss sich den militärischen, wirtschaftlichen und politischen Erwartungen der Europäer anpassen. Spanier und Portugiesen nehmen die bei den Kampfhandlungen entstandenen Zerstörungen zum Anlass, überall die Struktur der Stadt neu zu ordnen. Sie sind entschlossen, in China und Mexiko die Tempel und Paläste der Einheimischen Stück für Stück abzutragen und das Material zum Bau von Festungen zu verwenden. In Mexiko, wo die Eroberer auch Pläne zur Missionierung des Landes hegen, was den Portugiesen in China völlig fernliegt, will man aus den Steinen der »Moscheen« christliche Kirchen errichten.

Zur Arbeit auf den Baustellen werden einheimische Arbeitskräfte in großer Zahl herangezogen. Die Städte werden aber nicht vollständig nach europäischem Vorbild umgebaut. Im Fall von Kanton ist daran gedacht, sich die indische Architektur zum Vorbild zu nehmen. Eine der beiden dort geplanten Festungen soll der Festung von Calicut gleichen, die 1513 im Einvernehmen mit dem dortigen Herrscher errichtet wurde.[39] Im Fall Mexiko-Tenochtitlans ist es so, dass Cortés' Entscheidung, aus der eroberten Residenz der Azteken die Hauptstand von Neuspanien zu machen, den Gedanken an eine Ausradierung der Stadt verbietet, auch wenn die alte Metropole unter der Belagerung sehr gelitten hat.

Die geschichtliche Stunde, in der jahrtausendealte Traditionen aufeinanderprallen und sich militärisch messen, hat in Amerika ein urbanes Gebilde entstehen lassen, das es so vorher nicht gegeben hat: die nach europäischen Vorstellungen erbaute koloniale Stadt. Die Städtebauprojekte der Portugiesen bleiben virtuell. Kanton wird nicht zerstört und seine

Bewohner erfahren nichts von dem Schicksal, das man ihnen bereiten wollte. Und Peking setzt seine Besucher vor die Tür. Anders die Spanier in Mexiko. Sie erobern Tenochtitlan, marschieren in eine in Trümmern liegende Stadt ein und tun alles für einen Wiederaufbau. Die Kriegsschäden sind kaum abzuschätzen. In der wochenlangen Belagerung waren Wohnhäuser, Straßen, Paläste und Tempel dem Beschuss durch spanische Artillerie und dem Fraß der Flammen ausgesetzt. Der Untergang der Aztekenmetropole ist gleichbedeutend mit dem Tod ihrer Verteidiger bzw. dem Exodus der Überlebenden. Das Ende von Tenochtitlan hinterlässt einen Schock bei den Indios, dessen Tragweite kaum zu ermessen ist.

Dem *altepetl* ist aber ein zweites Leben beschert, indem es zum Modell der Kolonialstadt wird, das in unterschiedlichen Varianten auf dem ganzen Kontinent entsteht und weiterlebt. Die Spanier begnügen sich allerdings nicht mit der Befestigung eroberter Städte, wie es die Portugiesen in China geplant haben, oder mit dem Umbau bzw. der Umwidmung vorhandener Bausubstanz, wie sie es selbst in Tenochtitlan unternehmen werden. Sie gründen auch neue Städte und betreiben damit ein Programm systematischer Besetzung des Territoriums. Dabei lassen sie sich von dem Gedanken leiten, den Cortés selbst so formuliert: eine Region aussuchen, die »sich besonders gut für die Kolonisierung eignet«, Orte für die »Gründung von städtischen Siedlungen bezeichnen, sie anlegen und dort eine Festung errichten«.[40]

Mit den Städtegründungen führen die Eroberer auch Ortsnamen europäischer Herkunft in die Neue Welt ein, und diese Namen koexistieren bis auf den heutigen Tag mit den einheimischen Bezeichnungen in Verbindungen wie Puebla de los Angeles, Valladolid de Michoacan, Antequera de Oaxaca usw. Die kolonialen Namensschöpfungen sind nur die sichtbare Spitze einer umfassenden Inbesitznahme des Landes, seiner Bewohner und der Natur. Das Ergebnis dieser Besitznahme ist Lateinamerika.

Wir dürfen indes nicht glauben, dass Spanier und Portugiesen nur die Karte der *Conquista* oder die der Diplomatie zur Verfügung hatten. Unsere Darstellung legt das Augenmerk auf zwei Fälle, die hinsichtlich der geographischen Lage und der Resultate konträr zueinander liegen. Sie setzt die Erfolge im Westen in Beziehung zum Scheitern im Osten und umgekehrt. Anders erlangt man keine umfassende Sicht auf die erste Etappe der Globalisierung, deren Akteure Spanier und Portugiesen sind. In den letzten Jahren des 15. und zu Beginn des 16. Jahrhunderts tasten sie sich in verschiedene Weltgegenden vor und versuchen auf unterschiedliche Art und Weise dort Fuß zu fassen. Man weiß, welches Lehrgeld die Spanier in der Karibik zahlen mussten. Afrika zeigt wieder andere Formen der Koexistenz.

Seit 1489 unterhielten die Portugiesen weitgehend friedliche Beziehungen zum Königreich Kongo, solange sich das Land der Oberherrschaft Lissabons unterstellte. Zu kriegerischen Handlungen oder zur Invasion kam es nicht, nicht einmal Tributzahlungen wurden verlangt, nur die Schaffung symbolischer Beziehungen, mit denen die Überlegenheit der portugiesischen Krone über die »barbarische Provinz« anerkannt wurde.[41] Zum Bündnis mit dem europäischen König und zur Verbreitung des christlichen Glaubens gesellte sich eine Art »didaktischer Kolonialismus«,[42] eine Akkulturation ohne Zwang. Dazu wurden die Eliten in der Metropole erzogen und das afrikanische Königreich in technischer, militärischer, juristischer und administrativer Hinsicht den europäischen Verhältnissen angeglichen. In diesem Zusammenhang spielte die Verbreitung der Schrift eine wesentliche Rolle. Dieses koloniale Projekt wurde freilich durch die Exzesse der portugiesischen Kolonisten in Afrika zunichtegemacht, denn diese Leute waren in erster Linie zum Sklavenfang ins Land gekommen und nicht zur Zivilisierung des Königreichs Kongo. Auch betrieben sie Waffenschmuggel und scherten sich nicht um das Wohl der Einheimischen. Trotz solcher Auswüchse ließ der König von Kongo nicht von seinem katholischen Glauben, denn 1539 wandte er sich an Papst Paul III. und unterwarf sich in allem seinem päpstlichen Urteil.

Die Entwicklung im Kongo unterscheidet sich sowohl vom chinesischen wie auch vom mexikanischen Abenteuer: weder Fiasko noch Eroberung, stattdessen die krummen Wege der Korruption und des Geschäftemachens vor dem Hintergrund einer christianisierten einheimischen Elite. Auch hier haben die Anfänge der Globalisierung im 16. Jahrhundert allen Beziehungen der Europäer zum Rest der Welt ihren bleibenden Stempel aufgedrückt. Zwar haben die Portugiesen außer dem Kongo noch andere Gebiete Afrikas kolonisiert, aber dieses Beispiel zeigt, dass Afrika neben der Neuen Welt und dem Fernen Osten eine durchaus gewichtige Rolle gespielt hat und nicht nur durch seine Exporthäfen für Sklaven und Elfenbein. Dem Historiker bleibt die Aufgabe, Vielfalt,

Einzigartigkeit und Komplexität der Beziehungen, die schon in dieser frühen Phase ein dichtes globales Netz bilden, in gebührender Weise zu würdigen.

Der Platz der Weißen

> Der Platz der Weißen war bereits vorgesehen in einem System, das auf dem Prinzip der Zweiteilung beruht. Danach müssen Stufe um Stufe die Terme wiederholt werden, sodass also mit der Erschaffung der Indianer durch den Weltschöpfer notwendigerweise auch Erschaffung der Nicht-Indianer folgen musste.
>
> Claude Lévi-Strauss, *Die Luchsgeschichte*

Mit Beginn des 16. Jahrhunderts sind China und Mexiko feste Größen in der Vorstellungswelt der Europäer. Gilt das auch umgekehrt? Oder haben wir es hier mit einem besonderen Merkmal der lateinischen Christenheit zu tun und mit einer Bedingung der europäischen Moderne, nämlich den Rest der Welt in Sprache, Bilder und Landkarten zu verwandeln. Tatsächlich dürfte es sehr schwerfallen, die Vorstellungen zu rekonstruieren, die sich die Chinesen und Indios von den Ländern der Iberischen Halbinsel gemacht haben, wenn wir einmal annehmen, dass dergleichen existiert hat. Asiaten und Indios stellten sich Fragen über das Wesen und die Herkunft dieser Besucher, aber sie konnten sich nicht mit den Europäern messen, die mit der festen Absicht um den halben Globus gesegelt waren, neue Länder, neue Völker und, mehr noch, neue Reichtümer zu entdecken.

Die Sicht der Besiegten

Die Indios, die im weiteren Verlauf des 16. Jahrhunderts nach Spanien geschickt werden, machen sich ein Bild von der lateinischen Christenheit. Diejenigen, die in Mexiko bleiben und dort missioniert und hispanisiert werden, lernen Vorstellungen über das Herkunftsland ihrer Kolonisatoren kennen. Durch Bücher, Landkarten und Gespräche mit Spaniern verschaffen sie sich nach und nach ein Wissen über das andere Ufer des Atlantiks. Doch es fehlt jede Spur von ihren Versuchen, sich ihrerseits ein Bild von jenen fernen Ländern zu machen. Die im 17. Jahrhundert entstandenen Schriften des Indio-Gelehrten Chimalpahin erweisen sich in den Passagen, die Europa zum Thema haben, als bloße Paraphrasen der Werke, die er gelesen hat. Vor allem übernimmt er die Informationen, die der deutsche Verleger und Kosmograph Heinrich Martin seinen Lesern in Neuspanien zur Verfügung gestellt hat.[1] Mit anderen Worten, kein Indio hat uns seine persönliche Vorstellung von Spanien und Europa überliefert. Die Vorstellungen, die ohne Zweifel auf Seiten der indigenen Bevölkerung entstanden sind, erhielten keinen schriftlichen Ausdruck, weshalb die Sicht der Europäer ohne Entsprechung seitens der Indios geblieben ist.

Man kann Bruchstücke dieser indianischen Vorstellungswelt in bestimmten Texten in Nahuatl aufspüren, so etwa in den *Cantares mexicanos.* Diese Gedichte knüpfen in kolonialem Gewand an die Tradition der indianischen Barden vor Ankunft der Spanier an. In einer hinreißenden Sprache geschrieben, beschwören die Verfasser an einer Stelle das Bild des päpstlichen Rom, ein indianisches Rom mit Palästen, dessen Wände mit goldenen Schmetterlingen bemalt sind.[2] Bei spanischen Festen in Mexiko hat man auch szenisch oder allegorisch die Welt des Mittelmeers oder des Orients zur Anschauung gebracht, etwa die Insel Rhodos oder Jerusalem. Bei den Trauerfeiern aus Anlass des Todes Kaiser Karls V. wurden mehrere Episoden der europäischen Geschichte dargestellt. Anhand solcher Bruchstücke und Momentaufnahmen kann man eine vage Vorstellung gewinnen, wie das Bild ausgesehen hat, das sich die Indios von der Heimat der Eroberer gemacht haben. Freilich bleibt eine Kluft zwischen der Vorstellung, dass es im Osten eine andere Welt gibt, und der konkreten, empirischen Kenntnis des Zentrums der Christenheit. Damit wollen wir keineswegs suggerieren, dass die Europäer über eine Klarsicht verfügen, die den anderen fehlt. Die im Zeitalter der Renaissance lebende indianische Bevölkerung hat aber den Kampf um die Herrschaft des Blicks verloren. Die Indios besaßen nicht die Fähigkeit, ein umfassendes Bild ihrer Welt zu schaffen und an die Europäer weiterzugeben – bis auf wenige Ausnahmen haben spanische Missionare und Geschichtsschreiber diese Aufgabe an sich gerissen. Mehr noch, der Westen besitzt weiterhin das Monopol, Klischees zu prägen und sie dem Rest der Welt aufzunötigen. So sind die im 16. Jahrhundert entwickelten Bilder der aztekischen Welt heute durch Klischees von einem touristischen und gastronomischen Mexiko ersetzt worden. Immer ist es der Westen, der das Bild des Anderen prägt, allerdings oft mit dem Zutun des Betroffenen.

Und die Chinesen, haben sie den Willen, mehr über ihre europäischen Besucher zu erfahren? Hier liegen die Dinge ganz anders. Die Indios, die erst angegriffen, dann besiegt und schließlich kolonisiert wurden, hatten ein Interesse daran, ihre aggressiven Gegner genauer kennen zu lernen. Nicht so die Chinesen. Der Auftritt der Portugiesen in China hat zwar Spuren hinterlassen, die aber nicht vergleichbar sind mit dem Schock der Eroberung Mexikos durch die Spanier. In der amtlichen Geschichtsschreibung des Reiches der Mitte gibt es Belege für eine gewisse Neugier für die Fremden, aber dahinter steht keineswegs der Wille, den anderen systematisch zu beschreiben und zu verstehen. Wie schon erwähnt, betrachten die amtlichen Vertreter die Neuankömmlinge und beschreiben deren Äußeres: die Körpergröße, die Hautfarbe, die Form der Nase und der Augen, das Kopfhaar und die übrige Behaarung.[3] Darüber hinaus stellen sie Vermutungen an über ihre geographische Herkunft und schreiben ihnen das Verhalten von Barbaren zu, darunter auch Kannibalismus.

Das ist wenig für einen ersten Kontakt, aber es reicht, wenn man die Eindringlinge nur für Piraten hält. Man kann sich aber vorstellen, dass die chinesischen Gesprächspartner in Kanton und Peking oder Kaiser Zhengde in Nanking öfter Gelegenheit hatten, ihr Gegenüber zu bitten, ihnen Portugal und die westliche Welt zu beschreiben. Wenn darüber schriftliche Zeugnisse angefertigt wurden, so sind sie nicht in den Westen gelangt, auf jeden Fall keine Dokumente, die zum Aufbau eines gründlichen Wissens über Europa und Portugal geeignet wären. Die anderen Chinesen, die Küstenbewohner, die chinesischen Kaufleute in der Diaspora, die Beamten, die jeden Besucher in erster Linie schröpfen wollen, sie alle dürften nur so viele Informationen über die Portugiesen gesammelt haben, um mit ihnen Geschäfte zu machen. Dazu genügen ein paar Grundkenntnisse, die jede weitere Vertiefung als überflüssig erscheinen lassen. Auch die Indios in Mexiko teilten sicherlich diese im Grunde genommen banale Einstellung. Die Europäer waren nicht alle Spione oder angehende Ethnologen.

Der Druck der Barbaren

Dass die chinesischen Behörden so wenig Neugier zeigen, liegt wahrscheinlich an der Art und Weise, wie der Kaiserhof Fremde behandelt und mit welchem Status er sie versieht. Die Portugiesen kamen aus einem den Chinesen unbekannten Land, das folglich auch nicht zu den Vasallenstaaten gehörte. Das chinesische Kaiserreich unterwarf seine Beziehungen zur Außenwelt einem strengen Reglement. Diese Eigentümlichkeit ist allseits bekannt und Tomé Pires behandelt das Thema bereits in seiner *Suma oriental*, also noch ehe er chinesisches Territorium betreten hat.

Wer eine Gesandtschaft nach Peking schicken will, muss sich im Voraus zu erkennen geben, das heißt, er muss zu den offiziellen Vasallenstaaten des Kaisers gehören. Das Reglement sah vor, dass ein Tribut gezahlt wurde, und ebendieser Tribut ist die Voraussetzung für künftige Handelsbeziehungen. Peking musste aber erst die Gesandtschaft empfangen und die Tributzahlung akzeptieren. Die in China zur Regel gemachte Verbindung von Diplomatie und Handel ließ im Fall einer Ablehnung keine Alternative. Es sei denn, man besaß die Machtmittel, Krieg zu führen und sich die Güter, zu denen der Kaiserhof den Zugang verbot, mit Gewalt zu holen.

Diese Maßnahmen betrafen nicht nur die Besucher aus dem Süden. In den Beziehungen zu den nördlichen Nachbarn, Mongolen und anderen Nomadenvölkern, ließ China die gleiche Vorsicht walten. Dies mochte mit der Wildheit dieser Völker zu tun haben, es lag aber auch an der Unfähigkeit der kaiserlichen Regierung, eine klare politische Linie festzulegen und sich an sie zu halten. Über weite Strecken des 15. Jahrhunderts zeichnet sich die chinesische Politik gegenüber den Mongolen und anderen Völkern des Nordens immer wieder durch Unentschlossenheit aus, die eher Ausdruck des Ränkespiels am Kaiserhof als eine wirkungsvolle Abwehr der Gefahren aus der Steppe war. Die Probleme, die die Portugiesen bekamen, lagen zum Teil daran, dass die Chinesen die Absichten erkannten, mit denen die Europäer gekommen waren, sie hatten ihren Grund aber auch in den am Kaiserhof herrschenden Intrigen.

Mitte des 15. Jahrhunderts brachte die Niederlage in der Schlacht von Tumu im Nordwesten Pekings unweit der Großen Mauer die Dynastie der Ming an den Rand des Abgrundes. Vor allem die Gefangennahme des Kaisers Zhengtong hätte das Aus für die Dynastie bedeuten können. Fortan müssen die Ming die Absicht begraben, jemals die Herrschaft über die Völker der Steppe zu erlangen. Ihr militärisches Ansehen wird sich von dieser Niederlage nie wieder erholen. Die chinesische Armee ist die Achillesferse des Reiches der Mitte – das können die Portugiesen und auch die Spanier noch zu mehreren Gelegenheiten bestätigen.

Nach der Niederlage von Tumu und zum ersten Mal seit der Machtübernahme der Ming fällt die Hochebene von Ordos – eine steppenartige Landschaft im großen Bogen des Gelben Flusses, die heute zur Inneren Mongolei gehört – in die Hand der Mongolen und wird zum Objekt kriegerischer Auseinandersetzungen, die schließlich seitens der Chinesen zum Bau von aufwendigen Verteidigungsanlagen führen, deren bekannteste die Große Mauer der Ming-Zeit ist. Bei dem Bau, der im Jahr 1474 begann, wurden 40.000 Arbeiter eingesetzt. Die Kosten beliefen sich am Ende auf eine Million Tael Silber. In der zweiten Hälfte des 15. Jahrhunderts vereinigten sich die Mongolenstämme, das Königreich von Turfan im Westen Chinas stieg zu einer neuen Macht in der Region auf. Trotz dieser neuen Gefahren für den Norden des Reiches konnte sich der Kaiserhof nicht zu einer Abwehrstrategie entschließen. Im Jahr 1488 ließ sich Batu Möngke, ein Nachkomme Dschingis Khans, zum Dayan Khan, zum Khan der Yuan, proklamieren und führte das Einigungswerk unter den Steppenvölkern fort. Zwanzig Jahre später verdrängte er seinen Rivalen Ibrahim, dann eroberte er zwischen 1508 und 1510 die Hochebene von Ordos und setzte einen seiner Söhne zum Statthalter ein.[4] Im Jahr 1520 wurde ein Enkel Batus, Bodi Alagh, zum Khan proklamiert, während zwei andere Nachfahren das Gebiet im großen Bogen des Gelben Flusses zu ihrer Machtbasis machten. Alle stritten mit dem chinesischen Kaiserreich, das sich weigerte, mit ihnen in einen geregelten Austausch zu treten. Gerade um diese Zeit hegten unsere Portugiesen den Plan, den Süden Chinas zu erobern.

Am Kaiserhof in Peking ist die Sicherung der Grenzen zum Politikum schlechthin geworden, an dem sich die Streitereien der verschiedenen Machtklüngel entzünden. Der interne Streit verhindert jede langfristige Verteidigungsstrategie. Der Bau der Großen Mauer bleibt zumindest im Grundsatz die einzige Gemeinsamkeit aller Gruppen. Aber dieser Vorschlag des Kriegsministers Yu Tzu-chun (gestorben 1485) trifft auf den Widerstand der Eunuchen, die den Bau blockieren. Für rund 50 Jahre stockt der Bau und stattdessen werden nur sporadisch militärische Operationen durchgeführt.

Kaiser Zhengde bekundet zwar seinen Willen, die Hochebene von Ordos zurückzuerobern, aber sein militärisches Vorhaben bleibt Papier, während immer neue Verteidigungslinien geplant werden. Trotzdem kommen die Arbeiten kaum voran. Der Kaiser drängt 1517 zur Offensive und erringt mit seinen Truppen im Süden von Datong einen Sieg über die Mongolen.[5] Aber damit kann er das Blatt nicht wenden. Auch unter seinem Nachfolger Jiajing (1522–1567) bleibt die Lage im Norden prekär. Um 1540 zögert die Zentralmacht erneut: Soll man erneut eine Offensive zur Rückeroberung starten oder lieber einen Kompromiss suchen und auf Zeit spielen?

Allergie gegenüber Fremden

In dieser von der Schwäche und dem Zaudern des Kaisers geprägten Situation hätte es eines energischen Ersten Ministers oder eines Armeechefs bedurft, der seine politischen oder militärischen Lösungen durchsetzt. Steine lagen genug im Weg. Wie konnten die 150.000 Mann starken Truppen ausgehoben und verpflegt werden? Eine solche Truppenstärke hielt man 1472 für nötig, um den Gegner niederzuringen. Dazu hätte man Truppen aus der Hauptstadt abziehen und weitere aus anderen Teilen des Reiches heranbeordern müssen. Wie konnte man den Chinesen die Furcht vor den mongolischen Reitern nehmen, die schon Tausende wenig kriegserprobte chinesische Soldaten in die Flucht geschlagen hatten? Die Ausbeutung der zivilen Bevölkerung, die man zum Bau der Großen Mauer heranzog und die für die Feldarbeit fehlte, schuf weitere Probleme. Und schließlich brauchte man ständig Gelder für die Ausbesserung der Verteidigungsanlagen, die der Witterung und der Erosion ausgesetzt waren.

Zu diesen Schwierigkeiten gesellte sich noch die Wahrnehmung, die die hohe kaiserliche Bürokratie von den Fremden aus dem Norden hatte. Die literarisch gebildeten Beamten waren schon aus Tradition gegen jede Annäherung an die Barbaren. Fern der Grenze zu den Steppenvölkern, vor allem also in Südchina, schien die Kluft zwischen Chinesen und Mongolen unüberwindlich. Das Bemühen in den südchinesischen Akademien um eine konfuzianische strenge Moral ging mit einer sozusagen allergischen Reaktion auf die Barbaren einher. Man machte daraus eine Frage der Moral und die Moral war die Grundlage des Staates. Diese Haltung, die Teil einer idealisierten Weltsicht war und daher jede Form der Realpolitik ausschloss, sollte ihre volle Ausprägung in der Song-Zeit erlangen. In Zeiten dynastischer Schwäche wuchs die Tendenz zum Rückzug auf sich selbst, was man auch schon »chinesischer Kulturalismus«[6] genannt hat. Aus dieser Haltung heraus kritisierte die Bürokratie immer dann das kaiserliche Regime, wenn es unentschlossen und nicht sehr selbstbewusst wirkte.

Ferner musste mit der Fremdenfeindlichkeit gerechnet werden, die die Nomaden bei den Chinesen erweckten. Die hochmütige Verachtung für alles, was aus der Steppe kam, überwog auch dann noch, nachdem die Niederlage von Tumu (1449) unmissverständlich gezeigt hatte, dass die Barbaren den Chinesen militärisch überlegen waren. Andere, die die Nomaden des Nordens besser kannten, ahnten, dass die Eroberungspläne unrealistisch waren und nur eine wirtschaftliche Öffnung die Beziehungen zwischen Nord und Süd stabilisieren könnte. Diese Stimmen verwiesen auf eine Politik, die zur Herrschaft der Tang, der Yuan und sogar noch zu Beginn der Ming für eine Blütezeit gesorgt hatte. Doch die Verfechter einer Vertragspolitik und eines Kompromisses besaßen nie genug Einfluss zur Durchsetzung ihrer Ansichten. Man hielt sie im Gegenteil sogar für Verräter, deren Treiben am Ende in einen Frieden münden würde, der eine Demütigung für China wäre. Zhengdes Nachfolger, Kaiser Jiajing, hasste die Mongolen. Ihm war der Gedanke an diplomatische Beziehungen zu den Barbaren so zuwider, dass er anordnete, die Größe des Schriftzeichens *Yi* (= Barbar) auf ein Minimum zu reduzieren.[7] Bei seiner Thronbesteigung war er noch zu jung und unerfahren, um die gleiche Verachtung auch gegenüber den Portugiesen zu bekunden, daher übernahm sein Erster Minister Yang Tinghe die Aufgabe, die portugiesische Gesandtschaft zu eliminieren. Die Anekdote belegt die herrschende Stimmung, für die die Fremden, zu Recht oder zu Unrecht, zu büßen hatten.

Die Versuche der Mongolen, mit dem Kaiserreich in diplomatische oder wirtschaftliche Beziehungen zu treten, scheiterten allesamt. Die chinesische Diplomatie steckte in einem Teufelskreis. Die schroffe Abfuhr durch die chinesische Bürokratie beleidigte die Nomaden. So sahen sie sich gezwungen, sich in immer neuen Beutezügen selber zu nehmen, was man ihnen verweigerte. Dass eine abgewiesene Gesandtschaft auch zum Casus Belli gemacht wurde, wie es die Portugiesen zu ihrem Leidwesen erfahren mussten, war keine Seltenheit.[8] Und dass Gesandte hingerichtet wurden, kam ebenfalls vor.[9] Diese brüske Haltung konnte übrigens dem Kaiserreich auch teuer zu stehen kommen. Im Jahr 1448 erhielt der Mongolenkhan Esen eine solche Abfuhr, worauf es zum Krieg kam, in dessen Verlauf die Ming-Armee die Niederlage bei Tumu erlitt.

Es war nicht leicht, in Peking offiziell empfangen zu werden. Im Jahr 1462 schickte der Tatarenführer Bolai eine dreihundertköpfige Gesandtschaft nach Peking. Der kaiserliche Hof wies sie ab mit der Begründung, sie sei zu zahlreich. Im folgenden Jahr wurde eine aus mehr als tausend Personen bestehende Gesandtschaft ebenfalls wieder heimgeschickt. Die Portugiesen waren also beileibe nicht die Einzigen, die unter dem Misstrauen der kaiserlichen Bürokratie zu leiden hatten. Bis 1506 wurden Gesandtschaften aus dem Norden bei Hof vorgelassen, dann aber schaffte man diesen diplomatischen Usus ab. Daraufhin stieg die Zahl der Überfälle, durch die die Mongolen sich die Waren beschafften, die sie anderweitig nicht bekamen. In den Worten eines hohen kaiserlichen Beamten: »Die Mongolen waren ein Ärgernis für China, denn sie brauchten ständig Nahrungsmittel und Kleidung.« Sehr viel später, nämlich 1550, bat der Mongolenführer Altan Khan um die Gunst, nach dem Hofprotokoll der Ming seinen Tribut zu entrichten, doch auch er erhielt wie seine Vorgänger eine Abfuhr. Der kaiserliche Hof stieß sich an der Tatsache, dass sein Brief nicht auf Mongolisch abgefasst sei, daher sei es unmöglich, seine Echtheit festzustellen. Das erinnert uns an den Verdruss, den die Portugiesen erlebten. Nach vielen Verzögerungen wurde schließlich jeder Kontakt zu den Mongolen verboten. Als 1553 Altan Khan sechs Gesandte nach Peking schickte, wurden alle ins Gefängnis geworfen und vier verloren ihr Leben. Auch das erinnert an das Schicksal der Portugiesen in Peking.[10]

Wenn es einen »Kampf der Kulturen« gegeben hat, dann hat ein solcher Begriff nur im Rahmen einer Globalgeschichte einen Sinn. Die Portugiesen haben keine Abfuhr bekommen, weil sie Europäer, Christen oder Kannibalen waren, sondern weil die damalige chinesische Bürokratie allergisch auf Fremde oder Barbaren reagierte. Ohne jeden Zweifel vertraten die Leute aus Malakka oder Lissabon Werte und Interessen, die im Wesentlichen dem lateinischen Christentum entspringen. Doch ganz offensichtlich sind es gerade nicht diese Werte und Interessen - ob sie nun bewusst oder unbewusst vertreten werden, sei dahingestellt -, die die Missbilligung der chinesischen Seite finden; der Grund ist vielmehr, dass innerhalb der Bürokratie die Traditon der Abwehr alles Fremden politisch wieder Konjunktur hat. Diese Abwehr ist kein militanter Fremdenhass, sondern eine Folge des bürokratischen Konformismus, der an einem idealisierten Bild der Außenbeziehungen klebt.

Die Nomaden aus dem Norden, die sich an den Kokonor-See (Qinghai-See) zurückgezogen hatten, wurden von den Chinesen als Piraten bezeichnet. Die echten Piraten machten dagegen das Südchinesische Meer unsicher. Seit unvordenklichen Zeiten war die Südküste das Ziel verheerender Beutezüge.[11] Japaner, Koreaner und Chinesen bildeten Banden, die alle einen sehr lukrativen, aber illegalen Handel betrieben und sich auch nicht scheuten, für Beutezüge ins Landesinnere vorzustoßen. Im 15. Jahrhundert nahm der Handel in den ostasiatischen Gewässern einen großen Aufschwung, aber gleichzeitig breiteten sich auch das Piratenunwesen und der Schmuggel aus. Die kaiserliche Bürokratie versucht dem gegenzusteuern, sei es mit dem Aufbau einer Kriegsflotte, mit einer verstärkten militärischen Präsenz in den Küstenprovinzen, mit der Jagd auf Piraten und mit einer Reglementierung des Verkehrs von Schiffen und Personen – alles vergebens. Die Ergebnisse waren so bescheiden wie bei der Bekämpfung der Nomaden an der Nordgrenze. Dass 1525 der Seehandel amtlich verboten wurde, führte lediglich zu noch mehr Piraterie und Schmuggel.[12]

Man könnte glauben, dass solche Misserfolge zu einem Umdenken in der restriktiven Politik geführt hätten, aber das Gegenteil war der Fall. In der Bürokratie herrschte die Ansicht vor, man dürfe sich auf keine Kompromisse mit den Barbaren einlassen. Erneut scheiterte eine sachliche Debatte über die Außenpolitik des Kaiserreiches, weil der interne Konflikt zwischen den »kompromisslerischen Verrätern« und den »treuen Staatsdienern« wieder aufflammte. Was man im Süden gelernt hatte, konnte immerhin auch im Norden angewendet werden, denn man benutzte portugiesische Kanonen oder doch von Chinesen nachgebaute, um die Verteidigung an der Nordgrenze zu verstärken. Doch insgesamt war die Lage für die Bürokratie nicht zu beherrschen, dafür waren die

Küsten zu lang, das Interessengeflecht durch alle Schichten der Gesellschaft zu kompliziert und der Reiz, lukrative Gewinne zu machen, einfach zu groß. Wie viele andere nutzten auch die Portugiesen diese Lage aus, um sich ins Reich der Mitte einzuschleichen, doch dadurch gerieten sie – nicht zu Unrecht – in die Nähe der Piraten, die den Verantwortlichen im Staat ein Dorn im Auge waren.

Zunächst schienen die Portugiesen durch die Maschen zu schlüpfen, doch dann regte sich wieder das Misstrauen. Die Kehrtwende kam mit dem Tod des Kaisers Zhengde. Die neue Hofbürokratie nutzte das Machtvakuum und verjagte den Unterstützer der Portugiesen, den Favoriten Jiang Bin samt seiner Entourage. Die beunruhigenden Nachrichten aus Malakka und Kanton sorgten für den Rest.

Die Abfuhr, die die Eindringlinge erhielten, war also nicht ungewöhnlich, der diplomatische Fehlschlag vorhersehbar. Schließlich konnten sie weder auf die verschiedenen Faktionen am Kaiserhof einwirken noch die Weltanschauung der gebildeten Beamten beeinflussen. Wenn man bedenkt, dass sich etwa um die gleiche Zeit, im Jahr 1520, Chinas Beziehungen zu Japan verschlechterten und dass ein Jahr darauf eine japanische Gesandtschaft die Stadt Ningbo, in der sie gelandet war,[13] plünderte, so büßt das Schicksal der Portugiesen in Kanton und Peking viel von seiner Einzigartigkeit ein. Was aus europäischer Sicht – und König Manuel fasste es auch so auf – als die erste diplomatische Kontaktaufnahme gedacht war, blieb für die Chinesen eine Auseinandersetzung mit Piraten. Dass die Verantwortlichen in der kaiserlichen Bürokratie so kurzsichtig handelten, zeigt uns überdeutlich, welche Distanz das Reich der Mitte gegenüber jedem seiner Besucher wahrt und wie sehr es die Aufmerksamkeit, die es ihm schenkt, dosiert.

Welchen Platz dem Fremden einräumen?

Aus der Sicht der Chinesen und Azteken waren Spanier und Portugiesen schlicht die Fremden. Konnte man sich ihnen gegenüber nur entweder abwehrend oder aufgeschlossen zeigen? Reserviertheit und kluger Weitblick seitens der Chinesen oder Offenheit und Arglosigkeit seitens der Azteken? Die indianische Bevölkerung Mexikos hat auf den ersten

Blick keinen Grund, sich »aufgeschlossener« zu zeigen als die Chinesen, und tatsächlich ist ihre Reaktion weder einhellig noch schicksalsergeben. Ihr fehlten aber die Mittel, das ganze Ausmaß der drohenden Gefahr zu ermessen. Zwar erkannte sie rasch die militärische Schlagkraft der Eindringlinge, aber sie konnte sich nicht vorstellen, welche Mächte hinter diesen standen, welche Absichten sie hegten und vor allem nicht, welche Seuchen sie ins Land einschleppen würden.

Wie leicht und wie rasch erst Zentralamerika, dann Südamerika in die Hände der Spanier fällt, bestätigt das ganze Ausmaß dieser Fehleinschätzung. Ob man die Spanier nun wie in Mexiko als *Castilan* oder *Teules* bezeichnete oder wie in den Anden *Viracochas* nannte, nie wurden sie als das gesehen, was sie tatsächlich waren, und wenn die Erkenntnis dann doch dämmerte, war es bereits zu spät. Und der Irrtum gilt durchweg: Die einheimischen Verbündeten der Spanier, ohne die die Eroberung Mexikos nicht möglich gewesen wäre, haben sich in den Spaniern genauso getäuscht wie die Azteken. Alle wurden von einer Situation überrascht, für die sie nicht gewappnet waren, über die es keine Informationen und keinen Präzedenzfall gab.

Der Auftritt des Fremden hat eine ganz andere Wirkung auf die ranghohen Vertreter des chinesischen Kaiserreichs. Der Kaiser selbst, die Mandarine, hohen Beamten und Eunuchen, sie alle verschließen sich nicht reflexartig gegenüber den Neuankömmlingen – dass Pires zuerst sehr wohl empfangen wird, beweist diese Haltung –, aber sie haben ihre Vorstellung von den Barbaren und sie verfügen über ein Procedere, mit dem die Wirkung und das Gefahrenpotenzial des Kontakts mit Fremden von vornherein begrenzt wird. Ein Fremder ist zunächst einmal ein Barbar und als solcher eine Gefahr, das leuchtet ein. Das Reich der Mitte schützt sich deshalb mit einem ganzen Arsenal an Vorschriften und Prinzipien, mit der Erinnerung an schlechte Erfahrungen und mit einem träge arbeitenden diplomatischen Apparat gegen den von außen kommenden Einfluss. Innerhalb des Beamtenapparats stemmt sich auch der Geist des Neokonfuzianismus gegen alles Fremde. Anders verhält es sich mit den indianischen Gesellschaften Amerikas. Ihnen fehlt der nötige Abstand, um die tödliche Gefahr zu erkennen, die von ihren Besuchern ausgeht, oder um sie auf ihr reales Maß zu reduzieren. Ferner verfügen sie nicht über eine Bürokratie, die die Eindringlinge bremsen oder unschädlich machen könnte. Tomé Pires muss monatelang in Kanton auf eine Audienz warten, während Cortés im wörtlichen Sinn durch Mexiko stürmt.

Statt den Fremden systematisch abzuwerten, bemühen sich die indigenen Gesellschaften Zentralmexikos sogar um eine Deutung, die ihn in die eigene lokale Geschichte eingliedert. Die Vorstellung, dass der Fremde eigentlich heimgekehrt sei, kann freilich die Unterschiede verwischen und Widerstände abbauen. Das rührt daher, dass die zentralamerikanischen Gesellschaften, und sicherlich die indianischen Gesellschaften ganz allgemein, dem Fremden immer schon einen Platz einräumen.[14] Für Claude Lévi-Strauss bezieht der amerikanisch-indianische Dualismus »seine Inspiration aus einer Öffnung zum Anderen hin, die sich auf demonstrative Weise bei den ersten Kontakten mit den Weißen äußerte, obwohl diese Weißen von gänzlich anderen Neigungen angetrieben wurden«.[15] So betrachtet wäre der Kannibalismus nur eine physische Weise, den anderen, den Eindringling, den Feind einzugliedern. Diese Haltung spielt gewiss auch eine Rolle in der generellen Tendenz zur Vermischung (Mestizisierung), die im Gefolge der Kolonisation überall auf dem amerikanischen Kontinent zu beobachten ist.

Die Reaktion der Chinesen auf den ersten Kontakt mit Europäern wird ebenfalls nicht ohne Folgen für die Form der europäischen Expansion bleiben. Nach der Ablehnung, Abwertung und Ausstoßung, die die Portugiesen bei ihrem ersten Versuch erleben, entwickeln sie später indirekte Formen, in China Fuß zu fassen. Gemeinsam mit asiatischen Partnern, die ihnen helfen, die Barrieren und Widerstände der chinesischen Bürokratie zu überwinden, schlüpfen die Portugiesen schließlich in die Rolle, in der die Chinesen sie ohnehin gesehen haben und in der sie sich schon auskannten, nämlich in die von Piraten, die dunkle Geschäfte machen. Zur gleichen Zeit lernt die indianische Bevölkerung Mexikos, nunmehr besiegt, kolonisiert und christianisiert, was es heißt, Überlebende einer verschwundenen Kultur zu sein.

Jedem seine Nachkriegszeit

Digmos que esta tierra como otra Egipto, en ella el agua fue convertida en snagre de aquella curel enfermedad.

Motolinía, *Memoriales*

[Antonio de Faria] se embarcou sem contradição
Nenhuma & todos muyto ricos e muyto
Contentes & con muytas moças muyto fermosas
que era lastima velas yr atadas cos murrões dos
arcabuzes de quatro em quatro de cinco em cinco
e todas chorando e nossos rindo e cantando.

Fernão Mendes Pinto, *Peregrinação*

Das Scheitern der Portugiesen in Kanton markiert den Punkt, ab dem die Schicksale Asiens und Amerikas in entgegengesetzten Richtungen verlaufen: Auf der einen Seite steht eine Neue Welt, die dem Abendland seine Daseinsberechtigung gibt und dessen Bodenschätze, Menschen und Räume unerbittlich ausgebeutet werden, auf der anderen ein kaiserliches China, in das ein erklecklicher Anteil des Silbers verschifft wird, das unterworfene Indios und afrikanische Sklaven aus dem amerikanischen Boden holen.[1] Da Portugiesen und Spanier die wirtschaftlichen und politischen Rahmenbedingungen schufen, unter denen gewaltige Massen an Edelmetall bewegt werden, sind die Geschicke beiderseits des Pazifiks fortan miteinander verbunden. Die Geschichte der Kolonisierung der Neuen Welt muss vor dem Hintergrund der Verläufe in China betrachtet werden, wie auch die Geschichte des modernen Chinas vor dem Amerikas zu sehen ist. Was heute als selbstverständlich erscheint, war dies allerdings keineswegs für die damaligen Zeitgenossen. In den 1520er-Jahren lagen die amerikanischen Erzvorkommen noch unentdeckt im Boden. Spanier und Portugiesen versuchten von zwei Seiten her den Globus zu erobern, ohne genau zu wissen, was sie auf ihm entdecken und mit ihm anstellen werden. Während die indigenen Völker Amerikas, ob besiegt oder verbündet, in eine chaotische Nachkriegszeit eintreten, haben die chinesischen Obrigkeiten das Kapitel der Fo-lang-ki fast schon wieder ad acta gelegt.

Die Brüder an der Küste

Der Misserfolg in China zwingt die portugiesische Krone, über andere Wege nachzudenken, um sich diesem Reich zu nähern. Auf den Visionär Manuel I. folgt der Pragmatiker Johann III.,[2] der von der Politik seines Vorgängers abrückt. Eine offizielle Gesandtschaft kommt nicht mehr infrage, so wenig wie ein Eroberungsvorhaben oder gar ein Blitzkrieg. Viel sinnvoller erscheint – mit welcher Alternative auch? –, dass die portugiesischen Kaufleute mit mehr Eigeninitiative zu asiatischen Kollegen Kontakte knüpfen und so an der chinesischen Küste schrittweise erneut Fuß fassen. Die Portugiesen schlagen sich jeden Gedanken, die südlichen Provinzen in Besitz zu nehmen und auszubeuten, aus dem Kopf und setzen stattdessen auf persönliche Netzwerke, Diskretion, ja auf den illegalen Handel, Schmiergelder und sich bietende Gelegenheiten. Sie versuchen ihre Beziehungen zu Kaufmannskreisen in der ganzen Region zu verbessern. Pattani auf der Malaiischen Halbinsel bietet offenbar eine exzellente Basis für die »Rückeroberung« des pazifischen Raums, weil die Portugiesen dort auf Kaufleute aus Siam, den malaiischen Sultanaten und dem übrigen Asien treffen, also auf Händler, die mit der Küste Fujians vertraut sind. Auch kommen sie dort in Kontakt zu Chinesen, mit denen sie in aller Ruhe fruchtbare Verhandlungen führen können.

Dabei müssen sie mehrere Faktoren im Auge behalten, mit denen sie sich nolens volens zu arrangieren haben: Die Gewässer werden von *Wōkòu,* chinesischen, japanischen oder anderen Piraten unsicher gemacht, die von Dörfern an der Küste unterstützt werden und mit denen handeltreibende Auslandschinesen häufig gemeinsame Sache machen.[3] Zudem kommt den Portugiesen die kaiserliche Flotte in die Quere, der sie zwangsläufig unterlegen sind. Die Abschottung des Landes ist offiziell nicht verhandelbar, lässt sich aber umgehen. Unter diesen Umständen bahnen die Portugiesen im Verlauf von 1520 erneut Handelsbeziehungen an, die sie in den beiden folgenden Jahrzehnten intensivieren. Auf den Ruf der Chinesen an der Küste, über die der Kontakt wieder aufgenommen wird, verlagern sie ihre Aktivitäten von Guangdong ins deutlich weiter nordöstlich gelegene Fujian.[4] An einem Hunderte von Kilometern langen Küstenstrich entsteht eine zwielichtige portugiesisch-asiatische Handelsgemeinschaft, die spontan und kurzlebig in Erscheinung tritt, in Handstreichen operiert und mobil ist. Sie profitiert von einladenden Inseln, abgelegenen natürlichen Häfen, von Bauern als Komplizen, einer nachlässigen Küstenwache und von korrupten Mandarinen.

Die Portugiesen greifen auf ein bestehendes Netz zurück, ohne ein neues knüpfen zu müssen. Ob Soldaten, Seeleute oder Kaufleute, sie schleusen sich als erste Europäer in diese Wirtschaftswelt ein, die chinesische und islamische Kaufleute längst eingerichtet haben.[5] Auf die Perspektive einer Eroberung und anschließenden Kolonisierung – die wahnwitzige Hoffnung panischer Gefangener – folgt so die pragmatische Bewältigung eines Alltags aus ständigen Risiken, prekären Situationen und dem Traum von märchenhaften Gewinnen. Die Portugiesen müssen Geschick darin beweisen, mit den Mandarinen an der Küste ebenso zu paktieren wie mit den »Banditen zur See« und – warum auch nicht – letztlich auch deren Geschäft zu betreiben. Als etwas anderes galten sie ja auch nicht bei den chinesischen Richtern, die sie als »kleine Diebe« bezeichneten.

Will man sich in dieses Milieu mit dem Blick damaliger Europäer hineinbegeben, ist das meisterhafte Werk *Peregrinação* (»Pilgerreise«) des Entdeckers Fernão Mendes Pinto der beste Führer. Die Leichtigkeit, mit der Antonio de Faria, einer der Helden des Buchs, den Geschäftspartner wechselt und den Korsaren Quiay Panjão, der ungelegenerweise verstorben ist, durch Similau, einen anderen Chinesen desselben Schlags, ersetzt, spricht Bände über Praktiken, die der Verfasser mit einem knappen Satz treffend zusammenfasst: »Antonio de Faria war von Natur aus sehr neugierig, aber auch von Habgier beseelt.«[6] Der Schauplatz sind drei am Meer gelegene Provinzen in Südchina: Guangdong, Fujian und Zhejiang.[7] Fujian und Zhejiang dominieren bis in die 1540er-Jahre, im folgenden Jahrzehnt rückt Guangdong in den Vordergrund rückt. Ab Mitte des 16. Jahrhunderts konzentrieren die Portugiesen ihre Aktivitäten auf Macao.

Im Prinzip verbietet die kaiserliche Verwaltung jeden Handel mit Ausländern. Doch die Praxis wird von einer Vielzahl von Variablen bestimmt. Die ausländische Präsenz hängt von einer Reihe von Akteuren,

Faktionen, Fürsprechern und Gruppen ab, die wechselnde und häufig widersprüchliche Interessen vertreten. Wie behaupten sich Fremde angesichts eines riesigen abgeschotteten Reichs, in dem sie auf gewogene Mandarine und gierige Kaufleute angewiesen sind, wenn sie am florierenden Seehandel der aufstrebenden Küstenstädte teilhaben wollen? Gegenüber den einflussreichen Kaufleuten in den besagten drei Provinzen, deren Verwaltungen und den Pekinger Vertretern lavieren sich die Portugiesen unablässig durch schwierige Lagen in einem Spiel, das nicht sie kontrollieren.

Am kaiserlichen Hof herrschen unberechenbare Clans, die, wie ausführlich erörtert, schon die Gesandtschaft Tomé Pires' scheitern ließen. In Kanton und den Küstenprovinzen setzen die Militärkommandanten lieber auf geschlossene Grenzen, während die Seeleute der Flotte vor dem dortigen Treiben aus Eigennutz eher die Augen verschließen. Die Provinzrichter segeln lieben im vorherrschenden Wind und schwanken zwischen »Verständnis«, Laisser-faire und Feindseligkeit. Aus Tradition und Überzeugung neigen die konfuzianischen Gelehrten zum Misstrauen gegenüber den Barbaren, während sie den Kaufleuten, die seit Jahrhunderten mit Siam, Malakka und Südostasien Handel treiben, eher offen gegenüberstehen. Noch undurchsichtiger wird das Bild in China durch die wirtschaftliche Rivalität zwischen den verschiedenen Städten und Küstenregionen. Gelinde ausgedrückt, vertreten die bedeutenden Kaufleute aus Kanton und ihre Kollegen aus Fujian und Zhejiang ganz unterschiedliche Sichtweisen. Ihren erbitterten Konkurrenzkampf für sich zu nutzen, müssen die Ausländer noch lernen.

An der Küste Zhejiangs und Fujians knüpfen die chinesischen Händler zu den Fremden ohne Rücksicht auf Recht und Gesetz Beziehungen an. So erfährt man aus den chinesischen Quellen von den drei Meistern des Schmugglergeschäfts, Zhou Lan, Wang Zhi und Lin Xiyuan. Wang Zhi operiert als Pirat und Kaufmann aus Zhejiang, immer in engem Kontakt zu Japan, an der Küste aller drei Provinzen, und wird 1559 schließlich hingerichtet. Intriganter geht Lin Xiyuan vor: Der gebildete Ex-Mandarin, der eine beachtliche Flotte führt, verfügt über alte Kontakte zur Provinzverwaltung, dank der er die Versorgung der portugiesischen Schiffe kontrolliert, die illegal an der Küste anlegen.[8] Für die chinesische Obrigkeit sind alle »ungehobelte Kerle«, so auch Li Guangtou aus Fujian und Xu Dong aus Anhui, zwei weitere Schmuggler, die in Shuangyu bei Ningbo ihre Geschäfte betreiben.[9] Diese Chinesen schrecken vor nichts zurück. Falls notwendig, brechen sie aus Provinzgefängnissen aus, halten Expeditionen in Schach, die ihnen auf den Fersen sind, fallen über Patrouillen der Flotte her, nehmen gar hochrangige Militärs als Geiseln und erpressen beachtliche Lösegelder. Entführungen bedeutender und vermögender Personen sind zu einem so blühenden Geschäft geworden, dass die Behörden Kopfgelder auf die Bandenführer aussetzen. So gewalttätig und brutal gehen diese »Brüder der Küste« vor, die Mafiaclans bilden, noch ehe es den Begriff gibt.

Raubzüge und Asiatisierung

Unter diese Chinesen mischen sich ausländische Kaufleute – abgesehen von den Portugiesen, durchweg Asiaten und zum Teil Muslime –, die Erträge gewinnbringend anlegen wollen. Wer beste Beziehungen zu den chinesischen Behörden anknüpft, erringt vorrangige Partnerschaften mit einflussreichen Händlern oder tut sich, wie dargelegt, mit solide bewaffneten chinesischen, malaiischen oder japanischen Piraten zusammen. Zu ihnen gehören auch die von Mendes Pinto begleiteten und beschriebenen Portugiesen. Gut beraten ist dabei, wer Handel, Schmuggel und Freibeuterei geschickt miteinander verbindet.

Die Überfälle, an denen sich die Portugiesen beteiligen, bleiben Mendes Pinto lebhaft in einem Gedächtnis, das auch keine beschönigende Zensur – sein Werk erscheint erst lange nach seinem Tod – auszulöschen vermag: Antonio de Faria »schiffte sich ein, ohne auf Widerstand zu stoßen. Alle waren steinreich und höchst zufrieden, begleitet von zahlreichen bildhübschen jungen Mädchen, die man, auf Mitleid erregende Weise zu viert mit Archebusenlunten aneinandergefesselt, neben ihnen einhergehen sah. Während wir lachten und sangen, vergossen sie Tränen.«[10] Die spontan beschlossene Plünderung einer chinesischen Stadt wird straff durchorganisiert: Sie darf der Sicherheit halber nicht länger als eine halbe Stunde dauern, aber als sich die Operation doch in die Länge zieht, muss der Anführer die Stadt in Brand setzen, um seine Männer zum Schiff zurückzubringen. »In einer knappen Viertelstunde stand alles so schrecklich in Flammen, dass man sich in der Hölle wähnte.«[11] Über diese (notgedrungen) im Untergrund lebende und (von Natur aus) geheime Gesellschaft wissen wir kaum mehr als das, was wir aus Mendes Pintos *Pilgerreise* erfahren. Weniger eine Tatsachenchronik zu den Taktiken der Portugiesen im Chinesischen Meer als vielmehr eine begeisterte Stippvisite in einem zwielichtigen Milieu, vermittelt sie zahlreiche Eindrücke zu den damaligen Denkweisen und Gepflogenheiten. Auf den Spuren eines Indiana Jones des 16. Jahrhunderts entdeckt der Leser in ihren stets knappen und gut lesbaren Kapiteln eine erstaunliche Lebensart. Mag der Verfasser mit falschen Daten und Zahlen operieren und den portugiesischen Schiffsbesatzungen fromme Gedanken unterstellen, so schildert er in seinem Werk doch Situationen und Praktiken, die nur er uns auf so einfühlsame Weise nahebringt.

In der mitreißenden Flut der Abenteuer wird dem Leser in der *Pilgerreise* auf Anhieb eines deutlich: Ohne sich selbst zu verleugnen, müssen die Portugiesen in ihrem neuen Milieu aufgehen. Seitdem sie im Indischen Ozean auftauchten, übt das asiatische Umfeld einen unwiderstehlichen Einfluss auf sie aus. Im Chinesischen Meer ist ihre Asiatisierung in eine neue Phase eingetreten. Wie soll ihre Eigenart unangetastet bleiben, wenn sie täglich mit Indern, Malaien und Chinesen in Kontakt kommen? Wenn sie die lokalen Sprachen erlernen? Mit geographischen Namen und neuen klimatischen Verhältnissen wie Taifunen vertraut werden? Mit Frauen aus aller Herren Länder verkehren? Einblicke in die Geheimnisse der Regionalpolitik erhalten und vor allem akzeptieren, dass nicht sie die Herren des Spiels sind, sondern nur Partner in Kaufmannskreisen, in denen man nicht auf sie wartet, um schwunghaft Handel zu treiben, und in denen man keine Belehrungen braucht?

Die Aufnahme, die den Portugiesen zuteil geworden ist, hat ihre unaufhaltsame Anpassung jederzeit begünstig. In Südostasien halten sie viele, angefangen von den Chinesen, für Asiaten. In den Annalen der Sultanate von Malakka und Johor werden sie als »weißhäutiges Volk aus Bengalen«[12] geführt. In China glaubt man, sie stammten aus Malakka oder Siam.[13] Anderswo gilt der König von Portugal als ein südostasiatischer Sultan. Und die Betreffenden selbst verzichten vielfach auf umständliche Erklärungen, wer sie sind, woher sie kommen und was sie suchen. Lieber geben sie sich als siamesische Kaufleute aus oder nehmen es hin, für Chinesen gehalten zu werden.[14] Anstatt Lehren in Geographie, Ethnographie oder Geschichte zu erteilen, was die Dinge komplizierter gemacht und Argwohn geweckt hätte, ziehen sie es vor – Geld kennt weder Geruch noch Herkunft –, ohne großes Aufsehen ihre Geschäfte abzuwickeln. Dieses Spiel beherrschen die Portugiesen so glanzvoll, dass die Nguyen-Könige Cochinchinas stets zwischen Europäern und Macao-Portugiesen unterschieden, denen sie Privilegien gewährten, die außer ihnen nur asiatische Kaufleute genossen.[15] So wird nach Mendes Pintos Darstellung Tomé Pires denn auch nicht in Kanton hingerichtet, sondern beschließt seine alten Tage mit Frau und Kindern im chinesischen Binnenland. Wenn auch wahrscheinlich falsch, so offenbart diese Darstellung eine Geisteshaltung und den Druck, der auf den Europäern lastete … In der asiatischen Kultur aufzugehen, kann ein Schicksal sein!

Befördert wurde die Asiatisierung der Portugiesen dadurch, dass sie in der Region nur über eine schwache institutionelle Vertretung verfügten, die sich auf die Gegend um Goa und auf den Indischen Ozean konzentrierte. Jenseits von Ceylon blieben sie praktisch sich selbst überlassen und waren gewiss außerstande, ihr asiatisches Umfeld kulturell – lusitanisch – zu beeinflussen, falls ihnen dieser Gedanke gekommen sein sollte. In diesem Teil der Welt sollte die Asiatisierung, verstanden als vollständige Anpassung, zu einem neuen »kolonialen« Modell werden: mit der Gründung Macaos.

Eine Mischlingsinsel

Ein weiterer Schauplatz ist die Insel Liampó, wie sie im Frühjahr 1542 heißt, oder, genauer, eine Fahrrinne zwischen zwei Inseln nahe der chinesischen Stadt Ningbo südwestlich der Shanghaier Region.[16] Hier legen Kaufleute aus aller Herren Länder an, um Ladungen zu löschen und chinesische Güter an Bord zu nehmen. Wohl der Hafen von Shuangyu, den der Chinese Deng Liao aus Fujian zu einem Schmugglerstützpunkt erkoren hatten, wurde zu Anfang der 1540er-Jahre zu einer Anlaufstelle für immer mehr Portugiesen, die von den Brüdern Xu Yi zusammen mit Kaufleuten aus Pattani und Malakka eingeführt worden sein sollen. 1545 soll – ebenfalls nach den chinesischen Quellen – Wang Zhi, ein Geschäftspartner der Brüder Xu Yi, Japaner dazu gebracht haben, sich dieser

Schmugglergemeinschaft anzuschließen.[17] Dabei waren diese sicher nicht die ersten ihres Landes.

Die Portugiesen, die in diesen Kreisen eine deutlich untergeordnete Rolle spielten, mussten sich mit den einzelnen Gruppen ihrer Schicksalsgemeinschaft arrangieren. Der sich hier herausbildende Schmelztiegel der Kulturen stand freilich ganz im Zeichen der südostasiatischen Lebensweisen, Glaubensformen und Traditionen eines Asiens der Schmuggelei und Piraterie. Mendes Pinto vermittelt ein Bild, in dem zwischen den unterschiedlichen Parteien große Nähe herrscht. Er schildert Formen des Handels und Verkehrs, bei denen die küstennahen Inseln nicht nur reine Umschlagstellen, sondern auch Begegnungsstätten zwischen den Welten sind. Fernab der Kontrolle Lissabons und Goas, aber am Rand des chinesischen Reichs, bringt sich die portugiesische Kolonie in die längst bestehenden wirtschaftlichen Kreisläufe ein, führt dort zunächst ein Schmarotzerdasein und setzt sich schließlich als Mittlerin par excellence im chinesisch-japanischen Handel durch. Der idealisierende Blick und der Stolz, der allenthalben aus Mendes Pintos *Pilgerreise* sprechen, verraten die ganze Wehmut und Faszination, mit welcher der Verfasser auf diese Lebensart zurückblickt. Dabei schildert er durchaus auch Spannungen und Gewaltausbrüche, als gehörten diese zur Existenz der Abenteurer einfach dazu. Die chinesischen Dörfer eigenen sich ebenso gut für Raubzüge wie zum Anmieten von Tänzerinnen und Sängerinnen, mit denen fette Beute oder ein blutig errungener Sieg über Konkurrenten gefeiert werden.

Ist dieses Kapitel abgeschlossen, als sich die Portugiesen 1554 – zunächst illegal – in Macao ansiedeln?[18] Ihre Niederlassung und der Aufstieg einer Gemeinschaft, die sie diesmal uneingeschränkt beherrschen, verändern selbstverständlich die Spielregeln, auch wenn Macao seine Unabhängigkeit von Portugal behaupten wird. Deren Gründung fernab des *Estado da Índia* (Portugiesisch-Indiens) und des Kapitanats Malakka geht auf eine Initiative vor Ort zurück, auf die hin der Flottenkommandant Leonel de Souza 1554 direkt mit Kantons Mandarinen einen Vertrag aushandelt hat. Macao wird zum Umschlagplatz für den dauerhaften Handel mit den chinesischen Behörden und praktiziert fortan eine Grenz- und Überlebensdiplomatie,[19] die sich autonom weiterentwickelt: Stets Veränderungen in der chinesischen Politik oder dynastische Umstürze befürchtend, beobachtet die Stadt aufmerksam den Wandel in der

Region und zeigt sich offen für Sonderabkommen mit dem Japan der Tokugawa, mit Siam und Cochinchina. In mannigfacher Hinsicht erweist sich das »Modell Macao« als das Erbe der Jahre des Schmuggels und der Illegalität nach dem Debakel von Kanton.

Das tragische Ende von Pires' Gesandtschaft bedeutete folglich nicht das endgültige Aus für die europäische Präsenz in der Region. Vielmehr unterstützten die Portugiesen die Chinesen der Ming-Dynastie maßgeblich dabei, sich in eine Wirtschaftswelt einzubringen, die sich im 16. Jahrhundert von Lissabon aus auf den pazifischen Raum ausweiten sollte. Dabei hat der Rückzug der Europäer Wege eröffnet, die über keine Eroberung oder Kolonisierung verliefen und am Ende dafür sorgten, dass die Chinesen die Spielregeln bestimmten. Mit dem offiziellen generellen Handelsverbot, das Peking verhängte, verschaffte es sich einen beachtlichen Trumpf, mit dem es auf die Gesetze von Angebot und Nachfrage einwirken konnte, auch wenn zahlreiche Untertanen an den Küsten allen möglichen Formen des Schwarzhandels frönten.

Das mexikanische Chaos

Ein ganz anderes Szenario offenbart sich in Cortés' Mexiko. Die ersten zehn Jahre der Eroberung sind eine Zeit des Chaos, durch die sich die Spanier vorantasten müssen. Mit ihrem Sieg haben sie beispiellose Probleme geschaffen: Mit welchen Mitteln sollen ein paar tausend Landsleute Millionen Indios unterwerfen, die auf den Hunderttausenden Quadratkilometern Land leben, die ihnen in die Hände gefallen sind? Wie sollen die Heerscharen von Heiden ins katholische Reich integriert werden? Damals konnte sich keiner vorstellen, welche Gesellschaft nach dem Zusammenbruch der Aztekenherrschaft aus den Ruinen des eroberten Landes erstehen würde. Die Spanier, denen im Mutterland die *Reconquista* von den Mauren gelungen war, hatten mit verheerenden Folgen für die Urbevölkerung bereits die karibischen Inseln kolonisiert. Aber in Mexiko standen sie nun vor unvergleichlich größeren Herausforderungen: Die Anzahl der Ureinwohner, die kontinentale – nicht insulare – Größe des Territoriums, das Wesen der dortigen Kulturen und die künftige Rolle der indigenen Eliten – alles bereitete Probleme.

Die Sieger mussten allerdings erst einmal das Chaos ordnen, das der Krieg und der Zusammenbruch Tenochtitlans verursacht hatten. In den 1520er-Jahren war alles noch offen. Wir haben bereits die Zeugnisse angeführt, die das politische, soziale und menschliche, aber auch wirtschaftliche und religiöse Durcheinander beleuchten, das Mexiko nach der *Conquista* erschüttert.[20] Jede staatliche Ordnung ist zusammengebrochen, der Krieg hat überall eine am Boden liegende Landwirtschaft hinterlassen, und Epidemien raffen die Indios hinweg. Das Szenario unterscheidet sich von jeder gewöhnlichen Nachkriegszeit. Zur vorigen Situation zurückzukehren, die alte Ordnung einfach wiederherzustellen, ist schlichtweg unmöglich. Ebenso wenig realisierbar ist das Projekt eines Wiederaufbaus, der von Madrid oder der Karibik aus in Angriff genommen wird. Es fehlt jedes Patentrezept, mit dem sich die mesoamerikanische in eine koloniale Gesellschaft hätte überführen lassen. Dazu hätten nicht einmal alle modernen Konzepte eines Machiavelli ausgereicht.

Die Eroberer müssen Formen der Ausbeutung und Herrschaft einführen, die an die lokalen Verhältnisse angepasst sind, eine Politik zur Evangelisierung entwickeln, spanische Institutionen in einer nie dagewesenen Größenordnung aufbauen, alles wiederbeleben, was auf lokaler Ebene dazu dienen kann, eine neue Ordnung zu errichten, und alles ausmerzen, was dem im Wege stehen könnte. Sehr früh, schon vor der Eroberung, hat Cortés der Krone vorgeschlagen, Mexiko in Neuspanien umzubenennen. Wie das »Königreich« Granada, das 1492 erobert wurde, gilt es nun, die Indios einer Lehnsherrschaft zu unterwerfen und sie zu christianisieren. Durchsetzen können die Spanier diese Neuerungen nur dann, wenn sie Institutionen, staatliche Organe, Glaubensformen und Werte sowie ein städtisches Leben und ein Agrarwesen einführen, wie sie es aus Kastilien und Europa kennen. Die dringende Aufgabe, ein ganzes Arsenal an Praktiken, Bräuchen und Traditionen, die sich jenseits des Atlantiks entwickelt haben, zusammenzustellen und nach Mexiko einzuführen, zwingt zu der beständigen Einschätzung, was für das Christenheil, die wirtschaftliche Rentabilität und die Festigung der kastilischen Herrschaft notwendig ist. Jede Fehleinschätzung, ob vor Ort oder in der Hauptstadt, kann kostbare indianische Arbeitskraft vernichten, Siedler, die für jede dauerhafte Niederlassung unverzichtbar sind, in die Verzweiflung treiben oder die Monarchie und ihre Beziehungen zu den karibischen Inseln infrage stellen. Den Kolonialherren fällt es zu, Wege zu dem zu ersinnen, was wir heute Verwestlichung nennen. Das Programm ist gigantisch. »Verwestlichen« heißt, das aus dem römischen Recht hervorgegangene kastilische Justizsystem durchsetzen, den Verboten des kanonischen Rechts Geltung verschaffen, die Buchstabenschrift einführen, die lateinische Messe, die kirchliche Hochzeit und die Ohrenbeichte verbreiten sowie zahlreiche alltäglichere Aktivitäten und Gewohnheiten wie Eisen schmieden, Wein trinken oder Schuhe tragen unter das Volk bringen.

Theoretisch schließen die Spanier Kompromisse aus: Die christlichen Glaubensformen sind nicht verhandelbar. Sie zwingen sie den Indios systematisch auf und blasen zur Jagd auf den Götzendienst. Den Besiegten fehlt jede Möglichkeit, sich gegen die neuen politischen Strukturen aufzulehnen, die sie unters Joch des Siegers zwingen, geschweige denn, gegen die wirtschaftliche Ausbeutung aufzubegehren, bei der das Land, so gut es geht, regelmäßig geschröpft wird. Bedeutet dies, dass die Spanier nur eigene Vorstellungen durchsetzen und gegen jeden Einfluss durch die Unterworfenen gefeit sind? Tatsächlich müssen sie sich an eine neue Ernährung, neue Sprachen, ein tropisches Klima und den Wechsel zwischen Trocken- und Regenzeit gewöhnen. Um ihre Kolonialherrschaft zu festigen, müssen sie ständig Kompromisse schließen und ihr europäisches Importgut an die Verhältnisse der Indios vor Ort anpassen.

Leben müssen sie auch mit den Widerständen und den Sitten und Gebräuchen der lokalen Bevölkerung. Die Indios sind niemals passive Empfänger. Alles neu Eingeführte und Aufgezwungene wird schrittweise umgedeutet, umgestaltet und umgewandelt. Eine Grenze zwischen dem, was verhandelbar ist, und dem, was nicht verhandelbar ist, lässt sich in der Praxis deutlich schlechter ziehen, als es zunächst den Anschein hat. Mit einem großen Teil der Institutionen, Werte und Gewohnheiten, die sie einführen und durchsetzen, durchlaufen die Europäer selbst einen Wandel. Der »Zusammenprall der Kulturen« kommt so nicht nur im Untergang des Alten und seinem Ersatz durch das Neue zum Ausdruck. Das Aufeinandertreffen der Menschen und Gesellschaftsformen während der Kolonisierung Mexikos führt in völlig unerwarteten Bereichen dazu, dass sich die Rassen vermischen und die Kulturen verschmelzen – mit überraschenden und heute unübersehbaren Auswirkungen. Und an dieser Verschmelzung sind erstmals Menschen aus drei Kontinenten beteiligt, weshalb sie dann ebenso wie die Verwestlichung Lateinamerikas eine entscheidende Etappe in der Weltgeschichte und in der Geschichte der Globalisierung bildet.[21]

Sich amerikanisieren oder asiatisieren

Obwohl auf den karibischen Inseln zum Teil vorweggenommen, ist diese gigantische Operation, bei der das mittelalterliche *ancien régime* in neue Gebiete hineingetragen wird, das erste koloniale Unternehmen, das in einem kontinentalen Maßstab von einer europäischen Macht vorangetrieben wird. Noch nie hatte ein europäisches Reich so ausgedehnte und weit entfernte Gebiete zu verwalten. Als die Spanier die karibischen Inseln besetzten, hatten es sie es mit Eroberungen von überschaubarer Größe zu tun, die jederzeit per Schiff erreichbar waren, und mit einer Bevölkerung, die rasch dezimiert wurde. Verglichen mit Mittelamerika waren das portugiesische Asien, der *Estado da Índia* und seine Hauptstadt Goa (seit 1510), verschwindend klein. Ins Unermessliche wuchs dieser Unterschied, als die Spanier nach Mexiko und Mittelamerika auch noch Südamerika von Kolumbien bis Patagonien eroberten.

Aber könnte man, abgesehen von der Europäisierung und der Vermischung und Verschmelzung der Rassen und Kulturen, oder besser, als Ergebnis davon, nicht auch eine Amerikanisierung ausmachen, die der Asiatisierung entspräche, welche die Portugiesen durchliefen? Durchaus, falls man »Amerikanisierung« nicht im heutigen Sinn des Einflusses versteht, den Nordamerika auf die übrige Welt ausübt.

Die Kolonisierung Lateinamerikas verändert die Menschen, auch die Europäer. Diese haben zunächst mit den Lebensformen ihrer Vorfahren gebrochen und erschließen sich, Tausende von Kilometern vom alten Spanien entfernt, neue Nischen der Existenz. Eine Familie, von der ein Teil in Amerika lebt, entwickelt sich unvergleichlich anders als eine andere, die über Generationen hinweg im vertrauten europäischen Umfeld bleibt. Familienbeziehungen, die neuerdings einen Ozean überspannen, die Umorientierung auf einem unbekannten, heidnischen Gebiet, die neue Mobilität, die Phasen der Entwurzelung und die neu geschlagenen Wurzeln wirken auf jeden Einzelnen ein. Amerika ist nicht nur, verglichen mit dem Herkunftsland, ein überdimensionierter Lebensraum.

Auch das Klima unterscheidet sich von den Jahreszeiten, die den traditionellen Festtagen in der alten Heimat den Rhythmus vorgaben. Das Miteinander und die Intimität mit Indio-Frauen wirken sich, wie zahlreiche andere Situationen und wahrscheinlich unbewusst, auf die Verhaltensweisen aus und verändern nachhaltig Einstellungen und Empfindlichkeiten. Dazu genießen sämtliche, auch die unbedeutendsten Vertreter der Siegermacht gegenüber der unterworfenen Urbevölkerung Privilegien, die einen sozialen und wirtschaftlichen Aufstieg mit sich bringen, der ihnen in Kastilien oder im Baskenland vorenthalten geblieben wäre.

Die Amerikanisierung bedeutet für einen großen Teil der Europäer wirtschaftlichen Aufstieg und soziale Anerkennung, die Gewissheit, im günstigsten Fall zur dominanten Gesellschaftsschicht zu gehören, und im schlechtesten Fall gegenüber dem Leben in der alten Heimat über eine Reihe von Trümpfen zu verfügen. Dagegen bedeutet für die Portugiesen Asiatisierung, dass sie es zwar ebenfalls zu Reichtum und gesellschaftlicher Anerkennung bringen, dies aber in höchst prekären Verhältnissen, bei der sie sich vom Rand her in eine Gesellschaft eingliedern müssen, die sie niemals unumschränkt beherrschen werden.

Die Geheimnisse des Südmeers

Hinter den abfallenden Bergen, den waldig und grün niedersinkenden Hügeln, liegt endlos eine riesige, metallen spiegelnde Scheibe, das Meer, das Meer, das neue, das unbekannte, das bisher nur geträumte und nie gesehene, das sagenhafte, seit Jahren und Jahren von Kolumbus und allen seinen Nachfahren vergebens gesuchte Meer, dessen Wellen Amerika, Indien und China umspülen.

Stefan Zweig, *Sternstunden der Menschheit*

La voluntad que yo de vuestra majestad conocí de saber los secretos de este mar del Sur.

Hernán Cortés an Karl V., 1532

Lag China fortan außerhalb der Reichweite der Europäer? Hier könnte man dieses Buch abschließen, wenn man davon ausginge, dass zu Beginn der 1520er-Jahre jeder Gedanke an eine Eroberung dieses Reichs aufgegeben worden sei. Dies hieße vergessen, dass die Portugiesen nicht die einzigen Europäer waren, die sich für den Fernen Osten interessierten, und dass die Kolonisierung Amerikas mit der Geschichte Asiens verknüpft war.

China und die erste Weltumsegelung

In einem Punkt stimmen die damaligen europäischen Beobachter überein: Als Magellan erstmals die Welt umsegelt hat, so der Gelehrte Maximilianus Transylvanus, sei es möglich geworden, »sich China anzunähern«. Für den Italiener Pietro Martire d'Anghiera hatte er damit den Großen Golf des Ptolemäus erreicht, das »Einfallstor nach China«.[1] Auch wenn seine Seeleute nicht bis an die chinesische Küste vorgestoßen waren, so hatten sie immer weitere Inseln entdeckt, auf denen das Reich des Himmels eine Vielfalt an Spuren hinterlassen hatte.[2] Nach Magellans

Tod sichten sie immer wieder chinesische Dschunken.[3] Auf der kleinen Insel Bacchian entdecken sie goldene und seidene Stoffe. Auf Borneo kommen ihnen auffädelbare Münzen mit einem Loch in der Mitte unter: Die Prägung zeigt »auf einer Seite die vier Zeichen, die für die Buchstaben des Großkönigs von China stehen«. In den Häfen tragen sie Informationen über ein Land zusammen, das »von dem größten König der Welt, Santhoa Raja«, beherrscht werde, bei dem es sich tatsächlich um den Ming-Kaiser Zhengde handelt. Dessen gewaltiger Machtbereich soll sich über sämtliche Herrscher Groß- und Kleinindiens[4] erstrecken. Man stellt sich ihn als den Gebieter eines glanzvollen Hofs vor, der inmitten von Ehefrauen und Wachen in einem Palast mit unzähligen Gemächern residiert. Magellans Seeleute erfahren, dass es einen großen Hafen Guantau (Kanton) und zwei Hauptstädte geben soll: Namchin (Nanking) und Commihala (das Cambaluc Marco Polos). Das Land erscheint anziehend, ja beruhigend vertraut mit seinen »weißhäutigen und [anständig] gekleideten« Bewohnern, die »an einem Tisch speisen«. Aber es erweist sich auch als ziemlich unzugänglich, braucht man für eine Einreise doch unbedingt das kaiserliche Siegel. Spanier, die nach dem Massaker auf Cebu als Sklaven an chinesische Händler verkauft wurden, landeten möglicherweise sogar im Reich der Mitte.[5] Die gesamten 1520er-Jahre hindurch befinden die Molukken – und im Hintergrund China – im Visier der Spanier.

Die spanischen Vorstöße

Magellans gescheiterte Expedition kann die spanische Krone nicht entmutigen. 1525, als die wenigen Überlebenden in die Heimat zurückkehren, ist für Karl V. dennoch ein glanzvolles Jahr: Im Februar siegt er bei Pavia über den französischen König Franz I., nimmt ihn gefangen und sichert sich so die militärische und politische Oberherrschaft über Europa.[6] Nach diesem brillanten Erfolg will der Kaiser nun auch noch die Gewürzinseln erobern. Am 24. August 1525 beruft er García Jofre de Loaísa, Prior des Malteserordens, an die Spitze einer Flotte aus acht Schiffen, die die Molukken einnehmen, dort eine dauerhafte Niederlassung gründen und diese Herrschaft absichern soll.[7] Dabei deutet alles darauf hin, dass der Kommandeur bei der Gelegenheit einen Abstecher bis nach Japan geplant hat. Nach der Durchfahrt durch die Magellanstraße schert aus dem Geschwader ein leichter Zweimaster – eine Patache – aus und segelt direkt nach Norden weiter, wo sie später in Neuspanien landen wird, um Cortés über die Ziele der Expedition zu informieren. Allerdings sterben Loaísa und die ihm nachfolgenden Kapitäne während der Reise nacheinander. Am Ende landet ein einziges Schiff auf den Molukken, wo seine bloße Ankunft für großen Wirbel sorgt, denn »die Mauren der Molukken sind den Kastiliern eng verbunden«.[8] Und die Portugiesen in Asien verzeihen es den Spaniern einfach nicht, dass sie zu ihren islamischen Rivalen beste Beziehungen pflegen.

Im selben Jahr 1525 wird zu den Molukken eine weitere Expedition mit dem Ziel entsandt, »das östliche Cathay zu entdecken«.[9] Von dem reichen Kaufmann Cristóvão de Haro finanziert, sticht sie unter dem Kommando des Portugiesen Estêvão Gomes von La Coruña aus in See, nimmt aber Kurs auf den Nordwesten, um eine Passage zum Pazifik aufzuspüren, die es irgendwo zwischen dem »Land der Stockfische« und Florida geben soll. Gomes segelt bis nach Neuschottland hinauf und kehrt mit einigen Sklaven zurück. Spanien ist so ungeduldig, direkt zu den Molukken vorzustoßen, dass es auf die Nachricht von Gomes' Rückkehr begeistert reagiert: Das Gerücht verbreitet sich, sein Schiff sei mit *clavos* – Gewürznelken! – beladen, obwohl es in Wahrheit *esclavos*,[10] also Sklaven, sind. La Coruña wird niemals zum atlantischen Umschlaghafen für Gewürze werden, die über eine neue Route durch das Eis des Hohen Nordens nach Spanien gelangen.

Im April 1526 sticht in La Coruña eine weitere Expedition in See. Unter dem Kommando des *piloto mayor* Sebastiano Caboto segeln vier Schiffe, darunter eine Karavelle, diesmal wieder in Richtung Südwesten. Aber anstatt die Molukken zu erreichen oder überhaupt in den Pazifik zu gelangen, erkundet der Venezianer lediglich das Mündungsgebiet des Río de la Plata. Als er 1530 nach Spanien zurückkehrt, wird er wegen Missachtung von Befehlen verfolgt und eingekerkert, später aber vom Kaiser begnadigt. Zu dieser Zeit begeistern sich die Gemüter weiterhin für die Idee, eine Durchfahrt durch den Norden des amerikanischen Kontinents in den Pazifik zu finden. In dieser Absicht erkundet denn auch Pánfilo de Narváez 1527 erneut Florida in einer Expedition, die im Desaster endet.

Das zweite Leben des Hernán Cortés

Ab 1521 haben die Eroberung Mexikos und die Entdeckung des Zugangs zur Pazifikküste die Lage deutlich verändert: Neuspanien ist von einem unendlichen Meer, dem Südmeer, umgeben, in der es Land »zu entdecken, zu erobern und zu besiedeln« gibt. Die mexikanische Küste bietet sich als eine natürliche Ausgangsbasis an, um zu den Molukken vorzustoßen, ohne dass zunächst der ganze Kontinent umfahren werden muss. Von dieser Idee ist der rastlose Hernán Cortés schon früh überzeugt und lässt dazu 1522 die Region Jalisco und Hafen von Zacatula an der Pazifikküste besetzen.[11] In seinem dritten Brief drückt er aus, welche Aussichten sich mit einer Erkundung des »Südmeers« eröffnen: »Er stellte sich vor, auf diesem Weg die Arzneien der Molukken, auf Banda, sowie die Gewürze Javas mit geringeren Mühen und Gefahren heranzuschaffen.«[12] In seinem vierten Brief vom Oktober 1524 schlägt er vor, die Gewürzinseln zu besetzen und weiter bis nach China vorzustoßen. Allerdings muss er sich noch zwei Jahre gedulden, bis ihm im Juni 1526 der Kaiser von Granada aus den Weg mit dem Befehl ebnet, mit seinen Schiffen nach den Überlebenden von Loaísas gescheiterter Unternehmung zu suchen. Die Rettungsexpedition bekommt zudem die Mission übertragen, die ungefähr 50 Überlebenden von Magellans Expedition zu bergen, die auf der *Trinidad* gesegelt waren. Dazu muss Cortés' nur noch den Seeweg aufspüren, der von Neuspanien zu den Molukken führt.

Einstweilen konnte er in aller Ruhe die mexikanische Küste erkunden, die besten Standorte für Häfen ausmachen, sich den Zuschlag für sie sichern, Marinearsenale aufbauen und sie mit dem notwendigen Gerät und Material ausstatten, um mehrere Schiffe bauen zu lassen. Cortés spart an nichts: Er lässt aus Spanien Ausrüstung kommen und setzt auf den Werften qualifizierte Arbeiter ein. Als Eroberer Mexikos besitzt er ein ausreichend großes Vermögen und den Unternehmergeist, um eine pazifiktaugliche Flottille zusammenzustellen, die seine transkontinentalen Ambitionen befriedigen soll. Als er durch die Patache, die aus Loaísas Expedition ausgeschert ist, von deren erfolgreicher Durchquerung der Magellanstraße erfahren hat, treibt er sofort den Bau seiner Schiffe voran. Auch ist Cortés überzeugt, dass die Molukken von Neuspanien aus leicht zu erreichen seien, wie er im Mai 1527 dem König von Cebu in einem Brief darlegt: »Wir sind so nah beieinander und können in so kurzer Zeit miteinander in Verbindung treten.« Alles in allem war er so der richtige Mann, um die Schiffe zu entsenden, mit denen die Spanier von den Molukken zurückgeholt werden sollten. Zudem kam es in Mexiko-Stadt und Sevilla vielen gelegen, seine tatkräftigen Eroberungsgelüste auf die Weiten des Ozeans zu lenken.

Rasch entwickelt sich das Vorhaben im Pazifik zum Familienunternehmen. Cortés überträgt die Führung der Expedition seinem Cousin Alvaro de Saavedra y Cerón. Saavedra erhält im Mai 1527 präzise Instruktionen, direkt zu den Molukken zu segeln, ohne an anderen Inseln oder an Festland anzulegen, außer um »Erkundigungen einzuziehen und einen Bericht über die Dinge zu erstellen, die sich dort befinden«. Die Anweisungen zeigen, dass Cortés vom Konquistador zum Unternehmer zur See mutiert ist, auch wenn ihn nach wie vor die Sorge um Ordnung und Disziplin umtreibt: Das Führen gotteslästerlicher Reden ist auf den Schiffen verboten, Glücksspiele sind auf das Notwendige zu beschränken, und Frauen sind an Bord tabu, »weil sie [unter der Mannschaft] gewöhnlich Schwierigkeiten verursachen«. Zusammenstöße mit Ureinwohnern sind zu vermeiden (»weder belästigen noch verärgern, sondern sie im Gegenteil zufriedenstellen«). Und Beziehungen zu Frauen der Urvölker sind um jeden Preis zu verhindern. Zudem soll Saavedra jede Konfrontation mit portugiesischen Flotten vermeiden, möglichst viele Informationen einholen und insbesondere Gewürzpflanzen sammeln, damit man sie in Spanien kultivieren kann.

Der Kapitän, der mit Meisterhand Mexikos Eroberung geleitet hat, verwandelt sich in einen maritimen Diplomaten, der die Herrscher Cebus und Tidores hofiert. Den ersten bittet er um Verzeihung für Magellans Exzesse, also dafür, »dass er mit Euch und Euren Leuten einen Krieg vom Zaum gebrochen und Zwietracht gesät hat«. Zu Recht, so erklärt Cortés, habe ihn Gott dafür bestraft. »Der Herr und Schöpfer aller Dinge ließ ihn seinen Ungehorsam mit dem Tod, den er starb, bezahlen wegen der Untat, die er gegen den Willen seines Fürsten beging.«[13] Mit wenigen Worten bricht Cortés den Stab über den berühmten Seefahrer, wirft ihn in den Mülleimer der Geschichte, spricht sich selbst – etwas voreilig – seine Nachfolge zu und gibt den unparteiischen Gesprächspartner. Cortés bleibt ein unvergleichlicher Manipulator, wohlweislich vergessend, dass er sich einst selbst »gegen den Willen seines Fürsten« stellte. Dem »König« von Tidore dankt er dafür, dass er die Überlebenden der magellanschen Expedition aufgenommen hat, und verspricht Unterstützung sowie militärischen Beistand, »um Eure Ländereien und Eure Person zu verteidigen und vor Angriffen Eurer Feinde zu schützen«.[14] Er bekundet sogar die Bereitschaft, seine Gesandten zu empfangen, »damit sie Neuspanien sehen«. Der Konquistador stellt beste Absichten zur Schau, im Einklang mit den Befehlen des Kaisers, der ganz bereitwillig die Angelegenheiten auf der anderen Seite des Globus in die eigene Hand nehmen will.

Saavedra läuft am 31. Oktober 1527 aus Zihuatanejo aus, versehen mit Briefen, die Cortés nicht nur an den Sultan von Tidore, sondern auch an Sebastiano Caboto, Gómez de Espinosa und die Überlebenden von Magellans Expedition gerichtet hat. Die Spanier erreichen mit ihrem Geschwader die Marshall-Inseln (Rongelap), passieren die *Islas de Ladrones,* die »Diebesinseln« (heute Marianen), und landen auf einem Eiland, wo man sie mit den Rufen *»Castilla! Castilla!«* empfängt. Im Februar 1528 retten sie auf Mindanao einen Spanier der Loaísa-Expedition. Von ihm erfahren sie, dass weitere Gefangene (Teilnehmer von Magellans Expedition) von Leuten aus Cebu an chinesische Händler verkauft worden seien. Auf einer Nachbarinsel greifen sie Seeleute auf, die gegen Loaísa eine Meuterei angezettelt haben. Sie werden später auf Tidore ihrer Strafe zugeführt.

Saavedra schätzt die Entfernung von der Insel Gilolo (Halmahera) bis nach Neuspanien auf 1500 Seemeilen.[15] Am 27. März 1528 legt er schließlich auf der Insel Tidore an, auf der eine Garnison von 120 Mann unter Führung Hernando de la Torres ausharrt. Torre vertraut ihm ein Schreiben für Cortés an, in dem er ihn um Hilfe bittet. Seine kleine Truppe, die über zwei Dutzend Geschütze verfügt, führt in der Region einen erbitterten Krieg gegen die Portugiesen. Saavedra unterstützt ihn nach Kräften, kapert eine Galiot und tötet den portugiesischen Kapitän. Obwohl Portugal und Kastilien in Europa und Amerika in Frieden leben, liefern sie sich auf der anderen Seite des Globus gnadenlose Kämpfe – Vorboten der kolonialen Rivalitäten, die in den späteren Jahrhunderten die europäische Expansion vielfach prägen werden. Schon sehr früh deutet sich hier auf politischer und militärischer Ebene eine Tendenz an, die sich mit der Globalisierung durch die Spanier und Portugiesen ausbreitet: Konflikte, die anfangs auf eine Region oder einen Kontinent begrenzt sind, werden am Ende weltweit ausgetragen.

Ab da segelt die Expedition in ein Fiasko. Am 12. Juni 1528 beschließt Saavedra, mit einer Ladung von 60 Doppelzentnern Gewürznelken nach Neuspanien zurückzukehren. Widrige Winde und Strömungen vereiteln einen ersten Versuch über die östliche Route. Die Seeleute machen kehrt, passieren die Admiralitätsinseln, den Bismarck-Archipel, die Karolinen sowie die Marianen und laufen nach über einem Monat auf See wieder in Tidore ein. Dort lassen sie ihre portugiesischen Gefangenen hinrichten: durch Enthauptung, Vierteilen oder durch den Strang. Die Spanier gehen mit Gegnern nicht sanfter um als die die Chinesen.

Im Mai 1529 versucht sich Saavedra erneut an einer Rückkehr durch den Pazifik. In einem Abstecher segelte er wieder nach Süden an der Küste Neuguineas entlang, wendet sich dann nach Norden. Bei einer Erkundung des Pazifiks entdecken die Spanier die Pintados (die Viasayas im Zentrum der Philippinen) und stoßen wahrscheinlich bis in den Norden des Hawaii-Archipels vor. Von den Ureinwohnern der Pintados liefert Saavedra eine erste Beschreibung: Den Gesichtszügen und der Größe nach stammten sie anscheinend von den Chinesen ab, seien aber »degeneriert«: »Da sie seit langem dort lebten, waren sie der Barbarei so sehr anheimgefallen, dass es unter ihnen keine Religion oder Sekte mehr gab und dass sie keine Tiere hielten.«[16] Die Expedition kämpft weiterhin gegen widrige Winde an. Im Oktober 1529 stirbt dann zur Bestürzung der übrig gebliebenen Mannschaft Saavedra auf hoher See.

Fällt die Bilanz vollständig negativ aus? Die Spanier haben sich mit den Gewässern des Pazifik vertraut gemacht und Inseln und Küsten erkundet: unter anderem die Karolinen, Inseln westlich vor Papua-Neuguinea (bei Gilolo) und die Admiralitätsinseln. Grund genug, einen weiteren Versuch zu wagen, den unendlichen Ozean zu durchqueren. Im Übrigen hat Saavedra nur als Handlanger Cortés agiert, der Pläne hegte, die den Portugiesen auf den Molukken einiges Kopfzerbrechen bereiten konnten: »Er plante, mithilfe des Kaisers einen Seeweg durch Castilla de Oro und Neuspanien zu eröffnen«, wobei er sich »auf das Gebiet und den Isthmus Panamas« stürzte. Hier sollten seine Gewürznelken angelandet und auf Karren bis nach Nombre de Dios an der Atlantikküste transportiert werden, »wo die Schiffe Kastiliens« ankerten. Cortes fasste sogar vier mögliche Routen durch Mittelamerika ins Auge.

Die Verbindung zwischen den Molukken und den Kanarischen Inseln – durch den Pazifik und den Atlantik – verhieß eine enorme Zeitersparnis. Sie sollte durch den Pazifik zwischen dem Äquator und dem Wendekreis des Krebses verlaufen.[17] Umwege über das Kap der Guten Hoffnung, durch die Magellanstraße oder durch eine vielleicht an Neufundland vorbeiführende nördliche Passage, die erst noch entdeckt werden musste, würden somit hinfällig. Einmal mehr erweist sich die von Spaniern und Portugiesen ausgegangene Globalisierung als eine zur See: Beide suchen nach weltumspannenden Seewegen und verbreiten dabei den Gedanken, dass man von einem beliebigen Punkt auf dem Globus über eine nördliche, südliche, östliche oder westliche Route zu einem anderen gelangen kann. Und bei ihren Erkundungen des Pazifiks sehen sich die Spanier noch mehr als die Portugiesen dazu herausgefordert, alle Möglichkeiten auszuloten, die ihnen die Erdkugel bietet.

Die weltumspannenden Ambitionen des Cortés

Die Gründe für Cortés' Interesse an den Molukken sind leicht zu erraten. Die Gewürzinseln verhießen einträgliche Geschäfte, auf die sich damals in Europa wie in Asien alle Begehrlichkeiten richteten. Mit seinen Pazifikhäfen verfügte er über einzigartige Möglichkeiten, die er sich keinesfalls entgehen lassen wollte. Allerdings hing die »Lust des Konquistadors, das Südmeer zu entdecken«, auch mit der globalen Stoßrichtung seiner Unternehmungen zusammen: Er betrachtete sich als Architekten eines schicksalshaften Weltreiches, was er im Mai 1527 in einem Brief an die Gefährten Sebastiano Cabotos deutlich ausdrückte: »Ich habe mich sehr für diese Regionen interessiert. Ich möchte sie unter dem kaiserlichen Zepter sehen und setzte mein Vertrauen in Unseren Herrn in der Überzeugung, dass wir Seine Majestät zu unserer Zeit als Monarchen des Universums sehen. Denn nicht ohne Grund hat Gott es ermöglicht, so zahlreiche und ausgedehnte Ländereien zu entdecken.« Dieselbe Geisteshaltung und Obsession spricht auch aus einem Brief vom Mai 1527, den Cortés an den Herrscher der Inseln richtet, die erreicht und besetzt werden sollen: Gott »in seiner Güte wollte, dass [Karl V.] Kaiser des Universums […] sei, dem sämtliche anderen Fürsten Vorrang und Autorität zuerkennen«.[18]

Den Pazifischen Ozean, Neuspanien und das kaiserliche Europa umfassend, setzt sich in den Köpfen schon die Vision eines weltumspannendes Reiches fest, noch ehe ein solches institutionell konkrete Gestalt annimmt – Zeichen einer Globalisierung, die dazu ermuntert, neben dem Reiseverkehr nun auch die Macht auf globaler Ebene, also jene Weltmeere überspannend zu denken, die Magellans Seeleute durchsegelt haben.

Globalisierung beinhaltet Synchronisierung. Ist es Zufall, dass der Imperialismus, den Cortés propagiert, mit Erwartungen in Europa zusammenfällt, wonach Karl V. die universelle Eintracht wiederherstellen soll? Die Alte Welt hegt zur damaligen Zeit eschatologische Hoffnungen. Dabei begnügt sie sich nicht damit, auf einen Endzeit-Kaiser zu warten oder – im mittelalterlichen Sinn des Joachim von Fiore – einmal mehr darauf zu hoffen, dass ein Zeitalter des Heiligen Geistes anbricht. Vielmehr beschwört Erasmus von Rotterdam Karl V., Einigkeit unter den Völkern zu stiften, während Großkanzler Mercurino Arborio di Gattinara bereits ein Bild von Karl V. als Weltkaiser entwirft. Und wer findet sich unter Gattinaras Beratern? Maximilianus Transylvanus, der in seinem Werk »Über die Molukken«[19] Magellans Expedition beschreibt und als wohl einer der ersten Europäer deren globale Bedeutung erkannte. Erschien Karl V. schon nach dem Sieg bei Pavia über Franz I. als »Weltherrscher«, so konnten sich nach seiner Krönung zum Kaiser 1530 in Bologna nun all diejenigen bestätigt sehen, die auf den Anbruch einer Ära des universellen Friedens unter dem neuen Augustus gehofft hatten.[20]

Wohl noch nie deckten sich Cortés' Ambitionen so gut mit denen seines Herrschers. Der Konquistador weiß es zu nutzen. Im Oktober 1530 richtet er in Texcoco, einer ehemaligen Hauptstadt des aztekischen Dreibunds, einen Brief an den Kaiser, in dem er mit Schmeicheleien dessen Neugierde für Asien anstachelt. In Worten, die auf ihn selbst gemünzt sein könnten, redet er vom »Wunsch seiner Majestät, das Geheimnis dieser Region zu erfahren«. Zwei Jahre später kommt er im fast gleichen Wortlaut auf das Thema zurück: »Ich weiß genau, wie sehr Eure Majestät die Geheimnisses dieses Südmeers zu erfahren wünschen.«[21] Dabei lässt er in seinen Formulierungen Vorsicht walten: Ohne ein Wort über künftige Eroberungen zu verlieren, spricht er vom Pazifik und dessen Geheimnissen, also von der reinen Lust, Erkenntnisse über einen Raum zu gewinnen, der im Grunde Spanien untersteht. Aber freilich ist bekannt, wozu sich die spanischen Soldaten von dieser Art Neugierde gewöhnlich hinreißen lassen.

Cortés' Vorsicht ist durchaus begründet, muss er doch ins Kalkül ziehen, dass der Kaiser im April 1525 im Vertrag von Saragossa auf Ansprüche auf die Molukken offiziell verzichtet hat. Johann III. von Portugal hat ihn dafür finanziell entschädigt. Offenkundig ist allerdings auch, dass ein Geheimnis des Südmeers darin besteht, welche Seewege von Mexiko zu den Molukken sowie nach China und wieder zurück führen. Im Oktober 1529 hat der Konquistador Zugeständnisse erreicht, die ihm die ganzen Weiten des spanischen Pazifiks eröffnen – ein Trost für Cortés, der darauf gehofft hatte, Vizekönig von Neuspanien zu werden, aber nur mit dem Titel des Marqués del Valle de Oaxaca mit ungefähr 23.000 einheimischen Vasallen abgefunden worden ist. Jetzt liegt es an ihm, »alle Inseln, die in der Südsee Neuspaniens liegen und auf die er im Westen stoßen wird, zu entdecken, zu erobern und zu besiedeln«. Seit Kolumbus und Magellan übt der Westen eine beständige Anziehungskraft aus. Nach den Antillen und Mexiko nimmt man sich jetzt den Pazifik vor.

Dabei verschwinden die Molukken im Prinzip vom Horizont der Gebiete, die es zu erobern gilt, während sich auf Ostasien weiterhin der Fokus richtet, denn dessen Küsten grenzen den Vorstellungen nach im Nordpazifik an Neuspanien. Aber Cortés stößt auf ein bedeutendes Hindernis. Ihm fehlt der Zugang zu einem Teil der mexikanischen Pazifikküste, der dem Gouverneur Nuño de Guzmán in Neugalizien untersteht, wie auch der zur Küste des Gouvernements Florida, das Pánfilo de Narváez zugesprochen wurde. Cortés reagiert mit überzogenen Forderungen: Als Entschädigung für die beträchtlichen Investitionen, die er für die geplanten Erkundungen tätigen muss, verlangt er für sich und seine Nachkommen ein Zwölftel der Reichtümer, die es im Südmeer zu gewinnen gibt. Auch wenn diese Forderung abgelehnt wird, kann er sich immerhin das Anrecht auf die erstinstanzliche Jurisdiktion über die neu entdeckten Gebiete sichern.

»Vom Teufel aufgerichtete Hindernisse«[22]

Bei der Rückkehr erwartet Cortés in Neuspanien eine schwierige Lage. Die feindlich gesinnte Obrigkeit verweigert ihm die Wiedereinreise nach Mexiko-Stadt. 1530 verfügt er im Prinzip über fünf auslaufbereite Schiffe. Allerdings hat die *Audiencia* (Gerichtshof) in Mexiko während seiner Abwesenheit den Leiter der Werft verhaften, das Material für die Ausrüstung der Schiffe beschlagnahmen und seinen Nachschub an indigene Arbeitskräften unterbinden lassen. Beinahe sieht es so aus, als sei die Erkundung des Pazifiks in einer Sackgasse geraten. Seit ungefähr einem Jahr sind die spanischen Handwerker arbeitslos und »die Schiffe praktisch verloren«. Viele haben die Werft verlassen. Alle fordern ihren noch nicht gezahlten Lohn ein. Cortés ist zutiefst erschüttert: »Ich habe über 20.000 Castellanos [eine Goldmünze] verloren, die ich für den Bau und die Ausrüstung der fünf Schiffe ausgegeben hatte.«[23] Trotz seiner Verluste und der »teuflischen« Hindernisse, die ihm die erste *Audiencia* in den Weg legt, hält Cortés an seinem Vorhaben fest. 1531 erinnert ihn ein königlicher Erlass *(real cédula)* an seine Verpflichtungen und gibt ihm zwei Jahre Zeit, um mit der Flotte auszulaufen und den Pazifik zu erkunden. Andernfalls verlieren die Zugeständnisse an ihn ihre Wirkung.

Es ist möglich, dass mit den von Kaiserin Isabella unterzeichneten Befehlen von 1530 und 1531 in erster Linie andere Ziele verfolgt wurden, als den Pazifik zu erkunden. Vielleicht ging es vor allem darum, Cortés aus Mexikos Hauptstadt zu entfernen, weil sein Konflikt mit der ersten *Audiencia* damals besonders explosiv erschien. Ungeachtet dessen bekräftigte die spanische Krone nach Unterzeichnung des Vertrags von Saragossa schleunigst ihre Ansprüche auf den Pazifik, und dies mit den verfügbaren Mitteln: mit dem Vermögen, den Schiffen und den Häfen jenes Mannes, der sich zum Herrn über Neuspanien hatte aufschwingen wollen. Versprochen ist versprochen: Cortés stellt eine Flotte zusammen. 1532 verfügt er angeblich über eine Karavelle in Tehuantepec und über zwei Brigantinen in Acapulco. Zwei weitere Schiffe liegen in der Werft. *Tamemes,* indianische Träger, schaffen im Pendelverkehr zwischen Cuernavaca und der Küste »die Ausstattungen und Ausrüstungen der Brigantinen« heran. Mit den fünf Schiffen, die während seiner Abwesenheit in der Werft liegen blieben, verfügt Cortés so über eine Flotte von neun bis zehn Schiffen.

Im Jahr 1532, also zehn Jahre nach der Eroberung Mexikos, sind die Schwierigkeiten, auf die Cortés gestoßen ist, noch nicht überall bekannt. Die geplanten Unternehmungen zur Entdeckung kommen gut voran und ziehen immer mehr Spanier an, die im Mutterland kein Auskommen finden. Nuño de Guzmán, der ehemalige Präsident der *Audiencia*, arbeitet fieberhaft daran, in seinem Bezirk Neugalizien eine Brigantine bauen zu lassen, mit der er sich ebenfalls in die Erkundung des Südmeers zu stürzen gedenkt. Und Pedro de Alvarado, der Gouverneur von Guatemala, stattet bald »neun Schiffe mit guter Reichweite« aus, die im Juli des Jahres auslaufen sollen. Schon werden Stimmen laut, wonach er sich allzu sehr mit Schifffahrt befasse. Und in Florida fehlt noch immer jede Nachricht von Pánfilo de Narváez, der losgesegelt ist, um die legendäre Nordwestpassage zu finden.

Gleichwohl nimmt die *Audiencia* Cortés ins Visier. In einem Prozess gegen ihn verlangt sie von der Krone, seine Karavelle und seine beiden Brigantinen zu beschlagnahmen.[24] Cortés reagiert wie immer mit einer Flucht nach vorn. Von Acapulco aus, wo er eine Werft unterhält, sticht im Juni 1532 sein Cousin Diego Hurtado de Mendoza in See. Mit seinen beiden Schiffe *San Miguel* und *San Marcos,* die Cortés Juan Rodríguez de Villafuerte abgekauft hat, segelt er ungefähr 200 Seemeilen an der Küste entlang nach Norden. Nuño de Guzmáns Gebiet sorgsam meidend, erkundet er die Region um Colima und Jalisco. Als ein Schiff nach Süden zurückkehrt, wird dessen Besatzung in der Bucht von Banderas (Nayarit) niedergemetzelt. Das andere unter dem Befehl des Cousins segelt weiter nach Norden. Aber »weder von ihm noch von dem Schiff wurde je wieder gehört noch etwas gesehen«.[25] Für dieses Desaster macht Cortés die zweite *Audiencia* verantwortlich, die alle Hebel in Bewegung gesetzt habe, um die Vorbereitungen der Expedition zu hintertreiben und die Versorgung der Schiffe zu behindern. Die Knüppel, die zwischen Cortés' Beine landen, zeigen einmal mehr, dass sich Krone und die Kolonialbehörden verbündet haben, um seine Tatkraft ins Leere laufen zu lassen und dafür zu sorgen, dass er sein Vermögen aufzehrt. Es sieht ganz so aus, als habe der Pazifik als Köder herhalten müssen, um den lästigen Konquistador loszuwerden, anstatt echte maritime Ziele zu verfolgen. Die Misserfolge zur See konnten höchstens das Bild vom unbesiegbaren Cortés zerstören, ohne dass ein Neuspanien in Gefahr geriet, in dem man ohnehin ganz andere Sorgen hat.

Ende 1532 bereitet Cortés eine neue Expedition vor. Unter dem Befehl Hernando de Grijalvas segelnd, entdeckt diese am Ende rund 400 Kilometer südwestlich der Südspitze Niederkaliforniens die Revillagigedo-Inseln. Eines der beiden Schiffe kehrt wohlbehalten zurück, während das andere in Neugalizien Cortés' Rivalen Nuño de Guzmán in die Hände fällt.

Daraufhin setzt die Krone mit Blick auf künftige Pazifikexpeditionen auf Pedro de Alvarado. Aber Cortés gibt sich nicht geschlagen. Im April 1535 sticht er selbst an der Spitze einer Flotte aus drei Schiffen mit 300 Spaniern und rund 30 Frauen von Chametla aus in See. Im Süden der Halbinsel Niederkalifornien, in der Buch Santa Cruz, geht er an Land. Seine Seeleute und Soldaten geraten in Versorgungsnot: »Von den Soldaten, die mit Cortés unterwegs waren, starben 23 an Hunger und Krankheiten. Von den übrigen waren viele leidend und verfluchten Cortés, seine Insel, sein Meer und seine Entdeckung.«[26] Die Überlebenden schaffen es schließlich bis nach Neuspanien zurück.

Zu der Zeit sind Spanier und Portugiesen nicht mehr die einzigen, die sich ein Wettrennen um die Gewürze liefern und nach China streben. 1534 sucht der Franzose Jacques Cartier nach der nördlichen Passage, »um Spezereien und Arzneien aus Indien nach Frankreich zu holen«.[27] Er entdeckt nur ein Gebiet »mit Ressourcen, Dörfern und gut besiedelt«, das er »Neufrankreich« nennt. Mit der Eroberung Perus verändert sich die Lage auch für Mexiko. Der Südpazifik liegt jetzt direkt vor der spanischen Haustür. 1536 rufen Pizarro und seine Männer, von Indios umzingelt, Guatemalas Gouverneur Pedro de Alvarado zur Hilfe. Ihr schriftlicher Aufruf gelangt in die Hände des Vizekönigs Antonio de Mendoza, der die Mission daraufhin dem nach Acapulco zurückgekehrten Cortés überträgt. Sich auf die Gelegenheit stürzend, entsendet Cortés zwei Schiffe, von denen er eines dem Befehl seines Haushofmeisters Hernando de Grijalva unterstellt. Die Expedition wird mit zwei Missionen beauftragt: Pizarro Proviant und Geschenke überbringen, aber auch den Südpazifik erkunden, und zwar bis … zu den Molukken. Und tatsächlich: Statt nach Neuspanien zurückzukehren, nimmt Grijalvas Schiff Kurs gen Westen. Mithilfe des portugiesischen Lotsen Martim da Costa folgt er der Äquatorlinie bis zur Weihnachtsinsel (Kiritimati) und erreicht den Gilbert-Archipel *(Los Pescadores)*. Dann wird er von seinen meuternden Seeleuten getötet, die am Ende das Schiff im Stich lassen. 1538 wird der

Portugiese Galvão eine Handvoll Überlebender, die Ureinwohnern in die Hände gefallen sind, bei sich an Bord nehmen.

War es ein Misserfolg auf ganzer Linie? Was Cortés angeht, ist dies sicher richtig. Aber in diesen 1530er-Jahren nimmt die spanische Krone auch den größten Teil der amerikanischen Pazifikküste in Besitz – mit der Aussicht, das riesige Weltmeer eines Tages zu einem spanischen Gewässer zu machen. Im Übrigen hat das Interesse am Südmeer in der Hauptstadt niemals nachgelassen. 1535 bricht eine kleine Expedition aus zwei Schiffen mit 200 Mann von Sevilla mit dem offenkundigen Ziel auf, zu den Molukken oder bis nach China zu segeln. Sie untersteht dem Portugiesen Simão de Alcaçova, einem Kenner der Region, der die Molukken erkundet und sogar an der Expedition Fernão Pires de Andrades nach China teilgenommen hat. Karl V. soll ihn beauftragt haben, die Grenzen zu überprüfen, die im Vertrag von Tordesillas gezogen wurden. Wie die vorangegangenen scheitert auch dieser Vorstoß. Nach einem Versuch, die Magellanstraße zu passieren, und einer Landung in Patagonien bricht auf einem der Schiffe eine Meuterei aus. Das andere tritt dagegen den Rückweg nach Santo Domingo an und segelt von dort aus weiter nach Spanien.

Damit liegt der Ball wieder bei Cortés. Vier Jahre später, im Juli 1539, startet er seine letzte Expedition. Von Acapulco aus stechen drei Schiffe mit dem Plan in See, die Küstenstriche Niederkaliforniens zu erkunden und – einmal mehr – nach einer praktikablen Route nach Fernost zu suchen. Die Schiffe fahren in den Golf von Kalifornien – der seinerzeit Mar de Cortés, Cortés-See, heißt –, machen kehrt, umschiffen das Cabo San Lucas und segeln an der Pazifikküste entlang nach Norden bis zur Isla de Cedros. Allerdings wird auf der Rückfahrt, vor Huatulco, eines der beiden verbliebenen Schiffe von den neuspanischen Behörden beschlagnahmt. Von der Erkundung der kalifornischen Küste abgesehen, fällt die Bilanz bescheiden aus: »Sie haben keine Neuigkeiten von einem Gebiet mitgebracht, das die Mühe gelohnt hätte. Viel Lärm um nichts. Cortés hatte geglaubt, an dieser Küste und diesem Meer ein weiteres Neuspanien zu entdecken.« Der alte Konquistador ist um eine Illusion ärmer. Als er ein letztes Mal nach Spanien segelt, verfügt er allerdings noch immer über fünf Schiffe, mit denen er seine Erkundungsfahrten weiterzuführen gedenkt.

Die Endabrechnung fällt insgesamt negativ aus: Geschätzte »200.000 Dukaten«, einen großen Teil seines Vermögens, hat Cortés für seine Expeditionen ausgegeben. Glaubt man seinem vertrauten Chronisten, »hat noch keiner je mit so viel Begeisterung in derartige Unternehmen investiert«.[28] Dies soll Cortés dazu getrieben haben, sich mit dem Vizekönig Antonio de Mendoza zu überwerfen und gegen die Krone ein Gerichtsverfahren anzustrengen.

Seine Sturheit verrät, dass für Cortés die Eroberung des pazifischen Raums mit der Mexikos untrennbar verknüpft war. Bezeichnenderweise wollte dieser Mann, der sich auf die riskante Eroberung Tenochtitlans eingelassen hatte, das Spielfeld auf den Pazifik ausdehnen: Sein Werdegang macht nicht nur den Eindruck einer ständigen Flucht nach vorn – mit immer weiteren Vorstößen nach Westen –, er spiegelt auch eine Vorliebe für Investitionen in überseeische Gebiete wider, selbst wenn diese noch unbekannt sind. Hier deutet sich schon ein moderner europäischer Zug an, bei dem sich unersättliche Profitgier mit Zukunftsprojekten verbindet, die räumlich wie zeitlich in weiter Ferne liegen.

Der Vizekönig nimmt den Stab auf

Dieses moderne Denken ist der Krone nicht fremd. 1535 trifft der Vizekönig Antonio de Mendoza als Vertreter Karls V. in Neuspanien ein, mit dem festen Entschluss, die Pazifikexpeditionen wieder in die eigene Hand zu nehmen. Dazu sichert er seinem König das Monopol auf diese Unternehmungen. Die Monarchie will der kolonialen Gesellschaft, die aus dem Chaos der Eroberung hervorging, jetzt ihr Gesetz aufzwingen. Beim Aufräumen hilft im Übrigen auch die Zeit mit: Nuño de Guzmán ist bereits wieder in Spanien. Cortés reist endgültig ins Mutterland ab. 1541 stirbt Pedro de Alvarado. Und im Folgejahr verscheidet Hernando de Soto. Damit sind all jene von der Bildfläche verschwunden, die danach streben konnten, Entdeckungsreisen durchzuführen und lautstark deren Früchte einzufordern.

Die Erkundungsreisen werden – unter sorgfältiger staatlicher Kontrolle – allmählich wieder aufgenommen. Im März 1540 entsendet Mendoza seinen Freund Francisco Vázquez de Coronado, um den Norden

Neuspaniens zu erkunden. Der Vizekönig nimmt Pedro de Alvarados Flotte in Besitz. 1542 bestimmt er einige dieser Schiffe dazu, Kalifornien auszukundschaften, und schickt die übrigen unter Führung seines Schwagers Ruy López de Villalobos auf eine Fahrt zu den Gewürzinseln. Diese fünfte Expedition zu den Molukken segelt mit 370 Mann los, unter anderem mit Ginés de Mafra, der Magellans Reise überlebt hat, und einigen Augustinermönchen. López de Villalobos gelangt im Februar 1543 nach Mindanao, erreicht die Insel Luzon sowie weitere Inseln der Philippinen und versucht mehr oder weniger erfolgreich, die Insel Sarangani zu kolonisieren. Sein Versuch, nach Neuspanien zurückzukehren, scheitert wie bei früheren Malen. Vom Hunger erschöpft, erreichen die Überlebenden der Expedition Tidore, von wo aus sie sich nochmals bemühen, einen Weg zurück nach Neuspanien zu finden. 1545 nehmen sie »Neuguinea« in Besitz, das sie deswegen so benennen, weil die Ureinwohner denen im afrikanischen Guinea ähneln. Aber wieder scheitern sie daran, auf einer östlichen Route nach Neuspanien zurückzusegeln. In gut zwanzig Jahren sind damit fünf gescheiterte Versuche zu verzeichnen:[29] der von Gonzalo Gómez de Espinosa 1522, von Saavedra 1528 und 1529 sowie von Bernardo de la Torre und Ortiz de Retes 1543 bzw. 1545. Insgesamt gelingt es 143 Männern, über den Indischen Ozean nach Spanien zurückzukehren, allerdings ohne López de Villalobos: Ihm wird das Privileg zuteil, auf Ambon in den Händen des heiligen Franz Xaver zu sterben. In dessen Positivbilanz zu verbuchen ist die Erkundung der Karolinen und der Palauinseln sowie vor allem der Philippinen. Der schier unendliche Pazifik wird in kleinen Schritten spanisch. Doch nach wie vor verlaufen die Seewege der Spanier und Portugiesen nur von Ost nach West.

Aber Asiens Anziehungskraft scheint noch nie so gewaltig gewesen zu sein. 1531 plant Martín de Valencia, ein franziskanischer Missionar in Mexiko, von Neuspanien aus zu den Völkern am Pazifik vorzustoßen. 1549 ist sehr konkret die Rede davon, dass sich die Oberen der geistlichen Orden nach Asien einschiffen. Für dieses Projekt sollen dem Dominikaner Domingo de Betanzos Geld und liturgischer Schmuck übergeben werden. Nach zwei Schreiben, die im Juni und September 1549 nach Valladolid gegangen sind,[30] wird die Reise ins »Gewürzland« im März des Folgejahrs abgesagt. Die liturgischen Gegenstände werden unter den Klöstern in Mexiko-Stadt, Puebla und Oaxaca aufgeteilt. 1554 denken Betanzos und der Franziskaner Juan de Zumarraga, Erzbischof von Mexiko, erneut daran, auf einem gecharterten Schiff nach Asien zu segeln. Dann kann Luis de Velasco, Mexikos zweiter Vizekönig, Philipp II. dazu bewegen, die Expeditionen wiederaufzunehmen. 1559 erhält er den Befehl, die Schiffe bauen zu lassen, mit denen der Ozean durchquert werden soll. Die Expedition soll die portugiesische Zone meiden und mithilfe des Augustinermönchs Andrés de Urdaneta, des damals besten Pazifikkenners, den Rückweg nach Neuspanien finden. An die Spitze der Flotte berufen wird der Baske Miguel López de Legazpi, ein Notar und einfacher Alkalde der Stadt Mexiko.

Mit dem Vizekönig als Impulsgeber, dem Mönch Urdaneta und mit López de Legazpi als dem Oberbefehlshaber spielt einmal mehr Neuspanien eine Hauptrolle bei Plänen, im pazifischen Raum Eroberungen durchzuführen und sich nach Fernost vorzutasten. Dann stirbt der Vizekönig, ohne dass die Expedition konkret auf den Weg gebracht wurde. Als sie im Herbst 1564 schließlich doch noch zustande kommt, löst sie überall Begeisterung aus, wie ein Zeitzeuge zu berichten weiß: »Zahlreiche Menschen schritten zur Tat, alle benötigten Kapitäne wurden ernannt, und allenthalben ertönte der Ruf, dass sie gen China segeln sollten. *[La grida era que iban a la China.]* Da viele zum Aufbruch drängten, bot man eine stattliche Flotte in der Absicht auf, nach China zu segeln, ohne Rücksicht darauf, welche Macht dieses Land besaß und wie wenige angesichts der zahlreichen Einwohner lossegelten.« Allerdings werden diese Freiweilligen enttäuscht, als ihnen López de Legazpi auf hoher See eröffnet, dass die Expedition nur die Philippinen ansteuert …[31]

China am Horizont

Das Schlichte Gemüt: Menschen sucht ihr?
Ihr segelt nach China?

Die Göttliche Liebe: Dahin segeln wir, Lämmlein,
ins göttliche Land.

Fernán González de Eslava,
Coloquio Segundo hecho a la jornada que hizo
a la China Miguel López de Legazpi, 1565

In der zweiten Hälfte des 15. Jahrhunderts, ungefähr 60 Jahre nach der erfolglosen Gesandtschaft von Tomé Pires, kommt die Frage der Eroberung Chinas erneut auf die Tagesordnung. Oder besser gesagt: Eine Gruppe Spanier kämpft gemeinsam mit Portugiesen mehrere Jahre lang darum, die Katholische Monarchie dazu zu bewegen, ihre Kräfte gegen »das Königreich China« zu mobilisieren. Mit fliegenden Fahnen angeführt wird sie von einem Jesuiten, der seine Pläne in Manila, Macao, Mexiko und Madrid verficht, Anhänger gewinnt und Hass schürt. Aber dieser Krieg von einer der bedeutendsten Mächte der damaligen Zeit gegen China wird wieder nicht stattfinden. Die Kriegstreiber kommen nur bis nach Macao, noch dazu auf eigene Kosten. Aufmerksamkeit verdienen ihre gescheiterten Pläne nur deshalb, weil sich in ihnen auf spektakuläre Weise das drängende Interesse an China manifestiert und weil sie den Punkt markieren, an dem manche Geister von der Vorstellungen einer *Conquista* abrücken und erkennen, dass zur Eroberung des Reichs der Mitte ein echter Kolonialkrieg notwendig wäre. Sie spiegeln zugleich das wachsende Selbstbewusstsein der Neuen Welt gegenüber Asien wider, und dies noch vor der Zeit, da das Silber aus den lateinamerikanischen Minen nach China verschifft wird, womit sich weitere wichtige Handelsbeziehungen zu Ostasien einspielen.

Der Weg ist frei

China rückt ins Visier des spanischen Weltreichs, weil die knifflige Frage nach dem Seeweg von Asien aus zurück nach Amerika seit 1565 gelöst ist. Mit dem Augustinermönch Andrés de Urdaneta[1] hat ein Experte der pazifischen Seefahrt die Initiative ergriffen, um im Norden des Weltmeers nach günstigen Winden zu suchen. Tatsächlich landete er nach 130 Tagen auf See im Oktober des Jahres in Acapulco. Von da an lagen die Philippinen und China gewissermaßen vor der mexikanischen Haustür. Urdaneta hatte bereits 1528 Saavedra bei der Entdeckung der Philippinen begleitet. Die neue Verbindung wird vom mexikanischen Theater gefeiert: 1565 widmet der Dramatiker Fernán González de Eslava dieser Heldentat sein zweites *Coloquio*.[2] Welche Gründe Eslava auch veranlassten, den Aufbruch in den Fernen Osten auf die Bühne zu bringen, das Thema entflammte in Mexiko-Stadt wie im übrigen Neuspanien ganz offensichtlich die Gemüter. Das von dem Dichter beschworene »China« sind die Philippinen, die inzwischen in die Reichweite von Schiffen gerückt sind, aber darüber hinaus auch das Reich des Himmels. Das Gespräch wird ständig auf zwei Registerebenen geführt: der einer irdischen und der einer himmlischen Reise. Als das »Schlichte Gemüt« das Thema China aufwirft, spricht die »Göttliche Liebe« in ihrer Antwort vom »göttlichen Land«. Als es um die Entdeckung des vielbeschworenen Seewegs zurück nach Amerika geht, fährt sie fort: »Fortan ist sie sicher, die Durchquerung der Erde hin zum Himmel.« Und als das »Schlichte Gemüt« schließlich die aus Asien eingeführten goldenen Ketten und den Zimt beschreibt, beschwört die »Göttliche Liebe« die Schätze, die »denjenigen« erwarteten, »der zum Himmel auffährt«. Nicht zufällig stellte der Verfasser die fährnisreiche Pazifikdurchquerung auf einem Schiff, das ganz in den Händen der Vorsehung liegt, mit ihren profanen und spirituellen Verheißungen auf eine Stufe mit dem Aufstieg in den Himmel. Weil diese globale Reise über den Ozean verläuft, wird sie zu einer Prüfung, die ebenso sehr in ein Jenseits wie in andere Welten führt. Die gleiche Verherrlichung des Aufbruchs »nach China«[3] findet sich auch in späteren Werken wieder, stets von einem Mythos umgeben und immer durchtränkt von alltäglichen Sorgen: »Herr, führe mich nach China!«, ruft eine Frau aus, der man untersagen will, Seide zu tragen.

Ab 1565 steht die Reise nach China folglich auf der Tagesordnung. Im Juli 1567 schlägt Legazpi König Philipp II. vor, Galeeren zu bauen, um »die Küste Chinas zu durchstreifen und mit dem Festland Handel zu treiben«.[4] Erinnert dies nicht unwillkürlich an Cortés, der, kaum dass er Tenochtitlan erobert hat, schon Schiffe vorbereiten lässt, um den Pazifik zu durchqueren? Die Rückkehr Urdanetas erregt gewaltiges Aufsehen. Er hat nicht nur den Stillen Ozean bezwungen, sondern damit auch in der Neuen Welt eine grundlegend neue Lage geschaffen. Die Kolonialherren sehen ihr Neuspanien jetzt vom Randbereich ins Zentrum rücken. Und in Sevilla überschlagen sich die Kommentare: »Die Menschen Mexikos sind so ungemein stolz auf ihre Entdeckung, dass sie es für ausgemacht halten, zum Nabel der Welt zu werden.«[5] Diese Verschiebung wird bald auch auf Karten sichtbar, auf denen die Welt entlang einer Nord-Süd-Achse aufgeteilt ist, die der amerikanische Kontinent bildet.

Diese Neuaufteilung der Globus spiegelt zugleich die Erwartungen von Missionaren wider, die auf Amerika hoffen, wenn es um die Erneuerung des Christentums geht. Besonders Unerschrockene wagen gar die Prophezeiung, dass Europa den Türken in die Hände fallen und die Neue Welt ins Zentrum der römischen Christenheit rücken werde. Doch davon ist man noch weit entfernt in einem 16. Jahrhundert, in dem Madrid und das Rom des Tridentinischen Konzils in allen Bereichen noch immer die Gesetze diktieren. Gleichwohl ermuntert die Entdeckung des Rückwegs nach Amerika die kolonialen Eliten dazu, den Blick auf einen offenen, also zu erobernden Raum zu richten, der an bekannten – die Gewürze der Molukken – oder potenziellen Ressourcen reich ist. Und solche Schätze lassen sich vielleicht nicht nur in China und Japan, sondern auch in einem vierten oder fünften Erdteil heben, der bislang noch nicht entdeckt ist.

Die Demarkationslinie

Tatsächlich ist dieser Raum kein absolutes Niemandsland mehr. Er ist portugiesisch oder spanisch, je nachdem, ob man ihn von Lissabon oder von Sevilla aus betrachtet. Seit Ende des 15. Jahrhunderts streiten sich die Geo- und die Kosmographen darum, entlang welcher Linie die Welt zwischen den Kronen Spaniens und Portugals aufzuteilen sei. 1529 wurde die Frage mit dem Vertrag von Saragossa vorübergehend zugunsten der Portugiesen entschieden. Aber wie die weitere Erkundung des Pazifiks in den nachfolgenden Jahrzehnten zeigt, hat die spanische Krone ihre Ansprüche auf diesen Teil der Welt niemals aufgegeben. Um die Frage erneut zu erörtern, wurden 1566, ein Jahr nach Öffnung der Handelsroute Manila–Acapulco, in Spanien Experten zusammengerufen, darunter so führende Gelehrte wie Alonso de Santa Cruz, Pedro de Medina, Francisco Falero, Jerónimo de Chaves, Sancho Gutiérrez und Andrés de Urdaneta. Der Kosmograph Sancho Gutiérrez fällt das kategorische Urteil, wonach der Gegenmeridian durch Malakka verlaufe.[6] China liegt folglich innerhalb des spanischen Machtbereichs. Bestätigt wird diese Auffassung von dem Augustiner Diego de Herrera, der 1570 durch Mexiko reist. Und 1576 wird sie von dem Gouverneur der Philippinen, Francisco de Sande, nochmals bekräftigt.

Über die damaligen Ambitionen in Madrid klärt einen nichts besser auf als Juan López de Velascos *Geografía y descripción universal de las Indias* von 1574, die im 16. Jahrhundert nur als Manuskript vorlag.[7] Wie dieses Übersichtswerk zeigt, beschränkte sich das beschriebene Westindien für die spanische Krone keineswegs auf den amerikanischen Kontinent. Es umfasste zudem »die Islas del Poniente, die Molukken, die man Gewürzinseln nannte, die Philippinen, Japan, die Ryūkyū-Inseln, Neuguinea und die Salomonen«. Wo also verläuft die berühmte Demarkationslinie zwischen Spanien und Portugal, die so viel Streit entfacht und Begehrlichkeiten weckt?

Für die Spanier durchquert sie »nach sorgfältig durchgeführten astronomischen Beobachtungen« schlicht Malakka und die Mitte der Insel Sumatra. Es folgt ein korrigierter Abschnitt, der auf den angeblichen Urheber dieser Angabe verweist, auf »einen mathematischen Gelehrten, welcher der spanischen Nation angehört und seit zahlreichen Jahren auf den Philippinen lebt«.[8] Es handelt sich ganz offensichtlich um den erwähnten Urdaneta. Eine angefügte Karte, die erstmals den Westpazifik abbildet, deckt sich eindeutig mit dieser Aufteilung: Während die Breitenkreise ungefähr korrekt wiedergegeben sind, dienen die Längenkreise ausschließlich dazu, die spanischen Gebietsansprüche deutlich zu machen.[9] Gleichwohl erinnert López de Velasco ehrlicherweise daran, dass die Portugiesen anderer Auffassung sind und die Linie deutlich weiter im Osten durch die Insel Gilolo ziehen, »womit sie die Inseln, die sie die Molukken nennen, und alles, was von dort bis nach Malakka erstreckt, auf ihrer Seite belassen«. Diese Unsicherheiten erklärten sich wohl aus der Entfernung, die Spanien und diese Regionen »am Ende der Welt« trenne, was aber nichts daran ändere, dass sie schon bald ausgeräumt würden. Die chinesische Küste markiert auf der Karte die Westgrenze der »Indias del Poniente«. Hier nimmt López de Velasco in seiner *Geografía* offenbar eine Entscheidung zugunsten der Spanier vorweg für den Fall, dass diese die Chance erhalten, in Asien erneut Fuß zu fassen. Der Kosmograph verhehlt dabei nicht seine Wissenslücken, die die aber wohl nur vorübergehend bestünden. »Was die bis China verlaufende Festlandsküste und die zahlreichen Inseln betrifft, die in diesen Gewässern liegen, so lässt sich über sie nichts Genaues sagen: Da sie bisher den Portugiesen gehörten, findet man über sie in den Papieren des Indienrats nur wenige Auskünfte.«[10] Nota bene: Sie haben »bisher *[hasta ahora]* den Portugiesen« gehört …

Denn gerade um diese Zeit haben die Spanier erneut Ansprüche auf die Molukken angemeldet. Warum ein Abkommen beachten, das ohnehin von keiner Partei mehr respektiert wird? Die Portugiesen konnten es sich nicht verkneifen, auf Ternate – entgegen den Abmachungen – ein kleines Fort zu errichten, während sich vor allem die Spanier mit der Kolonisierung der Philippinen, die sie den Portugiesen überlassen hatten, in der Region doch noch festgesetzt haben. Und wie erwähnt, hatte sich schon im vorigen Jahrzehnt das Expertengremium von 1566 damit befasst, in die spanischen Karten eine neue Ordnung zu bringen, auch wenn der König von Portugal dagegen protestierte.

Velascos *Geografía* behandelt auch die jeweiligen Streitkräfte, die in dieser Weltregion stationiert sind. Für den Augenblick ausgemacht werden nur »vier Ansiedlungen der Spanier und Portugiesen«, rund 500 Europäer und überall Einheimische, die aber »weniger zahlreich sind und wegen der schlechten Behandlung und des Aufruhrs, zu dem Eroberungen und neue Entdeckungen führen, noch weniger werden«. Die *Geografía* hinterlässt vor allem den Eindruck, dass es zwischen den beiden Kronen bald zu einem ernsten Konflikt kommen wird. Auf den Inseln halten sich demnach 300 bis 400 Portugiesen auf, anlandende Kaufleute nicht mitgerechnet. In der Region verfügen sie über zwei Festungen, einschließlich der in Malakka. Die Spanier können sich auf einen potenziellen Verbündeten, den »König« von Tidore stützen. Zudem sollen sie auf der Insel früher eine Festung unterhalten haben. Und dann ist da noch Malakka, »durch das die Demarkationslinie verläuft«: Dieser Ort mit Handelsbeziehungen nach Java, Timor, zu den Molukken, nach Borneo, Bengalen und China ist von höchster strategischer Bedeutung.

Nicht zufällig führt uns diese Geographie der Neuen Welt von 1574 durch den Pazifik in eine Region, die Tausende von Kilometern von Amerika entfernt liegt. Sie greift nicht nur alte Ansprüche wieder auf, sondern wird auch zu einem Zeitpunkt erstellt, da die spanische Krone über die dynastische Zukunft Portugals und der überseeischen Besitzungen der Portugiesen zu spekulieren beginnt. Würde beides, da ein direkter Thronerbe fehlte, Philipp II. zufallen? Schließlich erinnert dieses Werk daran, dass Westindien seine Verbindungen zu Ostindien längst nicht gekappt hat.

Welchen Platz nimmt in all dem das Reich der Mitte ein? Die Beschreibung enthält auch eine erstaunliche »Chorographie der Küste Chinas«.[11] Die Angaben stammen – wegen der Handelsbeziehungen, die Manila zu China unterhält – von den Philippinen und von Jesuiten, die sich in dieser Weltregion bestens auskannten. López de Velasco ist überzeugt, dass »China zum Demarkationsbereich der Könige von Kastilien« gehöre, »auch wenn es bis jetzt noch keiner erkundet oder es im Namen der Könige von Kastilien in Besitz genommen hat«. Einmal mehr festzuhalten ist hier der Ausdruck »bis jetzt« *(hasta ahora),* der in dem spanischen Werk ein volles Programm umreißt. Auch wenn López de Velasco sehr wohl weiß, wovon er hier redet: Laut den Berichten der Chinesen, »die am umfassendsten informiert sind, gehen wir selbstverständlich davon aus, dass China das größte Reich der Welt ist«. Es folgen alle möglichen Angaben zu Entfernungen, zur Unterteilung Chinas in fünfzehn Provinzen, zur Hauptstadt Peking *(Paquia),* in der der »königliche Hof« angesiedelt sei, sowie zur Bevölkerung: Die Chinesen seien »hellhäutige Menschen, Männer wie Frauen, eitel und ziemlich feige, gemein und weibisch«.[12] Das Land exportiere Seidenstoffe, kostbare Möbel sowie farbiges und vergoldetes Porzellan. Besonders rar und deswegen geschätzt sei Silber. Die Bevölkerung sei unbewaffnet. Die Soldaten seien besonders schlechte Krieger und die Truppen des Reichs unfähig, mit ihren Geschützen umzugehen. Aber die Chinesen beherrschten das Schreiben und Lesen, verfügten über »Schulen der Wissenschaft« und besäßen sogar längst Druckereien. Zur Krönung umreißt López de Velasco eine »Hydrographie Chinas«, die zwar knapp und eher unzulänglich sei, aber »dennoch dazu dienen« könne, »diese Provinzen zu erkunden und in sie einzureisen«.[13]

Die *Geografía* ist nur innerhalb der Regierungskreise im Umlauf. Die spanischen Leser, denen der Zugang zu den Machtzirkeln versperrt ist, müssen bis 1577 warten, um ebenfalls alles über China zu erfahren: In dem Jahr kommt über das Reich der Mitte erstmals ein spanischsprachiges Werk heraus, das als das zweite seiner Art[14] in Europa erscheint: die »Abhandlung über die Seefahrten, welche die Portugiesen in den Königreichen und Provinzen des Orients unternehmen, und die Neuigkeiten, die man über die großen Dinge Chinas erfährt«.[15] Der Verfasser ist Bernardino de Escalante, ein Galizier, für den das Portugiesische keinerlei Hindernis darstellt. Auf einer Reise von Galizien nach Sevilla hat er in Lissabon alle erdenklichen Informationen über Ostasien gesammelt, ist durchreisenden Chinesen begegnet und hat bei der Gelegenheit Gaspar da Cruz' »Abhandlung über die Dinge Chinas« ausgeschlachtet. Er hat sogar eine aus China stammende Karte des Chronisten João de Barros verarbeitet und in seinem Buch – erstmals in einem europäischen Werk – Schriftzeichen drucken lassen. Bernardino de Escalante peilt zwar keine Eroberung an, aber die Christianisierung Chinas erscheint ihm doch dringend geboten.

Die spirituelle Aufgabe des Jahrhunderts

Tatsächlich interessieren sich in Spanien für den Fernen Osten und China nicht nur Experten, Regierungskreise oder eine neugierige Öffentlichkeit. Für viele Kirchenleute zeichnet sich die Christianisierung Chinas als das (spirituelle) Anliegen des Jahrhunderts ab. Ab 1565 sehen es angehende Missionare als vordringliche Aufgabe an, die Philippinen und die Inseln der Südsee für die Religion zu erobern, wenn auch nicht unbedingt als letztes Ziel. Die Augustiner, die im Archipel Pionierarbeit leisten, sehen in den Philippinen mehr noch die Ausgangsbasis für weitere Bekehrungen im pazifischen Raum. In einem Brief von 1570 eröffnet Diego de Herrera Philipp II. gigantische Horizonte: »Ganz nah an Cebu liegen große und reiche Gebiete, die für Eure Majestät bestimmt sind, wie China, die Ryūkyū-Inseln, Java und Japan.«[16] Sie seien für »Eure Majestät« bestimmt, allerdings nicht im Sinn möglicher Eroberungen, sondern insofern es dem spanischen König obliegt, sie zu christianisieren. Könnte es ein erhabeneres Programm geben?

Hier muss sich die Stadt Mexiko nicht verstecken. 1578 feiert Neuspaniens Hauptstadt glanzvoll den Empfang von Reliquien, die die Kurie den dortigen Jesuiten übersandt hat: Die Straßen sind mit Heiligenstatuen geschmückt und mit Inschriften gesäumt. Triumphal tritt eine Devise hervor:

Goa stiftet Japan und Mexiko China
Knochen Heiliger und außergewöhnliche Menschen.[17]

Auf die Art sichern sich die Jesuiten von Mexiko-Stadt eine Option auf die Bekehrung Chinas, die eigentlich ihren portugiesischen Glaubensbrüdern in Macao vorbehalten ist. Aber das zu bekehrende Reich der Mitte reizt nicht nur die engen und gut informierten Kreise der Geistlichkeit in der Hauptstadt. In einer *ensalada,* einem Potpourri, das in Mexiko-Stadt das einfache Volk zum Fest des Erzengels Michael singt, wird ein Aufbruch nach China fast schon als Reise ins Himmelreich beschworen:

Wer sich von oben ins große China einschiffen will,
Muss rasch erkennen, dass es Zeit zum Auslaufen ist,
Dies tut der große Feldherr Michael kund,
Er, der alle Gläubigen ins große Reich führen muss.[18]

Wieder steht China für etwas, das weder die Neue Welt noch Afrika jemals zu evozieren vermochten: für eine seltsame Nähe zwischen Himmel und Erde, die Jahrhunderte später Paul Claudel dazu inspirieren sollte, mit Begeisterung auf China zu blicken:

Ihm gehört das unendliche Hin- und Herwogen von Seiden,
Palmen und nackten Leibern,
alle die zuckenden Bänke von menschlichem Laich, zahlloser als die Toten,
die Taufe erwartend.[19]

Für China und die Chinesen interessiert sich zur damaligen Zeit auch der allmächtige Inquisitor Pedro Moya de Contreras, Erzbischof von Mexiko-Stadt und Vizekönig von Mexiko. Im Oktober 1583 preist er die Einrichtung einer *Audiencia*, eines Gerichtshofs, in Manila, schon deshalb in den höchsten Tönen, als die Philippinen – als mexikanisches Schaufenster nach Fernost – im Einflussbereich Neuspaniens liegen. Bei der Gelegenheit beschwört er »die Freundschaft zu den Chinesen, die wir uns erhalten müssen, um mehr über ihre ausgedehnten Reiche zu erfahren, die seine Göttliche Majestät auf verschiedenen Wegen für Ihre irdische Majestät reserviert. Denn sie hat es so eingerichtet, dass diese [Reiche] von den Untertanen und Vasallen [des spanischen Königs] umringt *(cercados)* sind«. Diese »Freundschaft« erscheint insofern ziemlich aufdringlich, als man den militärischen Ausdruck »umringt« auch im Sinne von »umzingelt« oder »belagert« verstehen kann! Und so macht sich Moya de Contreras von den Chinesen denn auch das wenig schmeichelhafte Bild eines »extrem habgierigen Volkes, das jeder Art Gewinn hinterhereilt«.[20] Allerdings sind sie auch Geschäftspartner, mit denen man schonend umgehen muss, weil man bei ihnen Quecksilber einkaufen kann, das sich in Mexiko günstiger anbieten lässt als spanisches. Außerdem kann man ihnen »massenhaft Silber« verkaufen. Und Gold wird zu diesem Zeitpunkt in Manila bereits gegen chinesische Waren eintauscht.

Ein vorgeschobener Stützpunkt

Ganz gleich, welche Absichten die Spanier im Mutterland und in Mexiko hegen, an die Umsetzung irgendwelcher Pläne ist erst zu denken, wenn sie in Fernost einen vorgeschobenen Stützpunkt eingerichtet haben. Die Philippinen bieten ihnen nun genau die Position, die sie sich auf den Molukken nie verschaffen konnten. Es sei daran erinnert, dass dieses Vorhaben von Luis de Velasco angestoßen und von Mexikos *Audiencia* auf den Weg gebracht wurde. Und im September 1567 bekräftigt es der Gouverneur López de Legazpi: »Diese Inseln müssen erobert, besiedelt und der Herrschaft Eurer königlichen Krone unterstellt werden.«[21] Aber die Philippinen sind kein Selbstzweck, »denn wir verfolgen durchaus die Absicht, die Befriedung, Besiedlung und Erkundung auf Luzon und den

Inseln weiter voranzutreiben, die China am nächsten liegen, so Japan, die Ryūkyū-Inseln und die Insel Cochin[china]«.[22]

Die Eroberung der Philippinen ruft alle möglichen Interessenten auf den Plan, die sich von Asien angezogen fühlen. *La Cina è vicina* – »China ist nahe« –, lautet der Titel eines seinerzeit bekannten Films.[23] Und das Reich erscheint geographisch, mit Blick auf das Missionswerk und wirtschaftlich so nahe, dass in Mexiko-Stadt, Manila, Lima und Macao hohe kirchliche Würdenträger, Missionare, Beamte der Krone, einflussreiche Kaufleute und Abenteurer Lobbyarbeit leisten.[24] In der Stadt Mexiko hegt die Sippe der Velasco – die zwei Vizekönige Mexikos und eine eindrucksvolle Anzahl an Parteigängern und Vertrauten stellen – eine generationenübergreifende Vorliebe für die asiatischen Angelegenheiten, seitdem Vizekönig Luis Mitte des 16. Jahrhunderts die Eroberung der Philippinen vorangetrieben hat. Und weitere Vizekönige folgen dem Beispiel, so Almansa, der 1572 eine Expedition zu entsenden plant, um Chinas Küste zu erkunden, oder auch Moya de Contreras. Die Gouverneure der Philippinen sind überzeugt, dass die weitere spanische Präsenz davon abhänge, wie sich die Beziehungen zum Reich der Mitte gestalten. Der ins Auge gefasste märchenhafte Handel mit China mit allen erdenklichen Schmugglergeschäften, der geheimen Entsendung von Schiffen und illegalen Einnahmen, begeistert die Gemüter. Konkrete Gestalt nehmen die hoffnungsvollen Pläne mit der sogenannten Manila-Galeone an, die schon 1565 jährlich zwischen den Philippinen und dem mexikanischen Acapulco verkehrt.[25] Diesen Gruppen müssen sich die Spanier Limas nur noch anschließen, als die Aussicht darauf, ihr Silber aus Potosí nach China zu exportieren, die Hoffnung auf gigantische Gewinne nährt.

Wenn China erwacht

La guerra con esta nación es justísima por librar personas miserables que matan y toman hijos agenos para estupros.

Francisco de Sande an König Philipp II., 1576

El hacer guerra aunque sea justa, es cosa de muchos y grandes daños y males [...]. Y si es injusta y ilícita, demás de la grave ofensa de Dios, trae cargos irreparables de restitución.

José de Acosta, *Parecer sobre la guerra de China,* 1587

Jetzt fehlt nur noch der Aufruf zur Eroberung. Er erfolgt im Juni 1569, als von den Philippinen aus der königliche Kommissionär Andrés de Mirandola, kurz vor der Besetzung der Insel Luzon, die Unterwerfung Chinas verlangt.[1] Das lauteste Kriegsgeschrei ertönt allerdings aus dem Augustinerorden, der es zu seiner alleinigen Aufgabe machen will, das Reich unter dem Himmel zu christianisieren. Im selben Jahr setzt der Augustiner Martín de Rada, der häufig in der Region unterwegs ist, Chinas Eroberung auf die Tagesordnung. Schenkt man ihm Glauben, verfügt das Reich über eine Überfülle an Ressourcen, ist aber keine echte Militärmacht. Sofern eine solide Ausgangsbasis – natürlich Manila – geschaffen und eine nur bescheidene Truppe bereitgestellt wird, erscheint ihm diese Eroberung durchaus möglich – trotz der Größe des Landes, seines Reichtums, seines hohen Zivilisationsgrades *(»gran policía«)* und seiner befestigten Städte, die »deutlich größer als die Europas sind«.[2] Noch immer spukt in den Köpfen der Blitzkrieg gegen Mexiko herum, während man im spanischen Mutterland mit dem Kapitel Eroberung offiziell abgeschlossen hat und, zumindest auf dem Papier, lieber beschönigend von »Erkundung« redet. Die Meinung Martín de Radas hat schon deshalb Gewicht, weil er als Experte weiß, wovon er redet: Der Mönch ist Kosmograph und Mathematiker mit Ausbildung in Salamanca und Paris. Zudem genießt de Rada moralische Autorität, weil er sich für die Urbevölkerung im Archipel eingesetzt hat. So bläst gewissermaßen der »Las Casas der Philippinen« zum Krieg gegen China, womit er besonders eindringlich daran erinnert, dass sich in der iberischen Welt Indianophilie und Imperialismus gut ergänzen.[3] Tatsächlich träumen fast alle Missionare von nichts anderem als von einer Eroberung. Manche, insbesondere die Franziskaner, wollen auch friedlich ins Reich der Mitte eindringen, werden mit ihren illegalen Versuchen aber allesamt scheitern.

Wozu ein Krieg gegen China?

Kriegsgelüste weckt China aus mehreren Gründen. Zum einen ruft eine mögliche Bekehrung des Reichs in Spanien und der Neuen Welt, wie dargelegt, immer mehr Missionare auf den Plan und eröffnet so ein Wettrennen, das die Augustiner gegen spanische Rivalen, insbesondere die Franziskaner, und die portugiesischen Jesuiten aus Macao zu gewinnen hoffen. Zudem enttäuschen die Philippinen die materiellen und spirituellen Erwartungen derer, die sie kolonisieren. Den eigenen Einfluss auf China auszuweiten, stellt so eine Flucht nach vorn dar, mit der Schwierigkeiten vor Ort gelöst und Gemüter beruhigt werden sollen: Aus ähnlichen Gründen haben schon die Spanier auf Kuba die mexikanische Küste ins Visier genommen.

Vor diesem Hintergrund reifen Pläne zu einer Invasion heran. Im Juli 1570 erläutert der Gouverneur López de Legazpi, warum die Spanier anstelle von Cebu Manila auf der Hauptinsel Luzon zum Standort für die künftige Hauptstadt des Archipels auserkoren haben: Manila liegt in strategisch günstiger Nähe zur chinesischen Küste, da man eine »Ausweitung« der Herrschaft im Blick hat. Zwei Jahre später schreiten die Spanier zur Tat und stellen fieberhaft eine Expedition zusammen, die die chinesische Küste erkunden und in Besitz nehmen soll. Als Legazpi stirbt, wird das Projekt zunächst eingestellt. Im Juli 1574 greift Interims-Gouverneur Guido de Lavezaris das Thema der Expansion wieder auf und übersendet Philipp II. eine Generalkarte von China und eine weitere Karte, auf der die chinesische Küste und die Philippinen übertrieben nah beieinander dargestellt sind. Zu den Falken in der Kriegsfrage zählen nicht nur Missionare und Gouverneure. So verficht im selben Jahr ein königlicher Offizier, von zügellosem Optimismus beseelt, ebenfalls einen Eroberungsplan. Zur Gruppe der Kriegstreiber gesellen sich lokale Konquistadoren wie Juan Pablo de Carrión, der sich schon dabei sieht, die Eroberung Chinas gegen den glanzvollen Titel des Admirals des Südmeers und der chinesischen Küste einzuhandeln.[4] Mit Juan Bautista Román, dem königlichen Kommissionär auf den Philippinen, beansprucht ein weiterer Protagonist in der Kriegsfrage für sich eine Pionierrolle. Zugleich bietet sich allerdings auch die Möglichkeit, mit China wirtschaftliche und diplomatische Beziehungen anzuknüpfen. Ein Versuch dazu, gestützt auf den Vorschlag eines gemeinsamen Kriegs gegen Piraten, verläuft am Ende allerdings im Sand. Immerhin wäre es den Spaniern beinahe gelungen, nach dem Vorbild der Portugiesen in Macao im chinesischen Fujian Fuß zu fassen. Mit ihrem unbekümmerten Vorgehen und Unwillen haben die Spanier allerdings chinesische Empfindlichkeiten verletzt und eine explosive Situation geschaffen. Es herrscht völliger Stillstand. So wird erneut eine Intervention diskutiert, für die sich unter anderem der neue Gouverneur Francisco de Sande (1575–1579) starkmacht.

Dieser Doktor Sande macht sich für den Krieg noch mehr als seine Vorgänger stark. In Jurisprudenz an der Universität Salamanca ausgebildet, hat er in Mexiko nacheinander als *alcalde del crimen* (1568), Staatsanwalt und *oidor* – richtendes Mitglied der *Audiencia* – fungiert. Dabei zeigte er als unerbittlicher Diener der Krone seine Fähigkeiten im Vorgehen gegen Cortés' Sohn, dem ein Komplott vorgeworfen wurde, ebenso wie im Kampf gegen die Chichimeken, die an Neuspaniens Grenzen für Verdruss gesorgt hatten. Seine glanzvolle Laufbahn sollte ihn von den Philippinen später nach Guatemala (1593–1596) und Santa Fe de Bogotà (1596–1602) führen, wo er der *Audiencia* vorsitzen wird. Sande ist folglich ein Experte in Kolonialangelegenheiten. Er müsste eigentlich genau wissen, welche militärische Schlagkraft die Katholische Monarchie besitzt, und besser als jeder andere einschätzen können, wie zweckmäßig es ist, den spanischen Einflussbereich in dieser Weltregion auszudehnen. »Die Expedition nach China stellt kein Problem dar und wird wenig Geld kosten. […] die Spanier brauchen keinen Sold, bewaffnen sich auf eigene Kosten und werden gemäß ihrer Dienste rekrutiert. Sie werden für ihren Transport zahlen und zufrieden sein.« Im Juni 1576 verficht er offen die Eroberung des »Königreichs Taybin«, gestützt auf Informationen, die Martín de Rada eingeholt hat: Das Reich zu unterwerfen, sei »ganz besonders wichtig für den Dienst an Gott […], denn China [zählt] sechs

Millionen Menschen, deren Tributzahlungen dem König über 30 Millionen« eintragen würden«.[5]

Es lockt fette Beute: »Die kleinste Provinz beherbergt mehr Menschen als Neuspanien und Peru zusammengenommen.«[6] Sande hat sogar schon einen eigenen Kriegsplan erstellt: Man rekrutiere »6.000 Mann, bewaffnet mit Piken und Arkebusen«, mit Schiffen, Geschützen und der notwendigen Munition. Hinzuzuziehen seien Piraten und Japaner aus der Region. Mit ihnen soll die als am lohnenswertesten geltende chinesische Provinz erobert und dann die Seehoheit gewonnen werden. Die Einnahme einer Küstenprovinz sei letztlich entscheidend für den Sieg, dies sei aber von der Unterstützung der chinesischen Bevölkerung abhängig. Die werde erkennbar so jämmerlich unterdrückt und leide so große Armut, dass sie sich gegen ihre Herren erheben wird. »Die Richter, die Obrigkeiten und der König geben sich Akten der Tyrannei hin, wie man sie noch nie gesehen hat.« Skrupel seien völlig unangebracht: Der propagierte Krieg »könnte nicht gerechter sein«, weil durch ihn eine Nation befreit werde, die vom Laster befallen sei. Auch liege China laut dem Vertrag von Tordesillas im abgegrenzten Herrschaftsbereich Spaniens. Nach über 50 Jahren greift der Gouverneur der Philippinen damit praktisch den Plan der Portugiesen wieder auf, auch wenn sich keine direkte Verbindungslinie über schriftliches Material zu den Gefangenen in Kanton zurückverfolgen lässt.

Sande führt ein neues Argument ein, das sich bald gegen die Spanier und Portugiesen wenden wird: »Das Meer muss nach dem Recht der Völker frei sein, und die Chinesen beherrschen es mit ihrem Gesetz, indem sie diejenigen niedermetzeln und ausplündern, die sich in ihre Gewässer wagen.« Um sein Vorhaben zu rechtfertigen, malt der Gouverneur die chinesischen Verhältnisse in den düstersten Farben: Die Massen seien zu nichts nütze, die Truppen kampfuntauglich und die Artillerie verheerend unfähig. Der Mangel an Bildung sei haarsträubend (»sie können weder lesen noch schreiben«) und Käuflichkeit allenthalben verbreitet. Die Chinesen seien »Götzendiener, Sodomiten, Straßenräuber und Korsaren«. Sie gäben bei weitem nicht das schmeichelhafte Bild ab, das von China gewöhnlich gezeichnet werde. Gute Gründe für einen Krieg lieferten die Chinesen schon selbst: »Selbst wenn wir sie gut behandeln, werden sie uns täglich tausend Anlässe bieten, um gegen sie in einen gerechten Krieg zu ziehen.«

Dabei begnügt Sande sich freilich nicht mit China: Weiterhin plant er, Borneo und sogar das Sultanat Aceh anzugreifen, um den sich ausbreitenden Islam zurückzudrängen. Der Gouverneur der Philippinen sieht sich bereits als Initiator eines gewaltigen Expansionsvorhabens, das dem Handel wie auch dem Kreuzzug dienen soll. Dabei ist Sande nur eines von mehreren Sprachrohren der antichinesischen Lobby, zu der auch der ehemalige Gouverneur Guido de Lavezaris und all jene gehören, die sich schon als künftige Kolonialherren Chinas fühlen. Unterstützung erhält diese philippinische Gruppe 1578 von einer weiteren hochrangigen Persönlichkeit: vom Doktor der Rechte Diego García de Palacio, Angehöriger der *Audiencia* Guatemalas und später der von Mexiko-Stadt. Auch er bricht einen Plan übers Knie: Mit 4.000 Mann auf sechs Galeeren, die Bronze zum Gießen der notwendigen Kanonen mitführen, soll das Königreich Taybin in die Knie gezwungen werden.[7] Neugierig auf China und die Philippinen, tritt García de Palacio als Militärexperte auf und veröffentlicht 1583 in Mexiko-Stadt zu der Frage eine Abhandlung.[8] Zugleich ist er – ebenfalls nützlicherweise – ein Experte in der Seefahrt wie seine »Nautischen Unterweisungen« zeigen, die er zwei Jahre später ebenfalls in der Hauptstadt Neuspaniens veröffentlicht.[9] Als einziger Verfasser der Neuen Welt, der im 16. Jahrhundert sowohl über den Krieg wie über die Seefahrt Werke publiziert hat, vertritt er mit anderen das Eroberungsprojekt gerade so, als müsse man sich nur mit Feuerwaffen oder im Schiffbau auskennen oder mit den Überfällen des Freibeuters Francis Drake zu tun gehabt haben, um Chinas Schicksal zu besiegeln.

Die Anstöße, das Reich unter dem Himmel anzugreifen, gehen folglich als lokale Initiativen von den Philippinen und von Neuspanien aus. Entgegen landläufigen Vorstellungen, wonach man in der spanischen Hauptstadt vollauf damit beschäftigt ist, eine weltweite Expansion voranzutreiben, sitzen die Drahtzieher vielmehr an den Rändern des Reichs. Das Mutterland wirkt eher bremsend, zum Beispiel in Gestalt von Bernardino de Escalante, der als erster Spanier über China geschrieben und sich in gedruckter Form gegen eine bewaffnete Intervention gewandt hat. Escalante stützt sich auf die *relación* des *Capitán* Diego de Artieda, der jeden Plan, dieses Reich zu erobern, für undurchführbar und widersinnig hält: Gegen zahllose Armeen – »dieser König kann 300.000 Mann und 200.000 Reiter ins Feld schicken« – vorzugehen, sei ebenso unmöglich, wie die notwendigen endlosen Überfahrten zu bewältigen.[10]

Wie reagiert König Philipp II. auf diesen Expertenstreit? Er wendet sich im April 1577 ebenfalls vehement gegen jeden Eroberungskrieg. Im Gegenteil will er mit den Chinesen »gutfreundschaftliche« Beziehungen anknüpften.[11] Und der verblüffte Indienrat wundert sich über Behauptungen, wonach man in ein gigantisches Reich einmarschieren könne, das von fünf Millionen Soldaten verteidigt werde, die so gut wie Europäer bewaffnet seien.

Im Jahr 1580 fasst man in Madrid ins Auge, eine Gesandtschaft zu Kaiser Wanli zu schicken. Das Projekt, das einem Augustiner übertragen wird, zieht sich seltsamerweise ebenso in die Länge wie sämtliche Kriegsvorhaben – als habe die Katholische Monarchie alle Schwierigkeiten der Welt, gegenüber dem Reich der Mitte zu einer Haltung zu finden. Wie rigide sich die Chinesen der Ming-Dynastie nach außen hin abschotten, wurde bereits geschildert. Und nun erscheint auch das Reich Philipps II., wie damals Portugal, gehemmt und zwischen den Eroberungsträumen lokaler Akteure, friedlichen Anwandlungen und der abwartenden Haltung der Bürokratie zerrissen. Diesmal scheitert die Gesandtschaft nicht an den Chinesen. Blockiert wird ihre Entsendung vielmehr durch den Vizekönig Neuspaniens, den Conde de la Coruña, der zunächst seinen nach Peru abgereisten Vorgänger konsultieren will. Anhören will er zudem Gouverneur Sande, der von den Philippinen zurückgekehrt ist, sowie den Staatsanwalt der Philippinen, der damals durch Mexiko reist. Wieder haben die Experten das Wort. Alle stimmen darin überein, die Expedition aufzuschieben. Der zum Botschafter ausersehene Augustiner Juan González de Mendoza samt der kostbaren Geschenke und Briefe Philipps II. an Wanli werden ihren Bestimmungsort niemals erreichen.[12] Nicht, weil die Kriegstreiber in der Neuen Welt triumphieren, sondern weil offenbar auch auf dem friedlichen Weg überall Fallstricke lauern. Bedurfte es noch eines Beweises, so belegt diese Affäre, dass die Spanier in Amerika der Krone schon jetzt in einer so wichtigen Frage wie dem Frieden mit China ihre Sicht aufzwingen können.

Der Krieg des Jesuiten

Den Verfechtern des Krieges fehlten die günstigen Umstände, geeignete Sprecher und ein Ideologe. Die passende Konjunktur stellt sich allerdings 1580 ein, als zusätzlich zur spanischen auch noch die portugiesische Krone an Philipp II. fällt. Eines der größten Reiche der Geschichte entsteht, das Madrid, Lissabon, Antwerpen, Brüssel, Mailand, Neapel, Santo Domingo, Mexiko-Stadt, Lima, Manila, Malakka, Goa und Luanda unter einem einzigen Zepter vereint. Fortan ist die Katholische Monarchie auf vier Erdteilen verankert.[13] Ihre Ressourcen sind gewaltig gewachsen. Ihre alleinige Existenz zeigt, dass Universalherrschaft durchaus weltumspannend sein kann. Sie manifestiert die politisch Tragweite der von Spaniern und Portugiesen vorangetriebenen Globalisierung: Ein europäisches Ereignis – der Einmarsch in Portugal – hat Auswirkungen auf die andere Seite der Erdkugel (Macao, Malakka, Manila) und kann dort sogar unter Nachbarstaaten – bei den Chinesen –, die Vorgängen anderswo auf der Welt bislang kaum beachteten, ernsthafte Besorgnisse auslösen. Die Spanier in Manila sehen die erträumte Gelegenheit, erneute Vorstöße zu unternehmen, um ihren Einflussbereich in Südostasien und bis nach China zu erweitern, obwohl bei der Vereinigung der beiden Kronen festgelegt wurde, dass beide Reiche getrennte Domänen bleiben sollen.

Während in Portugal die intellektuellen Kreise noch unter dem Schock der Annexion stehen,[14] finden die Spanier in Manila den Ideologen ihres Kampfs in dem Jesuiten Alonso Sánchez. Sánchez ist 1565 in die Gesellschaft Jesu eingetreten und hat Stationen in Neuspanien und Puebla durchlaufen, wo er eine Zeitlang die Novizenausbildung leitete. Der Gouverneur von Manila, der der Hafen von Nueva Segovia im Norden von Luzon ausbauen lässt, um von dort aus einen Angriff auf China starten zu können, entsendet im März 1582 Sánchez nach Macao. Er soll den dort niedergelassenen Portugiesen und Jesuiten die Nachricht überbringen, dass Philipp II. den Thron Portugals bestiegen hat.[15] Auf seiner Reise wird Sánchez bewusst, welche strategisch wichtige Position die Portugiesen errungen haben: In Macao zu sitzen, heißt »in China Fuß gefasst« zu haben, denn der Hafen ist »von höchster Bedeutung für das, was Seine Majestät in diesen Reichen Chinas anstreben kann«. Sánchez sieht die Reise vor allem als Möglichkeit, mit dem Land in direkten Kontakt zu treten, und kehrt mit negativen Eindrücken von den Chinesen und den von ihm durchstreiften Gebieten zurück. Vor allem ist er zu der obsessiven Überzeugung gelangt, dass China erobert werden müsse.

In Macao musste er die Portugiesen davon überzeugen, dass die Personalunion mit Spanien eine gute Sache sei, und Geheimhaltung predigen, damit die Chinesen nicht aufgeschreckt werden. Denn die Provinzbehörden dulden die Portugiesen in Macao nur so lange, wie sie sich an gewisse Regeln halten, ihnen viel einbringen und militärisch harmlos erscheinen. Die Nachricht von der Vereinigung der Kronen hätte da Argwohn geweckt. Ebenso muss Sánchez um jeden Preis verhindern, dass Mönche von den Philippinen aus heimlich in China landen. Man darf sich keine Fehler leisten, die für die Portugiesen Macaos schlimme Folgen haben und die Umsetzung von Einmarsch- und Eroberungsplänen erschweren würden. Sánchez will sicherstellen, dass die Christianisierung Chinas ausschließlich in Händen der Gesellschaft Jesu liegt und unter vorgegebenen Bedingungen erfolgt. Dabei meint er darauf zählen zu können, dass ihn ein Teil der Jesuiten in Macao und jene Portugiesen unterstützen werden, die mit Manila illegale Geschäfte treiben.[16]

Die unerträgliche Dreistigkeit der Chinesen[17]

Worum gegen China in den Krieg ziehen? Anders als in den 1550er-Jahren plädieren diesmal nicht die Juristen oder Beamten der Krone für eine bewaffnete Intervention. Die Aufgabe, den Krieg zu rechtfertigen, übernehmen vielmehr der Jesuit Alonso Sánchez und der Bischof Domingo de Salazar, zwei führende Figuren in der kirchlichen Niederlassung in Manila.[18] Sie rühmen sich der Unterstützung des Gouverneurs und lokaler Größen, so die des königlichen Kommissionärs Juan Bautista Román, und sogar, laut Sánchez, des heimlichen Einverständnisses der italienischen Jesuiten, die nach China eingereist sind, darunter das des berühmten Matteo Ricci.

Die Sache sei einfach: Ohne Krieg sei China nicht zu bekehren. Die Pflicht zur Evangelisierung rechtfertige eine Intervention, solange die Frohe Botschaft nicht »friedlich« verkündet werden könne. Dagegen sträubten sich aber die Chinesen aus mehreren Gründen. Zum einen seien sie ein hochmütiges Volk. »Sie wollen weder glauben noch verstehen, dass es außer ihnen Menschen gibt, die etwas wissen. Sie ertragen es nicht, dass ihnen dies jemand beweist, und gehen davon aus, dass es keine andere Wahrheit als ihre Lügen gibt. Und uns betrachten sie durchweg als Barbaren und Vieh, Menschen ohne Recht und Gesetz, ohne Verstand und Herrschaftsordnung. Wenn ein Ausländer in ihrer Stadt auftaucht [...], treiben sie mit ihm wie mit einem Tier ihren Spaß. So ergeht es uns, wenn wir uns unter sie mischen, zumindest spielen wir mit, halten den Mund, wissen uns nicht zu helfen und können uns nicht verteidigen. [...] Es sind so barsche und so verschlagene Leute, so hochmütig und so unerträglich.« Die Chinesen spotteten nicht nur über Ausländer, die ihre Sprache schlecht beherrschten, sondern auch über den Gott, den ihnen die Missionare predigten. Verdruss bereitet Sánchez neben der offenkundigen Antipathie – um nicht zu sagen Fremdenfeindlichkeit –, die er sich und seinen Landsleuten gegenüber gespürt hat, auch der tägliche Umgang miteinander. Sogar die Neugierde der Chinesen zehrte an seinen Nerven. »Die Leute waren so aufdringlich und staunten unter anderem über den Stoff meines Umhangs, einen gewöhnlichen, wie man ihn in Spanien trägt. Und dies so sehr, dass sie mit aller Gewalt herandrängten, um ihn zu begutachten und mit Händen zu berühren. Am Ende rissen sie zwei Stücke von gut einer halben Elle heraus und nahmen sie mit, ohne dass ich oder einer meiner Gefährten etwas bemerkten, eine so große Menge hatte uns bedrängt.« Voller Vorurteile kehrt Sánchez von seinem Kurzaufenthalt zurück.

Der Bekehrung der Chinesen stehen weitere Hindernisse im Weg. Ihre »räuberische Gier« sei »unstillbar«, »insbesondere die nach Silber, ihrem Gott«. Sánchez findet an ihnen eine Masse weiterer Fehler wie Gefräßigkeit, wenn nicht gar abscheuliche Sitten. »Ganz schamlos« seien die Chinesen, mit »ausschweifenden Praktiken wider die Natur« – der altbewährte Reflex der Spanier und Portugiesen, die rasch »Sodomie« ins Feld führen, um die Vernichtung des Gegners zu rechtfertigen. So lässt sich die Überlegenheit der Europäer und die unbedingte Notwendigkeit vertreten, die chinesische Bevölkerung zu zwingen, sich den Verkündigungen der Missionare zu stellen. Sobald es die Chinesen mit Stärkeren zu tun bekämen, würden schon zu gefügigen Untertanen – eine Argumentationsweise, die in Amerika über die Indios längst im Umlauf war. Und Sánchez sieht bereits Chinesen, die »wie Kinder in der Schule« das Kastilische erlernten, kaum dass sie besiegt und bekehrt seien.

Die Evangelisierung der Chinesen stoße aber auf eine noch höhere Hürde: Chinesisch sei eine unverständliche Sprache. »Gott hat zwischen ihnen und uns eine Mauer in Form einer Sprache errichtet, die so anders als unsere und so undurchschaubar ist, dass sie seit der Kindheit nichts anderes studieren oder in Schriften erlernen als immer nur ihre Buchstaben oder Zeichen, von denen es, wie es heißt, mehr als 80.000 geben soll.« Derlei Übungen beanspruchten ihre ganze Energie, weshalb »die sogenannten Gebildeten ihr Leben damit zubringen, immer nur dies zu erlernen. Sie scheitern alle daran, und dabei ist es ihr Ziel, Mandarine zu werden.« Das Erlernen des Chinesischen wirke sich verarmend auf den Geist aus, weil die Zeit fehle, um sich mit anderen Sprachen oder »Wissenschaften über die natürlichen und übernatürlichen Dinge sowie über die Gesetze und Dinge der Sittlichkeit« zu befassen. Sánchez sieht sogleich den Teufel im Spiel: »Um ihr Urteilsvermögen in eine Falle zu locken und ihren Geist zu entfremden, hat es der böse Geist ausgeheckt, dass sie ein ganzes Leben einer Sache widmen müssen, die ein Kind in einem oder eineinhalb Jahren erlernt.« Die Komplexität des Chinesischen mit seiner gewaltigen Anzahl an Zeichen überforderte jedes Verständnis. Seiner Aussprache, bei der »die Lippen, die Kehle, der Gaumen und die Nase« bewegt werden müssten, stehe ein Berg an Schwierigkeiten entgegen. Sánchez sieht die Sprache, mit der die Portugiesen gut zurechtkommen, als eine Waffe gegen Christus. Sie bilde nicht nur eine Barriere hinsichtlich der Verständigung, sondern auch hinsichtlich der Verkündigung des Evangeliums.[19]

Können Dolmetscher die Sprachbarriere überwinden? Eine sprachliche Vermittlung sei immer problematisch: Sie »erscheint den Chinesen als ein lächerliches Vorgehen, auf das sich einzulassen Irrsinn ist«. Sánchez erläutert, er sei auf seiner Reise durch China an einen Dolmetscher geraten, »der ein wenig Portugiesisch und überhaupt kein Kastilisch konnte«. Die Spanier, was Sánchez nicht zugibt, scheuen stets davor zurück, sich auf Portugiesisch zu verständigen. Die chinesischen Beamten ärgern sich über die schlechte Verständigung. Als Sánchez zur Aufklärung seinen Dolmetscher ausfragt, werfen sie ihm sogleich vor, er wolle sie manipulieren. Auch seien die Dolmetscher, die man vor Ort auftreibe, immer unzuverlässig: »Es ist bekannt, dass sie es nicht gewohnt sind, die Wahrheit zu sagen. Im Gegenteil brüsten sich alle damit, dass sie lügen, über uns spotten und Betrügereien aushecken.« Einer soll die Spanier als ein »übles Volk« hingestellt haben, »das auszog, um fremde Königreiche auszuplündern und ihre legitimen Herrscher zu töten. Sie hätten alle Gegenden, in die sie vorgedrungen seien, an sich gerissen.« Selten ist eine außereuropäische Stimme dokumentiert, die ein so kritisches und realistisches Porträt von den expansionslüsternen Spaniern zeichnet. Und noch seltener liest man von Übergriffen, wie sie die Spanier hautnah erlebt und nach Madrid gemeldet haben. Der Jesuit Sánchez versteht nicht oder will nicht verstehen, dass die chinesischen Dolmetscher vor allem befürchten, dass sie sich den Zorn der Mandarine zuziehen könnten. Die Verständigungsprobleme sind für die Spanier allerdings auch der willkommene Aufhänger, um sie zu Sündenböcken für den schwierigen Umgang mit den chinesischen Behörden zu machen.

Zum Ärger über die Menschenmengen, den Spott, die unverschämten Gaffer und die schlechten Manieren kommt für Sánchez so noch die Verzweiflung hinzu, dass er nicht versteht, »was sie ihm sagen, wohin sie gehen oder ihn führen, wenn sie ihn verhöhnen oder betrügen«. Tatsächlich spiegeln die Missverständnisse und Ärgernisse nur das tiefe Misstrauen der Beamten vor Ort wider, die den neuen Besuchern ohne Illusionen begegnen. »Wir waren kastilische Diebe und Spione, die gekommen seien, um die Sprache und die Häfen des Landes zu auszuforschen.«

Vorgeworfen wird China auch seine Abschottung gegen die Außenwelt. Die chinesische Flotte versperre jedem den Weg, »sogar wenn er den Hafen anläuft, weil er vom Kurs abgekommen ist und die Absicht bekundet, Handel zu treiben, oder wegen anderer Dinge, derentwegen sich Königreiche gewöhnlich miteinander verständigen«. Jedem, der sich nach China hineinwage, drohten per Gesetz die Todesstrafe, lebenslang Kerkerhaft oder Peitschenhiebe. Macao bilde wohl eine Ausnahme, aber in sehr prekärer Lage: Die Portugiesen in der Stadt befürchteten stets das Schlimmste: dass sie umgebracht oder verfolgt würden und ausreisen müssten, womit die Krone Einnahmen verliere. Morde und unerklärliche Vermisstenfälle sorgten regelmäßig für Aufruhr: »Jeden Tag verschwinden aus der Stadt namhafte Personen, wobei als ausgemacht gilt, dass sie sie töten.« Folglich bestehe das Risiko, dass die ortsansässigen Portugiesen nach Indien abwanderten – mit unkalkulierbaren Folgen für den Glauben: »Japans Christenheit würde ins Verderben stürzen, hängt ihr Fortbestand doch von den Missionaren ab, die jedes Jahr aus dieser Stadt zu ihr kommen.«

Von Chinas Abschottung besonders hart betroffen seien die Missionare, vor allem die Jesuiten: »Die Chinesen haben den Jesuiten noch nie erlaubt, die Stadt zu betreten oder in ihr ein Haus oder eine Kirche zu errichten oder das Evangelium zu predigen. Und wer es versuchte, den wollten sie auspeitschen lassen.« Auch verbreiteten die Provinzbehörden Angst und Schrecken, um jede Bekehrung zu verhindern, weil sonst »zahllose Menschen kämen, um der Verkündigung des Evangeliums zu lauschen«. Die Prediger hätten unzählige Schikanen und Demütigungen über sich ergehen lassen müssen, seien gar gezwungen worden, niederzuknien und das Gesicht auf die Erde zu drücken. Und die Dolmetscher hüteten sich stets davor, Wörter zu übersetzen, die Glaubensdinge und die Bekehrung berührten. Denn es genüge ja, dass sie abendländisch gekleidet seien oder christliche Symbole trügen, damit sie ausgepeitscht oder zu Verrätern an König oder Vaterland gestempelt würden. Die undurchsichtige Sprache, die Rückständigkeit und Abschottung bilden Sánchez zufolge für die zivilisatorischen Tugenden der christlichen Nächstenliebe ein höchst feindseliges Umfeld.

»Die Wege des Krieges«

Aus all diesen Gründen müsse China mit militärischen Mitteln bekehrt werden. Alle Experten seien sich einig: »All jene, die dieses Volk kennen und nach China vorgedrungen sind, sehen Irrsinn darin zu meinen, man könne es auf gütliche Weise bekehren.« Es gebe »einen Weg, der sich von dem der Urkirche unterscheidet. Ihn ist man bereits in Neuspanien und Peru gegangen. Und wie man sieht, fasste die Christenheit dort ebenso Fuß wie in Spanien. Und auf den Philippinen folgt man gegenwärtig demselben Weg.«

Kein Krieg ohne Kollateralschäden: »Die Verletzungen, Übel und Verheerungen, die bei einer Eroberung entstehen«, bedeuteten da kein Hindernis: Die Wege des Herrn sind unergründlich: »Gott erlaubt wohl diese Dinge«, wie man bei der »legitimen« Eroberung Portugals doch gesehen habe. Müssten sich »diejenigen, die auszögen, um unter dem Schutz von Soldaten das Evangelium zu verkünden«, ernsthaft um die Rechtmäßigkeit ihres Kampfs sorgen? Sánchez wischt alle Bedenken beiseite: »Seine Majestät hat ausreichend begründeten Anspruch darauf [...] diese Reiche Chinas zu erobern.« Dies gelte im Übrigen mit Blick auf jedes heidnische Reich, »wie sämtliche Gelehrten meinen, die in ihnen verkehren und in einer Zwangslage stecken«. Am Beispiel China wird so das Recht postuliert, ohne Rücksicht auf Verluste jedes nichtchristliche Land zu erobern.

Und auch die Schwäche der chinesischen Streitkräfte spreche für eine Militärintervention: Zum einen dürfe das gemeine Volk keine Waffen tragen, während es sich zum anderen bei dem Argument der feindlichen Überzahl nur um leeres Gerede des Gegners handle. Laut Bischof Domingo de Salazar »vertrauen die [chinesischen] Gouverneure so sehr auf das Volk in diesem Reich, dass sie die Spanier verspotten, wenn die ihnen verkünden, dass sie sie unterwerfen werden. Selbst wenn sie als Waffe zu ihrer Verteidigung nur ihre gefallenen Soldaten hätten, so behaupten sie, würden sie mit denen eine Mauer errichteten, die jeden Feind daran hindere, bei ihnen einzufallen.« Worauf der Bischof selbstsicher einwendet: »Aber diese Barbaren haben noch nicht erfahren, was die Spanier vermögen, und wissen gar nicht, dass sie schon mit einer kleinen Anzahl Arkebusiere in ihren Reihen Millionen Chinesen in die Flucht schlagen können.« Offenbar träumen die Spanier der Philippinen von einer Neuauflage der Eroberung Mexikos.

Lieber reden der Jesuit Sánchez und der Bischof Salazar über Zahlen, insbesondere über die der benötigten Männer, oder über die Schlagkraft einer militärischen Intervention: Mit Überraschungsangriffen sollen die chinesischen Truppen in die Flucht geschlagen werden. Dabei könne man auf Unterstützung vor Ort zählen: Die unterdrückten Volksmassen seien stets bereit, sich dem Schutz eines christlichen Fürsten zu unterstellen, der sie von der Tyrannei befreie. Die »Meinungen« sprächen eine deutliche Sprache: Tatsächlich »wurde [Sánchez] heimlich mitgeteilt, dass alle den Wunsch hegten, sich aus ihrer tiefen Misere und dem schweren Joch zu befreien, da sie nicht wie Freie, sondern wie Sklaven behandelt würden«. Ähnliche Überlegungen hatten schon rund 60 Jahre zuvor Calvo und de Vieira als Gefangene in Kanton angestellt.

Man müsse sorgfältig abwägen, welcher Ort sich »für einen Einfall [nach China] eignet, und welcher Proviant bereitgestellt werden kann, um die ankommenden Leute zu versorgen«. In einem späteren Bericht beziffert der Gouverneur der Philippinen die Anzahl der benötigten

Streitkräfte auf 8.000 und die Größe der Flotte auf ungefähr ein Dutzend Galeonen. Ambitionierter veranschlagt der königliche Kommissionär die Zahl auf 15.000 Soldaten.[20] Dagegen sieht der Rektor des Jesuitenkollegs in Macao nur einen Bedarf von 10.000 Mann, einschließlich 2.000 Japaner. Rekrutiert werden sollen diese mit tatkräftiger Hilfe der Mitglieder der Gesellschaft Jesu, die auf dem Archipel leben.[21] Eine mögliche Unterstützung durch die Japaner sei nicht zu verachten, da diese »erbitterten Feinde der Chinesen eilends in dieses Reich einfallen werden, sobald es die Spanier tun«. Konkret empfiehlt der Rektor: »Das beste Mittel besteht darin, dass Eure Majestät den General der Gesellschaft anweist, die Ordensmitglieder in Japan einzuschalten. Sie sollen den Japanern sagen, was sie […] zu tun haben.«[22] Mit dem Bündnis mit Nippon greift er einen Vorschlag auf, den der Gouverneur Francisco de Sande schon 1576 vorgebracht hat. Auch erinnern sich die Beteiligten noch daran, dass die Spanier von der angestammten Bevölkerung der Philippinen zahlreich und schlagkräftig unterstützt wurden, sowie an die Tlaxcalteken, die Cortés und seinen Mannen bei der Eroberung Mexikos wertvolle Dienste leisteten. Schließlich bietet der Rektor seine Hilfe und die seiner Mitbrüder Matteo Ricci und Michele Ruggieri an, um »im Verborgenen« alle möglichen strategischen Informationen zu sammeln. Dabei ist der Krieg gegen China kein Selbstzweck. Wie in ihren Äußerungen spürbar wird, schwebt dem Bischof, dem Jesuiten und dem Gouverneur eine Eroberung vor, durch die der gesamte Erdteil unter iberische Vorherrschaft gelangen soll. Einmal mehr konfrontieren uns die Beteiligten mit dem »Ungeheuren« (Peter Sloterdijk), einem Spiel maßloser Ambitionen, die über Amerika und den pazifischen Raum hinauszielen.

Unter diesen Umständen erscheint ein diplomatischer Weg und die anfangs ins Auge gefasste Übersendung eines Geschenks als reine Zeitverschwendung: »Es wäre der Größe des Königs ganz unwürdig, einem so barbarischen und hochmütigen König ein Geschenk zukommen zu lassen. Er würde es nicht nur verschmähen, sondern auch verachten und den Überbringer nicht einmal persönlich empfangen.« Fortan dürften »die Gleichgültigkeit und den Hochmut, die seine Vizekönige und seine Gouverneure bekunden«, nicht mehr geduldet werden. Diese könnten »sich nicht vorstellen, dass es in der Welt einen Fürsten gibt, der ihrem König ebenbürtig ist«. Der Diplomatie sei ohne mit der Wimper zu zucken Kanonendonner vorzuziehen: »Der Lärm der Trommler und der

Geschütze werden uns so süß und nützlich in den Ohren klingen wie denen dort die Stimme der Prediger.«

Wenn China erwacht

Die Spanier dürften keinen Augenblick verlieren, davon sind Sánchez und Salazar zutiefst überzeugt. Und wenn China militärisch erwache, so der Jesuit, seien daran maßgeblich die Portugiesen schuld. Sie verweigerten sich im Gegensatz zu den Spaniern dem Krieg: »Sie verspüren dazu wenig Neigung und unternehmen noch weniger Anstrengungen, wie man es überall in Indien sieht, wo sie nur Strände besitzen und in Schlupfwinkeln und Festungen geben und nehmen, feilschen und Tauschhandel treiben. Mögen sie es uns verzeihen: Aber sie haben der Christenheit mehr als jedes andere Volk geschadet, indem sie all diese Leute aufgeweckt und sie an den Waffen und in der Kriegskunst geschult haben. Sie haben bei ihnen Geschütze und Arkebusen eingeführt, die eine stärkere Feuerkraft besitzen als die in der Region bekannten. Eben diese Portugiesen geben heute zu, dass sie am Anfang mit einem einzigen Schiff 60 bis 70 Schiffe der Heiden in die Flucht getrieben haben, dass diese jetzt aber, wenn sie eins zu eins antreten, sich bestens schlagen, sie angreifen und häufig siegen.«

Der Angriff, so die Schlussfolgerung, müsse erfolgen, solange noch Zeit sei: »Noch schläft China, aber mit seinen Beziehungen zu den Portugiesen und dem Kampfgeschrei der Kastilier, das zu ihnen dringt und ihnen in den Ohren tönt, werden sie erwachen. Und soweit wir gesehen haben, verfügt dieses ganze Volk über Geist, Findigkeit und beachtliche Ressourcen.« Hier erweist sich das Thema eines erwachenden Chinas, das Napoleon und zahlreiche andere nach ihm aufgreifen werden, als so alt wie die Beziehungen der Europäer zu dieser Weltregion. Wie ein Leitmotiv zieht es sich durch Sánchez' schriftliche Äußerungen. »Dies verkünden all jene, die sie kennen: Sie mögen jetzt noch schlafen, aber wenn sie erst erwachen, Verdacht schöpfen und sich wappnen, werden sie aus den dargelegten Gründen, aber auch wegen der gewaltigen Menschenmassen, die zu Lande und zu Wasser [über Angreifer] wie Heuschrecken herfallen, nicht mehr zu bezwingen sein.«

Dies kann Bischof Domingo de Salazar nur bestätigen: Die Chinesen seien »bislang wie Schläfer« gewesen, »die nicht glauben konnten, dass ihnen von dieser Seite her Arges drohen könnte«. Bislang hätten sie ihre militärischen Bemühungen ganz auf die Tataren konzentriert und ihre Flotten gegen die Japaner und chinesische Freibeuter eingesetzt. Aber wehe, wenn die Obrigkeiten des Landes etwas ahnten! »Wenn sie offenen Auges erkennen, was sich gegen sie zusammenbraut, ist ein Einmarsch schwieriger als jetzt, da sie nicht auf der Hut sind.« Ein Präventivschlag müsse möglichst früh erfolgen! Und wegen des Überraschungseffekts sei absolute Diskretion notwendig: Kein Wort zu den Chinesen in Manila, nicht einmal an den Papst, der sich in der Materie ja nicht äußern müsse, »da die römische Kirche diese Sorge den Königen Spaniens überlassen hat«. Salazar erinnert daran, dass dem König Kastiliens rechtmäßig das Patronat über sämtliche Katholiken seines Herrschaftsbereichs zukommt. So drängen der Jesuit Sánchez und der philippinische Bischof Salazar Rom mit einer Haltung aus dem Spiel, die eigentlich nicht überrascht. Sie liegt auf einer Linie mit der spanischen Politik, die mit Unterstützung der heimischen Universitäten darauf abzielt, das Papsttum aus der Weltpolitik herauszuhalten.

Überraschend wirkt dagegen ein anderer Punkt angesichts der Verpflichtungen, die der Jesuit Sánchez seinem Orden gegenüber eingegangen ist: Auch sein General darf von all dem kein Wort erfahren! Diese Vorsichtsmaßnahme erinnert einmal mehr daran, dass die Umsetzung der Vision von der universellen Macht – so auch Cortés, der Kaiser Karl V. die weiten Horizonte Mexikos, des Pazifiks und der Gewürzinseln eröffnete – jetzt nicht mehr von der Zentrale, sondern von vor Ort aus in Angriff genommen wird. Dies erscheint problematisch. Wer soll über Chinas Schicksal entscheiden? Der Bischof von Rom mit seinen universellen Zuständigkeiten? Die Gesellschaft Jesu mit ihrem weltumspannenden Missionsauftrag? Oder der König der Katholischen Monarchie? Soll Philipp II. als spanischer Souverän oder als König von Portugal in China intervenieren? Der Anstoß aus Manila sorgt für Verwirrung in den Bürokratien und Machtapparaten, die von den neuen Perspektiven, die sich mit der iberischen Globalisierung aufgetan haben, völlig überrascht werden. Probleme bereitet im Übrigen nicht nur die Leitung des Vorhabens. Die Entfernungen und Überfahrtszeiten sind längst nicht auf ein beherrschbares Maß zusammengeschrumpft. Auch wenn Sánchez und

Salazar die Krone mit aller Gewalt zum Handeln drängen, ist ihnen bewusst, dass die Übermittlung von Informationen und Entscheidungen zwischen Manila und der Hauptstadt Jahre dauern kann.

Etwas so Neues …

Sánchez plant, sein Kriegsanliegen in Madrid vorzutragen. Er will sich zugleich als Botschafter der Philippinen wie als Experte in einer Sache präsentieren, die er in einem Satz so zusammenfasst: das »Recht Seiner Majestät, China zu erobern [durchzusetzen], oder, maßvoller formuliert, zu erreichen, dass die Chinesen Prediger einlassen, die dort in aller Freiheit und Sicherheit das Evangelium verkünden können«. Allerdings hat Sánchez Grund zur Besorgnis. Obwohl er die Unterstützung Manilas und Macaos hinter sich zu wissen glaubt, ahnt er schon, dass seine Meinung den in Madrid vorherrschenden Auffassungen widerspricht. Wenn er sich als Vertreter der Peripherie präsentiert – »der Dinge, die so weit entfernt sind« –, lässt er sich auf eine Auseinandersetzung mit der Zentralgewalt ein, die die Bedeutung der Vorgänge in »so entlegenen Gebieten« gar nicht einzuschätzen vermag. Gleichwohl er ist überzeugt, dass die Dinge geregelt werden müssten, indem man vorrangig »dem Rat und den Entscheidungen derer folgt, die hier [auf den Philippinen] etwas davon verstehen, anstatt sich nur an das zu halten, worüber dort [in Spanien] die Gelehrten Debattien führen«. Dieser Gegensatz zwischen dem Zentrum und den Rändern des Reichs gehört in der Welt Philipps II. durchaus zur Normalität. Er offenbart einmal mehr, wie schwierig es ist, eine weltumspannende Strategie zu entwerfen, die der Größe der Katholischen Monarchie gerecht wird. Mit zunehmender Entfernung erscheint die Lage vor Ort stets weniger ernst und dringlich.

Allerdings macht sich der Jesuit darauf gefasst, auf ein ganz anderes und noch schwierigeres Hindernis zu stoßen. Der Gedanke, »Reiche erobern zu können, die den Gebildeten […] Europas unbekannt sind«, könnte schockieren. Dies sei »etwas so Neues, dass es als eine Art Provokation erscheinen muss«. Es sei »eine neue Sprache […], und neu heißt, dass man dort [in Spanien] nicht darüber spricht und es nicht versteht«.

Inwiefern lauert in dieser »Sprache« ein Konflikt mit der allgemein vertretenen Doktrin?

Auf den ersten Blick versuchen der Jesuit und der Bischof jede Frontalopposition zu vermeiden, indem sie an eine iberische theologische und juristische Tradition anknüpfen. In den Lehren Francisco de Vitorias und der Universität Salamanca[23] sowie anschließend in bedeutenden Debatten – so die zwischen Bartolomé de Las Casas und dem Humanisten Ginés de Sepúlveda, dem »Disput von Valladolid« – kristallisierten sich einige Grundsätze heraus, welche die Beziehungen zwischen den Völkern oder, genauer, zwischen den Kastiliern und den anderen Nationen regeln sollten.[24] Die Diskussion drehte sich hauptsächlich darum, was der spanischen Krone das Recht gab, die Neue Welt zu erobern. Dabei blieb China bis Mitte des 16. Jahrhunderts vollständig ausgeklammert, so auch in Las Casas' umfassender Abhandlung *Apologética historia sumaria.* Gegen Ende des Jahrhunderts rückt nun das Reich der Mitte ins Zentrum der Debatte, was sicherlich ein Aspekt der Neuheit ist, die Sánchez beschwört. Diesmal lässt sich nicht behaupten, dass die betreffenden Heiden von Natur aus Sklaven (Sepúlveda) oder Kinder seien, derer man sich annehmen müsse (Vitoria), da die Verhältnisse, die die Spanier und Portugiesen beobachtet und beschrieben haben, dies eindeutig widerlegen. Doch ist dies nicht die einzige Neuheit, die die Kriegstreiber von den Philippinen in die Diskussion tragen.

Für Francisco de Vitoria, der lange nach seinem Tod noch die Diskussion beherrscht, war ein Krieg nur durch eine offene Aggression des Gegners zu rechtfertigen. Weder religiöse Unterschiede noch der Wunsch nach Eroberung und Ruhm konnten militärische Angriffe durch die Europäer legitimieren. Herrscher unter den Vorwand anzugreifen, dass sie keine Christen seien, stand für Vitoria außer Frage. Unangetastet blieben dabei allerdings die Prinzipien des freien Verkehrs und der freien Predigt. Wer gegen sie verstieß, durfte bekriegt werden. Dabei knüpfte Vitoria jede Intervention allerdings an strenge Bedingungen, über die Sánchez und Salazar großzügig hinwegsahen. 1546, im Todesjahr Vitorias, hatte Melchior Cano sogar vertreten, dass die *jus predicandi* keinerlei Besitzrecht auf die Güter weltlicher Fürsten beinhalte: Die Indios blieben damit freie Untertanen. Mitte des 16. Jahrhunderts, als Las Casas die Grausamkeiten der Eroberung geißelte und die Rechte der Indios verfocht – allerdings ohne je den Lauf der Dinge umzukehren –, warnten die Theologen eher vor den Folgen bewaffneter Interventionen und hinterfragten deren Begründungen.[25]

Natürlich wurden auch abweichende Stimmen laut, so die des Humanisten Ginés de Sepúlveda oder des Bischofs Vasco de Quiroga, der 1552 die These verfocht, dass es nicht nur legitim, sondern sogar absolut notwendig sei, die Indios mit kriegerischen Mitteln zu unterwerfen.[26] Aber schon damals war Quiroga bewusst, dass er die Meinung einer Minderheit vertrat, die einer sich offen äußernden Mehrheit gegenüberstand. Vitorias Gedanken und Strömungen unter dem Einfluss von Las Casas herrschten in der zweiten Hälfte des 16. Jahrhunderts in den akademischen Kreisen vor, so auch in Salamanca unter Professoren wie Bartolomé de Medina, Domingo Báñez oder Juan de la Peña. Sepúlvedas Lehren stießen dagegen weiterhin auf Unverständnis.

Dies alles war Sánchez wie Saavedra bekannt. Wenn sie von Manila aus den freien Verkehr und das Recht auf die freie Predigt verfochten, um eine Militärintervention in China zu rechtfertigen, so um ihrem Projekt einen hehren Anstrich zu geben und Vitoria als Gewährsmann anzuführen. Auch erklärten sie sich bereit, juristische Beweise dafür vorzulegen, dass China das Missionswerk und den freien Verkehr der Spanier behindere. Dazu hatte der Bischof bereits eine ordnungsgemäße Untersuchung durchgeführt, bei der er aber vorsichtshalber die Chinesen und die spanischen und portugiesischen Gegner des Kriegsprojektes außen vorgelassen hatte. Mit anderen Worten: Sie setzten alle Hebel in Bewegung, um die öffentliche Meinung in ihrem Sinne zu manipulieren, die Unterstützung der Krone zu gewinnen und den Eindruck zu erwecken, dass ein Krieg gegen China mit den Grundsätzen von Salamanca zu vereinbaren sei. Im Hinterkopf hatten sie wohl den Gedanken, dass Theorie und Praxis stets auseinanderklafften und ein freundlicher Anstrich genügen würde, um das ferne Madrid von der Sache zu überzeugen. Sánchez und Salazar zählten darauf, dass ein maßvoller Einsatz von Gewalt als statthaft gelten würde, wenn die Missionstätigkeit behindert wurde – auch wenn nach Domingo Báñez friedliche Formen der Intervention stets den Vorrang haben mussten. Jedenfalls brauchten die Missionare freie Bahn für ihre Verteidigung des »Rechts der Leute«, »die Verkündigung des Evangeliums zu hören.[27]

Hier sehen die in Manila ansässigen Verfechter des Kriegs gegen China ihr Schlupfloch, das die Theologen in Salamanca allerdings nicht sehr weit offen gelassen haben, als sie festlegten, welche Entscheidungsfreiheit Ungläubige mit Blick auf eine Bekehrung genießen. Peña spricht diesen das Recht zu, sich der Verkündigung des Evangeliums zu entziehen, wenn sie sich als Gruppe insgesamt dafür entscheiden. Nach Báñez können sie nur dann mithilfe von Gewalt und Krieg bekehrt werden, wenn sie Untertanten des Papstes oder eines christlichen Fürsten sind.

Wie sah die Bekehrung vor Ort aus? Dienten die allgemeinen Prinzipien der Theologen an den Universitäten nur dazu, eher unorthodoxe Glaubenspraktiken zu verschleiern, wovon Salazar und Sánchez überzeugt waren? Unleugbar wurden zwischen den Forderungen der Theologen, den gesetzlichen Regelungen und dem Druck der Kolonialherren zahlreiche Kompromisse geschlossen. Die Krone hatte die gesetzlichen Bedingungen festgelegt, zu denen eine Militärintervention oder eine *entrada* durchgeführt werden durfte. Nach dem Disput von Valladolid (1550/51) und der offiziellen Aussetzung von Eroberungen sah es ganz so aus, als würde bei der Missionierung die friedliche Option die Oberhand gewinnen, wobei Gewaltanwendung aber immer noch möglich blieb.[28] So wandte sich 1558 der Dominikaner Domingo de Santa María, der mit seinen Männern auf Missionsreise in Florida gescheitert war, entschieden gegen *entradas*, die ohne militärische Unterstützung durchgeführt würden. Es ist in unserem Zusammenhang nicht unerheblich, dass Domingo de Salazar, der nachmalige Bischof der Philippinen, bei dieser glücklosen Expedition mit von der Partie war. Gleichwohl sind die Mönche insgesamt gegen eine militärische Lösung. So versichern 1583 die Franziskaner im mexikanischen Jalisco, dass ihre Prediger bei der Mission auf Schwierigkeiten stießen, weil sie »in Begleitung von Soldaten umherziehen«.[29] Im selben Jahr wendet sich der Franziskaner Gaspar de Ricarte radikal gegen die Meinung, man müsse »die Diener des Evangeliums von Kriegern begleiten lassen, wenn sie unter den ungläubigen Barbaren die Frohe Botschaft verkündigen«. Diese Ansicht sei »ketzerisch, tollkühn und empörend«.

Die Krone bemüht sich in der Frage um eine ausgewogene Position. 1556 ergeht an den Vizekönig von Peru eine *Instrucción,* wonach der Einsatz von Gewalt in bestimmten Fällen gestattet sei. Dabei dürfe aber nicht »mehr Schaden« entstehen als »unbedingt notwendig«, zum Beispiel um gegen Kreise vorzugehen, die die Predigt und die Bekehrung behindern, oder um den Widerstand von Indio-Fürsten zu brechen. 1573 ist in den Anordnungen Juan de Ovandos anstatt von *Conquista* von Befriedung die Rede, wobei aber das letzte Ziel der Erkundungen und *poblaciónes* (Kolonisierung) die Verkündigung des Evangeliums sei. Hervorgehoben wird folglich der Einsatz friedlicher Mittel, ohne dass die Unterstützung kleiner Eskorten ausgeschlossen wird, um die Früchte der Mission zu schützen.[30]

Der Krieg gegen China findet nicht statt

Die Kriegsvorhaben, die man auf den Philippinen hegt, kommen über das Planungsstadium nicht hinaus. So sehr sich Sánchez in Spanien auch um ihn bemüht: Der Krieg gegen China findet nicht statt, und zwar aus mehreren Gründen. Zunächst einmal sind die Entfernungen zwischen den Philippinen und Madrid, ob über den Pazifik oder über den Indischen Ozean, allzu gewaltig. Jedem Kontakt, jeder Hin- und Rückreise und damit auch jeder Übermittlung einer Entscheidung stehen die Unwägbarkeiten der Schifffahrt, Stürme, mögliche Schiffbrüche, Meutereien, Navigationsfehler und eine endlose Dauer entgegen. Im Kriegsdossier werden für die Überfahrt von Manila nach Madrid zwei Jahre veranschlagt. Schon die Reise des Jesuiten oder des Bischofs an den Hof stößt auf beachtliche Schwierigkeiten. Ohne Genehmigung seines Fürsten darf ein Prälat seine Diözese grundsätzlich nicht verlassen. Ein entsprechender Antrag macht seinen Weg um die halbe Welt und wieder zurück. Schon deshalb droht das Unternehmen auf der Stelle zu treten. Auch gibt sich Sánchez hinsichtlich des Erfolgs von Verhandlungen in Spanien kaum Illusionen hin. Ein Unternehmen umzusetzen, das in Manila und Macao konzipiert, von Madrid aus gesteuert und von Neuspanien intensiv logistisch unterstützt wird, gestaltet sich in der Praxis überaus kompliziert. Dem iberischen Expansionsstreben fehlen so die Mittel zur Umsetzung seiner Ambitionen. Allerdings hat die Kriegslobby weitreichende Ziele im Blick. Sie ist zu einer Konzeption fähig, wie die Verhältnisse in dieser Weltregion in Verbindung mit einer europäischen Hauptstadt neu zu gestalten sind – nur dass eben China nicht so leicht zu erobern ist wie einst Mexiko.

Noch schwerer wiegt, dass die Gründe, die Manila zugunsten eines Krieges ins Feld führt – die Abschottung Chinas und die dortige Verfolgung von Missionaren –, gerade zu dieser Zeit entfallen, weil die chinesische Obrigkeit bereit ist, die Missionare der Gesellschaft Jesu zu empfangen. Der Bischof und der Jesuit sind vom Pech verfolgt: Weil ihre Argumentation hauptsächlich auf einer einseitigen Sichtweise zu den chinesischen Verhaltensweisen ruht, stürzt sie in sich zusammen, als Michele Ruggieri und Matteo Ricci aus Kanton und dem Inneren der Provinz ermutigende Neuigkeiten bringen: Im September 1583 haben sie zum zweiten Mal eine Genehmigung erhalten, in der Provinzhauptstadt Zhaoqing eine Niederlassung zu gründen. Die beiden italienischen Jesuiten hoffen sogar darauf, dass sie bis nach Peking vorgelassen werden. In diesem Jahr ist die Idee einer friedlichen Gesandtschaft auf dem Vormarsch, wenn auch mit diffusen Hintergedanken: Es soll darum gehen, »die Gegend, die dortigen Streitkräfte, die Bräuche und Charaktere zu erkunden, um Eure Majestät über sie zu informieren für den Fall, dass man es für zweckdienlich hielte, jetzt oder irgendwann ein so bemerkenswertes Unternehmen durchzuführen«. Bischof Salazar sieht die Möglichkeit, auszuloten, wie die chinesischen Autoritäten zur Evangelisierung stehen und zu welchen Zugeständnissen sie bereit sind, um eine Handelsenklave einzurichten.[31] Aber wie frühere Versuche scheitert auch diese Gesandtschaft. Übrig bleibt der Wille der italienischen Jesuiten und Roms, sich von den spanischen Bestrebungen abzukoppeln und eher auf die Karte einer friedlichen Missionierung zu setzen, die millimeterweise vorangetrieben werden soll: begrenzt auf eine Handvoll Jesuiten, die sich ständig im Hintergrund halten und an die chinesische Lebensart anpassen, und unterstützt durch eine Politik der kleinen Schritte.

Als ob die Aufgabe der Kriegslobby nicht schon schwer genug gewesen wäre, kam es zwischen Manila und Macao auch noch zu Meinungsverschiedenheiten. So widerstrebte es einem Teil der Einwohner der portugiesischen Enklave, dass die Spanier auf den Philippinen die Geschicke der ganzen Region an sich zogen und versuchten, sich auf kürzerem Weg die privilegierten Handelsbeziehungen zu verschaffen, die sich zwischen Macao und den chinesischen Behörden entwickelt hatten. Noch gefährlicher erschien ein boomender Handel, weil Manila inzwischen über so große Mengen an Silber aus der Neuen Welt verfügte, dass auf dem chinesischen Markt ein Preiseinbruch drohte. Gespalten zeigte sich inzwischen auch die Gesellschaft Jesu: Während der Rektor Francisco Cabral Sánchez und sein Militärvorhaben unterstützte, versuchten die Italiener Valignano, Ruggieri und Ricci mit allen Mitteln zu verhindern, dass ihr Zugang zum chinesischen Hinterland gefährdet würde. Und dabei hatten sie Rom und den Ordensgeneral Acquaviva auf ihrer Seite, der bei dem Unternehmen hätte umgangen werden sollen.

In Mexiko sah sich 1587 der Jesuit José de Acosta mit der Aufgabe betraut, Sánchez kaltzustellen. Acosta hatte beim Aufstieg der Jesuiten in Peru eine herausragende Rolle gespielt und genoss in Sachen Evangelisierung wachsendes Ansehen. Ihm fiel es nun zu, Sánchez' Argumentation zu zerpflücken und zu erläutern, warum ein Krieg gegen die Chinesen nicht infrage komme. Damit brachte er die offizielle Sicht der Gesellschaft Jesu zum Ausdruck: An Sánchez erging ein absolutes Verbot, sich weiterhin in Sachen Krieg gegen China zu äußern, was denn auch die Kriegsgelüste in Mexiko dämpfte, wo sich der Vizekönig, Erzbischof Moya de Contreras, 1585 von Sánchez' Argumentation und der Vielzahl von dessen Anhängern hatte überzeugen lassen.[32] Der Streit zwischen den beiden Jesuiten – Acosta und Sánchez – wirft das Problem auf, wie die Beziehungen der Kirche zur anderen Seite des Globus aussehen sollen. Genauer zeigt er auf, wie wichtig es ist, die schwierigen Fragen der Mission – wie weit, wie schnell und mit welchen Mitteln sie vorangetrieben werden soll – sowie die politischen und wirtschaftlichen Interessen auf globaler Ebene zu betrachten, als *universo mundo,* wie es Acosta umschrieb. Bezeichnenderweise fällt die Entscheidung, wie eine in Madrid und Rom ansässige »katholische Monarchie« sich in Südostasien verhalten solle, zunächst einmal in Mexiko.

Schließlich haben die Kriegstreiber auf den Philippinen auch noch das aktuelle Geschehen in Europa gegen sich. Als Sánchez in Madrid seine Verhandlungen führt, trifft die Nachricht ein, dass die unbesiegbare Armada im August 1588 vor der englischen Küste beträchtliche Verluste erlitten hat. Jeder Gedanke an einen Angriff auf China ist damit obsolet. Jetzt noch eine Hilfsflotte ins chinesische Meer zu entsenden, wäre grotesk. »Mit ganz menschlicher Vorsicht betrachtet, eignete sich die Lage nicht dazu, mit dem König [Philipp darüber] zu verhandeln.«[33] Von einer Offensive wird fortan keine Rede mehr sein. Der Krieg gegen China findet nicht statt.[34]

Fazit: Eine globale Geschichte des Zeitalters der Renaissance

Der König:
So wird das Meer dort, wo die Sonne untergeht,
eine schillernde Ebene […]
Dort erhob sich das kühne Auge meiner Vorfahren,
und ihr Finger wies
gebieterisch auf das andere Ufer, auf eine andere Welt.

Paul Claudel, *Der seidene Schuh*[1]

Die Manila-Galeonen […] sind nur ein sehr bedeutender, aber schwer zu entwirrender Faden in einem dichten, unendlich komplexen Geflecht aus Handels- und anderen Beziehungen. Deren Zentrum liegt in Manila, dessen Strategie nicht allein auf Acapulco, den einsamen Strand, sondern beiläufig auf Manila, in hohem Maß auf Mexiko, auf Macao, China, Indien und die europäische Atlantikküste zielt.

Pierre Chaunu, *Le Pacifique des Ibériques*

Im 16. Jahrhundert findet der Krieg gegen China nicht statt. »Alle die zuckenden Bänke von menschlichem Laich, zahlloser als die Toten, die Taufe erwartend« (Paul Claudel) entgehen der Christianisierung und der Kolonisierung. Erst sehr viel später, 1840, wird in dem Reich ein Konflikt gegen die Europäer – der Opiumkrieg – ausbrechen. In ihm verwirklicht Admiral Elliot den Traum, den einst Pires, Sánchez und deren Anhänger träumten: auf einer Insel eine Basis aufbauen, den Fluss hinaufsegeln, Kanton angreifen und sich zu den Herren des Perlflussdeltas aufschwingen. Die Stadt wird beschossen und muss später zurückgekauft werden. Hongkong gelangt in britische Hand. Das gedemütigte China beugt sich den Bedingungen des europäischen Eroberers, wird aber niemals richtig kolonisiert.

Dieses Szenario liegt im 16. Jahrhundert noch in weiter Ferne. Die halbherzigen Versuche der Portugiesen und Spanier, das Land zu erobern, erweisen sich jedes Mal als ein Schlag ins Wasser. Während die Konquistadoren die neue Welt systematisch kolonisieren, ihre Ressourcen in jedweder Hinsicht ausbeuten und das Christentum über den »Götzenkult« triumphieren lassen, bringt es China, das seine Tore erneut ein Stück weit öffnet, zu nie einem dagewesenen Wohlstand. Der Handel macht die Kaufleute reich. Das Silber strömt massenhaft über Japan nach Manila und Macao. Von jeher war das Reich der Mitte durchaus empfänglich für das, was sich außerhalb seiner Grenzen, insbesondere auf dem Chinesischen Meer, abspielte. Aber wenn es im Zuge eines globalisierten Handels an die übrige Welt angebunden wird, so zu seinen Bedingungen und in dem von ihm vorgegebenen Tempo. Der endgültige Schritt dazu erfolgt am Ende des 16. Jahrhunderts, als das Silber aus Neuspanien Kurs auf China nimmt. Von diesem Zeitpunkt an führen alle Wege nicht mehr nach Rom, sondern nach Peking: Direkt auf der pazifischen Route oder über den Atlantik und weiter durch den Indischen Ozean wandert das Edelmetall in die Schatztruhen Chinas. So rückt das Kaiserreich weder durch Eroberung noch Bekehrung (und noch weniger durch eine wirtschaftliche Abhängigkeit) an Europa heran, sondern vielmehr durch weltumspannende wirtschaftliche Kreisläufe, die gleich mehrere Erdteile miteinander verbinden. Die Spanier werden China niemals angreifen, »ehe es erwacht«. Vielmehr kann man es sogar so sehen, dass sie dadurch, dass sie die Silbervorkommen der Neuen Welt ausgebeutet und eine Kolonialgesellschaft und ein System der Zwangsarbeit errichtet haben, ihre Stärken zu einem großen Teil in den Dienst Chinas gestellt und sich so um das Reich der Mitte verdient gemacht haben. Amerikas Spanier, die das Silber aus Potosí, zumeist illegal, gegen kostbare asiatische Waren eintauschen, profitieren im hohem Maß davon, ohne dass die Indios und Afrikaner, die in den Anden oder in Mexiko in den Minen schuften, auch nur ahnen, dass sie nicht nur europäischen Herren, sondern auch chinesischen Händlern die Taschen füllen.

Der Anschluss der verschiedenen Erdteile an die übrige Welt vollzog sich so zur selben Zeit auf gegensätzliche Weise. Um dies zu erkennen, muss man sich allerdings von den ausgetretenen Pfaden einer nationalen, kolonialen oder imperialen Geschichtsschreibung, die jeder globalen Sichtweise zuwiderläuft, befreien.[2] Wie wohl deutlich wurde, ist Weltgeschichte niemals mit der Betrachtung der europäischen Expansion zu verwechseln, auch keine Weltgeschichte, die den europäischen Aspekt der Globalisierung in den Vordergrund rückt. Wenn es hier darum geht, den Eurozentrismus zurückzuweisen, so nicht, wie in Amerika üblich, im Namen einer kleinkarierten politischen Korrektheit, sondern vielmehr aus historiographischen Gründen: Will man die Vorgänge in der heutigen Welt verstehen, muss man jahrhundertealte Denkmuster durchbrechen, die das historische Gedächtnis noch immer bestimmen – archaische und obsolete Muster, die kontraproduktiv wirken und letztlich einen »Präsentismus« begünstigen, dessen negative Effekte beschrieben wurden.[3]

Betrachtet man die frühe Neuzeit im globalen Zusammenhang, trägt dies dazu bei, die großen Entdeckungen neu zu bewerten und Beziehungslinien zum Vorschein zu bringen, die in der europäischen Geschichtsschreibung übersehen oder übergangen wurden. Dies hilft, sich von den simplen Denkmustern des Andersartigen zu befreien, wonach sich Geschichtsschreibung auf die Konfrontation von uns mit den anderen reduzieren lasse, und sie durch komplexere Szenarien zu ersetzen: Eine weltgeschichtliche Betrachtung zeigt, dass es nicht nur entweder Sieger oder Besiegte gibt und dass die Herrschenden in einem anderen Teil der Welt die Beherrschten sein können. In einer weltumspannenden Sichtweise fügen sich die Teile des globalen Puzzlespiels, das die nationalen Historiographien auseinandergerissen oder eine verunglückte Mikrogeschichte gar pulverisiert hat, wieder zu einem Ganzen zusammen. Eine solche Geschichte ermuntert dazu, unsere Neugierde und unsere kritischen Fragen auf unterschiedliche Orte zu richten. Wir haben uns zunächst auf die Katholische Monarchie unter Philipp II. konzentriert, auf dieses weltumspannende Imperium, das aus der Vereinigung der Kronen Spaniens und Portugals hervorging, und ihm wieder den Platz eingeräumt, den es einst auf dem Globus besetzte. Bei dieser Neubewertung haben wir dann analysiert, welche tatsächlichen und möglichen Beziehungen in diesem Zusammenhang zwischen der islamischen und der Neuen Welt bestanden haben. In einer Weltgeschichte müsste Afrika auch wieder den Platz einnehmen, der diesem Kontinent zukommt, weil auf ihm mit päpstlichem Segen die ersten weitreichenden kolonialen Erfahrungen gesammelt wurden und weil er dem frisch eroberten Amerika unablässig Sklaven lieferte, während er gleichzeitig – über die arabische Welt – seine althergebrachten Beziehungen zu den Kulturen an und im Indischen Ozean aufrechterhielt. Nicht vergessen werden darf dabei, dass gerade auf diesem Kontinent die Portugiesen auf tragische Weise Menschenhandel und christliche Mission miteinander verbanden.[4]

Ich habe von einer globalen Geschichte im Zeitalter der Renaissance gesprochen, weil jede historische Betrachtung zwangsläufig einen bestimmten Blickwinkel einnimmt – ein historisches Werk schreibt man nicht ins Blaue hinein –, auch auf die Gefahr hin, sich in Allgemeinheiten zu verlieren. Auf dem Umweg über die Weltgeschichte die Geschichte einzelner miteinander verbundener Regionen zu betrachten, führt unweigerlich zum Ausgangspunkt zurück. Die Geschichte einzelner Orte und die Europas in ihren umfassenderen Kontext zurückzustellen, heißt nicht nur, sie neu zu dimensionieren, sondern auch, ihre jeweiligen Besonderheiten wieder ins Blickfeld zu rücken. Dabei kann man sich einmal mehr einfache Fragen stellen, die eine eingehende Betrachtung verdienen: Warum ziehen Spanier und Portugiesen aus, um Amerika und China zu erkunden, während diese Bewegung niemals in umgekehrte Richtung verlief?

Und diese Besonderheiten offenbaren in unserem Wissen über die Vergangenheit eine Bruchlinie, die ihm wohl ebenso abträglich ist wie der vielgescholtene Eurozentrismus. Im 16. Jahrhundert sind nicht die nördlichen Länder die dominanten Mächte. Die Akteure der Entdeckung Mexikos und Chinas wie auch deren Förderer sind hauptsächlich Spanier, Portugiesen und Italiener. Es kann nicht oft genug daran erinnert werden, wie sehr der Süden, der Mittelmeerraum und der Katholizismus des 16. Jahrhunderts der Geschichte Europas und der übrigen Welt ihren Stempel aufprägten. Zu erinnern ist dabei vor allem an die Rolle der römischen Kirche und die Missionstätigkeit, die in der historischen Rückschau über dem späteren Expansionsstreben von Briten und Niederländern, die die Reformation des Nordens weitertrugen, so häufig in Vergessenheit gerieten. Denn steckten hinter der Aufbruchsstimmung, die das Europa im Zeitalter der Entdeckungen erfasste, nicht auch religiöse und sogar mystische Motive?

Verschiedene »Modernen«

In meinem Buch *Les Quatre Parties du monde* (»Die vier Teile der Welt«) habe ich bereits darauf hingewiesen, dass die sture Festlegung der modernen Anschauungen, die im Zeitalter der Renaissance aufkamen, auf auf etwas rein Europäisches, also Italienisches, Französisches, Englisches oder Niederländisches eine merkwürdige Einengung des Blickwinkels bedeutet. Aus den zahlreichen Beziehungen zu den Weltreligionen und großen Kulturen, die im Zeitalter der Entdeckungen rund um den Globus geknüpft wurden, speiste sich eine gewaltige Vielzahl an menschlichen Erfahrungen, aus denen an den Rändern der Welt durch die Europäer und durch alle, die freiwillig oder unfreiwillig in Kontakt zu ihnen traten, weitere Formen modernen Denkens hervorgingen.

Dieses Buch stellt die europäische Moderne in zweierlei Hinsicht auf den Prüfstand: Es ermisst zunächst die ganze Bedeutung der magellanschen Revolution, von der Peter Sloterdijk zeigte, dass sie ebenso wichtig und wahrscheinlich noch bedeutender war als die kopernikanische Wende. Dem trägt eine Weltgeschichte im Zeitalter der Renaissance sicherlich Rechnung. So wie sich seit Kopernikus plötzlich die Erde um die Sonne dreht, so beginnen seit Magellan nun auch die Menschen und ihr Kapital die Erde zu umrunden. Die magellansche Revolution hat für Seefahrer, Kaufleute, Financiers, Fürsten und Chronisten unmittelbare Folgen. Mit ihr wird das Meer zu einem verbindenden Raum, der globale Mobilität und Kapitalströme ermöglicht und die Weltregionen zusammenrücken lässt. Eine Globalisierung wäre ohne die magellansche Revolution undenkbar, während es dagegen durchaus möglich wäre, die vier Erdteile aneinander anzubinden und eine weltumspannende Monarchie zu verfechten, ohne dass dabei die althergebrachten aristotelischen Anschauungen zum Kosmos aufgegeben werden müssten.

Aber die Weltgeschichte reduziert sich nicht auf die des Europäers. Magellan kommt auf der Philippineninsel Mactan gewaltsam ums Leben. Cortés scheitert an seinen Plänen zum Pazifik. Die Gewürzfrachten gelangen niemals auf einer Südpazifikroute über Amerika bis nach Europa. Und mindestens zweimal verzichten Spanier und Portugiesen auf Pläne zu einem Angriff auf China. Asien, insbesondere das Reich der Mitte, hat den Europäern getrotzt, die daraus Lehren ziehen mussten: Anders als in Brasilien oder auf dem übrigen amerikanischen Kontinent verkörpern sie nicht mehr die unangefochtene Überlegenheit gegenüber Wilden, die nur dazu gut sind, unterworfen, niedergemetzelt und ausgebeutet zu werden. Der Krieg gegen China findet nicht statt. Spanier und Portugiesen sind in diesem Reich – außer auf dem Gebiet der Heilsbringung – so ohnmächtig und überfordert, dass sie sich dort Beleidigungen gefallen lassen müssen. Und mehr noch: Am Ende erheben sie diese Macht, die ihnen mit einem entwaffnenden Hochmut entgegentritt, sogar zum Modell. Chinas Größe, sei sie politisch, wirtschaftlich oder kulturell, übt allmählich Faszination auf sie aus. Die Geschichte der Beziehungen zum Reich von Mitte des 16. bis zu Beginn des 18. Jahrhunderts ist die einer intellektuellen Konstruktion, in der sich Westeuropas Eliten unablässig selbst betrachten werden. Ganz anders der Fall Mexiko: Dessen Kultur landet rasch im großen Magazin der untergegangenen Zivilisationen, als ein Stück harmloser Exotik, das allenfalls Mitleid erregt und Bedauern auslöst.

Wende nach Westen und Geburt des Westens

In der zweiten Hälfte des 16. Jahrhunderts geraten der Pazifik und seine östlichen Anrainer, einschließlich China, ins Visier des spanischen Reichs. Westindien – vom amerikanischen Kontinent ist in Spanien noch nicht die Rede – ist das Gegenstück, die verlängerte Achse oder der Vorposten Ostindiens, das auf der anderen Seite des Südmeers liegt. Aber die Unendlichkeit dieses Ozeans, die Unmöglichkeit, China zu erobern und Asien zu kolonisieren, zwingen dazu, sich mit der Neuen Welt zu begnügen und sie vom übrigen Indien getrennt zu behandeln. Amerika, das von den europäischen Mächten immer weiter und unaufhaltsam kolonisiert wird, richtet sich nach Osten aus und entwickelt besondere Beziehungen zur Alten Welt. Aus der Verbindung beider Kontinente geht der »Westen« hervor – ein Konzept und dann eine Realität, die nur im Rahmen einer weltgeschichtlichen Betrachtung triftig erklärbar ist.

Tatsächlich ist die Entstehung eines »euroamerikanischen Westens« untrennbar mit dem Scheitern der europäischen Eroberungsbestrebungen gegenüber China und später gegenüber Japan verknüpft. Mit diesem Scheitern kommt der weitere Vorstoß nach Westen zum Erliegen, den Kolumbus und Magellan mit ihren Expeditionen – in Umkehr einer über tausendjährigen Stoßrichtung – in Angriff genommen hatten. Dass die Welt eine Art Kugel ist, war seit der Antike bekannt. Schon Aristoteles hatte darauf hingewiesen, dass es theoretisch möglich wäre, auf einer nach Westen verlaufenden Route bis ins ferne Indien zu gelangen. Dazu musste man nur mit hochseetauglichen Schiffen einen Ozean durchsegeln, deren Gewässer und Winde damals keinem Lotsen bekannt waren. Aber für die Alten blieb dieser Westen ein unerreichbar ferner Horizont. Das mittelalterliche Europa änderte daran wenig und behielt den Osten im Fokus: Vorstellungen vom Paradies, das Heilige Land, Jerusalem, antike Berichte, die Erinnerung an die Kreuzzüge, die Mongoleneinfälle, Bedrohungen durch die Mamelucken oder die Osmanen, der märchenhafte Reichtum Indiens und vieles mehr ließen den Orient zusammengenommen zum Gegenstand aller Hoffnungen und Begehrlichkeiten oder – im Kampf gegen den Islam – zur Projektionsfläche des allgemeinen Hasses werden. Dieser Strahlkraft erlagen auch die Portugiesen, obwohl ihre Schiffe zunächst Kurs auf den Südatlantik nahmen: Als ihre erschöpften und verängstigten Seeleute das Kap der Guten Hoffnung umschifft hatten, öffnete sich vor ihnen der Orient mit dem Indien der Alten, der weiterhin bevorzugtes Fernziel blieb.

Mit Christoph Kolumbus und Magellan nehmen die Schiffe fortan Kurs nach Westen. Der von Europa ausgehende Verkehr wechselt die Richtung. Zwar bleibt diese Veränderung ohne unmittelbare Folgen: Als die Antillen entdeckt werden, ändert sich kaum etwas an dem vorherrschenden Bild, wonach im Westen eine Einöde aus Wasser mit einer Handvoll rasch zu erobernder Inseln läge. Ebenso offenbart die erste Weltumsegelung vor allem, wie erschreckend weit und gefährlich die westliche Route zum Orient ist: Magellan und zahlreiche weitere ließen auf solchen Fahrten ihr Leben. Eine weitere Entdeckung, die an zentraler Stelle in diesem Buch behandelt wird, markiert jenen Punkt, an dem der Westen unumkehrbar ins Blickfeld der Europäer rückt: Ab 1517 wird ihnen sehr rasch klar, dass auf dem amerikanischen Festland Hochkulturen siedeln, deren Lebensweisen denen in der Alten Welt ähneln. Als dann im heutigen Peru das Inka-Reich entdeckt wird, verfestigt sich endgültig die Überzeugung, dass eine weitere Welt existiert, von der weder in der Bibel noch in den antiken Schriften die Rede ist. Noch im fernen Istanbul erkennen die Zeitgenossen die ungeheure Bedeutung dieser Entdeckung und reagieren – im Fall der Muslime – natürlich sensibel auf den Skandal einer Eroberung, durch die ein bedeutender Teil der Menschheit in die Hände der Christen, also der Ungläubigen, gefallen ist. Um 1580 beschwört am osmanischen Hof ein anonymer Chronist den Sultan, den Rückstand aufzuholen, in See zu stechen und den Christen die neuen Gebiete wieder abzujagen, um in ihnen das Licht des Islam scheinen zu lassen.[5]

Der Westen, der vormals nur eine Richtung, ein unerreichbarer, »der Illusion und dem Wahn« (Claudel) überlassener Punkt war,[6] nimmt nun materielle Gestalt an und wird auf lange Zeit zu einem gelobten Land für Missionare, einem Quell des Reichtums mit zügellos auszubeutenden Ressourcen, zu einem Laboratorium, in dem erbittert am Nachbau des aufstrebenden Europas gearbeitet wird, sowie zu einem Raum, der weiße Einwanderer freundlich aufnimmt und Schwarzafrikanern die Hölle bereitet. Manche Katholiken entdecken in diesem Westindien die Zukunft der christlichen Welt: Schicksalshaft vom Islam wie vom Protestantismus verschont geblieben, reich an frischen – indianischen – Seelen, eröffnete es dem Katholizismus Aussichten, die ihm das verdorbene und von den Türken bedrohte Europa scheinbar nicht mehr bieten konnte. In protestantischen Kreisen träumt man im 17. Jahrhundert von einem puritanischen Amerika, einem amerikanischen Palästina, das von den dort lebenden Wilden gesäubert ist. Muss daran erinnert werden, dass der amerikanische Doppelkontinent über Jahrhunderte und Generationen hinweg die Hoffnung von Europäern war, die jenseits des Atlantiks ein Auskommen und eine Zukunft suchten, die ihnen die Alte Welt versagte? Im 19. Jahrhundert brachte der Oklahoma Land Run nur eine Anziehungskraft wieder zum Vorschein, die die amerikanischen Gebiete längst besessen hatten, ehe der Westen zum alleinigen Synonym für Freiheit, Unternehmergeist und schließlich für das Atlantische Bündnis und den Antikommunismus werden sollte. Gegenüber dem alten, von der Despotie beherrschten, kränkelnden und niedergehenden Osten setzte sich der Westen zunehmend als Antrieb für die Entstehung einer modernen Zivilisation und als Geburtsstätte moderner Anschauungen durch. Fügt man dem hinzu, dass der europäische Gedanke, der uns heute vertraut ist, sich mit dem Aufstieg der Neuen Welt herauskristallisierte, wird noch deutlicher, warum die Geschicke beider Kontinente untrennbar miteinander verknüpft sind: Wurde der amerikanische Doppelkontinent allenthalben von Europa geprägt, so bereicherte, gestaltete und erneuerte sich umgekehrt dieses Europa seit der Renaissance durch seine transatlantische Ausrichtung und die Beziehungen, die es zu den verschiedenen Teilen des neuen Kontinents knüpfte. Über Neuspanien, Neugranada, Neuengland oder Neufrankreich übten die europäischen Länder ihre Doppelrolle als raubgierige Mächte und »Zivilisierer« aus. All dies spricht für die Überzeugung, dass Kolumbus mit dem Kurswechsel, den er in einem Geniestreich einleitete, weitaus Bedeutenderes geleistet hat, als nur ein paar Inseln und Küstenstriche zu entdecken. Und dass die geographischen Umrisse des Westens letztlich von einem China gezogen wurden, das sich den Europäern widersetzt hat.

Die gescheiterten Bestrebungen Europas in Asien und die Unmöglichkeit, China zu erobern, machten den Pazifik zu einem Raum, der ganze Welten, den Orient und den Okzident durch endlose Weiten voneinander trennt. Dabei sollte die enge Anbindung Amerikas an die Alte Welt für lange Zeit erhalten bleiben. Besser als jeder andere drückt dies Philipp II. in Paul Claudels *Der seidene Schuh* aus:

Und vom Strand der Welt, den die Wissenschaftler einst der Illusion und dem Wahn überließen,

bezieht jetzt mein Schatzkanzler das lebensnotwendige Gold, das bei uns die ganze Staatsmaschine antreibt und die Lanzen meiner Schwadrone[n] überall sprießen lässt wie das Gras im Mai.

Das Meer hat für uns seinen Schrecken verloren und seine Wunder behalten, ja, seine wogenden Fluten können die breite Goldstraße von einem Kastilien zum andern nicht behindern:

Auf ihr eilt die Doppelreihe meiner Schiffe hin und her und bringt mir meine Priester und Krieger hinüber und schafft mir die heidnischen, von einer Sonne geborenen Schätze her …[7]

Anmerkungen

Einleitung

1 Paul Claudel, *Le Soulier de satin,* dt. *Der seidene Schuh*, übertragen von Hans Urs von Balthasar, Salzburg 1939, S. 15.
2 Ebenda, S. 48.

Zwei ruhige Welten

1 Jean-Michel Sallmann, *Charles Quint. L'empereur éphémère,* Paris 2000, S. 100.
2 David M. Robinson, »The Ming Court and the Legacy of Yuan Mongols«, in: David M. Robinson (Hg.), *Culture, Courtiers and Competition. The Ming Court (1368–1644),* Cambridge, Mass. 2008, S. 402, zitiert wird nach *Chungjong taewang sillok.*
3 Timothy Brook, *The Confusions of Pleasure. Commerce and Culture in Ming China,* Berkeley/London/Los Angeles 1998, S. 144.
4 Ebenda, S. 146.
5 Robinson (2008), S. 401.
6 Shen Defu (1578–1642), »Unofficial Gleanings from the Wanli Era«, in: Timothy Brook, *The Troubled Empire. China in the Yuan and Ming Dynasties,* Cambridge, Mass. 2010, S. 13.
7 Barend J. ter Haar, *Telling Stories: Witchcraft and Scapegoating in Chinese History,* Leiden 2006.
8 Michel Graulich, *Moctezuma,* Paris 1994; Susan D. Gillespie, *The Aztec Kings. The Construction of Rulership in Mexica History,* Tucson 1989.
9 Die Italiener Vivaldi, Spontini, Paisiello, Galuppi, der Tscheche Mysliveček, der Deutsche Graun.
10 Jacques Gernet, *Le Monde chinois*, Paris 1972.
11 Das sind sechsmal so viel wie Mittelamerika; siehe Brook (1998), S. 95.
12 Jean-Michel Sallmann, *Le Grand Désenclavement du monde, 1200–1600*, Paris 201, S. 556, 561.
13 Ebenda, S. 118.
14 Ebenda, S. 128–129.
15 Ebenda, S. 92.
16 Ebenda, S. 132, mit Bezug auf die Bibliothek des Qiu, des Ratgebers des Kaisers Hongzhi.

17 Timothy Brook, »Rethinking Syncretism: The Unity of the Three Teachings and their Joint Worship in Late Imperial China«, in: *Journal of Chinese Religions*, Bd. 21, (1993), S. 13–14.
18 Anne Cheng, *Histoire de la pensée chinoise*, Paris 1997, S. 533.
19 *Atl*, das Wasser, bildet den Gegensatz zum Feuer *(tlachinolli)* und zum Himmel *(ilhuicatl)*, während »göttliches Wasser« *(teotl)* den Krieg meint; vgl. hierzu Frances Karttunen, *An Analytical Dictionary of Nahuatl*, Austin 1983.
20 Ross Hassig, *Comercio, tributo y transportes. La economía política del valle de México en el siglo XVI*, Mexiko 1990, S. 111. Vgl. S. 112–113 und Nr. 43, ein Versuch eines Vergleichs mit dem Territorialreich China.
21 Ebenda, S. 117.
22 Inga Clendinnen, *Aztec. An Interpretation*, Cambridge 1991, S. 117.
23 Ebenda, S. 131.
24 Ebenda, S. 268.
25 Erwähnt sei indes die Originalität der Interpretationen von Clendinnen (1991) und Christian Duverger, *L'Esprit du jeu chez les Aztèques*, Paris 1978 und *L'Origine des Aztèques*, Paris 2003. Ihre Forschungen bleiben hervorragende Werkzeuge zur Erkenntnis dessen, was die mittelamerikanische Kultur unterscheidet.
26 Louise M. Burkhart, *The Slippery Earth. Nahua-Christian Moral Dialogue in Sixteenth-Century Mexico*, Tucson 1989.
27 Clendinnen (1991), S. 251.
28 Cheng (1997), S. 40.

Die Öffnung zur Welt

1 Miguel León-Portilla, *Le Livre astrologique des marchands, Codex Fejérvary-Mayer*, Paris 1992, S. 19–21.
2 Chinesen siedeln auf dem Inselbogen von Ryūkyū, in Siam, in Champa (ein Königreich im Osten von Kambodscha), auf Malakka, Sumatra, Brunei, Java und den Philippinen.
3 Patrick Boucheron (Hg.), *Histoire du monde au XVe siècle*, Paris 2009, S. 625.
4 Ebenda, S. 628.
5 Brook (1998), S. 123.
6 Marsha Weidner Haufler, »Imperial Engagement with Buddhist Art and Architecture«, in: Cultural Intersections in Later Chinese Buddhism, Honolulu 2008, S. 139, zitiert von David M. Robinson, »The Ming Court and the Legacy of the Yuan Mongols«, in: Robinson (2008), S. 407.
7 Ebenda, S. 6.
8 Hugh R. Clark, »Frontier Discourse and China's Maritime Frontier: China's Frontiers and the Encounter with the Sea through Early Imperial History«, in: *Journal of World History*, Bd. 20, Nr. 1, März 2009, S. 9 und Nr. 13, über die Bedeutung von Zhongguo.
9 Ebenda, S. 6.
10 Alfredo López Austin u. Leonardo López Luján, El pasado indígena, Mexico 1996, S. 188.

11 Duverger (2003).
12 Miguel León-Portilla, *Toltecayotl. Aspectos de la cultura náhuatl,* Mexico 1980, S. 28.
13 López Austin u.a. (1996), S. 187–190.
14 Clark (2009), S. 20.
15 Billy K. L. So, *Regions and Institutions in Maritime China: The Southern Fujian Pattern, 946–1368,* Cambridge (Mass.) 2000.
16 Ebenda, S. 125. Die Ming eröffnen drei Behörden, die für den Empfang und die Kontrolle der Handelsmissionen auf chinesischem Boden verantwortlich sind.
17 Von den Piraten heißt es, sie würden kleine Kinder umbringen und Ehefrauen nötigen, das Fleisch ihrer Ehemänner zu essen, wollten sie nicht selbst in Stücke geschnitten werden; vgl. Clark (2009), S. 25.
18 Toribio de Benavente, genannt Motolinia, *Memoriales o libro de las cosas de la Nuevas España y naturales de ella,* Edmundo O'Gorman (Hg.), Mexico 1971, S. 214.
19 Ottavia Niccoli, *Profeti e popolo nell'Italia del Rinascimento,* Bari 2007, S. 89–121; Brook (2010), S. 13–23.
20 David W. Pankenier, »The Planetary Portent of 1524 in China and Europe«, in: *Journal of World History,* Bd. 20, Nr. 3, September 2009, S. 339–375.

Da die Erde rund ist

1 Für eine Gesamtdarstellung aus einer globalen Sicht vergleiche Pierre Chaunu, *Conquête et exploitation des Nouveaux Mondes (XVIe siècle),* Paris 1969.
2 Pedro Mexìa, *Historia real y cesárea,* Sevilla 1547, zitiert in Xavier de Castro u.a. *Le Voyage de Magellan* (1519–1522). *La relation d'Antonio de Pigafetta et autres témoignages,* Paris 2007, Bd. 1, S. 23.
3 Für eine Gesamtdarstellung der ersten Phase der Auseinandersetzung siehe Giuseppe Marcocci, *L'inventione di un impero. Politica e cultura nel mondo portoghese* (1450–1600), Rom 2011, S. 45–58.
4 João Paulo Oliveira e Costa, »A coroa portuguesa e a China (1508–1531) do sonho manuelino ao realismo joanino«, in: António Vasconcelos Saldanha u. Jorge Manuel dos Santos Alves (Hg.), *Estudos de história do relacionamento luso-chinês, séculos XVI–XIX,* Macao 1996, S. 15–16.
5 Sanjay Subrahmanyam, *L'Empire portugais d'Asie, 1500–1700. Une histoire économique et politique,* Paris 1999, S. 94.
6 Francisco Manuel de Paula Nogueira Roque de Oliveira, *A construÇão do conhecimento europeu sobre a China,* Dissertation in Geographie, Universität Barcelona 2003, S. 185–186.
7 Castro (2007), Bd. II, S. 889–890, dort wird Maximilianus Transylvanus zitiert. Die Auffassung macht die Runde, dass Malakka und der Golf von China der spanischen Krone zustehen und dass die Portugiesen die Demarkationslinie überschritten hätten. Auch wenn man sich im Fall Malakka nicht so sicher war, meinte man, dass der Golf von China und das chinesische Volk zum spanischen Einflussgebiet gehörten.
8 Oliveira (2003), S. 24.
9 Castro (2007), Bd. I, S. 20–21.
10 Ebenda, S. 57 und 70.

11 Ebenda, Bd. II, S. 780: »Zwischen den Antillen und China bilden die Länder nicht ein und denselben Kontinent.«
12 Ebenda, S. 918.
13 Ebenda, S. 938.
14 Cristobal Colón, *Textos y documentos completos,* Consuelo Varela (Hg.), Madrid 1982, S. 170.
15 Ebenda, S. 173.
16 Serge Gruzinski, *Quelle heure est-il là-bas? Amérique et islam à l'orée des Temps modernes,* Paris 2008.

Ein Sprung ins Ungewisse?

1 John Larner, *Marco Polo and the Discovery of the World,* Yale 1999, S. 1.
2 Juan Manzano y Manzano, *Los Pinzones y el descubrimiento de América,* Madrid 1988, Bd. I, S. 40, und Larner (1999), S. 143–144.
3 Dabei handelt es sich um die lateinische Übersetzung des Textes, die heute in der Biblioteca Colombina in Sevilla verwahrt wird.
4 Bartolomé de Las Casas, *Historia de las Indias,* Mexico, Bd. I, S. 217.
5 Ebenda, S. 217, 219, 227.
6 Ebenda, S. 257–258.
7 Von Marco Polos Buch gab es auch eine katalanische Übersetzung. Sollte Kolumbus dieses aragonesische Exemplar vor seiner ersten Reise zur Hand gehabt haben? Das uns von Las Casas in Kopie überlieferte *Diario* (Bordbuch) enthält dazu keine Hinweise. Allerdings ist der Dominikaner, der Marco Polo auch schon mit Paolo Toscanelli verwechselt, kein zuverlässiger Chronist. Wenn er also zu diesem Punkt schweigt, muss das nichts heißen.
8 Larner (1999), S. 149.
9 Der Humanist Konrad Peutinger erhält seine Anmerkungen über die portugiesischen Reisen, aus denen das *Manuscrito de Valentim Fernandes* (Staatsbibliothek München) entsteht. Siehe *Códice Valentim Fernandes,* José Pereira da Costa (Hg.), Lissabon 1997.
10 Wir verdanken ihm auch eine Beschreibung der afrikanischen Westküste, die er nach den Aufzeichnungen portugiesischer Seeleute angefertigt hat. Siehe Georges Boisvert, »La dénomination de l'Autre africain au XVe siècle dans les récits des découvertes portugaises«, in: *L'Homme,* Nr. 153, Januar–März 2000, S. 165–172.
11 Siehe weiter unten, Anmerkung zu S. 69.
12 Rui Manuel Loureiro (Hg.), *O manuscrito de Lisboa da »Suma oriental« de Tomé Pires,* Macao 1996, S. 145.
13 Armando Cortesão (Hg.) *The Suma Oriental of Tomé Pires and the Book of Francisco Rodrigues,* New Dehli/Madras [1978] 1990, Bd. I, S. 117.
14 Loureiro (1996), S. 194–195.
15 Ebenda, S. 197.
16 Ebenda, S. 200.
17 Oliveira (2003), S. 414. Duarte Barbosa, *Livro das cousas da Indía,* herausgegeben unter dem Titel *O livro de Duarte Barbosa* von Maria Augusta da Veiga e Sousa, Lissa-

bon 1996; Francisco Rodrígues, *O livro de geografía oriental,* A. Cortesão (Hg.) 1990, S. 290–322.

18 Brief aus Cochin, 15. November 1515, veröffentlicht von Marco Spallanzani, *Giovanni da Empoli: mercante navigatore fiorentino,* Florenz 1984, S. 202–203.

19 Oliveira (2003), S. 396.

20 Seine Ausgabe von *Il Milione* wird noch zweimal vor seinem Tod im Jahr 1509 publiziert (1518 wird sie erneut von Juan Varela herausgebracht). Santaella greift für sein kosmographisches Vorwort auf Fernandes zurück, benutzt ein venezianisches Original und bindet ihm Pogges *India recognita* bei. Eine moderne, von Juan Gil herausgegebene Ausgabe ist 1987 in Madrid veröffentlicht worden. Siehe Henry Harrisse, *Biblioteca Americana vetustissima,* Nachdruck Madrid 1958, Bd. I, S. 130–134, sowie Donald L. Lach, *Asia in the Making of Europe,* Chicago 1994, Bd. II, S. 164.

21 *Libro de las maravillas del mundo*, Valencia, Jorge Costilla, 1521.

22 Pietro Martire d'Anghiera, *Decadas del Nuevo Mundo* (Edmondo O'Gorman, Hg.), Mexico 1964, Bd. I, S. 387.

23 Bernal Díaz del Castillo, *Historia verdadera de la conquista de la Nueva España*, Joaquím Ramirez Cabañas (Hg.), Mexiko 1968, Bd. I, S. 45.

Bücher und Briefe vom Ende der Welt

1 Anghiera (1965), Bd. II, S. 439.

2 Derselbe (1964), Bd. I, S. 429–431.

3 Ebenda, S. 425.

4 Marcel Bataillon, »Les premiers Mexicains envoyés en Espagne par Cortés«, in: *Journal de la Société des américanistes,* 1959, Neue Folge, Bd. 48, S. 140.

5 Anghiera (1964), Bd. I, S. 425–426.

6 Michael D. Coe, »The Royal Fifth. Earliest Notices of Maya Writing«, in: *Research Reports on Ancient Maya Writing,* Bd. 28, Washington 1989.

7 Anghiera (1964), Bd. I, S. 427.

8 Die Sammlung wird erst in Spanien ausgestellt und gelangt dann mit der Rückkehr des Hofes nach Nordeuropa im Herbst 1520 nach Brüssel. Dort erregt sie auch die Bewunderung Albrecht Dürers.

9 Anselmo Braamcamp Freire, »Inventário da guarda-roupa de D. Manuel I.«, in: *Archivo histórico portuguez,* Bd. II, Lissabon, zitiert in Francisco Béthencourt u. Kirti Chauduri, *História da expansão portuguesa,* Círculo de Leitores, Bd. II, 1988, S. 535.

10 T. C. Price Zimmermann, *Paolo Giovio: The Historian and the Crisis of Sixteenth-Century Italy,* Princeton 1995; Laura Maffei, Franco Minonzio u. Carla Sodini, *Sperimentalismo e dimensione europea della cultura de Paolo Giovio,* Como 2007.

11 Paolo Giovio, *Historiarum sui temporis tomus primus,* Paris 1553, Fol. 161r°; Joseph Needham, *Science and Civilization in China, Bd. 5, Chemistry and Chimical Technology, Part I, Paper and Printing,* von Tsien Tsuen-hsuin, Cambridge 1985. Die Chinesen sollen den Holzschnitt bzw. die Druckbuchstaben sechs bzw. vier Jahrhunderte vor dem Abendland erfunden haben. Freilich wurde im 16. Jahrhundert auch die kühne Behauptung (Gilbert Génébrard, *Chronographie,* 1580) erhoben, die Druckkunst sei von Cortés aus Mexiko-Tenochtitlan mitgebracht worden.

12 Prosper Marchand, *Histoire de l'origine et des premiers progrès de l'imprimerie,* La Haye 1740, S. 64.

13 Robert Wauchope (Hg.), *Guide to Ethnohistorical Sources. Handbook of Middle American Indians,* Bd. 14, Teil 3, Austin, S. 235–236; Otto Adelhofer (Hg.), *Codex Vindobonensis Mexicanus I,* Graz 1963; Jill Leslie Furst (Hg.), *Codex Vindobonensis Mexicanus, I: A Commentary,* New York 1978.

14 Anghiera (1964), Bd. I, S. 426.

15 Nancy Bisaha, *Creating East and West. Renaissance Humanists and the Ottoman Turks,* Philadelphia 2006.

16 Paolo Giovio (1483–1552) ist einer der ersten Sammler von Gegenständen aus der Neuen Welt. Über sein *Museo* siehe Laura Michelacci, *Giovio in Parnasso: tra collezione di forme e storia universale,* Bologna 2004.

17 Über Ludovico di Varthema als frühneuzeitlichem Reisenden, der die eigentliche Welt des Humanismus überschreitet, siehe Joan Paul Rubiés, *Travel and Ethnology in the Renaissance. South India through European Eyes, 1250–1625,* Cambridge 2000, S. 14 und passim.

18 Der Briefwechsel des Chronisten Fernández de Oviedo mit seinen venezianischen Briefpartnern steht in der Tradition des Schaffens eines Pietro Martire d'Anghiera; siehe Antonello Gerbi, *La natura delle Indie nove. Da Cristoforo Colombo a Gonzalo Fernández de Oviedo,* Mailand 1975.

19 Oliveira (2003), S. 398.

20 Wir haben heute vier portugiesische und sechs spanische Manuskripte dieses Textes (ebenda, S. 40); *O livro de Duarte Barbosa,* Maria Augusta da Veiga e Sousa (Hg.), a.a.O.

21 Oliveira (2003), S. 394, 402. Eine moderne Fasssung des Briefes bietet Spallanzani (1984), S. 131–185.

22 Oliveira (2003), S. 402.

23 Hernán Cortés, *Cartas y documentos,* Mario Hernandez Sánchez-Barba (Hg.), Mexico 1963; Hernán Cortés, *Letters from Mexico,* Anthony Pagden (Hg.), New Haven/London 1986.

24 Benjamin Keen, *The Aztec Image in Western Thought,* New Brunswick 1971, S. 67.

25 *Isolario die Benedetto Bordone. Nel quale si ragiona di tutte l'isole del mondo, con li lor nomi antichi & moderni, historie, fauole & modi del loro viuere, & in qual parte del mare stanno, & in qual parallelo & clima giaciono. Ricoretto, & di nuouo ristampato. Con la gionta del Monte del Oro nouamente ritrouato,* Venedig 1547.

26 Frank Lestringant, »Fortunes de la singularité à la Renaissance: le genre de l'Isolari«, in: *Studi Francesi*, Bd. 28, Nr. 3 (1984), S. 415–446; *Le Livre des Îles: Atlas et récits insulaires de la Genèse à Jules Vernes,* Genf 2002.

27 Manfredo Tafuri, *Venice and the Renaissance,* Cambridge 1989, S. 152–153.

28 T'ein-tse Chang, »Malacca and the Failure of the First Portuguese Embassy to Peking«, in: *Journal of Southeast Asia History*, Bd. 3, 2, 1962, S. 54.

29 Raffaella D'Intino, *Enformação das cousas da China. Textos do século XVI,* Lissabon 1989, S. 5. Das Datum ist umstritten, doch spricht wenig dafür, die Abfassung auf zehn Jahre später zu datieren; Donald Ferguson, *Letters from Portuguese Captives in Canton, written in 1534 and 1536,* Bombay 1902; Ernst Arthur Voretzsch, »Documentos acerca da primeira embaixada portuguesa à China«, in: *Boletim da Sociedade Luso-*

Japonesa, Nr. 1, Tokio 1926, S. 30–69. Vgl. die einführende Bibliographie und die Vorstellung neuer koreanischer Quellentexte in Ping und Wu (2003), S. 685–687.

30 Ebenda.

31 Mit Ausnahme der portugiesischen Forscher, unter deren Arbeiten die von Rui Manuel Loureiro hervorzuheben sind. Siehe *A China na cultura portuguesa do século XVI. Noticias, imagens, vivências,* Dissertation, 2 Bde., Lissabon, Faculdade de Letras de Lisboa 1995; *Nas partes da China,* Lissabon, Centro Ciéntifico e Cultural de Macau 2009.

32 João de Barros, *III*[a] Década da Asia, II[a] *parte, Livres VI et VII,* Lissabon 1563; Fernão Lopes de Castanheda, *Historia dos descobrimentos e conquista da India pelos Portugueses,* Coimbra 1552–1561; Gaspar da Cruz, *Tractado em que se contam por extenso as cousas da China,* Evora 1569; Fernão Mendes Pinto, *Peregrinação,* Lissabon 1614. Zu diesem Text vgl. D'Intino (1989) P. XXX–XXXI.

33 Miguel Léon-Portilla, *Vision de los vencidos: crónicas indígenas,* Madrid 1985.

34 Siehe in Bernardino de Sahagún, *Historia general de las cosas de Nueva España,* Mexiko, Bd. IV, die Übersetzung stammt von Angel María Garibay; eine englische Übersetzung bietet James Lockhart, *We People Here: Nahuatl Accounts of the Conquest of Mexico,* Los Angeles 1993.

35 Indes besteht ein prinzipieller Unterschied zwischen den beiden Textcorpora: Die chinesischen Quellen existieren unabhängig von den portugiesischen Berichten, wohingegen die mexikanischen Zeugnisse die Reaktionen der besiegten, christianisierten und verwestlichten indianischen Elite widerspiegeln.

36 Wir stützen uns auf Quellen, die Paul Pelliot in »Le Hoja et le Sayyid Husain de l'histoire des Ming«, in: *T'oung Pao,* Zweite Reihe, Bd. 38, Buch 2/5, 1948, S. 81–292 auswertet. So der *Ming-che,* der 1645 eingerichtet und offiziell 1739, nach mehreren Revisionen (ebenda, S. 198), abgeschlossen wurde; ferner die *Che lou des Tcheng-to* (= Zhengde), die mehrfach die portugiesische Gesandtschaft erwähnen; die Biographie des Leang Tch'ou (*Nan-hai hien the,* 36, 20b); der *Houang-Ming che-fa lou* (vgl. Tcheng Sing-lang, H1, 397), aus dem auch der *Ming-che* Informationen übernimmt; der *Houang-Ming siang lou* (Vorwort von 1629); der *Chou-yu tcheou-tseu low,* 9, Sb und der *Ming-chan tsang* (erste Hälfte des 17. Jahrhunderts).

37 Pelliot (1948), S. 11. Wie seine chinesische Namensform nahelegt, der Transkription des arabischen Khôjja, dürfte er Khôjja Asan geheißen haben.

38 Ebenda, S. 196–197.

39 Nach Pelliot trägt Khôjja Asan einen islamischen Namen und taucht in der Biographie einer Kantoner Persönlichkeit Leang Tch'ouo auf. Der zentralasiatische Sayyid Husain hatte einen Schwiegersohn, der ebenfalls Khôjja hieß. In Forschungen jüngsten Datums wird aus ihm ein Chinese; siehe Jin Guo Ping und Wu Zhiliang, »Uma embaixada com dois embaixadores. Novos dados orientais sobre Tomé Pires e Hoja Yasan«, in: *Administração,* Nr. 60, Bd. XVI, 2003–2, S. 690, Nr. 32.

40 Ebenda, S. 164. Über die Geschichte der Ming, *Ming shilu,* Shizong, *juan* 545 (Ausgabe der Academia Sinica, Taiwan, 1963–1968, in Alves (1999), S. 19, Nr. 7).

41 Siehe Léon-Portilla (1985) und Nathan Wachtel, *La Vision des vaincus. Les Indiens du Pérou devant la conquête espagnole,* Paris 1971.

Gesandtschaften oder Eroberungen?

1 Castro (2007), Bd. I, S. 45.
2 Chaunu (1969), S. 137.
3 Díaz del Castillo (1968), Bd. I., S. 43.
4 Ebenda, S. 51 und 57.
5 Ebenda, S. 52 und 48.
6 Ebenda, S. 60 und 73. Nach Las Casas (1981), Bd. III, S. 204, soll Velázquez Grijalva verboten haben, die Gegend zu kolonisieren *(»poblar«).*
7 Díaz del Castillo (1968), Bd. I, S. 67 und 70.
8 Ebenda, S. 63f.
9 Cortesão (1990), S. XXVII.
10 João Paulo Oliveira e Costa, »A coroa portuguesa e a China (1508–1531) do sonho manuelino ao realism joanino«, in: António Vasconcelos de Saldanha und Jorge Manuel de Santos Alves (Hg.), *Estudos de história do relacionamento luso-chinês, séculos XVI–XIX,* Lissabon, Instituto português do Oriente, 1996, S. 21. 1519 hegt Lissabon den Wunsch, den Handel von Indien aus zu organisieren. In eine Schifffahrtsroute von Cochin nach Kanton und zurück soll auch der Verkehr zwischen Malakka und dem chinesischen Hafen einbezogen werden (ebenda, S. 25.)
11 Luís Filipe F. R. Thomaz, *De Ceuta a Timor,* Algés 1994, S. 196.
12 Subrahmanyam (1999), S. 103.
13 Cortesão (1990), S. XXVIII.
14 Oliveira e Costa (1996), S. 20f.
15 Díaz de Castillo (1968), Bd. I, S. 82.
16 Einführung von A. Pagden in: Cortés (1986), S. LI.
17 Im Juni 1521 erscheint die *Carta das novas,* in der der unmittelbar bevorstehende Sturz beider Städte verkündet wird. Siehe Tomaz (1994), S. 200.
18 Pierre Chaunu und Michèle Escamilla, *Charles Quint,* Paris 2000, S. 143.
19 Karl Brandi, *Kaiser Karl V.: Werden und Schicksal einer Persönlichkeit und seines Weltreichs,* 6. Aufl., München 1961, S. 110.
20 Unterstützt wird Magellan von dem Reeder Christopher (Cristóvão, Cristobal) de Haro aus Antwerpen. Dieser Agent der Fugger finanzierte in Portugal geheime Seefahrten, wurde dann aber von Manuel II. des Landes verwiesen. Er schloss ein Abkommen mit Fonseca, dem Bischof von Burgos, der Magellans Vorhaben Karl V. unterbreitet. Siehe hierzu Nancy Smiler Levinson, *Magellan and the First Voyage around the World,* New York 2001.
21 Castro (2007), Bd. I., S. 49.
22 Eine Insel im Osten Tansanias.
23 Oliveira e Costa (1996), S. 133.
24 Martín Fernández de Figueroa, *Conquista de las Indias de Persia e Arabia que fizo la armada del rey don Manuel de Portugal,* Luis Gil (Hg.), Valladolid 1999, S. 46.
25 Pelliot (1948), S. 87, Anm. 9; Tien-tse Chang, *Sino-Portuguese Trade from 1514–1644: A Synthesis of Portuguese and Chinese Sources,* Leiden [1934], New York 1973.
26 D'Intino (1989), S. XXVI, Anm. 61.
27 Zum Empfang durch die Chinesen aus Sicht der örtlichen Quellen siehe Gu Yingxiang, *Jingxuzhai,* in: Wan Ming (Hg.), *Zhongpu Zaoqi Guanxishi,* Peking 2001, S. 29f.

28 Pelliot (1948), S. 97, Anm. 19. Der Chronist João de Barros spricht von einem »feierlichen Fest mit großen Leuchten«.
29 Ebenda, S. 113, Anm. 47; Ping und Wu (2003), S. 692.
30 Ebenda, S. 92, Anm. 12.
31 Ebenda, S. 93, Anm. 14.
32 Cortés (1963), S. 34.
33 Díaz de Castillo (1968), Bd. I, S. 72f, 78 und 82. Die Genehmigung zur Eroberung und Kolonisierung *(»conquistar y poblar«)* wird zusammen mit dem Titel des Adelantado am 13. November 1518 in Saragossa beurkundet und gelangt Anfang des folgenden Jahres in Velázquez' Hände. Cortés sticht mit 200 von Grijalvas Männern in See. Siehe Pagdan in: Cortés (1986), S. LIII.
34 Cortés (1963), S. 19.
35 Peter Gerhard, *A Guide to the Historical Geography of New Spain,* Cambridge 1971, S. 360.
36 Díaz del Castillo (1968), Bd. I. S. 151, 139, 149 und 152.
37 José Luis Martínez, *Hernán Cortés,* Mexiko-Stadt 2003, S. 179.
38 Ebenda, S. 180.
39 Pagden in: Cortés (1986), S. XX.
40 Anghiera (1964), Bd. I. S. 423 und 431.
41 D'Intino (1989), S. 27, 31 und 38.
42 Ebenda, S. 31 und 36.
43 Laut der Biographie Ho Hgaos im *Chouen-tö hien tche* in: Pelliot (1948), S. 95, Anm. 15, war in China die Nachfrage nach exotischen Erzeugnissen – insbesondere Bernstein – möglicherweise so groß, dass die Provinzbehörden die Regeln lockerten und Sendungen passieren ließen, die nach den offiziellen Texten nicht zulässig waren und außerhalb der üblichen Zeiten durchgeführt wurden. Siehe Ping und Wu (2003), S. 693ff.
44 Ebenda, S. 179 und 97, Anm. 20.
45 Dieser wird am 11. Juli 1521 auf Befehl Jiajings hingerichtet. Siehe hierzu Pelliot (1948), S. 16, Anm. 95; Ping und Wu (2003), S. 697, Anm. 67, und S. 699.
46 Ebenda, S. 178 und 182.
47 Díaz del Castillo (1968), Bd. I, S. 151.
48 Martínez (2003), S. 208; Anghiera (1965), Bd. II, S. 442. Anghiera nennt die Zahl von 1300 *tamemes.*
49 Cortés (1963), S. 37f.
50 Anghiera (1965), Bd. II, S. 423.
51 Díaz del Castillo (1968), S. 207.
52 Martínez (2003), S. 216; Andrés de Tapia, *Relación sobre la conquista de México,* Mexiko-Stadt 1939, S. 67f.
53 Anghiera (1965), Bd. II, S. 455; Cortés (1963), S. 49.
54 Lope de Vega verarbeitete den Stoff zu seiner Tragikomödie *El Cordobés valeroso / Pedro Carbonero.*
55 Marcel Bataillon, *Varia lección de clásicos españoles,* Madrid 1964, S. 314–317 und 325–328.
56 Cortés (1963), S. 43.
57 Ebenda; Pagden in: Cortès (1986), S. XXVII.
58 Cortés (1963), S. 44.

59 Peter Sloterdijk, *Nicht gerettet. Versuche nach Martin Heidegger,* Frankfurt a. M. 2001, S. 367ff.

60 Loureiro (1996), S. 197.

61 Sallmann (2000), S. 94f.

62 Cortés (1963), S. 33.

63 In packenden Bilder wird die Größe der Städte beschworen: Tlaxcala erscheint deutlich größer als Granada. Ihre Regierung wird mit der der großen italienischen Städte Venedig, Genua oder Pisa verglichen. Siehe hierzu Cortés (1963), S. 46.

64 D'Intino (1989), S. 21.

65 Entdeckt wurde der Brief 1910 von Donald Ferguson in der französischen Nationalbibliothek in einem Band mit dem Titel *Historia dos reis de Bisnaga. Crónica de Bisnaga y relación de la China.*

66 Die Mahnung ruft den Gegner dazu auf, sich den Vertretern der Krone von Kastilien zu unterwerfen.

67 Cortés (1963), S. 34, 55, 37, 33 und 41.

68 Ebenda, S. 46.

69 Ebenda, S. 47.

70 Ebenda, S. 51.

71 Ebenda, S. 54ff.

72 Ebenda, S. 46.

73 D'Intino (1989), S. 7.

74 *Fragmentos do Archivo do Torre do Tombo,* maço 24, fol. 1–4; Ernst Arthur Voretzsch (Hg.), »Documentos acerca da primeira embaixada portuguesa a China«, in: *Boletim da Sociedade Luso-Japonesa,* Nr. 1, Tokio 1926, S. 50–69.

75 Chang (1962), S. 52.

76 1283 verfasste Alfons X. von Kastilien (»der Weise«) das berühmte *El libro de ajedrez, dados e tablas* (»Das Schachzabelbuch«).

77 Das Damespiel existiert in Spanien zur damaligen Zeit bereits unter dem entsprechenden Namen. Siehe hierzu Lorenzo Valls, *Libro del juego de las damas, por otro nombre el marro de punta,* Valencia 1597. Zur Geschichte der Spiele siehe Harold Murray, *A History of Chess,* Northampton 1985.

78 Díaz del Castillo (1968), Bd. I, S. 301.

79 *Xolxolhuia* = »lügen«. Siehe Rémi Siméon, *Diccionario de la lengua nahuatl o Mexicana,* Mexiko-Stadt 1984, S. 781.

80 Clendinnen (1991), S 145; Duverger (1978).

81 Erving Goffman, *Interaction Ritual: Essays on Face-to-Face Behavior,* New York 1982.

82 Díaz del Castillo (1968), Bd. I, S. 301f.

83 Cortés (1963), S. 76f.

84 Ebenda, S. 44.

85 Ebenda, S. 33 und 59.

86 Ebenda, S. 80.

87 Siehe den Einsatz der verbündeten Tlaxcalteken: Cortés hebt ihre Tapferkeit, ihre Widerstandskraft angesichts der Eroberer, die nachfolgende Vergebung und ihre beispielhafte Unterwerfung hervor. Ebenda, S. 44.

88 Ebenda, S. 59.

89 Ebenda, S. 71.

Der Zusammenprall der Kulturen

1 Chang (1962), S. 57.
2 D'Intino (1989), S. 7.
3 Pelliot (1948), S. 101.
4 Ebenda, S. 182f.
5 Cortés' Darstellung, was Moctezuma zu ihm gesagt habe, enthält unglaubwürdige Einzelheiten – so die Übergabe der Macht – sowie andere, die die Konquistadoren zu diesem Zeitpunkt noch gar nicht gewusst haben konnten – die ausländische Herkunft der Azteken. Moctezumas Eingeständnis, dass er nur ein Mensch sei, kann so gedeutet werden, dass er den ungebetenen Fremden auf gewundene, elegante und höfliche Weise deutlich machen wollte, dass er sie nicht für Götter hielt. Siehe Cortés (1963), S. 59.
6 Francis Brooks, »Motecuzoma Xoyocotl, Hernán Cortés and Bernal Díaz del Castillo: The Construction of an Arrest«, in: *The Hispanic American Historical Review,* Bd. 75, 1995, S. 164f.
7 Dies geht aus der Darstellung im *Codex Florentinus* in: Sahagún (1977), Bd. IV, S. 85ff, hervor.
8 Schon in der Offensive gegen die Tlaxcalteken hatten die Spanier Blitzangriffe organisiert, um in den Dörfern Angst und Schrecken zu verbreiten: Brandschatzungen, Massaker an Frauen und Kindern sowie Raubzüge nach Sklaven.
9 Cortés (1963), S. 90.
10 Ebenda, S. 94f.
11 Dieser verläuft für sie am Ende allerdings erfolgreich, während andere zeitgleich gestartete Versuche an der mexikanischen Küste nördlich von Veracruz erbärmlich scheitern. Siehe Chaunu (1969), S. 142.
12 Pelliot (1948), S. 148, Anm. 136, und S. 189.
13 Ebenda, S. 99, Anm. 26f.
14 D'Intino (1989), S. 17.
15 Tatsächlich stoßen die Techniken des portugiesischen Schiffbaus, für den viel Holz benötigt wird, auf Ablehnung, sodass in Kanton nur zwei Schiffe fertiggestellt werden.
16 Oliveira e Costa (1996), S. 46.
17 Pelliot (1948), S. 103f.
18 Der *Yue-chan ts'ong-t'an.*
19 Wang Hong sollte Innenminister werden.
20 Pelliot (1948), S. 106, Anm. 41.
21 D'Intino (1989), S. XXVIII.
22 Ebenda, S. 15.
23 Pelliot (1948), S. 104, Anm. 37.
24 Ebenda, S. 15.
25 D'Intino (1989), S. 13–16.
26 Ebenda, S. 16f und 36.
27 Chang (1962), S. 63.
28 D'Intino (1989), S. 14.
29 Ebenda, S. 37.
30 Fernão Lopes de Castanheda, *Historia do descobrimento e da conquista da India pelos Portugueses,* Porto 1979, Bd. II, S. 377f, zitiert nach Oliveira e Costa (1996), S. 51.

31 Cortés (1963), S. 100.
32 Ebenda, S. 115 und 119.
33 Ebenda, S. 118.
34 Ebenda, S. 117; Sahagún (1977), S. 58.
35 Cortés (1963), S. 53.
36 Díaz de Castillo (1968), Bd. I, S. 96.
37 Chaunu (1969), S. 136 und 138.
38 Zu Afonso de Albuquerque siehe T. F. Earle und John Villiers (Hg.), *Afonso de Albuquerque. O Cesar do Oriente,* Lissabon 2006.

Die Bezeichnung der anderen

1 Pelliot (1948), S. 93, Anm. 14.
2 Ebenda, S. 163, Anm. 180.
3 Luís Felipe Thomaz, »Frangues«, in: Luís de Albuquerque (Hg.), *Dicionário de história dos descobrimentos portugueses,* Bd. I., Lissabon 1994, S. 435.
4 Pelliot (1948), S. 164.
5 Ebenda, S. 86–92.
6 *Houang Ming che-fa lou.* Pelliot zitiert weitere Quellen: *Chou-yu tcheou-seu lou,* in 24 Kapiteln, Vorwort (von 1574) von Yen T'song kien, einem Beamten, der mit den kaiserlichen Audienzen betraut war (S. 119, Anm. 67); zudem die Biographie Leang Tch'ouo, *Nan-hai hien tche* (1573–1619).
7 Jin Guo Ping und Wu Zhiliang, »Uma embaixada com dois embaixadores. Novos dados orientais sobre Tomé Pires e Hoja Yasan«, in: *Administração,* Nr. 60, Bd. XVI, 2003/04, S. 706f.
8 Im *Shilu* taucht *Pou-li-tou-kia* auf. Siehe hierzu D'Intino (1989), S. 8, Anm. 7.
9 Díaz del Castillo (1968), Bd. I, S. 48.
10 Motolinía, eigentlich Toribio de Benavente, *Memoriales o libro de las cosas de la Nueva España y de los naturales de ella,* Mexiko-Stadt 1971, S. 171.
11 James Lockhart, *The Nahuas after the Conquest,* Stanford 1992, S. 276. Ein Einwohner Kastiliens wird als *caxtiltecatl* (ebenda, S. 277) bezeichnet. Das auslautende *n* von *Castilan* wird in der Indio-Sprache eher als Kennzeichen des Lokativs (»aus Kastilien«) als im Sinne der Endung *no* des spanischen *castellano* gebraucht.
12 James Lockhart, »Sightings: Initial Nahua Reactions to Spanish Culture«, in: Stuart Schwartz (Hg.), *Implicit Understandings. Observing, Reporting and Reflecting on the Encounter between Europeans and other Peoples in the Early Modern Era,* Cambridge 1994, S. 238.
13 Las Casas (1986), Bd. II, S. 274f.
14 Gonzalo Guerrero. Siehe hierzu Díaz del Castillo (1968), Bd. I, S. 166.
15 Cortés (1963), S. 59.
16 Ebenda, S. 36 und 53.
17 Anthony Pagden, *The Fall of Natural Man. The American Indian and the Origins of Comparative Ethnology,* Cambridge 1982, S. 17.
18 Pelliot (1948), S. 161. Siehe Chang (1962), S. 57f.
19 D'Intino (1989), S. 16.

20 Insbesondere die Memoiren Qiu Dalongs und He Aos. Siehe D'Intino (1989), S. 9, Anm. 6, und Pelliot (1948), S. 126.

21 D'Intino (1989), S. 9 und 15.

22 http://sites.estvideo.net/malinal/tl/nahuatlTLACATL.html.

23 Lockhart (1992), S. 536f.

24 Díaz del Castillo (1968), Bd. I, 154f.

25 Wahrscheinlich hat sich der Herrscher der Mexica frühzeitig die Frage nach der Herkunft der Besucher gestellt, wenn auch nur, um herauszubekommen, wie er sie wieder loswerden kann. Deutlich weniger klar ist, ob er schon bei seiner Begegnung mit Cortés die Fakten so gedeutet hat, dass er sich zur bedingungslosen Kapitulation entschloss. Moctezumas »guter Wille« erscheint umso seltsamer, als seine tlaxcaltekischen Nachbarn gleich beim ersten Kontakt entschlossen gegen die Eindringlinge vorgingen und dabei alle möglichen Manöver und Kriegslisten einsetzten.

26 Motolinía (1971), S. 171.

27 Cortés (1963), S. 114 und 105.

28 Fernández de Figueroa (1999), S. 126.

29 Cortés (1963), S. 114.

30 Ebenda, S. 50 und 115.

31 D'Intino (1989), S. 36.

32 Er wurde ab 1566, also schon in der Rückschau, für Kaiser Jianjing kompiliert.

33 Pelliot (1948), S. 91, Anm. 10.

34 Sahagún (1977), Bd. IVff.; John Bierhorst, *A Nahuatl-English Dictionary and Concordance to the Cantares mexicanos with an Analytical and Transcription and Grammatical Notes,* Stanford 1985, S. 62.

35 Chang (1962), S. 53.

36 Bierhorst (1945), S. 64.

37 Pelliot (1948), S. 109.

38 D'Intino (1989), S. 20.

39 In den 1580er-Jahren, als sich die Chinesen von den Portugiesen ein genaueres Bild gemacht haben, werden die spanischen Gesandten Urängste wecken.

40 D'Intino (1989), S. 9 und Anm. 17.

41 Die Portugiesen sollen kleine chinesische Kinder geraubt oder von Entführern gekauft haben, um sie als Sklaven weiterzuverkaufen. Siehe Barros (1777), III[a] *Década,* II[a] parte, Buch VI, S. 16ff. Besucher aus tributpflichtigen Ländern beschafften sich üblicherweise Kinder in Kanton.

42 Ebenda, S. 14.

43 Frank Lestringant, *Le Cannibale. Grandeuer et décadence,* Paris 1994.

44 Michel de Montaigne, *Les Essais,* Buch I, Kap. XXX, Paris 1965, S. 267.

45 Zu den chinesischen Quellen siehe D'Intino (1989), S. 9, Anm. 17. *Yueshan congtan,* üb. in: Pelliot (1989), S. 93; *Guangdong tongahi,* S. 93; *T'ianxia jungo shu,* Kap. 119, S. 43; *Mingshi,* Buch XXVIII, S. 842.

46 Die Wahnvorstellung erinnert unweigerlich an Science-Fiction-Filme, in denen Außerirdische auf der Erde Menschen kidnappen und sich an ihnen laben. Siehe Dan Curtis' *Intruders* (1992).

Die Macht der Kanonen

1 Pelliot (1948), S. 202–203.
2 *Daxue wen,* übersetzt von Chang Wing-tsit, *Source Book,* S. 659–666, in Cheng (1997), S. 557, Nr. 14.
3 Ebenda, S. 532.
4 Œuvres, 24 12–13, in: Pelliot (1948), S. 202.
5 »Cantar LXVI«, in: John Bierhorst (Hg.), *Cantares mexicanos. Songs of the Aztecs,* Stanford 1985, S. 320–321.
6 D'Intino (1989), S. 19.
7 Chang (1962), S. 57–58.
8 Ebenda.
9 *Chou-yu tcheou-tseu lou,* 9, 9b, in: Pelliot (1948), S. 107, Nr. 42.
10 Das heißt in das Reich der Mitte.
11 Sahagún (1997), Buch XII.
12 Bierhorst (1985), S. 58.
13 Ebenda, S. 322–323, »Cantar LXVI«, Fol. 55–55v°.
14 Ebenda, Fol. 54v°.
15 Ebenda, Fol 55–55v°. Man vergleiche dies mit den Zerstörungen, die die portugiesischen Kanonen in Südostasien anrichten; siehe Anthony Reid, »Southeast Asia Categorizations of Europeans«, in: Schwartz (Hg., 1994), S. 278.
16 Sahagún (1977), Bd. IV, S. 60, 141.
17 Ebenda, S. 62.
18 Ebenda, S. 139.
19 Diego Durán, *Historia de las Indias de Nueva España e islas de la Tierra firma,* Mexiko 1967, Bd. II, S. 567.
20 Sahagún (1977), Bd. IV, S. 141.
21 Ebenda, Bd. I, S. 180 (Buch II, Kap. 27, 42).
22 Alfredo López Austin, *Cuerpo humano e ideología,* Mexiko 1980, Bd. 1, S. 66–67.
23 Sahagún (1977), Bd. IV, S. 155.
24 Ebenda, S. 158–159.
25 Lockhart (1992), S. 272–273.
26 Ebenda, S. 267.
27 Schriftzeichen 395 im *Dictionnaire français de la langue chinoise,* Institut Ricci, 1976, S. 72.
28 Aus *Farangi,* nach dem Ausdruck der orientalischen Dolmetscher. In Portugiesisch schreibt man *Franges* (Vieira in D'Intino) oder *Frangues* (Barros [1777], III. Decada, 2. Teil VI, S. 7). Im Türkischen verwendet Babur das Wort *farangi* in der Bedeutung »Artillerie« (Pelliot [1948], Nr. 39). In Telugu bedeutet *piringi* »Kanone«.
29 Pelliot (1948), S. 101, Nr. 31.
30 Lockhart (1992), S. 269.

Kulturen – opak oder transparent?

1 Schwartz (Hg.) (1994); Anthony Reid, »Southeast Asia Categorizations of Europeans«, in: Ebenda, S. 272–274 über fehlende Sprachbarrieren, die Rolle des Arabischen und des Malaiischen als Verkehrssprachen in Südostasien und über die stets unterbewertete Rolle der einheimischen Frauen beim Umgang mit den Neuankömmlingen.
2 Barros (1777), III. *Década,* I. Teil, Buch II, Kap. VIII, S. 217.
3 Ebenda, S. 215.
4 Cortés (1963), S. 48.
5 Stéphane Péquignot, »Les diplomaties occidentales et le mouvement du monde«, in: Boucheron (Hg.) (2011), S. 722.
6 Ruy González de Clavijo, *Embajada a Tamorlán,* Francisco López Estrada (Hg.), Madrid 2004.
7 Ping und Wu (2003), S. 697.
8 Cortés (1963), S. 58, 70–71.
9 Sahagún (1977), Buch XII, Kap. V, S. 30–31.
10 Der Ausdruck stammt von Gilles Veinstein (Boucheron [2011], S. 720).
11 Díaz del Castillo (1968), Bd. I, S. 60, 62, 71, 73.
12 Jin Guo Ping und Wu Zhiliang (2003), S. 700, Nr. 78.
13 D'Intino (1989), S. 8, 7.
14 Ebenda, S. 20, 8.
15 Lockhart (1993).
16 Barros (1777), IIIª *Década,* Iª parte, livre II, Kap. VIII, S. 211.
17 Ebenda, S. 212.
18 David M. Robinson, »The Ming Court and the Legacy of the Yuan Mongols«, in: Robinson (2008), S. 401.
19 Ebenda, nach Yu Ruji, *Libu zhingao,* 1620.
20 Ping und Wu (2003), S. 709, zitiert aus: *Wahrhafte Chronik der Dynastie Li* (*Lichao Shilu*).
21 Richard White, *The Middle Ground: Indians, Empires and Republics in the Great Lakes Region, 1650–1815,* Cambridge 1991.

Die größten Städte der Welt

1 D'Intino (1989), S. 21, 23 und 48.
2 Ebenda, S. 49.
3 Ebenda, S. 25.
4 Ebenda, S. 27, 28 und 49.
5 Michael E. Smith, *Aztec City-State Capitals,* Gainesville 2008.
6 Jianfei Zhu, *Chinese Spatial Strategies; Imperial Beijing 1420–1911,* London 2004, S. 103.
7 Jianfei Zhu (2004), S. 4; Eduardo Matos Moctezuma u. a. »Tenochtitlan y Tlatelolco«, in: *Siete ciudades antiguas de Mesoamérica. Sociedad y medio ambiente,* Mexiko 2011, S. 360–435.

8 Gilles Béguin u. a., *L'ABCdaire de la Cité interdite,* Paris 2007.
9 Bartolomé de Las Casas, *Apologética historia sumaria,* Edmundo O'Gorman (Hg.), Mexiko 1967, Bd. I, S. 237.
10 Der Dominikanerpater scheut sich nicht, die Einwohnerzahl Mexikos mit einer Million anzugeben (ebenda, S. 265).
11 Ebenda, S. 304–305.
12 Díaz del Castillo (1968), Bd. I, S. 45.
13 *Rare Adventures and Painful Peregrinations,* London 1632.
14 Cortés (1963), S. 45.
15 Dìaz del Castillo (1968), Bd. I, S. 47–48.
16 Cortés (1963), S. 12, 13, 15–19, 24, 30, 34, 37, 46, 47, 51, 53 und 64.
17 Ebenda, S. 39.
18 *Aldea*: von Arabisch *al-day'a,* im Spanischen mit *villa* wiedergegeben; *alquería*: von Arabisch *al-qarîa,* wiedergegeben mit *poblado,* was im Spanischen so viel wie »Ansiedlung« oder sogar nur »allein stehendes Haus, Gehöft« bedeutet.
19 Cortés (1963), S. 67.
20 Ebenda, S. 39.
21 Ebenda, S. 64, 39.
22 Ebenda, S. 58, 72–73.
23 Pires soll vor 1524 dem Gouverneur von Indien eine Darstellung der Schätze Chinas geschickt haben; dieses Werk ist verschollen, vgl. Cortesão (1990), S. LXIII.
24 D'Intino (1989), S. 48.
25 Ebenda, S. 44.
26 Ebenda, S. 43, 49.
27 Ebenda, S. 21–22.
28 Er beruft sich auf Aussagen der Expedition unter Fernão Pires und »per um debuxo do natural delle que nos de là trouxeram«; siehe Barros (1777), III. *Década,* I. parte, livre II, Chap. VII, S. 203.
29 D'Intino (1989), S. 24.
30 Ebenda, S. 191.
31 D'Intino (1989), S. 27.
32 Ebenda, S. 24, 27 und 43.
33 Ebenda, S. 36.
34 Man findet es auf dem katalanischen Atlas (um 1380) unter der Namensform *Chanbalec,* sowie auch *Zincolan* (Kanton, Guangzhou). Auf der Weltkarte des Venezianers Frau Mauro (1459) erhält Chanbalec das Aussehen einer islamischen Stadt mit Kuppeln und Minaretten und es liegt in der Mitte des Reiches von Cathay. Noch in der zweiten Hälfte des 16. Jahrhunderts macht Abraham Ortelius einen Unterschied zwischen *Cambalu,* der Hauptstadt Cathays, und *Pangin,* der chinesischen Stadt. Bis zum Beginn des 17. Jahrhunderts trennen die europäischen Kartographen (Hondius, 1610) Peking und die Hauptstadt der Mongolen.
35 Joan-Pau Rubiés, *Travel and Ethnology in the Renaissance: South India through European Eyes, 1250–1625,* Cambridge (GB) 2000, S. 293.

Die Stunde des Verbrechens

1 Niccolò Machiavelli, *Der Fürst* (übers. von Rudolf Zorn), Stuttgart 1978, S. 7.
2 Ebenda. S. 7.
3 Ebenda.
4 Cortés (1963), S. 112.
5 Ebenda, S. 114.
6 D'Intino (1989), S. 49 und 31.
7 Machiavelli (1553), S. 92.
8 Ebenda, S. 39
9 Quentin Skinner, *As Fundações do Pensamento Político moderno,* São Paulo, 1996, S. 124–125.
10 Marcelo Santiago Berriel, *Cristão e sudito. Representação social franciscana e poder régio em Portugal, 1383–1450,* Dissertation Universidade Federal Fluminense, Niteroi 2007, S. 204, 175, 188 und 189.
11 D'Intino (1989), S. 25, 31, 27.
12 Cortés (1963), S. 106.
13 Pedro Cardin, *Cortes e cultura política no Portugal do Antigo Regime,* Lissabon 1998.
14 D'Intino (1989), S. 37.
15 Skinner (1996), S. 32, 231 und 232.
16 D'Intino (1989), S. 49.
17 Cortés (1963), S. 68 und 75.
18 D'Intino (1989), S. 36.
19 Cortés (1963), S. 105.
20 D'Intino (1989), S. 42.
21 Ebenda, S. 50, 43.
22 Cortés (1963), S. 113.
23 Sloterdijk (2001), S. 367.
24 Cortés (1963), S. 113 und 105.
25 D'Intino (1989), S. 53 und 48.
26 Ebenda, S. 39–40.
27 Ebenda, S. 49, 35, 10, n. 21 und 42.
28 Ebenda, S. 37.
29 Cortés (1963), S. 111.
30 D'Intino (1989), S. 45.
31 Siehe weiter oben, Anmerkung 16 zu S. 129.
32 Ebenda, S. 46, 43, 38, 44 und 52.
33 Ebenda, S. 42.
34 Ebenda, S. 43 und 45.
35 Ebenda, S. 51, 49, 50 und 29.
36 Ebenda, S. 51.
37 Ebenda, S. 46, 52.
38 Ebenda, S. 36.
39 Ebenda, S. 43.
40 Cortés (1963), S. 60 und 67.
41 Isabel dos Guimarães Sá, »Os rapazes do Congo: discursos em torno de uma experiência colonial (1480–1580)«, in: Leila Mezan Algranti und Ana Paula Megiani (Hg.):

O império por escrito. Formas de transmissão da cultura letrada no mundo ibérico, séculos XVI–XIX, São Paulo 2009, S. 317.
42 Ebenda, S. 322.

Der Platz der Weißen

1 Siehe Gruzinski (2009).
2 *Cantar LXVIII,* Fol. 58v°, I,13, in Bierhorst (1985), S. 337.
3 Siehe oben, Anmerkung 6 zu S. 140.
4 Arthur Waldron, *La grande muraglia. Dalla storia al mito,* Turin 1993, S. 110, 111, 125 und 134.
5 Ebenda, S. 139, 124 und 141.
6 Ebenda, S. 119, 121, 208, 209 und 211.
7 Waldron (1993), S. 142.
8 Ebenda, S. 104, 132, 210, 113 und 105.
9 Ebenda, S. 201. Owen Lattimore, »Origins of the Great Wall of China: A Frontier Concept in Theory and Practice«, in: *Studies in Frontier History: Collected Papers, 1928–1958,* London 1962, S. 97–118.
10 Waldron (1993), S. 115, 205 und 206.
11 Ebenda, S. 134, 207. Auch in Vietnam fällt die Wahl einer angemessenen politischen Haltung gegenüber diesem Phänomen schwer. Dies wird sich erst nach dem Feldzug von 1537–1540 ändern.
12 Brook (2010), S. 223.
13 Gernet (1972), S. 369.
14 Man lese hierzu die Analysen von Claude Lévi-Strauss, passim, sowie die Arbeit von Eduardo Viveiros de Castro, *Métaphysiques cannibales,* Paris 2009.
15 Claude Lévi-Strauss, *Histoire de lynx* (dt. *Die Luchsgeschichte*), Paris 1991, S. 16.

Jedem seine Nachkriegszeit

1 Dennis Owen Flynn und Arturo Giraldez, »Cycles of Silver: Global Economic Unity through the Mid-Eighteenth Century«, in: *Journal of World History,* Bd. 13, Nr. 2, 2002, S. 391–427.
2 João Paulo O. Costa, »Do sonho manuelino ao pragmatismo joanino. Novos documentos sobre as realçois luso-chinesas na Terceira década do século XVI«, in: *Studia,* Bd. 50, 1991, S. 121–156.
3 Jorge Manuel dos Santos Alven, *Um porto entre dois impérios. Estudos sobre Macau e as relaçois luso-chinesas,* Macao 1999, S. 58.
4 Ebenda, S. 59.
5 Zur Bedeutung dieses weltumspannenden Handels siehe Brook (2010), S. 213–237.
6 Fernão Mendes Pinto, *Peregrinação,* Lissabon 1984, S. 199. (Dt.: *Wunderliche und merkwürdige Reisen Ferndandi Mendez Pinto, welche der durch Europa, Asia und Afrika … verrichtet,* Amsterdam 1671.

7 Geoffrey Phillip Wade, *The Ming-shi-lu (Veritable Records of the Ming Dynasty) as a Source for Southeast Asian History, 14th to 17th Centuries*, Dissertation, University of Hong Kong, 1994, in: Alves (1999), S. 25, Anm. 23.

8 Ebenda, S. 70, Anm. 52, und S. 71, Anm. 5; Roland L. Higgins, *Piracy and Coastal Defense in the Ming Period. Government Response to Coastal Disturbances, 1523–1549*, Diss., University of Minnesota, 1981, S. 161–188; Jin Guo Ping und Zhang Zhengchun, »Liampó reexaminado à luz de fontes chinesas«, in: *Estudos* (1996), S. 85–137.

9 Ebenda, S. 102.

10 Mendes Pinto (1984), S. 185.

11 Ebenda.

12 Alves (1999), S. 19, Anm. 3: »Sejarak Malayu or Malay Annals«, in: C. C. Brown (Hg.), *Journal of the Malayan Branch of the Royal Asiatic Society*, Bd. 25, 2/3, 1963, Kap. XXL.

13 Higgins (1981), S. 195.

14 Mendes Pinto (1984), S. 186.

15 Pierre-Yves Manguin, *Les Portugais sur les côtes du Viêt-nam et du Campa. Étude sur les routes maritimes et les relations commerciales d'après les sources portugaises (XVIe, XVIIe et XVIIIe siècles)*, Paris 1972.

16 Li Hsien-chang, »A Research on the Private Traders along the Chekiang Coast during the Ghiaching (16th Century) Period and on the History of Captain Wang Chih: A Private Trader's Life under the Embargo Age«, in: *Shigaku*, Bd. 34 (2), 1961, S. 161–203 (auf Japanisch). Zu den »portugiesischen Außenposten « von 1527 bis 1549 siehe Stephen T. Chang, »The Changing Patterns of Portuguese Outposts along the Coast of China in the XVIth Century: A Socio-Ecological Perspective«, in: Alves (1999), S. 22–23.

17 Jing Guo Ping und Zhang Zhengchun (1996), S. 104, 101 und 105.

18 Alves (1999), S. 51–102.

19 Ebenda, S. 42.

20 Serge Gruzinski, *La Pensée métisse*, Paris 1999, S. 59–84.

21 Siehe ebenda und Gruzinski (2004).

Die Geheimnisse des Südmeers

1 Castro (2007), Bd. II, S. 908; Anghiera (1965), Bd. II, S. 517.

2 Siehe die Hinweise Pigafettas in Kap. XVVII in: Castro (2007), Bd. I, S. 251–257.

3 Siehe die Aussage Albos in: »Les dépositions d'Elcano, Albo et Bustamante au retour de la *Victoria*«, in: ebenda, Bd. II, S. 625.

4 Ebenda, Bd. I, S. 223, 229, 254–257 und 469.

5 Ebenda, S. 256f. und 411.

6 Sallmann (2000), S. 123.

7 José María Ortuño Sánchez-Pedreño, »Estudio históricojurídico de la expedición de García Jofre de Loaísa a las islas Molucas. La venta de los derechos sobre dichas islas al rey de Portugal por Carlos I de España«, in: *Anales de derecho*, Bd. 21, Murcia 2003, S. 217–237; »Las pretensiones de Hernán Cortés en el mar del Sur. Documentos y exploraciones«, in: *Anales de derecho*, Bd. 22, Murcia 2004, S. 325, Anm. 17.

8 António Galvão, *Tratado de los descobrimentos*, Porto 1987, S. 133.
9 Juan Gil, *Mitos e utopias del descubrimiento, 2. El Pacífico*, Madrid 1989, S. 26; AGI, Patronato, 37, 9.
10 Ebenda, S. 134.
11 Ortuño Sánchez-Pedreño (2004), S. 339 und 317–353; Castro (2007), Bd. I, S. 23f.
12 Galvão (1987), S. 125.
13 Ortuño Sanchez-Pedreño (2004), S. 327, 329 und 331.
14 Ebenda, S. 332; Cortés (1963), S. 474.
15 Galvão (1987), S. 138.
16 Ebenda, S. 139.
17 Die 18 Überlebenden von Saavedras Schiff kehren nach Tidore zurück. Dort werden sie von den Portugiesen gefangengenommen und nach Malakka verbracht. Siehe Ortuño Sánchez-Pedreño (2004), S. 334; Francisco López de Gómara, *La conquista de México*, Madrid 1986, S. 401.
18 Ebenda, S. 329 und 330.
19 *De Moluccis*, Köln 1523. In diesen Jahr erschienen drei Ausgaben in Latein und während des gesamten 16. Jahrhunderts 13 Ausgaben in Latein und Italienisch. Siehe Sallmann (2000), S 207.
20 Ebenda, S. 216 und 225.
21 Cortés (1963), S. 494 und 497f.
22 Ebenda, S. 495.
23 Ebenda, S. 494f.
24 Francisco del Paso y Troncoso, *Epistolario de la Nueva España*, Mexiko-Stadt 1939, Bd. II, S. 133 und 113f.
25 Díaz del Castillo (1968), Bd. II, S. 305.
26 Ebenda, S. 308.
27 Galvão (1987), S. 147.
28 Gómara (1986), S. 414f.
29 Carlos Prieto, *El oceano pacífico: navegantes españoles del siglo XVI*, Madrid 1975, S. 83.
30 Peter Gerhard, *Síntesis e índice de los mandamientos virreinales, 1548–1553*, Mexiko-Stadt 1992, S. 19f.
31 Juan Suárez de Peralta, *Tratado del descubrimiento de las Indias*, Mexiko-Stadt 1949, S. 109.

China am Horizont

1 Prieto (1975), S. 98–92.
2 Fernán González de Eslava, *Coloquíos espirituales y sacramentales*, Mexiko-Stadt 1998, S. 61ff.
3 Ebenda, S. 154, 298 *(Coloquio sexto);* S. 318 und 322 *(Coloquio séptimo).*
4 AGI Filipinas 6; Pablo Pastells und Pedro Torresy Lanzas, *Catálogo de documentos relativos a las islas Filipinas*, Barcelona 1925–1936, I, CCVCIV; Manuel Ollé, *La empresa de China. De la armada invincible al Galeón de Manila*, Barcelona 2002, S. 40.
5 John M. Headley, »Spain's Asian Presence, 1656–1590: Structures and Aspirations«, in: *The Hispanic American Historical Review*, Bd. 75–5, 1995, S. 633.

6 Lourdes Díaz-Trechuelo, »Filipinas y el tratado de Tordesillas«, in: *Actas del primer coloquio luso-español de Historia de Ultramar*, Valladolid 1973, S. 229–240; Gil (1989), S. 65.
7 Ricardo Padrón, »A Sea of Denial: The Early Modern Spanish Invention of the Pacific Rim«, in: *The Hispanic Review*, Bd. 77, Nr. 1, Winter 2009, S. 1–27.
8 Juan López de Velasco, *Geografía y descripción universal de las Indias*, Madrid 1971, S. 289.
9 Geoffrey Parker, *La gran estrategia de Felipe II*, Madrid 1998, S. 127, Abb. 12.
10 López de Velasco (1971), S. 295.
11 Ebenda, S. 300.
12 Ebenda, S. 301.
13 »Será para lo que se puede ofrecer«, Ebenda, S 302.
14 1570 war in Évora auf Portugiesisch bereits ein anderes Werk erschienen: Gaspar da Cruz, *Tractado em que se cõtam muito por estẽso as cousas da China, cõ suas particularidades, e assi do reyno dormuz.*
15 *Discurso de la navegación que los Portugueses hazen a los reinos y provincias de Oriente y de la noticia que se tiene de las grandezas del reino de la China;* Parker (1998), S. 74 und 311.
16 Lothar Knauth, *Confrontación Transpacífica. El Japón y el Nuevo Mundo Hispánico. 1542–1639*, Mexiko-Stadt 1972, S. 42.
17 *Carta del padre Pedro de Morales*, Beatriz Mariscal Hay (Hg.), Mexiko-Stadt 2002, S. 54.
18 *Cinco cartas de Pedro Moya de Contreras*, Madrid 1962, S. 32: Auszug aus Cristóbal Gutiérrez de Luna, *Vida y heróicas virtudes de Pedro Moya de Contreras*, 1619.
19 Paul Claudel, *Der seidene Schuh*, Einsiedeln und Freiburg i. Br. 2003, I, VI, S. 41.
20 Paso y Troncoso (1940), Bd. XII, S. 124.
21 Knauth (1972), S. 44.
22 »Relación de Juan Pacheco Maldonado«, in: Knauth (1972), S. 46.
23 Der Film des Regisseurs Marco Bellocchio kam 1967 in die Kinos.
24 Fernando Iwasaki Cauti, *Extremo Oriente y el Perú en el siglo XVI*, Lima 2005.
25 Pierre Chaunu, »Le galion de Manille. Grandeur et decadence d'une route de la soie«, in: *Annales. Économies, Sociétés, Civilisations*, Nr. 4, Paris 1951, S. 447–462; ders., *Les Philippines et le Pacifique des Ibériques (XVIe, XVIIe, XVIIIe siècles)*, Paris 1960; Federico Sánchez Aguilar, *El lago español: Hispanoasia*, Fuenlabrada bei Madrid 2003.

Wenn China erwacht

1 Brief von Andrés de Mirandaolas an Philipp II., Cebu, 8. Juni 1569 (AGI, Audiencia Filipinas, 29). Der königliche Kommissionär war als Staatsbeamter mit den finanziellen und wirtschaftlichen Angelegenheiten der Krone betraut.
2 AGI, Filipinas, 79, 1, 1, in: Ollé (2002), S. 41f.
3 Eine Untersuchung von Las Casas' Engagement unter diesem Aspekt wäre durchaus lohnenswert.
4 Ollé (2002), S. 52.
5 AGI, Audiencia de Filipinas, 6, 28: Brief Francisco de Sandes vom 7. Juni 1576.

6 Ebenda; Brief aus Manila vom 2. Juni 1576, in: AGI, Audiencia de Filipinas, 84.

7 AGI, Patronato, 24 und 47.

8 *Díalogos militares*, Mexiko-Stadt 1983, in: Joaquín Garcia Icazbalceta, *Bibliografia Mexicana del siglo XVI*, Mexiko-Stadt 1981, S. 316 und 393ff.

9 *Instrución nautica*, Mexiko-Stadt 1587.

10 Escalante (1577), S. 96 und 98.

11 *Real cédula* vom 29. April 1577, in: AGI, Audiencia de Filipinas, 339, I, 80.

12 Carmen Y. Hsu, »Writing on Behalf of a Christian Empire: Gifts, Dissimulation and Politics in the Letters of Philip II of Spain to Wanli of China«, in: *The Hispanic Review*, Bd. 78, Nr. 3, Sommer 2010, S. 323–344.

13 Zu den »Welten« der Katholischen Monarchie siehe Gruzinski (2004).

14 Marcocci (2011), S. 135.

15 »Relación de Alonso Sánchez« (Manila, April-Juni 1583), in: AGI, Audiencia de Filipinas, 79, 2, 15; Ollé (2002), S. 89–120. Zur Niederlassung der portugiesischen Jesuiten in Macao siehe Rui Manuel Loureiro, »Origens do projecto jesuita de conquista espiritual da China«, in: Alves (2000), S. 131–166.

16 Ebenda. S. 114.

17 »Ynformación sobre los impedimentos a la predicación en China [...] por el Obispo Domingo de Salazar para el papa Gregorio XIII y el rey Felipe II, Manila, 19. April 1583, AGI, Patronato, 25, 8; siehe ebenso AGI, Audiencia de Filipinas, 74, 22.

18 AGI, Filipinas, 79, 2, 15, »Relación breve de la jornada que el P. Alonso Sánchez hizo ...; Brief des Bischofs Domingo de Salazar an Philipp II., Manila, 8. Juni 1583.

19 Zu den Klischees im Zusammenhang mit der chinesischen Sprache siehe Anne Cheng (Hg.), *La Pensée en Chine aujourd'hui*, Paris 2007.

20 Juan Bautista Román, *Relación* (1584), Archivo de la Real Academia de la Historia, Colección Juan Bautista Muñoz, 9–4797, Bd. 18, fol. 249–258; Ollé (2002), S. 157.

21 Ebenda, S. 158f.

22 Wenig später sollte Feldherr Toyotomi Hideyoshi, der das Land geeint hatte, im sogenannten Imjin-Krieg (1592–1598) gegen Korea und China vorgehen.

23 Francisco de Vitoria, *Relectio de Indis* (1539) und *Relectio de Jure Belli,* Salamanca, 19. Juni 1539.

24 Siehe Pagden (1982); Antony Anghie, *Imperialism, Sovereignity and the Making of International Law*, Cambridge 2005.

25 In seiner *Apología* von 1550; siehe Pagden (1982), S. 119.

26 Vasco de Quiroga, *De debellandis Indis*, in: René de Acuña (Hg.), Mexiko-Stadt 1988, S. 57.

27 Bartolomé de Las Casas, *Obras completas*, Madrid 1992, Bd. I, S. 157f.

28 Lino Gómez Canedo, *Evangelización y conquista. Experiencia franciscana en Hispanoamérica*, Mexiko-Stadt 1988, S. 77ff und 81, Anm. 35.

29 Ebenda, S. 80 und 83, Anm. 41.

30 Ebenda, S. 81f.

31 Ollé (2002), S. 146.

32 José de Acosta, *Parecer sobre la guerra de la China et Respuesta a los fundamentos que justifican la guerra contra China*, Escritos menores, in: *Obras del Padre José de Acosta*, Madrid 1954, S. 337–340; Paso y Troncoso (1940), Bd. XII, S. 132f.

33 Ebenda, S. 223f; Pedro Chirino, *Historia de la provincia de Philippinas de la Compañia de Jesus*, I, XXI, 1630 ms.

34 Damit sind die Eroberungsgelüste freilich nicht völlig erloschen: Die Molukken, Siam und Kambodscha erscheinen als weitere mögliche Beute; siehe hierzu Manuel Ollé, *La invención de China. Percepciones y estrategias filipinas respecto a China durante el siglo XVI*, Wiesbaden 2001, S. 86f.

Fazit: Eine globale Geschichte des Zeitalters der Renaissance

1 Paul Claudel, *Der seidene Schuh,* a. d. Frz. v. Herbert Meier, Einsiedeln und Freiburg i. Br. 2003, S. 41.
2 »Die Entdeckung des gewaltigen chinesischen Universums ist das bedeutendste Faktum des 16. Jahrhunderts. Dass merkwürdigerweise zur selben Zeit von Macao und von Manila aus ein Netzwerk geknüpft wurde, um in das Reich einzudringen, ist eine Auffälligkeit [...], auf die meines Wissens noch nie so richtig hingewiesen wurde. Tatsächlich wurde dieser Teil der Geschichte stets im künstlichen und unangemessenen Zuschnitt der europäischen Staaten abgehandelt.« Pierre Chaunu, *Conquête et exploitation des Nouveaux Mondes*, Paris 1969, S. 209f.
3 François Hartog, *Régimes d'historicité. Présentisme et experiences du temps*, Paris 2002.
4 Marcocci (2011).
5 Serge Gruzinski, *Quelle heure est-il là-bas? Amérique et islam à l'orée des Temps modernes*, Paris 2008.
6 Claudel (2003), S. 42.
7 Ebenda.

Literatur

Acosta, José De, *Parecer sobre la guerra de la China et Respuesta a los fundamentos que justifican la guerra contra China*, Escritos menores, dans *Obras del Padre José de Acosta*, Madrid, Atlas, BAE, 1954, S. 337–340.

Adelhofer, Otto (Hg.), *Codex Vindobonensis Mexicanus*, I, Graz, Akademische Druck- u. Verlagsanstalt, 1963.

Alves, Jorge Manuel dos Santos, *Um porto entre dois impérios. Estudos sobre Macau e as relações luso-chinesas*, Macao, Instituto Português do Oriente, 1999.

Ders., *Portugal e a China. Conferências no III° curso livre de história das relações entre Portugal e a China (séculos XVI–XIX)*, Lisabon, Fundação Oriente, 2000.

Andaya, Leonard Y., *The World of Maluku. Eastern Indonesia in the Early Modern Period*, Honolulu, University of Hawaii Press, 1993.

Anghie, Antony, *Imperialism, Sovereignity and the Making of International Law*, Cambridge, Cambridge University Press, 2004.

Anglería, Pedro Mártir de, *Decadas del Nuevo Mundo*, Edmondo O'Gorman (Hg.), Mexiko-Stadt, José Porrúa e Hijos, 2 Bd., 1964–1965. (Dt.: Peter Martyr von Aghiera, *Acht Dekaden über die neue Welt,* Übers., eingef. u. mit Anm. versehen von Hans Klingelhöfer, 3 Bde., Darmstadt 1972–1973.)

Argensola, Bartolomé Leonardo de, *Conquista de las islas Malucas*, Madrid, Editorial Miraguano, 1992. (Dt.: *Beschreibung der Molukischen Inseln und derer zwischen den Spaniern, Portugiesen und Holländern darum geführten Kriege … / erstlich von Bartholomaeo Leonhardo d'Argensola, in span. Sprache beschrieben, nachgehends in die Franz. und nunmehr in die Hochdt. Übers.*, Frankfurt u. Leipzig 1710–1711.)

Barbosa, *O livro de Duarte Barbosa,* Maria Augusta da Veiga e Sousa (Hg.), Lissabon, Ministério da Ciência e da Tecnologia, 1996.

Barros, João de, *Décadas da Asia*, Bd. III, 2. Teil, Buch VI und VII, Lissabon, Regia Officina typografica, 1778.

Bataillon, Marcel, »Les premiers Mexicains envoyés en Espagne par Cortés«, in: *Journal de la Société des américanistes*, 1959, Bd. XLVIII, S. 135–140.

Berriel, Marcelo Santiago, *Cristão e sudíto. Representação social franciscana e poder régio em Portugal, 1383–1450*, Diss., Universidade Federal Fluminense, Niteroi, 2007.

Béthencourt, Francisco/Chauduri, Kirti, *História da expansão portuguesa*, s.l., Círculo de Leitores, Bd. II, 1998.
Bierhorst, John, *A Nahuatl-English Dictionary and Concordance to the Cantares mexicanos with an Analytical and Transcription and Grammatical Notes*, Stanford, Stanford University Press, 1985.
Ders. (Hg.), *Cantares mexicanos. Songs of the Aztecs*, Stanford, Stanford University Press, 1985.
Bisaha, Nancy, *Creating East and West. Renaissance Humanists and the Ottoman Turks*, Philadelphia, University of Pennsylvania Press, 2006.
Boucheron, Patrick (Hg.), *Histoire du monde au XVe siècle*, Paris, Fayard, 2009.
Bourdon, Léon, »Un projet d'invasion de la Chine par Canton à la fin du *XVIe* siècle«, in: *Actas do III° Colóquio Internacional de Estudos Luso-Brasileiros*, Lissabon, 1960, Bd. I, S. 97–121.
Boxer, Charles Ralph, *Fidalgos in the Far East*, Den Haag, Martinus Nijhoff, 1948.
Ders., *South China in the Sixteenth Century*, London, The Hakluyt Society, 1953.
Ders., *The Great Ship from Amacon. Annals of Macao and Old Japan Trade, 1555–1640*, Lissabon, Centro de Estudos Ultramarinos, 1963.
Ders., »Portuguese and Spanish Projects for the Conquest of Southeast Asia, 1580–1600«, in: *Journal of Asian History*, Bd. III, Nr. 2, Wiesbaden 1969, S. 118–136.
Brandi, Karl, *Kaiser Karl V.: Werden und Schicksal einer Persönlichkeit und seines Weltreichs*, 6. Aufl., München 1961.
Brook, Timothy, »Rethinking Syncretism: The Unity of the Three Teachings and their Joint Worship in Late Imperial China«, in: *Journal of Chinese Religions*, Bd. 21, 1993, S. 13–44.
Ders., *The Confusions of Pleasure. Commerce and Culture in Ming China*, Berkeley/London/Los Angeles, University of California Press, 1998.
Ders., *Vermeer's Hat. The Seventeenth Century and the Dawn of the Global World*, New York/Berlin/London, Bloomsbury Press, 2008, S. 1–25 (Dt.: Vermeers Hut: das 17. Jahrhundert und der Beginn der globalen Welt, a. d. Engl. v. Norbert Hofmann, 2. Aufl., Berlin 2009).
Ders., *The Troubled Empire. China in the Yuan and Ming Dynasties*, Cambridge, The Belknap Press of Harvard University Press, 2010.
Brooks, Francis, »Motecuzoma Xoyocotl, Hernán Cortés and Bernal Díaz del Castillo: The Construction of an Arrest«, in: *The Hispanic American Historical Review*, Bd. 75–2, 1995, S. 149–183.
Burkhart, Louise M., *The Slippery Earth. Nahua-Christian Moral Dialogue in Sixteenth-Century Mexico*, Tucson, The University of Arizona Press, 1989.
Cardim, Pedro, *Cortes e cultura política no Portugal do Antigo Regime*, Lissabon, Edições Cosmos, 1998.
Castanheda, Fernão Lopes de, *Historia do descobrimento e da conquista da India pelos Portugueses*, Porto, Lello & Irmão, 1979. (Dt.: Warhafftige und volko-

mene *Historia* von Erfindung Calecut und anderer Königreich, Landen vnd Jnseln in Jndien vnd dem Jndianischen Meer …, s. l., 1565.)

Castro, Xavier de, *u. a.*, *Le Voyage de Magellan (1519–1522). La relation d'Antonio de Pigafetta & autres témoignages*, Paris, Chandeigne, 2 Bd., 2007.

Castro, Eduardo Viveiros de, *Métaphysiques cannibales*, Paris, PUF, 2009.

Chang, Stephen T., »The Changing Patterns of Portuguese Outposts along the Coast of China in the 16th Century: A Socio-Ecological Perspective«, in: Jorge Manuel dos Santos Alves, *Portugal e a China. Conferências no III° curso livre de história das relações entre Portugal e a China (séculos XVI–XIX),* Lissabon, Fundação Oriente, 2000, S. 15–34.

Chang, T'ien-tse, *Sino-Portuguese Trade from 1514–1644: A Synthesis of Portuguese and Chinese Sources*, Leiden, E.J. Brill, 1934 (Nachdr. New York, AMS Press, 1973).

Ders., »Malacca and the Failure of the First Portuguese Embassy to Peking«, in: *Journal of Southeast Asian History*, Bd. 3, Nr. 2, 1962, S. 45–64.

Chaunu, Pierre, »Le galion de Manille. Grandeur et décadence d'une route de la soie«, in: *Annales. Économies, Sociétés, Civilisations* 6, Nr. 4, Paris, 1951, S. 447–462.

Ders., *Les Philippines et le Pacifique des Ibériques (XVI*^e^*, XVII*^e^*, XVIII*^e^ siècles), Paris, Sevpen, 1960.

Ders., *Conquête et exploitation des Nouveaux Mondes (XVI*^e^ *siècle)*, Paris, PUF, 1969.

Chaunu, Pierre / Escamilla, Michèle, *Charles Quint*, Paris, Fayard, 2000.

Cheng, Anne, *Histoire de la pensée chinoise*, Paris, Seuil, 1997.

Clark, Hugh R., »Frontier Discourse and China's Maritime Frontier: China's Frontiers and the Encounter with the Sea through Early Imperial History«, in: *Journal of World History*, Bd. 20, Nr. 1, März 2009, S. 1–33.

Claudel, Paul, *Der seidene Schuh,* a. d. Frz. v. Herbert Meier, Einsiedeln u. Freiburg. i. Br. 2003 (Orig.: *Le soulier de satin,* Paris 1965).

Clavijo, Ruy González de, *Embajada a Tamorlán*, Francisco López Estrada (Hg.), Madrid, Castalia, 2004.

Clendinnen, Inga, *Aztecs. An Interpretation*, Cambridge, Cambridge University Press, 1991.

Colón, Cristobal, *Textos y documentos completos*, Consuelo Varela (Hg.), Madrid, Alianza Editorial, 1982.

Cortés, Hernán, *Cartas y documentos*, Mario Hernández Sánchez-Barba (Hg.), Mexiko-Stadt, Porrúa, 1963.

Ders., *Letters from Mexico*, Anthony Pagden (Hg.), New Haven/London, Yale University Press, 1986.

Ders., *Die Eroberung Mexikos: eigenhändige Berichte an Kaiser Karl V.*; 1520–1524, neu hrsg. u. bearb. v. Hermann Homann, Wiesbaden 2012.

Cortesão, Armando (Hg.), *The Suma Oriental of Tomé Pires and the Book of Francisco Rodrigues*, New Delhi/Madras, Asia Educational Services, [1978] 1990.

Costa, João Paulo O., »Do sohno manuelino ao pragmatismo joanino. Novos documentos sobre as relações luso-chinesas na terceira década do século XVI«, in: *Studia*, Bd. 50, 1991, S. 121–156.

Cruz, Gaspar da, *Tratado das coisas da China*, Luis Manuel Oureiro (Hg.), Lissabon, Edições Cotovia, 1997.

Castillo, Bernal Díaz del, *Historia verdadera de la conquista de la Nueva España*, Joaquim Ramirez Cabañas (Hg.), Mexiko-Stadt, Porrúa, 1968 (Dt.: *Geschichte der Eroberung von Mexiko*, hrsg. u. bearb. v. Georg A. Narciss. Mit einem Nachw. von Georg A. Narciss und Tzvetan Todorov, Frankfurt a. M. 1992).

Díaz-Trechuelo, Lourdes, »El consejo de Indias y Filipinas«, in: *El consejo de Indias en el siglo XVI,* Valladolid, Universidad de Valladolid, 1970, S. 125–138.

Dies., »Filipinas y el tratado de Tordesillas«, in: *Actas del primer coloquio luso-español de Historia de Ultramar*, Valladolid, 1973, S. 229–240.

D'Intino, Raffaella, *Enformação das cousas da China. Textos do século XVI*, Lissabon, Imprensa Nacional – Casa da Moeda, 1989.

Durán, Diego, *Historia de las Indias de Nueva España e islas de la Tierra firme*, Mexiko-Stadt, Porrúa, 2 Bd., 1967.

Duverger, Christian, *L'Esprit du jeu chez les Aztèques*, Paris, Mouton, 1978.

Ders., *L'Origine des Aztèques*, Paris, Points Seuil, 2003.

Earle, T. F., und John Villiers (Hg.), *Afonso de Albuquerque. O Cesar do Oriente*, Lissabon, Fronteira do Caos, 2006.

Escalante, Bernardino de, *Discurso de la navegación que los Portugueses hacen a los reinos y provincias del Oriente*, Sevilla 1577.

Fernandes, *Códice Valentim Fernandes*, José Pereira da Costa (Hg.), Lissabon, Academia Portuguesa da História, 1997.

Figueroa, Martín Fernández de, *Conquista de las Indias de Persia e Arabia que fizo la armada del rey don Manuel de Portugal*, Luis Gil (Hg.), Valladolid, Universität Valladolid, 1999.

Flynn, Dennis Owen / Giraldez, Arturo, »China and the Spanish Empire«, in: *Revista de História Económica*, 2, 1996, S. 309–339.

Dies., »Cycles of Silver: Global Economic Unity through the Mid-Eighteenth Century«, in: *Journal of World History*, Bd. 13, Nr. 2, 2002, S. 391–427.

Fok, Kai Cheong, *The Macau Formula. A Study of Chinese Management of Westerners from the Mid-Sixteenth Century to the Opium War Period*, Diss., Honolulu, University of Hawaii, 1978.

Ders., »The Macau Forum at Work«, in: António Vasconcelos Saldanha et Jorge Manuel dos Santos Alves (Hg.), *Estudos de história do relacionamento luso-chinês, séculos XVI–XIX*, Macao, Instituto Português do Oriente, 1996, S. 219–234.

Furst, Jill Leslie (Hg.), *Codex Vindobonensis Mexicanus.* 1: *A Commentary*, New York, University of New York at Albany, 1978.

Galvão António, *Tratado de los descobrimentos*, Porto, Livraria Civilização, 1987.

Garcia, José Manuel, *A viagem de Fernão de Magalhães e os Portugueses*, Queluz de Baixo, Editorial Presença, 2007.

García Abásolo, Antonio, »La expansión mexicana hacia el Pacífico: la primera colonización de Filipinas«, in: *Historia Mexicana*, El Colegio de México, Bd. XXII, 125, 1982, S. 55–88.

García Icazbalceta, Joaquín, *Bibliografia Mexicana del siglo XVI*, Mexiko-Stadt, FCE, 1981.

Gerbi, Antonello, *La natura delle Indie nove. Da Cristoforo Colombo a Gonzalo Fernández de Oviedo*, Mailand, Riccardo Ricciardi, 1975.

Gerhard, Peter, *A Guide to the Historical Geography of New Spain*, Cambridge, Cambridge University Press, 1972.

Ders., *Síntesis e índice de los mandamientos virreinales, 1548–1553*, Mexiko-Stadt, UNAM, 1992.

Gernet, Jacques, *Le Monde chinois*, Paris, Armand Colin, 1972 (Dt.: *Die chinesische Welt: Die Geschichte Chinas von den Anfängen bis zur Jetztzeit,* Frankfurt a. M. 1983).

Gil, Juan, *Mitos e utopias del descubrimiento*. 2: *El Pacífico*, Madrid, Alianza Editorial, 1989.

Gillespie, Susan D., *The Aztec Kings. The Construction of Rulership in Mexica History*, Tucson, University of Arizona Press, 1989.

Goffman, Erving *Interaction Ritual: Essays on Face-to-Face Behavior*, New York, Pantheon Books, 1982 (Dt.: *Interaktionsrituale: über Verhalten in direkter Kommunikation,* übers. v. Renate Bergsträsser u. Sabine Bosse, Frankfurt a. M. 1991).

González de Mendoza, Juan, *Historia de las cosas más notables, ritos y costumbres del Gran Reyno de la China*, [1585], Madrid, Editorial Miraguano, 1990 (Dt.: *Geschichte der höchst bemerkenswerten Dinge und Sitten im chinesischen Königreich des Juan Gonzalez de Mendoza: ein Beitrag zur Kulturgeschichte des mingzeitlichen China,* Margareta Griessler (Hg.), Sigmaringen 1992).

Graulich, Michel, *Montezuma, ou l'apogée et la chute de l'empire aztèque,* Paris, Fayard, 1994.

Gruzinski, Serge, *La Pensée métisse,* Paris, Fayard, 1999.

Ders., *Les Quatre Parties du monde. Histoire d'une mondialisation*, Paris, La Martinière, 2004, und Points Seuil, 2006.

Ders., *Quelle heure est-il là-bas? Amérique et islam à l'orée des Temps modernes*, Paris, Seuil, 2008.

Guo Ping, Jin /Zhengchun, Zhang, »Liampó reexaminado a luz de fontes chinesas«, in: António Vasconcelos Saldanha und Jorge Manuel dos Santos Alves (Hg.), *Estudos de história do relacionamento luso-chinês, séculos XVI–XIX,* Macao, Instituto Português do Oriente, 1996, S. 85–137.

Guo Ping, Jin / Zhiliang, Wu, »Os impactos da conquista de Malaca em relação à China quinhentista: uma abordagem sobra a periodização da história moderna da China«, in: *Administração. Revista de Administração Pública de Macau*, Bd. XIII, Nr. 49, 2000–3, S. 939–946.

Dies., »Uma embaixada com dois embaixadores. Novos dados orientais sobre Tomé Pires e Hoja Yasan«, in: *Administração*, Bd. XVI, Nr. 60, 2003–2, S. 685–716.

Gutiérrez, Lucio, »The Affair of China at the End of the Sixteenth Century: Armed Conquest or Peaceful Evangelization«, in: *Philippiniana sacra*, Bd. XX, Nr. 59, 1985, S. 329–406.

Haar, Barend J. ter, *Telling Stories: Witchcraft and Scapegoating in Chinese History*, Leiden, Brill Academic Publisher, 2006.

Hall, Kenneth R., *Maritime Trade and State Development in Early Southeast Asia*, Honolulu, University of Hawaii, Press, 1985.

Hartog, François, *Régimes d'historicité. Présentisme et expériences du temps*, Paris, Seuil, 2002.

Hassig, Ross, *Comercio, tributo y transportes. La economía política del valle de México en el siglo XVI,* Mexiko-Stadt, Alianza Editorial Mexicana, 1990.

Headley, John M., »Spain's Asian Presence, 1656–1590: Structures and Aspirations«, in: *The Hispanic American Historical Review*, Bd. 75–5, 1995, S. 623–646.

Higgins, Roland L., *Piracy and Coastal Defense in the Ming Period. Government Response to Coastal Disturbances, 1523–1549*, Diss., Michigan, UMI Dissertation Services, 1981.

Huang, Ray, *1587. A Year of no Significance*, New Haven/London, Yale University Press, 1981. (Dt.: *1587. Ein Jahr wie jedes andere: der Niedergang der Ming*, Frankfurt a. M. 1986.)

Iwasaki Cauti, Fernando, *Extremo Oriente y el Perú en el siglo XVI,* Lima, Pontíficia Universidad Católica del Perú, 2005.

Karttunen, Frances, *A Analytical Dictionary of Nahuatl*, Austin, University of Texas Press, 1983.

Keen, Benjamin, *The Aztec Image in Western Thought*, New Brunswick, Rutgers University Press, 1971.

Knauth, Lothar, *Confrontación Transpacífica. El Japón y el Nuevo Mundo Hispánico. 1542–1639*, Mexiko-Stadt, UNAM, 1972.

Kolumbus, Christoph, *Das Logbuch des Christoph Kolumbus. Die authentischen Aufzeichnungen des großen Entdeckers,* Robert H. Fuson (Hg.), Bergisch-Gladbach, Gustav Lübbe Verlag, 1989, S. 156.

Lach, Donald F., *Asia in the Making of Europe*, Bd. I und II, Chicago, University of Chicago Press, 1965–1994.

Larner, John, *Marco Polo and the Discovery of the World,* Yale, Yale University Press, 1999.

Las Casas, Bartolomé de, *Apologética historia sumaria*, Edmundo O'Gorman (Hg.), 2 Bd., Mexiko-Stadt, UNAM, 1967.

Ders., *Historia de las Indias*, 3 Bd., Mexiko-Stadt, FCE, 1986.

Ders., *Obras completas*, Madrid, Alianza Editorial, 14 Bd., 1992.

Ders., *Kurzgefasster Bericht von der Verwüstung der Länder Indiens,* Michael Sievernich (Hg.), mit einem Nachwort von Hans Magnus Enzensberger, Frankfurt a. M., Leipzig 2006.

Lattimore, Owen, *The Inner Asian Frontiers of China*, Boston, Beacon Press, [1940] 1962.

Ders., »Origins of the Great Wall of China: A Frontier Concept in Theory and Practice«, in: *Studies in Frontier History: Collected Papers, 1928–1958*, London, Oxford University Press, 1962, S. 97–118.

León-Portilla, Miguel, *Toltecayotl. Aspectos de la cultura náhuatl*, Mexiko-Stadt, FCE, 1980.

Ders., *Vision de los vencidos: crónicas indígenas*, Madrid, Historia 16, 1985.

Ders., *Le Livre astrologique des marchands*, *Codex Fejérvary-Mayer*, Paris, La Différence, 1992.

Lestringant, Frank, *Le Cannibale. Grandeur et décadence*, Paris, Perrin, 1994.

Lévi-Strauss, Claude, *Histoire de lynx*, Paris, Plon, 1991 (Dt.: *Die Luchsgeschichte: Zwillingsmythologie in der Neuen Welt,* a. d. Frz. v. Hans-Horst Henschen, Frankfurt a. M. 2004).

Levinson, Nancy Smiler, *Magellan and the First Voyage around the World*, New York, Clarion Books, 2001.

Lockhart, James, *The Nahuas after the Conquest*, Stanford, Stanford University Press, 1992.

Ders., *We People Here: Nahuatl Accounts of the Conquest of Mexico*, Los Angeles, University of California Press, 1993.

López Austin, Alfredo, *Cuerpo humano e ideología*, 2 Bde., Mexiko-Stadt, UNAM, 1980.

Ders./ López Luján, Leonardo, *El pasado indígena*, Mexiko-Stadt, FCE, 1996.

López de Gómara, Francisco, *La conquista de México*, Madrid, Historia 16, 1986.

López de Velasco, *Geografía y descripción universal de las Indias*, Madrid, Historia 16, 1986.

Loureiro, Rui Manuel, *A China na cultura portuguesa do século XVI. Noticias, imagens, vivências*, Diss., 2 Bde., Lissabon, Faculdade de Letras de Lisboa, 1995.

Ders. (Hg.), *O manuscrito de Lisboa da »Suma oriental« de Tomé Pires*, Macao, Instituto Português do Oriente, 1996.

Ders., »Origens do projecto jesuita de conquista espiritual da China«, in: Jorge Manuel dos Santos Alves, *Portugal e a China. Conferências no III° curso livre de história das relações entre Portugal e a China (séculos XVI–XIX),* Lissabon, Fundação Oriente, 2000, S. 131–166.

Ders., *Fidalgos, missionários e mandarins. Portugal e a China no século XVI,* Lissabon, Fundação Oriente, 2000.

Ders., *Nas partes da China*, Lissabon, Centro Ciéntifico e Cultural de Macau, 2009.

Machiavelli, Niccolò, *Der Fürst,* hrsg. v. Otfried Höffe, Berlin 2012.
Ders., *Il Principe,* italienisch/deutsch, übers. u. hrsg. v. Philipp Rippel. [Nachdr.], Stuttgart 2011.
Maffei, Laura, Franco Minonzio und Carla Sodini, *Sperimentalismo e dimensione europea della cultura di Paolo Giovio*, Como, Società Storica Comense, 2007.
Manguin Pierre-Yves, *Les Portugais sur les côtes du Viêt-nam et du Campa. Étude sur les routes maritimes et les relations commerciales d'après les sources portugaises (XVIe, XVIIe et XVIIIe siècles),* Paris, EFEO, 1972.
Manzano y Manzano, Juan, *Los Pinzones y el descubrimiento de América*, Madrid, Cultura Hispánica, 1988.
Marcocci, Giuseppe, *L'invenzione di un impero. Politica e cultura nel mondo portoghese (1450–1600)*, Rom, Carocci Editore, 2011.
Martínez, José Luis, *Hernán Cortés*, Mexiko-Stadt, FCE, 2003.
Matos Moctezuma Eduardo u. a., »Tenochtitlan y Tlatelolco«, in: *Siete ciudades antiguas de Mesoamérica. Sociedad y medio ambiente*, Mexiko-Stadt, Instituto Nacional de Antropología e Historia, 2011.
Mendes Pinto, Fernão, *Peregrinação*, Lissabon, Imprensa nacional – Casa da Moeda, [1614] 1984. (Dt.: *In Indien und Asien. Seefahrten und Abenteuer in der ersten Hälfte des 16. Jahrhunderts.* Nach dem Reisewerk des Fernand Mendez Pinto in neuer Bearbeitung hrsg. u. eingel. v. Friedrich Wencker, Minden 1925.)
Michelacci, Lara, *Giovio in Parnasso: tra collezione di forme e storia universale*, Bologna, Il Mulino, 2004.
Montaigne, Michel de, *Les Essais*, Buch I, Paris, Le Livre de Poche, 1965 (Dt.: *Michaels Herrn von Montagne Versuche: nebst des Verfassers Leben.* Nach der neuesten Ausgabe des Herrn Pierre Coste (1697–1751) ins Deutsche übersetzt von Johann Daniel Tietz, Leipzig 1753. Satzfaksimilierter Nachdruck: Diogenes, Zürich 1991–1992; einbändige Einbändige Neuausgabe: Frankfurt a. M. 2010).
Morales, *Pedro de, Carta del padre Pedro de Morales*, Beatriz Mariscal Hay (Hg.), Mexiko-Stadt, El Colegio de México, 2002.
Motolinia (eigentlich: Toribio de Benavente), *Memoriales o libro de las cosas de Nueva España y naturales de ella*, Edmondo O'Gorman (Hg.), Mexiko-Stadt, UNAM, 1971.
Moya de Contreras, *Cinco cartas de Pedro Moya de Contreras,* Madrid, Porrúa Turanzas, 1962.
Murray, Harold, *A History of Chess*, Northampton, Benjamin Press, 1985.
Navarette, Martin Fernández de, *Colección de documentos y manuscritos compilados por F. de N.*, Madrid, Museo naval, 1946.
Needham, Joseph, *Science and Civilization in China*, Bd. 5, *Chemistry and Chimical Technology*, Teil I, Paper and Printing, von Tsien Tsuen-hsuin, Cambridge, Cambridge University Press, 1985.
Niccoli, Ottavia, *Profeti e popolo nell'Italia del Rinascimento*, Bari, Laterza, 2007.

Nogueira Roque de Oliveira, Francisco Manuel de Paula, *A construção do conhecimento europeu sobre a China*, Diss., Barcelona, autonome Universität Barcelona, 2003.

Oliveira e Costa, João Paulo, »A coroa portuguesa e a China (1508–1531) do sonho manuelino ao realismo joanino«, in: António Vasconcelos Saldanha und Jorge Manuel dos Santos Alves (Hg.), *Estudos de história do relacionamento luso-chinês, séculos XVI–XIX,* Macao, Instituto Português do Oriente, 1996, S. 11–84.

Ollé Rodrígues, Manuel, *Estrategias filipinas respecto a China. Alonso Sánchez y Domingo de Salazar en la empresa de China (1581–1593)*, Dissertation, Universität Pompeu Fabra, 1998.

Ders., *La invención de China. Percepciones y estrategias filipinas respecto a China durante el siglo XVI,* Wiesbaden, Otto Harrassowitz, 2001.

Ders., *La empresa de China. De la armada invincible al Galeón de Manila*, Barcelona, Acantilado, 2002.

Ders., »A inserção das Filipinas na Ásia Oriental (1565–1593)«, in: *Review of Culture*, 2003-7, S. 7–22.

Ortuño Sánchez-Pedreño, José María, »Estudio históricojurídico de la expedición de García Jofre de Loaisa a las islas Molucas. La venta de los derechos sobre dichas islas al rey de Portugal por Carlos I de España«, in: *Anales de derecho*, Murcia, Bd. 21, 2003, S. 217–237.

Ders., »Las pretensiones de Hernán Cortés en el mar del Sur. Documentos y exploraciones«, in: *Anales de derecho*, Murcia, Bd. 22, 2004, S. 317–356.

Pagden, Anthony, *The Fall of Natural Man. The American Indian and the Origins of Comparative Ethnology*, Cambridge, Cambridge University Press, 1982.

Parker, Geoffrey, *La gran estrategia de Felipe II*, Madrid, Alianza Editorial, 1998.

Paso y Troncoso, Francisco del, *Epistolario de Nueva España*, Mexiko-Stadt, José Porrúa & Hijos, Bd. II, 1939.

Pastells, Pablo, Pedro Torres y Lanzas u. a., *Catálogo de los documentos relativos a las islas Filipinas*, precedido de una *Historia general de Filipinas*, Barcelona, Viuda de L. Tasso, 1925–1936.

Pelliot, Paul, »Le Khoja et le Sayyid Husain de l'histoire des Ming«, in: *T'oung Pao*, Second Series, Bd. 38, 2–5, 1948, S. 81–292.

Prieto, Carlos, *El oceano pacífico: navegantes españoles del siglo XVI,* Madrid, Alianza Editorial, 1975.

Quiroga, Vasco de, *De debellandis Indis*, René de Acuña (Hg.), Mexiko-Stadt, UNAM, 1988.

Reid, Anthony, »Southeast Asia Categorizations of Europeans«, in: Stuart Schwartz (Hg.), *Implicit Understandings. Observing, Reporting and Reflecting Between Europeans and Other Peoples in the Early Modern Era*, Cambridge, Cambridge University Press, 1994, S. 238–294.

Robinson, David M., »The Ming Court and the Legacy of Yuan Mongols«, in: David M. Robinson (Hg.), *Culture, Courtiers and Competition. The Ming*

Court (1368–1644), Cambridge, Harvard University Press, 2008, S. 365–421.

Rubiés, Joan-Paul, *Travel and Ethnology in the Renaissance. South India through European Eyes, 1250–1625*, Cambridge, Cambridge University Press, 2000.

Sá, Isabel dos Guimarães, »Os rapazes do Congo: discursos em torno de uma experiência colonial (1480–1580)«, in: Leila Mezan Algranti und Ana Paula Megiani (Hg.), *O império por escrito. Formas de transmissão da cultura letrada no mundo ibérico, séculos XVI–XIX*, São Paulo, Alameda, 2009, S. 313–332.

Sahagún, Bernardino de, *Historia general de las cosas de Nueva España*, Mexiko-Stadt, Porrúa, Bd. IV, 1977 (Dt.: »Sie suchen nach dem Gold wie Schweine«: die Eroberung Mexiko-Tenochtitlans aus indianischer Sicht, zusgst. u. bearb. nach Bildern u. Texten von Bernardino de Sahagún, Karl Braun (Hg.) Tübingen 1982; *Aus der Welt der Azteken: die Chronik des Fray Bernardino de Sahagún*, Frankfurt a. M. 1989).

Salazar, Domingo de, *Sinodo de Manila de 1582*, José Luís Porras Camuñez *u. a.* (Hg.), Madrid, CSIC, 1988.

Saldanha, António Vasconcelos, und Jorge Manuel dos Santos Alves (Hg.), *Estudos de história do relacionamento luso-chinês, séculos XVI–XIX*, Macao, Instituto Português do Oriente, 1996.

Sallmann, Jean-Michel, *Charles Quint. L'empire éphémère*, Paris, Payot, 2000.

Ders., *Le Grand Désenclavement du monde, 1200–1600*, Paris, Payot, 2011.

Sánchez Aguilar, Federico, *El lago español: Hispanoasia*, Madrid, Fuenlabrada, 2003.

Schwartz, Stuart (Hg.), *Implicit Understandings. Observing, Reporting and Reflecting on the Encounter between Europeans and other Peoples in the Early Modern Era*, Cambridge, Cambridge University Press, 1994.

Skinner, Quentin, *As Fundações do Pensamento Político Moderno*, São Paulo, Companhia das Letras, 1996. (Engl. Ausg.: *The Foundations of Modern Political Thought*, 2 Bd., Cambridge, Cambridge University Press, 1978.)

Sloterdijk, Peter, *Nicht gerettet: Versuche nach Heidegger*, Frankfurt a. M. 2001.

Smith, Michael E., *Aztec City-State Capitals*, Gainesville, University of Florida, 2008.

So, Billy K.L., *Prosperity, Region and Institutions in Maritime China: The South Fukien Pattern, 946–1368*, Cambridge, Harvard University Press, 2000.

Spallanzani, Marco, *Giovanni da Empoli: mercante navigatore fiorentino*, Florenz, Spes, 1984.

Spate, Oscar H. K., *The Spanish Lake*, Minneapolis, University of Minnesota Press, 1979.

Suárez de Peralta, Juan, *Tratado del descubrimiento de las Indias*, Mexiko-Stadt, Secretaría de Educación Pública, 1949.

Subrahmanyam, Sanjay, *The Portuguese Empire in Asia, 1500–1700: A political and economic History*, 2. Aufl., New York 2012.

Tafuri, Manfredo, *Venice and the Renaissance*, Cambridge, MIT Press, 1989.

Tapia, Andrés de, *Relación sobre la conquista de México*, Mexiko-Stadt, UNAM, 1939.

Thomaz, Luís Filipe F. R., *De Ceuta a Timor*, Algés, DIFEL, 1994.

Townsend, Camilla, »Burying the White Gods: New Perspectives on the Conquest of Mexico«, in: *The American Historical Review*, 108–3, 2003, S. 659–687.

Valladares, Rafael, *Castilla y Portugal en Asia (1580–1680)*, Löwen, Leuwen University Press, 2001.

Vegeley, Nancy, »China and the American Indies: A Sixteenth Century History«, in: *Colonial Latin American Review*, Bd. 6, Nr. 2, 1997, S. 165–184.

Voretzsch, Ernst Artur, »Documentos acerca da primeira embaixada portuguesa à China«, in: *Boletim da Sociedade Luso-Japonesa*, Nr. 1, Tokio, 1926, S. 30–69.

Wachtel, Nathan, *La Vision des vaincus. Les Indiens du Pérou devant la conquête espagnole*, Paris, Gallimard, 1971.

Wade, Geoffrey Phillip, *The Ming-shi-lu (Veritable Records of the Ming Dynasty) as a Source for Southeast Asian History, 14th to 17th centuries,* Diss., University of Hong Kong, 1994.

Waldron, Arthur, *The great wall of China: from history to myth,* Cambridge, Cambridge University Press, 1992.

Wauchope, Robert (Hg.), *Guide to Ethnohistorical Sources, Handbook of Middle American Indians*, Bd. 14, Teil drei, Austin, University of Texas Press, 1975, S. 235–236.

White, Richard, *The Middle Ground: Indians, Empires, and Republics in the Great Lakes Region, 1650–1815*, Cambridge, Cambridge University Press, 1991.

Zhu, Jianfei, *Chinese Spatial Strategies: Imperial Beijing 1420–1911*, London, Routledge, Curzon, 2004.

Zimmermann, T. C. Price, *Paolo Giovio: The Historian and the Crisis of Sixteenth-Century Italy*, Princeton, Princeton University Press, 1995.

Abkürzungen

AGI	Archivo General de Indias (Sevilla)
CSIC	Centro Superior de Investigaciones Científicas (Madrid)
FCE	Fondo de Cultura Económica (Mexiko-Stadt)
UNAM	Universidad Nacional Autónoma de México

Danksagung

Die Mitglieder des von mir geleiteten Seminars für Geschichte an der École des hautes études en sciences sociales wissen, was ich ihren Fragen, Kommentaren und Kritiken verdanke. Keine historische Forschung wird in isolierter Arbeit betrieben. Mehr als andere Bereiche der Historiographie erfordert ein weltgeschichtliches Werk das Zusammenwirken kompetenter Wissenschaftler aus allen Teilen der Welt. Carmen Bernand, Louise Bénat Tachot, Alessandra Russo, Alfonso Alfaro, Décio Guzman, Boris Jeanne, Pedro Gomes, Maria Matilde Benzoni, Oreste Ventrone und Giuseppe Marcocci – eine Handvoll angehender Wissenschaftler und Wissenschaftlerinnen unterschiedlichen Alters – haben die Energie, die unterschiedlichen Sichtweisen und Reibungen eingebracht, die für eine globale Geschichtsschreibung unverzichtbar sind. Trotzdem bleibt das Verfassen eines Geschichtswerks vor allem ein individuelles abenteuerliches Unternehmen, auch wenn es nie in völliger Einsamkeit durchgeführt wird. Die École des hautes études en sciences sociales ist nach wie vor eine privilegierte Lehreinrichtung, an der man eingefahrene Wege verlassen, Risiken eingehen und eine Disziplin konzipieren kann, die sich an die Spitze der Sozialwissenschaften stellt, wenn sie nachweislich gelernt hat, über die zeitlichen und kulturellen Schranken hinauszublicken.

Register